POUR ET CONTRE

POUR ET CONTRE

MANUEL DE CONVERSATIONS GRADUÉES
SECOND EDITION

RICHARD L. FRAUTSCHI
The Pennsylvania State University

CLAUDE BOUYGUES
The University of British Columbia

HARPER & ROW, PUBLISHERS
New York Hagerstown Philadelphia San Francisco London

Sponsoring Editor: Ellen Antoville
Project Editor: Brigitte Pelner
Designer: Michel Craig
Production Manager: Marion A. Palen
Compositor: Syntax International Pte. Ltd.
Printer and Binder: The Maple Press Company
Art Studio: J & R Technical Services, Inc.

POUR ET CONTRE: Manuel de conversations graduées, Second Edition

Library of Congress Cataloging in Publication Data

Frautschi, R   L
    Pour et contre : manuel de conversations graduées.

    1. French language—Conversation and phrase books.
I. Bouygues, Claude, joint author.   II. Title.
PC2121.F68   1979   448′.3′421   78-20794
ISBN 0-06-042164-9

PHOTO CREDITS

Table
des
matières

Préface

In designing a second edition of *Pour et contre* our original premise remains: to appeal to individual experience and attitudes in order to accelerate the acquisition of verbal fluency. Also, we are convinced that the intermediate student of French who has completed, albeit under varying circumstances, courses in introductory grammar, reading, and perhaps composition, should now have the opportunity, as a part of further training, to make the transition from the theoretical to the empirical conditions of discourse. Thus, *Pour et contre* contains *no* formal grammatical presentations, no "rules," no systematic vocabulary lists (a few in-text notes and a French-French end vocabulary, however, are supplied). Instead, three *Niveaux* guide the user from schematized situations in daily life (driving, eating, shopping, dating, sickness, vacations, etc.) to increasingly complex discussions and dialogues which reconsider these activities from other points of view and with other levels of language.

Approximately one-half of the lessons, specifically twenty-one out of forty-six, are grouped in *Niveau I* in order to provide a generous base for practice of simple verbal exchanges. The remaining twenty-five units are divided between the more highly structured response cues of *Niveau II* and the *"réponses libres"* of *Niveau III*. We have found in pretests of the three *Niveaux* that the forty-six lessons are easily compatible with conventional semester or trimester instructional periods. Yet, with each lesson autonomous, *Pour et contre* remains highly flexible at every level and thus lends itself with ease to various academic calendars.

The thirty-five lessons in *Niveaux I* and *II* emphasizes scenes which could be localized in France (and Canada) today. The drawings accompanying the texts provide a light-hearted visual referent for questions and answers. In these *Niveaux* the questions have been "graded," beginning with literal identifications (who, what, where, when); then the questions introduce more complex associations, drawing progressively from elements outside the original situation (comparisons, analogies, preferences). A single sentence normally suffices to answer these questions, although variant responses are suggested. At the end of each lesson, a *Mise en perspective* challenges the student to more sustained verbalization of the issues raised. The brief *Schémas d'intonation* in *Niveau I* provide helpful models.

In *Niveau III* a more conceptualized situation replaces the visual stimuli of the first lessons. Students are now asked to verbalize in longer utterances. Without the help of response cues, they transpose more formal levels of language (sustained dialogue, brief essays, anecdotes) into discourse. Personal preferences, attitudes, and experiences are again encouraged.

Users of *Pour et contre* may be disconcerted, momentarily, by the absence of familiar grammatical explanations (When must I use the subjunctive? What is the difference between *il* and *ce?*). To wean them from a dependency on responses which allow no individuality and from explanations (in English!) of "correct usage," we have provided response cues for all questions in *Niveau I* and for many in *Niveau II*. These syntactical and informational aids suggest constructions of progressive complexity and encourage alternate responses and individual interpretations. Since rote memorization is avoided, an atmosphere of spontaneity between questioner and respondent is attained. For variety, the *Questions d'identification* and *Questions d'exploitation* may be asked by students, and the answers, *"pourquoi pas?"* provided by the instructor. Our goal, after all, is oral communication.*

Finally, in response to requests from many instructors, the present edition incorporates in every lesson brief review exercises, primarily transpositions and substitutions, which allow manipulation of grammatical features appropriate for intermediate and post-intermediate students. As a *point de départ,* review exercises contain vocabulary and constructions derived from the discussion topics in the chapter. Also, every lesson concludes with a bit of whimsy, the recapitulations entitled *Échelles.* These *pastiches,* or sometimes *petits poèmes en prose,* highlight an issue or theme. *Même un peu de grammaire!*

The authors wish to extend special thanks to Monique MacDonald of Simon Fraser University for her assistance in revisions and additions to the present edition.

We thank, too, the following professors who reviewed the text and offered valuable suggestions: David V. Bernstein of the University of Michigan at Dearborn, Diane Birckbichler of the University of Illinois at Urbana, Andrew F. Campagna of the University of Maryland at College Park, Constance K. Knop of the University of Wisconsin at Madison, Godelieve Mercken-Spaas of Rutgers College, and Murray Sachs of Brandeis University.

R. L. F.
C. B.

* See *Quelques conseils aux usagers,* p. xi.

Quelques conseils aux usagers

1. *Comment répondre aux questions?*

Response patterns are suggested for all answers in *Niveau I* and for most in *Niveau II*. They circumvent grammatical pitfalls and enlarge the framework of the answer.

Jacques a-t-il demandé qu'on vérifie la pression des pneus? *Oui, il l' a demandé./ C'est à sa demande que ...*

In answering the above a variation (subject, complement, verb) is substituted for the normal syntactical sequence (subject, verb, complement). As an alternate the more complex gallicism is suggested: *C'est ... que ...*

Some cues add or substitute information:

Est-ce que c'est une grippe? *... simple grippe./ ... bénigne.*

A complete answer would be:

Oui, c'est une simple grippe.
Oui, c' est une grippe bénigne.

Nothing prevents the speaker from varying the answer with a different syntactical structure:

Oui, ce n'est qu'une simple grippe bénigne.

Yet another type of answer cue uses direct and indirect discourse:

Le docteur rassure Madame Quillet.	*... en lui disant: «Ne vous ...»* /
De quelle façon?	*... en lui disant de ne pas se faire de*
	souci.

Possible complete answers:

Il la rassure en lui disant: «Ne vous en faites pas, Madame.»
Il la rassure en lui disant de ne pas se faire de souci.

In case of a lapse of memory (*défaillance de mémoire*) answer using the components of the question or say that you don't know (have forgotten):

Oui, c'est une grippe. Je crois que c'est une grippe. Je ne sais pas si c'est une grippe. J'ai oublié si c'était une grippe.

The goal, remember, is to keep talking.

2. *Comment utiliser les Schémas d'intonation?*

Each lesson in *Niveau I* contains exercises demonstrating typical intonations characteristic of everyday speech: declarative statements, interrogatives, exclamations, implications, suspensions. Tonal inflections are suggested by rising/falling curves.

Dans quelques instants   la famille va repartir

Quelle heure est-il?

Lessons 16 through 21 review each intonation type.

3. *Comment préparer les leçons?*

A. *Aux Niveaux I et II*

Avant la classe, par exemple:	*Before class,* for example:
LIRE le TEXTE et les EXERCICES de la leçon.	READ the TEXT and EXERCISES of the lesson.
Répondre ORALEMENT à toutes les questions, en s'entraînant à employer TOUS LES GENRES DE RÉPONSES suggérés.	Answer ORALLY all questions and practice ALL TYPES of suggested ANSWERS.
ou bien	or
LIRE OU ÉCRIRE le TEXTE et les EXERCICES de la leçon.	READ OR COPY the TEXT and EXERCISES of the lesson.

Répondre par ÉCRIT aux QUESTIONS D'IDENTIFICATION et ORALEMENT aux autres.

WRITE ANSWERS to the QUESTIONS D'IDENTIFICATION and prepare ORAL responses to the others.

ou bien encore

or again

Faire ce qui précède.
S'entraîner à POSER soi-même les QUESTIONS à ses camarades.
Lire à haute voix les ÉCHELLES.

Do the above.
Practice ASKING one's classmates QUESTIONS.
Read aloud the ÉCHELLES.

En classe

In the classroom

Livres FERMÉS, le professeur pose les QUESTIONS D'IDENTIFICATION préparécs à l'avance.

Books CLOSED, the instructor asks thc QUESTIONS D'IDENTIFICATION prepared beforehand.

Livres OUVERTS, le professeur pose les autres questions sur le texte.

Books OPEN, the instructor asks the other assigned questions.

Passant enfin à la leçon du jour il LIT (ou FAIT LIRE) le TEXTE (ou partie du texte).

Turning then to the new assignment he READS (or HAS SOMEONE READ) the TEXT (or part of the text).

Il POSE les QUESTIONS D'IDENTIFICA-TION, en aidant ses étudiants, s'il le faut, pour s'assurer que l'essentiel du texte a été compris.

He ASKS the QUESTIONS D'IDEN-TIFICATION, helping his students when necessary, so that he knows they have grasped the essentials of the text.

Il peut demander qu'on IDENTIFIE sur l'IMAGE les différents ÉLÉMENTS qui la composent (personnages, objets, situa-tions ...)

He may ask that the various ELE-MENTS in the DRAWING be IDEN-TIFIED (characters, objects, situa-tions ...)

Il fait répéter les EXERCICES.

He reviews the EXERCISES.

Il peut demander qu'on répète les ÉCHELLES à haute voix.

He may ask that the ÉCHELLES be read aloud.

B. *Au Niveau III*

LIRE le chapitre et s'entraîner à répondre ORALEMENT OU PAR ÉCRIT aux questions désignées par le professeur.

READ the chapter and practice ORAL or WRITTEN answers to all questions assigned by the instructor.

Les réponses de Niveau III peuvent souvent consister en PLUSIEURS PHRASES SUCCESSIVES.

Answers to *Niveau III* may frequently consist of SEVERAL CON-SECUTIVE SENTENCES.

POUR
ET
CONTRE

NIVEAU
1

1
À la station service

Une station-service TOTAL. *La berline des Mercier devant les pompes a essence, le capot soulevé. Monsieur Mercier en train de converser avec le garagiste, et Madame Mercier en train de regarder une carte. Les deux enfants sur le siège arrière. Au loin, une station* SHELL.

C'est dimanche. La famille Mercier va faire un tour en voiture. Avant de prendre la route, Monsieur Mercier a arrêté sa berline à la station-service pour faire faire le plein d'essence. Il prend du supercarburant qui est un peu plus cher que l'essence ordinaire, mais de bien meilleure qualité. Comme il est prudent, il demande au pompiste, Monsieur Brou, de vérifier le niveau d'huile et la pression des pneus. Celui-ci, très consciencieux, vérifie que tout va bien et assure Monsieur Mercier qu'il peut rouler tranquille. Les enfants, confortablement installés sur le siège arrière, sont impatients de partir à la campagne. Madame Mercier profite de l'arrêt pour chercher sur une carte la route la plus pittoresque. Dans quelques instants la famille va repartir. Par ce beau soleil, ce sera une agréable promenade.

QUESTIONS D'IDENTIFICATION

1. Quel jour est-ce?   C'est ...
2. Que va faire la famille Mercier?   Les Mercier ...
3. Quelle voiture a Monsieur Mercier?   La voiture de Monsieur Mercier est une ...
4. Où se sont-ils arrêtés?   ... à ...
5. Pourquoi faire?   Pour faire faire ...
6. Que fait le pompiste?   Il vérifie ...
7. Quel est son nom?   Il s'appelle ...
8. Monsieur Mercier a-t-il demandé qu'on vérifie la pression des pneus?   Oui, il l'a demandé./ C'est à sa demande qu'on ...
9. Le super est-il plus cher que l'ordinaire?   Oui, ... un peu plus cher que .../ ... à peine plus cher que ...
10. Que fait Madame Mercier pendant ce temps?   ... elle cherche ...
11. Où sont les enfants?   Ils sont ...
12. Pourquoi sont-ils impatients de partir?   ... parce que ce sera une ...

QUESTIONS D'EXPLOITATION

1. Quelle marque d'essence Monsieur Mercier prend-il?   Il prend du ...
2. Quel carburant est-ce qu'il préfère?   Il préfère le ... à ...
3. Le super et l'ordinaire sont-ils au même prix?   Non, le ... moins cher que ...
4. Est-ce qu'il faut employer de l'essence ordinaire pour une voiture de sport?   Non, il vaut mieux ne pas .../ Il est préférable d' ...

5. Les pompistes vendent-ils seulement de l'essence?

Non, ils vendent aussi des produits d'entretien et d'équipement, par exemple: des housses, des lampes, des essuie-glaces, des ampoules, des liquides à lustrer ou à nettoyer, des pneus, ...

6. Que font les pompistes si on le leur demande?

Ils vérifient le niveau d'huile, le radiateur, la batterie, la pression des pneus./ Ils essuient les glaces./ Ils passent l'aspirateur dans la voiture, ...

7. Pour les grosses réparations, où faut-il s'adresser?

... au concessionnaire, au carrossier.

8. Y a-t-il des stations-service TOTAL aux U.S.A.?

Non, il n'y en a qu'en .../ ... seulement en ...

9. Et des stations-service ESSO et SHELL en France?

Oui, ... beaucoup ...

10. Monsieur Mercier prend-il soin des pneus de sa voiture?

Oui, ... grand soin .../ Il en fait vérifier régulièrement la ...

11. Est-ce qu'il a raison de le faire?

Oui, il a entièrement raison.

On ne dit pas *self* en français!

12. Monsieur Mercier sait-il que Monsieur Brou est un homme consciencieux?

Oui, il le sait.

13. Est-ce qu'on peut faire confiance à Monsieur Brou?

Certainement, ... lui faire entière confiance.

14. Monsieur Brou est un homme de confiance. Est-ce le cas de tous les garagistes?

Non, hélas, certains ne sont pas très honnêtes./ Certains ne sont pas des hommes consciencieux.

15. Peut-on faire confiance à quelqu'un qui n'est pas honnête?

Non, on ne peut pas se fier à ...

16. Qu'est-ce que Monsieur Brou dit à Monsieur Mercier?

Il lui dit qu'il peut ...

17. Monsieur Brou s'y connaît-il en mécanique?

Oui, il semble que ... s'y connaisse en .../ Il est difficile de dire si Monsieur Brou s'y connaît en ...

18. Et vous?

Moi, je .../ Quant à moi, je ...

19. Où Madame Mercier est-elle installée?

... sur le siège avant.

20. La famille Mercier est impatiente de partir. Êtes-vous impatient de quitter l'Université ou le collège?[1]

Oui, .../ Non, ...

21. Êtes-vous impatient de sortir de classe?

Oui, ... très .../ Non, ... pas du tout .../ Oui, il me tarde que la classe soit finie./ Je n'ose pas le dire./ Non, on est bien ici, on apprend quelque chose.

MISE EN PERSPECTIVE

Quelles différences trouvez-vous entre les stations-service françaises et celles de votre pays? Et entre les pompistes des deux pays?

SCHÉMA D'INTONATION

L'Accent Tonique
A. LE MOT

À la différence de l'anglais, l'accent tonique français tombe normalement sur la *dernière syllabe sonore* du mot.

EXEMPLES:

Voi*là*, Pa*ris*, Angle*terre*

---

[1] *Collège:* En France, ce mot désigne un établissement d'enseignement secondaire. On peut y faire à peu près les mêmes études que dans un lycée.

EXERCICE:

En appliçant cette règle, lire à haute voix les mots suivants:
1. Monsieur
2. Madame
3. L'ordinaire
4. Impatient
5. Supercarburant
6. Consciencieux

B. LE GROUPE DE MOTS

L'accent tonique tombe sur la dernière syllabe du groupe, *mais* chaque syllabe est prononcée distinctement.

EXEMPLE:

Dans quelques inst*ants*

EXERCICE:

Lire à haute voix:
1. Madame Mercier
2. Madame Mercier et ses enfants
3. L'ordinaire et le super
4. Les pompistes et les garagistes
5. Quelque chose de neuf
6. Ils sont impatients de partir

CONVERSATION GRAMMAIRE: Exercices

A. RÉPONSES À L'IMPÉRATIF

1. Remplissez le réservoir, s'il vous plaît. Oui, monsieur, je vais le remplir.
2. Mettez de l'eau dans le radiateur, s'il vous plaît. Oui, monsieur, je vais en mettre.
3. Vérifiez la pression des pneus, s'il vous plaît. Oui, monsieur, je vais la vérifier.
4. Nettoyez les vitres, s. v. p. Oui, monsieur, ...
5. Changez le filtre, s. v. p. . . .
6. Installez ce miroir, s. v. p. . . .
7. Mettez de l'huile, s. v. p. . . .
8. Indiquez-nous la meilleure route, s. v. p. . . .
9. Refermez le capot, s. v. p. . . .
10. Réglez les phares, s. v. p. . . .

Merci beaucoup! C'est une bonne station-service. Je reviendrai!

B. LA LOCUTION: *Être* + /adjectif/ + *de*

    1. Êtes-vous impatient(e) de par-   Oui, je suis impatient(e) de ...
       tir?

    2. Êtes-vous désireux(se) de com-   Oui, je suis désireux(se) de ...
       mencer?

    3. Êtes-vous heureux(se) d'ap-   Oui, je ...
       prendre le français?

C. LA LOCUTION: Demander à quelqu'un de faire quelque chose

    1. Il faut vérifier le niveau d'huile.   Je demande au pompiste de véri-
                                                  fier le niveau d'huile.

    2. Il faut ouvrir le capot.   Je demande au ...

    3. Il ne faut pas changer le filtre.   Je ne demande pas ...

ÉCHELLE

—Du super ou de l'ordinaire?
  —Du super.
    —Pour combien?
      —Pour 40 francs.
        —Je vous fais le plein?
          —Faites-moi le plein.
            —Ça suffit?
              —C'est assez.
                —Bon voyage!
                  —Merci.
                    —À bientôt!
                      —Au revoir!

2
Chiens et Chats

Une maison de campagne. Devant la porte les grands-parents de Brigitte.
Au fond, des poules et un clapier. Brigitte caresse un chaton.

Les grands-parents de Brigitte habitent à la campagne. Ils aiment beaucoup les animaux. Ils ont deux chiens, trois chats, une perruche, deux canaris et, dans la cour, des poules et des lapins.

Les chiens sont utiles au grand-père pour la chasse[1] en automne. Le grand s'appelle Rex et le petit s'appelle Black. Cela choque Brigitte qui apprend l'anglais à l'école. «Il ne peut pas s'appeler Black, Bon-papa[2], puisqu'il est roux!» «Cela ne fait rien, dit Bon-papa, il ne sait pas l'anglais, ni moi non plus!»

Le gros chat s'appelle Pompon, et le rayé s'appelle Mickey. Ils débarrassent la maison des rats et des souris. Le troisième chat est une chatte, Minouche. Justement Minouche vient d'avoir des chatons. Mamie a gardé le plus joli pour Brigitte. «Oh! merci, Mamie! J'en prendrai bien soin. Je l'appellerai Perlette puisque c'est une chatte.»

Mais Brigitte est un peu inquiète. Elle a déjà des poissons rouges. Est-ce que les poissons rouges vont être en sûreté avec un chat dans la maison?

QUESTIONS D'IDENTIFICATION

1. Où habitent les grands-parents de Brigitte?	... à la ...
2. Quels animaux ont-ils?	Ils ont des..., des..., une..., des... et des....
3. Pour quelle raison le grand-père a-t-il des chiens?	Les chiens l'aident à .../ Ils sont utiles pour ...
4. Comment s'appellent les chiens?	L'un ..., l'autre .../ Le grand ..., le petit ...
5. De quelle couleur est Black?	...
6. Brigitte sait-elle parler anglais?	Oui, elle ... un peu parler .../ Elle apprend l' ...
7. Les chats sont-ils des animaux utiles?	Oui, ils attrapent .../ ... mangent .../ ... débarrassent la maison des ...
8. Comment s'appellent les chats?	L'un ..., le deuxième ..., le troisième .../ Le gros ..., le rayé ..., la chatte ...
9. Comment Brigitte appelle-t-elle ses grands-parents?	Elle les appelle ...
10. Qu'est-ce que la grand'mère donne à Brigitte?	Elle lui donne ...

[1] *La chasse* au petit gibier (lièvres, lapins, ...) reste un sport favori des Français à la campagne.
[2] «*Bon-papa*,» «*Mamie*»: Noms affectueux que les enfants donnent souvent à leurs grands-parents.

11. Comment Brigitte appelle-t-elle le chaton?

Elle l'appelle ...

12. Brigitte a-t-elle déjà des animaux?

Oui, elle ... déjà ...

13. Pourquoi est-elle inquiète?

Elle se demande si .../ Elle a peur que ... (être au subjonctif)

QUESTIONS D'EXPLOITATION

1. Est-ce que les grands-parents de Brigitte pourraient avoir tous ces animaux s'ils habitaient en ville?

Pas tous./ Certainement pas./ Ce serait difficile.

2. Lesquels de ces animaux ne pourraient-ils pas avoir?

Ils ne pourraient pas ... parce qu'un ... a besoin de .../ ... exige .../ ... fait trop de .../ (espace, soins, bruit, bruyant, saleté, sale, remuant)

3. Avez-vous un chat? Un chien? Un autre animal? Comment s'appelle-t-il? Décrivez-le.

...

4. Aimez-vous la chasse?

Oui, c'est un sport .../ Non, je trouve que la chasse est .../ Je n'ai jamais essayé .../ (sain, bon pour la santé, naturel, intéressant, passionnant, enrichissant, inutile, dangereux, cruel, sanguinaire, barbare)

5. Pourquoi la chasse est-elle permise pendant une certaine partie de l'année seulement?

... pour permettre .../ ... pour éviter .../ Si on chassait tout le temps, les animaux ne pourraient pas ...

6. Certains chiens sont utiles pour la chasse. Quels autres services rendent les chiens?

Ils gardent .../ ... protègent .../ ... avertissent .../ ... guident .../ ... aident ...

7. Les chiens et les chats sont des animaux utiles. Y a-t-il d'autres raisons pour avoir un chien ou un chat?

Ce sont des amis .../ ...

8. Quelles sont les obligations du propriétaire d'un chien?

Il doit le nourrir./ ... loger./ ... promener ... fois par jour./ ... dresser./ ... faire vacciner./ ... payer la taxe./ ... lui mettre un collier./ ... veiller à ce qu'il ait ..., ... soit ..., ... fasse ..., ... ne fasse pas ...

9. Si vous n'aimez pas les chiens, dites pourquoi.
   (dangereux, coûter cher, sentir mauvais, demander trop de soins, ...)
10. Si vous n'aimez pas les chats, dites pourquoi.
    (fragiles, cruels, hypocrites, transmettre des maladies, ...)
11. Aimez-vous les oiseaux en cage?
    Oui, ils sont .../ ... ils donnent .../ ... ils égaient .../ Non, pas du tout, je trouve que c'est une pratique .../ Les oiseaux en cage sont ...
12. Aimez-vous les poissons en aquarium?
    Oui, ils sont .../ ... ils ne font pas de .../ ... c'est un plaisir de .../ Non, ils sont .../ ... ils exigent .../ ... ils n'ont pas de ...
13. Quand on part pour un petit voyage en voiture, que fait-on d'un chat ou d'un chien?
    On peut l'emmener, mais il faut veiller à ce qu'il ... (subjonctif)./ On peut le laisser à ... à condition que ... (subjonctif).
14. Quand on part pour un grand voyage en avion, que fait-on d'un chat ou d'un chien?
    On ne peut pas .../ On peut le laisser à .../ On peut l'emmener si ...
15. Peut-on emmener un animal dans un autre pays?
    Oui, mais il faut ... déclaration./ ... vaccinations./ ... en quarantaine.
16. Est-ce une bonne idée de donner un animal à un enfant?
    Oui, l'enfant apprend ... (affection, sens des responsabilités, faits biologiques, ...)/ Non, l'animal sera sans doute .../ ... pourrait .../ Ça dépend de ...
17. Quel est l'animal idéal si on habite dans un appartement?
    À mon avis, .../ Je pense que c'est le .../ Ce sont les ... parce que ...

MISE EN PERSPECTIVE

Y a-t-il trop d'animaux dans les villes? Quels en sont les inconvénients? Quelles pourraient être les solutions?

SCHÉMA D'INTONATION

La Phrase-Exposé (Affirmative ou Négative)[3]

EXEMPLE:

Le gros chat s'appelle Pompon.

[3] Declarative statement.

REMARQUE :

Il y a toujours *deux* éléments dans la phrase française, un élément montant (où quelque chose est annoncé, où notre curiosité est éveillée) et un élément descendant (où notre curiosité est satisfaite).

EXEMPLES :

Les grands-parents de Brigitte // habitent à la campagne.

La famille Mercier // va faire un tour en voiture.

EXERCICE :

Sur ces modèles lire à haute voix les phrases suivantes :
1. Brigitte // caresse un chaton.
2. Voilà // une station SHELL.
3. Les chiens // sont utiles au grand-père.
4. On ne peut pas se fier // à un homme qui n'est pas consciencieux.
5. Les pompistes et les garagistes // s'y connaissent en mécanique.

CONVERSATION GRAMMAIRE : Exercices

A. Appeler/s'appeler
1. Comment t'appelles-tu ?   Je ...
2. Comment s'appelle cet(te) étudiant(e) ?   Il/Elle ...
3. Comment s'appelle ton grand-père ?   Il ...
4. Comment appelles-tu ton grand-père ?   Je ...
5. Comment s'appelle ta grand'mère ?   Elle ...
6. Comment appelles-tu ta grand'mère ?   Je ...
7. Comment appelles-tu ton chien ?   Je ...
8. Appelle ton chien.   ...

B. LE PRONON **EN** AVEC UNE
EXPRESSION DE QUANTITÉ (PARTITIF)

MODÈLES : *Ils ont deux chiens.*
Ils en ont deux.

Brigitte n'a pas de chat.
Elle n'en a pas.

1. Ils ont trois chats.
2. Ils ont une perruche.
3. Ils ont deux canaris.
4. Ils ont des poules.
5. Ils ont des lapins.
6. Ils ont beaucoup d'animaux.

7. Ils n'ont pas de moutons.
8. Le chat attrape des souris.
9. Il n'attrape pas de rats.
10. Avez-vous des animaux?
11. Avez-vous un chat?
12. Avez-vous des poissons rouges?
13. Avez-vous trop d'animaux?
14. Minouche a eu cinq chatons.
15. Elle n'a eu que cinq chatons.
16. Mamie n'a gardé qu'un chaton.
17. Mamie a donné un chaton à Brigitte.

C. LES PRONOMS-OBJETS (en/lui, elle, eux)

MODÈLES :　*Je prendrai soin du **chaton**. (animal ou chose)*
J'en prendrai soin.

*Je prendrai soin du **bébé**. (personne)*
*Je prendrai soin de **lui**.*

1. Prends bien soin du chaton.
2. Il faut prendre soin du chaton.
3. Je voudrais que tu prennes soin du chaton.
4. Mais oui, je vais prendre soin du chaton.
5. Je promets de prendre soin du chaton.
6. Prends soin du bébé.
7. Il faut prendre soin du bébé.
8. Mais oui, je vais prendre soin du bébé.
9. Je promets de prendre soin du bébé.
10. Prends soin de la petite fille des voisins.
11. Volontiers, je vais prendre soin de leur petite fille.
12. Prends soin de tes petits cousins aussi.
13. Je prendrai bien soin de mes petits cousins.
14. Prends soin de tes vêtements.
15. Je voudrais que tu prennes soin de mes plantes.
16. Je vais prendre soin de grand'mère.
17. Il a promis de prendre soin de la voiture.
18. Je prendrai bien soin de mon petit frère.

ÉCHELLES

C'est un rat.
　C'est un brave rat.
　　Mais il est maigre.
　　　C'est un brave rat maigre.

C'était un chat.
 C'était un gros chat.
  Et il était gras.
   C'était un gros chat gras.
   Mais il est mort.
    Et j'ai un gros chagrin.

Qu'est-ce qui vaut mieux?
 Un maigre et brave chat?
  Ou un méchant et gras chat?

3
La visite du médecin

La chambre du petit Jean-Pierre, le fils des Quillet. Le malade couché dans son lit. Au chevet, le médecin, assis sur une chaise, sa serviette près de lui. À côté, Madame Quillet, l'air tendu. Le médecin tâte le pouls du malade.

Madame Quillet a fait venir le médecin, car son fils Jean-Pierre est tombé subitement malade. Hier il avait trente-neuf de fièvre[1] et ce matin il est resté couché. L'enfant a l'air très fatigué. Il a passé une mauvaise nuit. Sa mère aussi a les traits tirés car elle a veillé toute la nuit. Avant de l'examiner, le médecin s'est demandé si ce n'était pas une grippe bénigne. En effet il y a une épidémie de grippe dans la région en ce moment.

Le médecin tâte le pouls du garçonnet. Ce doit être ça, une simple grippe. «Ne vous en faites pas, Madame, ce n'est pas grave. Laissez votre fils se reposer pendant quelques jours, et faites-lui prendre les antibiotiques que je vais prescrire sur mon ordonnance. Donnez-lui deux aspirines tout de suite. Qu'il ne prenne pas froid, surtout!» Madame Quillet se demande si l'on ne sera pas obligé de transporter Jean-Pierre à la clinique.[2]

QUESTIONS D'IDENTIFICATION

1. Qui est-ce qui a fait venir le médecin? — C'est Madame Quillet qui ...

2. Pourquoi l'a-t-elle fait? — Parce que son fils .../ ... son garçon .../ ... son enfant ...

3. Qu'est-ce que Jean-Pierre avait hier? — ... un peu de ...

4. Est-ce qu'il a pu se lever ce matin? — Non, il est resté ...

5. Pourquoi a-t-il l'air très fatigué? — Il a passé ...

6. Madame Quillet est-elle aussi fatiguée? — Oui, elle a les .../ Elle est épuisée.

7. Qu'est-ce que le médecin s'est demandé? — ... si ce n'était pas ...

8. Que fait-il en ce moment? — Il est en train de ...

9. Est-ce que c'est une grippe? — Oui, ... simple grippe./ ... bénigne.

10. Est-ce que c'est grave? — Non, ... sûrement pas!

11. Qu'est-ce que le médecin a dit à Madame Quillet? — ... «Ne vous ...»

QUESTIONS D'EXPLOITATION

1. Est-ce que Madame Quillet est allée elle-même chercher le médecin? — Non, elle l'a fait venir./ Elle lui a téléphoné./ Elle l'a appelé.

2. Est-ce que Jean-Pierre était malade avant-hier? — Non, ... allait très bien./ ... n'avait rien.

---

[1] La température normale est de 36.6 à 37 degrés.

[2] *Clinique:* Petit hôpital privé.

3. Depuis quand est-ce qu'il n'est pas bien?
... depuis hier./ C'est depuis hier qu'...

4. Est-ce qu'il avait beaucoup de fièvre hier?
Non, ... seulement un peu de .../ Il avait trente-neuf de ...

5. Avant d'examiner Jean-Pierre, le médecin sait-il ce qu'il a?
Non, mais il se demande .../ Il croit que ...

6. Combien de temps Jean-Pierre devra-t-il se reposer?
... pendant quelques .../ ... rester couché quelques ...

7. Sera-t-il nécessaire de l'hospitaliser?
Heureusement, il ne sera .../ ... ce ... nécessaire.

8. Quels médicamments prendra Jean-Pierre?
Il devra prendre deux .../ des ...

9. Est-ce qu'il les prendra lui-même?
Non, c'est sa mère qui les lui fera ...

10. Qu'est-ce qu'il ne faut surtout pas faire quand on a la grippe?
Quand on a ..., il ne faut surtout pas ...

11. Le docteur rassure Madame Quillet. De quelle façon?
... en lui disant: «Ne vous ...»/ ... en lui disant de ne pas se faire de souci.

12. Est-ce qu'on fait venir le médecin chaque fois qu'on est malade?
Non, ... pas toutes les fois qu'...

13. Dans quels cas le fait-on venir?
... pour les maladies graves./ ... quand c'est grave.

14. Est-ce qu'on dort bien quand on a la grippe?
Non, on ne peut pas bien dormir .../ La grippe empêche de ...

15. Est-ce qu'on a l'air reposé après une nuit sans sommeil? Une nuit blanche? Une nuit d'insomnie?
Certainement pas! ... l'air fatigué./ On a les traits tirés./ ... le visage défait.

16. Madame Quillet se faisait-elle du souci avant la venue du docteur?
Oui, avant que le docteur n'arrive, .../ Elle s'inquiétait avant ...

17. Est-il surprenant que Jean-Pierre ait attrapé la grippe? Pourquoi?
Non, ce n'est pas du tout ... qu'il ait ... car .../ Ça n'a rien d'étonnant qu'il ... puisqu'il y a ...

18. Un docteur peut-il savoir exactement ce qu'a un malade avant de l'ausculter? de l'examiner?
Non, ... mais il a parfois une idée./ Oui, car il peut reconnaître les symptômes d'une maladie.

19. Qu'arrive-t-il quand on ne soigne pas une maladie bénigne?
Quand ... il y a des complications./ ... on court le risque de ...

20. Comment peut-on se protéger contre la grippe quand il y a une épidémie?
Pour se protéger contre ... il faut .../ ... il est conseillé de ...

21. Est-ce qu'on peut guérir sans prendre de médicaments?
Non, ... sans prendre de .../ Oui, on peut .../ Non, il est impossible de .../ ... c'est possible.

22. Qu'est-ce qui peut arriver si on prend trop de médicaments?

   Si on ... on peut se détraquer l'estomac./ En prenant trop de ... on risque de ...

23. Dans quels cas faut-il prendre des antibiotiques?

   ... quand on a une infection./ ... une maladie infectieuse grave./ ... si ...

MISE EN PERSPECTIVE

Qu'est-ce qui inspire confiance en ce médecin? Comment les médecins de chez vous soignent-ils la grippe?

SCHÉMA D'INTONATION

La Phrase-Exposé—Suite
REMARQUE:

Le schéma d'intonation d'une phrase varie suivant le nombre d'éléments qui la composent.

EXEMPLES:

Madame Quillet // a fait venir le médecin.

Madame Quillet a fait venir le médecin // car son fils est malade.

Madame Quillet a fait venir le médecin avant-hier // car son fils était tombé subitement malade.

EXERCICES
1. C'est sans doute // une grippe banale.
2. Ce doit // être ça.
3. L'enfant // n'a pas l'air très fatigué.
4. Il avait un peu de fièvre et ce matin // il est resté couché.
5. Les médicaments que je recommande dans mon ordonnance // devraient lui faire beaucoup de bien.

CONVERSATION GRAMMAIRE: Exercices

A. Depuis Quand
   1. Depuis quand Jean-Pierre est-il malade?
   2. Depuis quand est-ce qu'il est fatigué?
   3. Depuis quand est-ce que sa mère est inquiète?
   4. Depuis quand est-ce que nous sommes dans la classe?

5. Depuis quand parlons-nous de Madame Quillet?
6. Depuis quand étudions-nous le chapitre 3?

B. QUELQUES TOURNURES INDIRECTES

MODÈLE: *Est-ce que Jean-Pierre est malade?*
          Je me demande si Jean-Pierre est malade.

1. Est-ce qu'il a de la fièvre?
2. Est-ce qu'on a appelé le médecin?
3. Est-ce qu'on le transportera à la clinique?
4. Qu'est-ce qu'il a? (ce qu')
5. Qu'est-ce qu'on va lui faire? (ce qu')
6. Qui soigne Jean-Pierre? (qui)
7. Qui lui fait prendre des médicaments? (qui)
8. Quels médicaments prend-il? (quels)
9. Quand guérira-t-il? (quand)
10. Est-ce que c'est grave?

MODÈLE: *Le médecin a dit: «Restez au lit.»*
          Le médecin a dit de rester au lit.

1. Le médecin a dit: «Prenez ces remèdes.»
2. . . .: «Dormez beaucoup.»
3. . . .: «Reposez-vous.»
4. . . .: «Ne vous levez pas.»
5. . . .: «Mangez légèrement.»
6. . . .: «Ne mangez rien pendant trois jours.»
7. . . .: «Ne buvez que de l'eau.»
8. . . .: «Buvez beaucoup de liquide.»

ÉCHELLES

(Imiter les structures idiomatiques suivantes. Veiller à maintenir une certaine vitesse d'élocution.)

Voici du thé.
  En voici.
    Buvez-en!
      N'en buvez pas!
        À quoi bon en boire?
        Inutile d'en boire.

Voilà une aspirine.
  En voilà une.

Avalez-la.
Ne l'avalez pas.
À quoi bon l'avaler?
Inutile de l'avaler.

Voici les Russes!
Les voici.
Applaudissez-les.
Ne les applaudissez pas.
À quoi bon les applaudir?
Inutile de les applaudir.

Voilà une jolie fille.
En voilà une.
Regardez-la.
Ne la regardez pas.
À quoi bon ...?
Inutile de ...

Enfin du français vivant!
En voici enfin.
Profitez-en!
N'en profitez pas.
À quoi bon ...?
Inutile d' ...

4
Un renseignement

Devant la Gare de Lyon à Paris. Un voyageur encombré de deux grosses valises, la valise de droite plus lourde que celle de gauche. Un agent, au garde-à-vous, salue. Au deuxième plan, une bouche de métro. À côté, une file de taxis.

Il est 15 h. 30. Un touriste encombré de deux énormes valises demande son chemin à un agent. Celui-ci, en uniforme bleu foncé et coiffé d'un képi, a salué poliment le touriste.

—Je voudrais aller au 32 bis, rue Raynouard, dans le XVIe.[1] Que dois-je faire, Monsieur l'agent?

—Prenez le métro direction Neuilly jusqu'à l'Étoile. Puis à l'Étoile, changez et prenez la correspondance direction Nation. Vous descendrez à Passy.

—Est-ce qu'il n'y a pas d'autobus direct? Ce serait plus pratique.

—Non, il n'y a pas de service direct. Si vous êtes pressé, je vous conseille de prendre un taxi. C'est bien plus rapide, surtout à cette heure-ci, mais ce sera un peu plus cher.

—Merci bien, Monsieur l'agent.

—À votre service, Monsieur.

QUESTIONS D'IDENTIFICATION

1. Où sommes-nous?	… devant … à …
2. Quelle heure est-il?	… 15 h. 30./ … minuit moins vingt.
3. De quoi le touriste est-il encombré?	… de deux …
4. Laquelle des deux valises paraît la plus lourde?	C'est celle de … qui …
5. Que fait un agent quand on s'adresse à lui?	… salue …
6. Où le voyageur veut-il aller?	Il désire aller …
7. Quelle ligne de métro lui faut-il prendre?	Il faut qu'il prenne …
8. À quelle station devra-t-il changer?	Il devra …
9. Quelle direction prendra-t-il ensuite?	C'est la direction … qu'il …
10. Où est-ce qu'il doit descendre?	… à …
11. Peut-il prendre un autobus direct?	Non, … parce qu' …
12. Que lui conseille l'agent?	… de prendre …

QUESTIONS D'EXPLOITATION

1. Cet homme pourrait-il marcher longtemps dans Paris?	Non, … valises trop lourdes.

---

[1] *Le XVIe:* Un des 20 arrondissements de Paris; un des plus chics (Bois de Boulogne, Trocadéro, Passy, …).

2. À quoi reconnaît-on un agent? ... à son uniforme./ ... à son ... et à sa tenue.

3. Quel est la tenue des agents à Paris? Ils portent un képi, une tenue bleu foncé, un ceinturon et une bandoulière.

4. Quel est le moyen le plus pratique de se déplacer dans Paris? ... le métro./ ... de prendre ...

5. Y a-t-il une seule classe dans le métro à Paris? Non, ... a deux classes.

6. Pourquoi l'autobus est-il parfois plus pratique que le métro? ... direct.

7. A-t-on intérêt à acheter les billets de métro ou de bus par carnets? Pourquoi? Oui, ... sont moins chers./ ... coûtent moins cher.

8. Le métro fonctionne-t-il toute la nuit à Paris? Non, ... jusque vers une heure du matin.

9. Et les bus? Il en est de même pour certaines lignes.

10. Quel est l'avantage de se déplacer en taxi? Et l'inconvénient? ... le confort, ... direct./ ... cher.

11. Si ce voyageur arrivait en pleine nuit, aurait-il le choix entre métro, bus et taxi? Non, il lui faudrait prendre .../ Il faudrait qu'il prenne .../ Il serait obligé de prendre ...

12. Pourquoi le touriste n'a-t-il pas envie de prendre le métro? ... il y a des correspondances./ ... pas direct.

13. Tous ceux qui travaillent à Paris y habitent-ils aussi? Non, .../ Bien sûr que non.

14. Où habitent-ils alors? ... en banlieue./ ... aux environs de Paris./ ... dans la périphérie.

15. Quelle est la population actuelle de Paris? ... d'environ neuf millions d'habitants./ Paris a environ .../ La population de Paris s'élève à environ ...

16. Le nombre d'habitants à Paris augmente-t-il? Oui, ... d'environ 300.000 par an.

17. Préférez-vous habiter une grande ou une petite ville? Moi, je préfère ...

18. Pourquoi faut-il plus d'argent pour vivre dans une grande ville? ... à cause des loyers plus élevés, des frais de transport, des occasions de sortir, ...

MISE EN PERSPECTIVE

Pourquoi, à première vue, peut-il sembler plus facile de circuler à New York ou à Montréal qu'à Paris?

SCHÉMA D'INTONATION

L'Interrogation
La réponse à la question est *oui* ou *non*.

EXEMPLES:

Puis-je prendre un autobus?

Je peux prendre un autobus?

Est-ce que je peux prendre un autobus?

EXERCICE:

1. Vous arrivez à Paris?
2. Vous venez d'arriver à Paris?
3. Est-ce qu'il n'y a pas d'autobus direct?
4. Il y avait du monde dans le train?
5. Savez-vous où il faut changer pour aller à Passy?

CONVERSATION GRAMMAIRE: Exercices
A. LES COMPARATIFS

MODÈLE: *Qu'est-ce qui est plus cher, le taxi ou le métro?*
Le taxi est plus cher que le métro et le métro est moins cher que le taxi.

1. Qu'est-ce qui est plus lourd, la valise ou le sac?
2. Qu'est-ce qui est plus pratique, l'autobus ou le métro?
3. Qu'est-ce qui est plus rapide, le train ou l'avion?
4. Qu'est-ce qui est meilleur marché, le métro ou le taxi?
5. Qu'est-ce qui est plus grand, Paris ou New York?
6. Qu'est-ce qui est plus rapide, le car ou la voiture particulière?
7. Qu'est-ce qui est plus calme, une gare ou un jardin public?
8. Qu'est-ce qui est plus français, Québec ou Toronto?
9. Qu'est-ce qui est plus confortable, un taxi ou une voiture de métro?

B. QUELQUES RAPPORTS TEMPORELS

MODÈLE: ***Hier** le touriste **visitait** Bordeaux.*
***Aujourd'hui** il **arrive** à Paris.*
***Demain** il **repartira** pour Versailles.*

1. Hier il (faire) beau. Aujourd'hui il (faire) sombre. Demain il (pleuvoir) peut-être.

2. Autrefois la grippe (tuer). Aujourd'hui les antibiotiques (tuer) la grippe. Dans quelques années il y (avoir) d'autres formes de la grippe.
3. Hier je (être en forme). Aujourd'hui je (être) malade. Demain le médecin (venir) me voir.
4. La nuit dernière maman (s'inquiéter). Ce matin elle (être fatiguée). Ce soir elle (se reposer).

MODÈLE : *L'agent lui dit: «Il faut attendre.»*
          L'agent lui dit qu'il faut attendre.
          L'agent lui a dit qu'il fallait attendre.

1. Le médecin lui dit: «Ce n'est pas grave.»
2. L'agent ajoute: «Il n'y a pas de service direct.»
3. Le touriste lui demande «Est-ce qu'il y a un autobus?» (si)
4. Les touristes se demandent: «Qui va nous tenir compagnie?»

ÉCHELLES

Prenez le métro.
  Prenez-le.
    Ne le prenez pas.
      Je vais le prendre.
        Je le prendrai.
          Je viens de le prendre.
            Je l'ai pris.

Prenez un taxi.
  Prenez-en un.
    N'en prenez pas.
      Je vais en prendre un.
        J'en prendrai un.
          Je viens d'en prendre un.
            J'en ai pris un.

Prends ma valise.
  Prends-la.
    Ne la prends pas.
      Je vais la prendre.
        Je la prendrai.
          Je viens de la prendre.
            Je l'ai prise.

Prends mes bagages.
   Prends-les.
      Ne les prends pas.
         Je vais les prendre.
            Je les prendrai.
               Je viens de les prendre.
               Je les ai pris.

Apprenez vos leçons.
   Apprenez-les.
      Ne les apprenez pas.
         Vous allez les apprendre.
            Vous venez de les apprendre.
            Vous les avez apprises.

Écoutez des disques.
   Écoutez-en.
      N'en écoutez pas.
         Nous allons en écouter.
        Nous en écouterons.
           Nous venons d'en écouter.
         Nous en avons écouts.

5
L'embouteillage

*Un grand carrefour à une heure de pointe. Voitures particulières, autobus,
camions. Une grosse Peugeot en panne, un monsieur bien habillé au
volant. Certains conducteurs ont l'air exaspéré.*

Il est dix-huit heures, heure de pointe. Le conducteur de la Peugeot attendait que le feu passe au vert pour traverser le carrefour. En démarrant, il a calé son moteur. Impossible de le remettre en marche! L'agent, furieux, s'est mis à gesticuler, à siffler, à hurler. Il a quitté son poste d'observation au milieu du carrefour et s'est avancé, excédé, vers le conducteur malchanceux en lui ordonnant de circuler. Quand il a enfin compris que le pauvre homme était en panne, il a demandé à quelques passants de l'aider à pousser la lourde berline afin de la ranger le long du trottoir. Le conducteur est très vexé. Il se rend compte que sa voiture a paralysé la circulation et qu'il a causé, en un clin d'oeil, un énorme embouteillage. Il essaie de s'excuser auprès de ceux qui l'entourent.

«C'est la première fois en vingt-cinq ans que cela m'arrive! Une si bonne voiture, si fidèle! Elle démarre toujours au quart de tour! Il doit y avoir une poussière dans le carburateur . . .»

«Allez! ne vous en faites pas, ça arrive à tout le monde, lui dit l'agent. Tout à l'heure c'est arrivé à un chauffeur de poids lourd.»

QUESTIONS D'IDENTIFICATION

1. Quelle heure est-il?	. . . 18 h./ . . . 6 h. du soir.
2. Est-ce qu'il y a beaucoup de circulation à ce moment-là?	Oui, c'est une heure de . . .
3. Quel genre de voiture ce monsieur conduit-il?	C'est une . . ./ Il conduit une . . .
4. Qu'est-ce que le monsieur attendait pour traverser?	. . . le feu vert./ . . . que le feu passe . . .
5. Qu'a-t-il fait en démarrant?	. . . calé . . .
6. Qu'a fait alors l'agent?	Il s'est mis à . . .
7. Où se trouvait-il?	. . . à son . . .
8. Et où se trouvait son poste d'observation?	. . . au milieu . . .
9. Qu'est-ce que l'agent a fait ensuite?	Il a quitté . . ./ Il s'est avancé vers . . .
10. Est-ce que l'agent a poussé la voiture tout seul?	Non, il a demandé à . . . de . . .
11. De quoi le conducteur se rend-il compte?	. . . que . . .
12. Est-ce qu'il a fallu longtemps pour causer cet embouteillage?	Non, . . . très peu de temps . . ./ Il a suffi d'un clin d'œil . . .

QUESTIONS D'EXPLOITATION

1. Y a-t-il toujours autant de voitures qui circulent dans les rues de Paris?	Evidemment non, il y en a moins aux heures creuses.

2. Ce monsieur est-il bon con- ducteur? Pourquoi?

Non, il est plutôt maladroit parce qu'il ...

3. Quand un moteur cale, c'est dû à quoi en général?

... au fait qu'on n'a pas assez ac- céléré./ ... qu'on a embrayé trop vite .../ ... qu'on a noyé le car- burateur.

4. Croyez-vous que l'agent ait l'in- tention de donner une contra- vention au conducteur?

Non, ce serait étonnant qu'il lui donne ...

5. Pourquoi?

Ce n'était pas de sa faute./ Il ne l'a pas fait exprès.

6. Et s'il était passé au feu rouge?

Alors, il aurait eu une .../ ... l'agent lui aurait donné ...

7. L'agent était-il content?

Non, ... furieux contre lui.

8. Comment s'est manifesté son mecontentement?

... par des cris, des ...

9. A-t-il compris tout de suite ce qui se passait?

Non, ... au bout d'un certain temps./ Il lui a fallu un certain temps pour comprendre ...

10. Aurait-il pu pousser la voiture tout seul?

Non, parce que c'était une voiture trop lourde.

11. Qu'est-ce qu'il a fait alors?

Il a demandé à ... de ...

12. Qu'est-ce que le monsieur éprouve?

... de la gêne./ ... très gêné./ ... vexé.

13. Est-ce que ce genre de panne lui arrive souvent?

C'est la première fois .../ Il dit que non, mais ...

14. Est-ce qu'on voit des Peugeot dans votre pays?

Oui, ... quelques-unes./ ... pas mal./ Non, ...

15. Nommez d'autres marques de voitures françaises.

On peut citer les ...

16. En dehors des heures de pointe, connaissez-vous d'autres mo- ments dans l'année où la circu- lation est difficile?

Oui, ... à l'époque des fêtes./ ... des départs en vacances.

17. En France, quand deux voitures arrivent ensemble à un carre- four, laquelle a la priorité?

Celle qui a la voie libre à droite .../ La priorité est à celle de droite./ C'est celle qui n'a pas d'autre voi- ture à droite qui a la priorité.

18. Est-ce que les feux rouges dans une ville fonctionnent au ha- sard?

Cela dépend. Parfois ils sont syn- chronisés.

19. Est-ce qu'il vous est déjà arrivé de brûler un feu rouge?

Oui, ... une fois./ ... plusieurs fois .../ Non, ... jamais ...

20. L'aviez-vous fait exprès?

Oui, .../ Non, ...

21. Qu'auriez-vous fait si vous aviez eu une crevaison à ce carrefour à l'heure de pointe? | ... rangé la voiture le long du trottoir./ ... demandé à quelqu'un de m'aider./ ... téléphoné à un service de dépannage.

MISE EN PERSPECTIVE

Les heures de pointe chez vous sont-elles les mêmes qu'à Paris? Expliquez.

SCHÉMA D'INTONATION

L'Interrogation—Suite
On ne peut pas y répondre par *oui* ou *non*.

EXEMPLE:

Quelle heure est-il?

À qui ferez-vous croire cela?

EXERCICE:
1. Qui conduisait cette voiture?
2. Pourquoi êtes-vous passé au feu rouge?
3. Comment se fait-il qu'il y ait tant de monde ici?
4. Qu'est-ce que vous voulez que ça me fasse?
5. Qu'est-ce que vous avez fait de votre permis de conduire?

CONVERSATION GRAMMAIRE: Exercice

LES CHARNIÈRES (*en* + participe présent)

MODÈLE: *J'ai démarré* — *et j'ai calé mon moteur.*
En démarrant — *j'ai calé mon moteur.*

1. Je suis allé au bureau — et j'ai brûlé un feu rouge.
En allant ... — ...
2. J'ai brûlé un feu rouge — et j'ai attrapé une contravention.
En brûlant ... — ...
3. Ils ont poussé la voiture — et ils l'ont rangé le long du trottoir.
En poussant ... — ils ...
4. L'agent a gesticulé — et il a fait circuler les voitures.
En gesticulant ... — l'agent ...

5. Je respecte le code de la route   et j'évite les accidents.
   En respectant ...   ...
6. Elle achète de l'ordinaire   et elle fait des économies.
   En achetant ...   ...
7. Pierre a trop appuyé sur   et il a noyé la carburateur
   l'accélérateur
   En appuyant trop ...   Pierre ...
8. Ursula et John apprennent le   et ils s'élargissent l'esprit.
   français
   En ...   Ursula et John ...

ÉCHELLES

La Berline
Poussons-la.
   Ne la poussons pas.
      Mais poussez-la, voyons!
         Il faut la pousser.
            Aidez-moi à la pousser.
               Nous la poussons.
                  Nous aidons à la pousser.
                  Nous l'avons poussée.
Le camion

Les voitures

6
Un F3

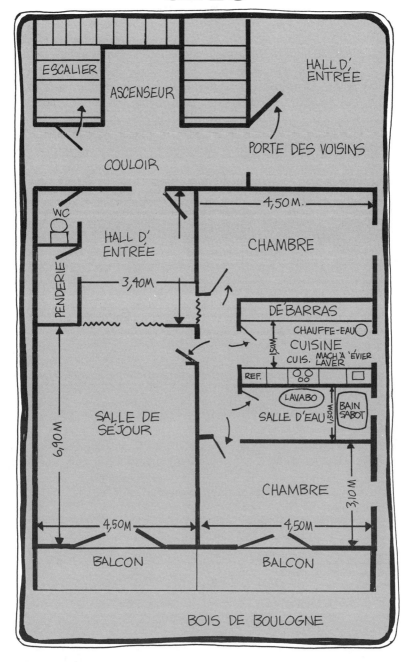

Plan d'un F3:[1] *salle de séjour, cuisine, deux chambres à coucher, hall, débarras, penderie, salle d'eau, w. c., balcon.*

[1] *F3:* Formule qui désigne un logement à trois pièces principales. On trouve aussi: P3, V3, T3 (Pièces, Villa, Type).

Les Mangot viennent d'acheter ce logement F3 en face du Bois de Boulogne,[2] dans un grand immeuble en copropriété. Pour y arriver, il faut passer devant la loge du concierge et prendre l'ascenseur jusqu'au cinquième. Le vaste hall d'entrée peut servir de salle à manger quand on reçoit des invités. D'habitude, les Mangot prennent leurs repas dans la salle de séjour.

Dans la cuisine on trouve des appareils modernes bien pratiques: cuisinière à gaz, réfrigérateur, chauffe-eau électrique, machine à laver automatique. Les nouveaux propriétaires n'ont même pas eu à les acheter car la cuisine, dans ces appartements, est livrée entièrement équipée. À côté, dans la salle d'eau minuscule, il y a juste la place pour un lavabo et un bain-sabot. Pour le rangement, on dispose d'une penderie, d'un débarras et d'une cave au sous-sol.

Comme la plupart des immeubles parisiens, celui-ci n'est pas climatisé. D'ailleurs, ce n'est pas indispensable. Ce qui fait le charme de cet appartement, c'est le grand balcon où les Mangot s'installent quand il fait beau, et d'où l'on a une vue magnifique sur le Bois. Un seul ennui: le jeune locataire du studio au-dessus est trop bruyant, et il faudra porter plainte si le vacarme continue.

QUESTIONS D'IDENTIFICATION

1. Dans quel genre d'immeuble se trouve l'appartement des Mangot?
... dans un immeuble en ...

2. À quel étage est-il?
... au ...

3. De quoi est-ce que le hall peut servir quand il y a des invités?
Il sert de .../ On l'utilise comme ...

4. D'habitude, dans quelle pièce les Mangot prennent-ils leurs repas?
... dans la salle ...

5. Énumérez les appareils qu'on trouve dans la cuisine.
(cuisinière à gaz, réfrigérateur, chauffe-eau électrique, machine à laver automatique)

6. Est-ce que la salle d'eau est une grande pièce?
Non, au contraire, ...

7. Où les Mangot peuvent-ils descendre pour ranger certaines affaires?
... à la cave, au sous-sol.

8. Sur quel parc donne l'appartement?
... sur le Bois ...

9. Où habite le concierge?
... dans une loge à proximité de l'entrée.

10. Qu'est-ce qui fait le charme de cet appartement?
C'est le ...

11. Les Mangot ont-ils des voisins?
... en ont.

[2] *Bois de Boulogne:* Immense bois à l'ouest de Paris, bordé par la Seine et les banlieues de Neuilly, d'Auteuil, de Saint-Cloud et de Suresnes.

12. Combien de chambres à coucher y a-t-il dans cet appartement?

Il y a ...

13. Quelles sont les dimensions de la salle de séjour?

(Voir le plan.) Elle mesure ... mètres sur .../ Elle fait ... mètres sur ...

QUESTIONS D'EXPLOITATION

1. Comptez les pièces principales sur le plan et expliquez ce qu'est un F3.

Je compte .../ La formule F3 désigne ...

2. Que signifie alors F4 ou F5?

La formule F4 désigne ...

3. Quelles sont les fonctions d'un (ou d'une) concierge?

... distribue le courrier, surveille les entrées et les sorties, nettoie les escaliers, .../ ... est chargé de distribuer ...

4. Dans les grands immeubles, y a-t-il un concierge?

Oui, dans presque tous ...

5. Tous les appartements de Paris sont-ils aussi grands et agréables que celui-ci?

Non, il y en a qui ... minuscules et déprimants.

6. Pourquoi celui-ci est-il particulièrement agréable?

... il donne sur .../ ... le balcon donne sur ...

7. Quel est le seul ennui dans cet appartement?

... est le locataire ...

8. Que feront les Mangot pour mettre fin à cette situation?

Ils .../ ... si ça continue.

9. Dans les ensembles modernes, est-ce que les architectes aménagent des garages et des parkings?

Oui, c'est indispensable aujourd'hui.

10. Croyez-vous que cet appartement soit confortable?

Oui, je crois qu'il est .../ Non, je ne crois pas qu'il soit .../ Je ne suis pas sûr qu'il soit ...

11. Faut-il donner quelque chose au concierge au moment des fêtes de fin d'année?

Oui, cela se fait./ C'est dans les habitudes./ C'est la coutume./ On peut lui offrir un petit cadeau, des étrennes.

12. Les charges (chauffage, eau, gaz, électricité, taxes, ...) sont-elles plus élevées dans un grand appartement?

Évidemment, elles .../ ... plus onéreuses ...

13. Où Madame Mangot peut-elle ranger son aspirateur?

... dans un placard ou dans un débarras.

14. Quelle est la surface de la salle de séjour?

Elle mesure ... mètres carrés (m^2).

15. Les Mangot ont-ils une machine à laver la vaisselle?

Non, ... pas encore de ...

Une formule intermédiaire entre le H.L.M. et la maison individuelle.

16. Est-ce qu'à Paris certains im-   Oui, mais ils sont très peu nombreux.
meubles sont climatisés?

17. Pourquoi n'est-il pas indispen-   ... à cause du climat tempéré./ ...
sable que les immeubles soient   parce que le Français n'est pas très
climatisés en France?   exigeant sur certaines questions de
confort.

MISE EN PERSPECTIVE

Comparez cet appartement et ceux du même genre dans votre pays.
Vous semble-t-il aussi confortable?

SCHÉMA D'INTONATION

La Surprise ou L'Étonnement
La montée est légère (à la différence de l'interrogation).

EXEMPLE:

(*interrogation*) C'est près du Bois de Boulogne?

(*surprise*) C'est près du Bois de Boulogne!

EXERCICE:

1. Ils ont un F3? Ils ont un F3!
2. Il y a si peu de place que cela? Il y a si peu de place que cela!
3. L'appartement n'est pas climatisé? L'appartement n'est pas climatisé!
4. Il y a un ascenseur dans leur immeuble? Il y a un ascenseur dans leur immeuble!
5. On peut voir les allées du Bois de leur balcon? On peut voir les allées du Bois de leur balcon!

CONVERSATION GRAMMAIRE: Exercices

A. PRONOMS POSSESSIFS—*habiter—assez/trop* + *pour*

MODÈLE: *Cet appartement.*
   C'est le mien.
     Ce n'est pas le vôtre.
       C'est moi qui l'habite.
         À qui croyez-vous qu'il est?
           Il est assez grand pour moi.
           Il est trop petit pour vous.

1. Cette tour
   C'est ...
     Ce n'est pas ...
       C'est moi qui y habite.
         À qui croyez-vous ... est?
           Elle est assez haute pour moi.
             Elle est trop bruyante pour vous.

2. Ces maisons
   Ce sont les leurs.
     Ce ne sont pas ...
       Ce sont ... qui les habitent.
         À qui croyez-vous ... sont?
           Elles sont assez confortables pour eux.
             Elles sont trop modestes pour nous.

3. Ces immeubles.
   Ce sont les nôtres.
     Ce ne sont pas ...
       C'est ... qui y habitons.
         À qui croyez-vous ... sont?
           Ils sont assez bien meublés pour nous.
             Ils sont trop bruyants pour vous.

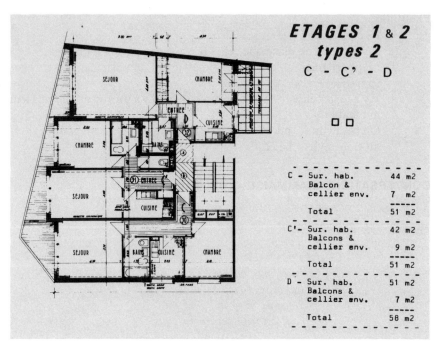

**ETAGES 1 & 2
types 2**

C - C' - D

C - Sur. hab.	44 m2
Balcon & cellier env.	7 m2
Total	51 m2
C'- Sur. hab.	42 m2
Balcons & cellier env.	9 m2
Total	51 m2
D - Sur. hab.	51 m2
Balcons & cellier env.	7 m2
Total	58 m2

Pour l'utilisation maximale de l'espace.

B. QUELQUES LOCUTIONS TEMPORELLES
   Ils sont là.
   1. Depuis quand?
      Depuis 12h30. Depuis hier. Depuis samedi. Depuis le 15.
   2. Depuis combien de temps?
      Depuis une demi-heure. Depuis deux jours. Depuis trois semaines.
      Depuis peu. Depuis longtemps.
   3. Il y a combien de temps qu'ils sont là?
      Il y a une demi-heure. Il y a deux jours. Il y a trois semaines.
      Il y a peu de temps. Il y a longtemps.

ÉCHELLE

—Où habitez-vous?
  —Rue Jean Jaurès.
    —À quel numéro?
      —Au 126.
        —À quel étage?
          —Au rez-de-chaussée.
            —Je vous dépose chez vous.
              —Merci beaucoup.

—Je vous en prie.

—Vous passerez me prendre demain?

—Avec plaisir. À quelle heure?

—À 8 heures.

—Entendu!

7
Aux sports d'hiver

*Une piste de ski. Des skieurs qui descendent en slalom. Un autre groupe
de skieurs en train d'apprendre à descendre sous la conduite d'un moniteur.
Au fond, un remonte-pente. Les maisons du village. Les hôtels en bordure
de la piste.*

Le village de Samoëns[1] est une petite station de sports d'hiver. Il n'y a que trois hôtels. Ils sont bondés dès le début de la saison, car les gens viennent ici de plus en plus nombreux chaque année. Les autres stations à la mode sont hors de prix mais on ne s'y amuse pas davantage. Il y a ici, depuis peu, un remonte-pente très pratique et pas cher du tout: deux francs par siège. De plus, les pistes sont bien aménagées et très bien balisées.

Les Renouvier sont là depuis trois jours. Ils perfectionnent leur slalom. Leurs fils Michel suit des cours pour débutants dans une école de ski. Un moniteur les entraîne deux heures chaque matin. Les voici en train d'apprendre à s'accroupir sur leurs skis avant de descendre. À la fin du séjour les Renouvier auront fait une cure d'air pur et de soleil. Il y aura sans doute des jambes et des bras cassés, des chevilles foulées, mais quel bronzage, quelle forme et quelle belle provision de souvenirs!

QUESTIONS D'IDENTIFICATION

1. Combien d'hôtels y a-t-il dans cette petite station? — Il y en a ...

2. Les gens sont-ils nombreux ici? — Oui, ... de plus en plus ...

3. Est-ce qu'on s'amuse davantage dans les autres stations? — Non, ... pas davantage./ La station de Samoëns est aussi agréable que les autres.

4. Depuis combien de temps y a-t-il un remonte-pente ici? — Depuis peu .../ C'est seulement depuis peu qu' ...

5. Combien faut-il payer pour l'utiliser? — ... seulement .../ Il suffit de payer ...

6. Dans quel état sont les pistes à Samoëns? — ... bien ... et bien .../ ... en excellent état.

7. Depuis combien de temps les Renouvier sont-ils là? — ... depuis .../ Il y a ... qu'ils ...

8. Que font Monsieur et Madame Renouvier en ce moment? — Ils sont en train de ...

9. Et Michel? — Michel, lui, est ...

10. Que fait le moniteur chaque matin? — Il entraîne les ...

11. Pendant combien de temps le moniteur les entraîne-t-il? — ... pendant deux heures./ ... deux heures.

12. Quels accidents arrivent souvent en montagne? — On se casse un bras, une jambe./ On se foule une cheville./ Il arrive parfois qu'on se casse ...

13. Qu'est-ce que les Renouvier rapporteront de leurs vacances en montagne? — ... un beau bronzage et une belle provision de ...

[1] *Samoëns:* Petite station en Haute-Savoie entre Morzine et Megève.

14. En quelle forme seront les Re-   ... en pleine ...
nouvier à la fin de leur séjour?

QUESTIONS D'EXPLOITATION

1. Y a-t-il beaucoup de monde dans   Oui, ... bondés.
ces trois hôtels?

2. Les gens venaient-ils nombreux   Non, ... pas aussi nombreux qu'au-
ici autrefois?   jourd'hui.

3. Pourquoi viennent-ils ici de plus   ... à cause des prix raisonnables, des
en plus?   installations modernes, des pistes ... /
    ... parce que ...

4. Que fallait-il faire autrefois   ... remonter à ski./ ... à pied.
quand il n'y avait pas de re-
monte-pente?

5. Combien de personnes peuvent   Deux ... /   Le siège peut recevoir ...
utiliser le même siège?

6. Y a-t-il longtemps que les Re-   ... pas longtemps ... /   Il n'y a que
nouvier sont arrivés?   ... que ...

7. Savaient-ils skier avant d'arriver   Oui, ... déjà un peu ...
ici?

8. Étaient-ils de bons skieurs?   Non, ... car ...

9. Et Michel, est-ce qu'il savait   Non, ... pas du tout ... / ... débu-
skier?   tant.

10. Les débutants que vous voyez ici   Non, ... d'âge différent./ ... de
ont-ils tous le même âge?   tous les âges.

11. Les leçons pour débutants ont-   Non, c'est le matin que ...
elles lieu l'après-midi?

12. Est-il difficile de s'accroupir sur   Oui, ... assez ... /   Beaucoup trou-
les skis?   vent qu'il est ...

13. Est-il facile de trouver une   ... assez difficile ... / ... réserver
chambre dans un hôtel de Sa-   longtemps à l'avance./ ... retenir ...
moëns pendant la saison des
sports d'hiver?

14. Les prix sont-ils les mêmes en   ... plus élevés.
hiver qu'en été?

15. Pourquoi paie-t-on plus cher   ... plus à la mode./ ... plus chic.
dans les autres stations?

16. Samoëns a-t-elle les avantages   ... certains ... / ... d'autres avan-
d'une grande station?   tages.

17. Pourquoi est-ce qu'on va aux   ... on aime le ski./ ... pour faire
sports d'hiver?   une cure d'air pur./ ... pour se re-
    poser./ ... c'est la mode maintenant.

18. Les gens des villes ont-ils besoin   ... grand besoin ... / C'est une
de respirer de l'air pur?   nécessité de ...

Les sports d'hiver maintenant à la portée de tous.

19. Le climat de montagne est-il sain? ... très .../ ... parce que l'air ...

20. À votre avis, ces cours pour débutants sont-ils gratuits? ... sans doute payants.

21. N'importe qui peut-il se payer des vacances à la montagne? Beaucoup .../ De plus en plus de personnes .../ ... de gens ...

22. Le ski est-il un sport dangereux comme le disent certains? Oui, il peut l'être./ Non, ... à condition de prendre certaines précautions.

23. Quels conseils donneriez-vous à quelqu'un qui veut faire du ski? (faire de la gymnastique préparatoire, des exercices d'assouplissement; commencer très jeune; ne pas s'aventurer tout de suite sur les pistes les plus avancées.)

MISE EN PERSPECTIVE

Avez-vous autant d'occasions d'aller aux sports d'hiver que les Français? Comment cela s'explique-t-il?

SCHÉMA D'INTONATION

La Surprise ou L'Étonnement—Suite
L'étonnement porte sur *deux* éléments distincts.

EXEMPLE :

Il n'y a que trois hôtels,   //   et c'est tout!

EXERCICE :
1. Un remonte-pente,   //   et pas cher du tout!
2. Deux francs,   //   par siège!
3. Il suit des cours,   //   dans une école de ski!
4. En pleine forme,   //   après tant d'efforts!
5. Son père ne sait pas skier,   //   et sa mère non plus!

CONVERSATION GRAMMAIRE : Exercices

A. Ne ... que = seulement
MODÈLE : *Il y a seulement trois hôtels ici, n'est-ce pas?*
            Oui, il n'y a que trois hôtels.

1. Le remonte-pente coûte seulement deux francs, n'est-ce pas?
2. Les Renouvier sont ici depuis trois jours seulement, n'est-ce pas?
3. La leçon de ski dure seulement deux heures, n'est-ce pas?
4. Ils ont seulement quinze jours de vacances, n'est-ce pas?
5. François a seulement dix ans, n'est-ce pas?
6. Madeleine achètera seulement un pain, n'est-ce pas?
7. Jacques suit seulement trois cours, n'est-ce pas?
8. Nous avons seulement un chapitre à préparer, n'est-ce pas?
9. Janine fait seulement du ski de descente, n'est-ce pas?
10. Ils font seulement du ski de fond, n'est-ce pas?

B. QUELQUES EXCLAMATIONS
MODÈLE : *C'est un bon skieur.*
            Quel skieur! Quel bon skieur! Que ce skieur est bon!

1. C'est un beau souvenir.
2. C'est une bonne neige.
3. C'est une petite station.
4. C'est un bel enfant.
5. C'est un gentil moniteur.
6. C'est un hôtel bon marché.
7. C'est un exercice facile.
8. C'est une belle région.

FORFAIT TRANSPORT

HTE-SAVOIE (LES CARROZ - CHAMONIX - FLAINE - MEGEVE - MORZINE)
SAVOIE (LES ARCS - MONTCHAVIN - LA PLAGNE - TIGNES - VALMOREL)
ISERE (ALPE D'HUEZ - LES 2 ALPES - CHAMROUSSE - VILLARD-DE-LANS)

au départ de PARIS

		départ de Paris le soir	retour à Paris le matin	Nombre de nuits à la station
● Jusqu'au 19 mars	NOEL (toutes destinations)	merc. 21 décembre	merc. 4 janvier	12
TRAIN SPECIAL 2000 Gare de l'Est	SPECIAL JANVIER (toutes destinations)	mar. **matin** 3 janv. (1)	dim. 15 janv.	11
	AUTRES PERIODES Hte-Savoie + Isère	vend. 13 janv./17 mars	dim. 22 janv./19 fév. sam. **soir** 25 fév. (1) dim. 5/19 mars	
	Savoie	vend. 13 janv./10 fév. vend. 17 fév. sam. 25 fév. dim. **matin** 5 mars (1) vend. 10/17mars	dim. 22 janv./19 fév. lundi 27 fév. lundi 6 mars dim. 12 mars dim. 19 mars	7 8 7 6 7
(1) Parcours de jour : un déjeuner/plateau vous sera offert à bord du train.				
● A partir du 24 mars TRAIN REGULIER (Gare de Paris/Lyon)		vend. 24 mars/14 avril	dim. 26 mars/23 avril	7

PRIX PAR PERSONNE, comprenant	TRAIN SPECIAL 2000 (jusqu'au 19 mars) « Un train pas comme les autres » (voir au dos de la)brochure)	TRAIN REGULIER (à partir du 24 mars)
Nos prix ne comprennent pas (dans les deux cas) le déjeuner et le dîner hors pension à la station le jour du retour	— aller et retour couchettes 2e cl. avec draps, couvertures, rideaux, — petit déjeuner servi à l' aller — service d'hôtesses et stewards durant le voyage et les transferts, — séances de cinéma à bord, — transfert aller et retour gare/station	— aller et retour couchettes 2e cl. S.N.C.F. — assistance d'un représentant VACANCES 2000 — transfert aller et retour gare/station — petit déjeuner à l' aller
	F	F
Adultes	295	275
Enfants de 4 à moins de 10 ans	230	210
Enfants de moins de 4 ans .... (partageant la couchette d'un adulte)	50	50
Major. départ des 24 et 25 fév. : ...	80	—

WAGONS-LITS Majoration aller et retour par personne :		
— **Savoie** : chaque départ et retour jusqu'au 19 mars — **Hte-Savoie** : uniquement aller 24 fév., retour 5 mars	T2 (2 personnes)	250 F
	SPECIAL (1 pers., y compris supplément 1re classe)	460 F

au départ des AUTRES REGIONS vers SAVOIE et HTE-SAVOIE

TRAINS REGULIERS		départ le soir	retour le matin	Nombre de nuits à la station
STRASBOURG MULHOUSE	Noël Autres périodes	merc. 21 déc. vendredi 6 janv./7 avril	merc. 4 janv. dim. 15 janv./16 avril	12 7
LILLE-REIMS METZ - NANCY	Noël Autres périodes	merc. 21 déc. vend. 6 janv./24 mars sam. 1er avril	merc. 4 janv. dim. 15 janv./26 mars dim. 9 et 16 avril	12 7 6 ou 13
BREST (A) RENNES (A) QUIMPER (A) NANTES (B)	Noël Vac. février (A) (B) Vac. Printemps Autres périodes	merc. 21 déc. vend. 10 fév. sam. 18 fév. sam. 1er avril sam. 7 janv./4 avril et 4/25 mars	merc. 4 janv. dim. 19 fév. dim. 26 fév. dim. 16 avril dim. 15 janv./12 fév. et 12 mars/2 avril	12 7 6 13 6

PRIX PAR PERSONNE, comprenant : — le voyage aller et retour en train couchettes 2e cl.)

ne sont pas compris : — les transferts aller et retour de la gare à l'hôtel, (un service d'autocar régulier existe à l'arrivée et au départ de chaque train), — le déjeuner et le dîner hors pension à la station le jour du retour.

	MULHOUSE NANCY	METZ REIMS STRASBOURG	LILLE NANTES	RENNES	BREST QUIMPER
	F	F	F	F	F
Adultes	220	245	305	325	385
Enfants de 4 à moins de 10 ans	140	155	185	195	225

Enfants de moins de 4 ans partageant la couchette d'un adulte : gratuit
Si l'enfant occupe seul une couchette, appliquer le prix « enfants de 4 à moins de 10 ans »

Province/Paris : Prix spéciaux d'acheminement, par train au départ de certaines villes non mentionnées ci-dessus. Consultez votre agence de voyage.

ÉCHELLE

Charnière: après + infinitif passé

MODÈLE: *Je monte le réveil et j'éteins la lumière.*
Après avoir monté le réveil, j'éteins la lumière.

J'éteins la lumière et je m'endors.
Après avoir éteint la lumière, je m'endors.

J'entends la sonnerie du réveil et je me réveille.
Après avoir entendu ... ...
  Je me réveille et je me retourne un peu dans mon lit.
  Après m'être ... ...
    Je me retourne un peu dans mon lit et je me lève.
    Après ... ...
      Je me lève et je fais monter le petit déjeuner.
      Après ... ...
        Je fais monter le petit déjeuner et je me lave en vitesse.
        Après avoir fait ... ...
          Je me lave en vitesse et je m'habille chaudement.
          Après m'être ... ...
            Je m'habille chaudement et je passe un coup de fil à mon ami.
            Après ... ...
              Je passe un coup de fil ... et je prends mon équipement
              de ski.
              Après avoir ... ...
                Je prends mon équipement ... et je ferme ma porte à clé.
                Après avoir ... ...
                  Je ferme ma porte à clé et je me rends sur la piste.
                  Après ... ...
                    Je me rends sur la piste et je m'aperçois que j'ai un
                    ski de trop.
                    Après ... je me souviens que je suis unijambiste.

8
Après l'examen

La cour du lycée à l'heure de l'interclasse. Au premier plan Patrice et Gilbert (17 ans environ). Gestes violents de Patrice, expression de colère sur son visage. Au second plan, la loge vitrée du concierge. Un panneau d'affichage, portant des listes de noms. La foule des autres élèves.

PATRICE: Ils m'ont collé,[1] dis donc! Les vaches! Huit sur vingt[2] à l'écrit seulement! Je viens de recevoir le relevé des notes. Et pourtant j'avais bien travaillé toute l'année.

GILBERT: Quelle malchance tu as eue, mon pauvre Patrice! Moi, j'ai eu de la veine.[3] J'ai appris ma note grâce à un professeur. J'ai eu treize de moyenne à l'écrit! Pourtant, tu sais, je croyais avoir raté ma dissertation sur Pascal et la science moderne. Dans huit jours je passe l'oral.

PATRICE: Qu'est-ce que je vais entendre à la maison ce soir! Je n'ose même pas rentrer!

GILBERT: Ne te fais pas de bile! Puisque tu as huit, tu n'auras pas besoin de redoubler en septembre.

PATRICE: C'est vrai, ça me rassure un peu. Et puis on ne sait jamais. J'ai encore une petite chance. Je vais demander au concierge s'il connaît déjà la date des repêchages.[4] Alors, bonne chance pour l'oral, mon pote. Et n'oublie pas de m'inviter quand tu célébreras ton succès!

QUESTIONS D'IDENTIFICATION

1. Patrice est-il reçu ou collé?	Il est ...
2. Quelle moyenne a-t-il eue à l'écrit?	... 8 sur 20 .../ ... n'a eu que 8 de moyenne.
3. Avait-il pourtant bien travaillé?	Oui, il avait ...
4. Est-ce qu'il a eu de la chance?	Non, ... pas eu de .../ ... de la malchance.
5. Pourquoi Gilbert peut-il être content?	... parce qu'il a été reçu./ ... il a eu ...
6. Est-ce qu'il a eu de la chance, lui?	Oui, lui, il a eu ...
7. Quel était le sujet de la dissertation?	... était: «Pascal ...»/ La dissertation était sur Pascal .../ C'était un sujet sur ...
8. Quand Gilbert passera-t-il l'oral?	... dans ...
9. Est-ce que les parents de Patrice seront contents?	Non, ... furieux./ ... en colère./ ... consternés./ ... déçus.
10. Pourquoi Patrice a-t-il peur de rentrer chez lui?	... à cause de la réaction de ses parents./ Ses parents vont sans doute le sermonner./ Il va passer un mauvais quart d'heure.

[1] *Coller, être collé:* Expressions d'argot, jargon des étudiants—ne pas réussir à un examen, échouer.

[2] *Huit sur vingt:* Pour réussir à cet examen, Patrice aurait dû avoir la moyenne (10 sur 20).

[3] *Avoir de la veine:* Avoir de la chance.

[4] *Repêchages:* Examens de rattrapage pour ceux qui ont eu une note légèrement inférieure à la moyenne, et qui sont refusés.

11. Comment pourra-t-il se rattraper? ... repasser l'examen./ ... passer l'examen de rattrapage./ ... en passant ...

12. A-t-il encore une petite chance avec les repêchages? Oui, il a même une assez bonne ...

13. À qui va-t-il demander la date des repêchages? ... au ...

QUESTIONS D'EXPLOITATION

1. Patrice est-il content et de bonne humeur? Non, ... mécontent./ ... de mauvaise humeur.

2. Les examens du baccalauréat sont-ils difficiles? Oui, ... mais peut-être moins qu'autrefois.

3. À quel âge passe-t-on le baccalauréat? ... vers 17–18 ans.

4. Qui prépare les sujets d'examens? Ce sont les professeurs qui .../ C'est un groupe de professeurs qui est chargé de préparer ...

5. Les élèves connaissent-ils à l'avance les sujets du baccalauréat? Non, certainement pas. On les garde sous clef jusqu'à l'examen.

6. En France, on donne souvent des notes chiffrées aux devoirs (par exemple 12 sur 20). Aimeriez-vous voir ce système introduit dans votre pays? Oui, ce serait un changement salutaire (amusant, positif)./ Non, je suis plutôt contre./ À quoi bon changer de système?

7. Est-ce qu'on refuse au bac tous les élèves qui n'ont pas la moyenne? Non, il y a les repêchages.

8. Qu'est-ce qu'on peut faire si on a 8 ou 9 sur 20? ... repasser les épreuves./ On peut être repêché./ On n'est pas obligé de redoubler.

9. Et si on obtient une note inférieure à 8? ... il faut .../ On est obligé de ...

10. Pourquoi les parents de Patrice seront-ils fâchés de l'échec de leur fils? ... il a travaillé./ ... il méritait de réussir./ ... les études coûtent cher.

11. Est-ce que ce sont toujours les meilleurs qui réussissent à un examen? Non, ... pas toujours .../ Il arrive que des élèves médiocres soient reçus./ ... que de bons élèves soient refusés./ ... échouent.

12. Gilbert, à quoi doit-il sa réussite? Il dit qu'il la doit à .../ Il dit qu'il a eu ...

13. Comment essaye-t-il de consoler Patrice? ... en lui disant: «Ne te ...»/ ... en lui disant de ne pas se faire de ...

14. Est-ce que ce serait une bonne   Oui, .../   Non, ...
    chose que de supprimer tous les
    examens, tous les tests?
15. Devrait-on supprimer les notes   Oui, .../   Non, ...
    également?
16. Si on les supprimait, qu'est-ce   ... des appréciations non chiffrées,
    qu'on mettrait à leur place?   comme par exemple: reçu, admis,
                                       refusé, non admis, reçu avec men-
                                       tion, avec excellence ...

MISE EN PERSPECTIVE

Trouvez-vous quelques aspects du système scolaire français supérieurs au vôtre? Lesquels?

SCHÉMA D'INTONATION

L'Exclamation

Allure générale *descendante* dans toutes les phrases exclamatives. Légères *nuances* d'un genre de phrase à l'autre.

A. *Phrases légèrement exclamatives:* pas de termes proprement exclamatifs, pas d'intensité particulière, à peine plus d'emphase que dans la phrase-énoncé.

EXEMPLES:

Tu es un paresseux.

Vous êtes un imbécile.

EXERCICE:
    1. Il a été collé à son examen.
    2. Les sujets ont été terriblement difficiles.
    3. Cet enfant est impossible.

B. *Phrases plus nettement exclamatives:* plus émotives, mais sans terme exclamatif.

EXEMPLES:

Tu es un PAresseux!

Vous êtes un imBÉcile!

EXERCICE:
1. Il a été c̲ollé à son examen!
2. Les sujets ont été TErriblement difficiles!
3. Cet enfant est imPOssible!
4. Elle n'a eu que CINQ sur vingt à l'écrit!
5. Les VAches, les BRUtes!

CONVERSATION GRAMMAIRE: Exercice

LES PRONONS DE RENFORCEMENT (*moi, toi, lui, elle, nous, vous, eux, elles*)

MODÈLE: *Je sais le faire. Mon frère ne sait pas le faire.*
Moi, je sais le faire. Mon frère, lui, ne sait pas le faire.

1. Tu sais parler français. Jacques ne sait pas parler français.
2. Georges peut travailler tout l'été. Sa soeur ne peut pas travailler tout l'été.
3. Sophie veut apprendre la musique. Je ne veux pas apprendre la musique.
4. Nous pouvons vous aider. Vos parents ne peuvent pas vous aider.
5. Elles savent jouer au tennis. Je ne sais pas jouer au tennis.
6. Ils veulent aller en France. Tu ne veux pas aller en France.
7. Suzanne pourra suivre trois cours. Vous ne pourrez pas suivre trois cours.
8. Nous voulons réussir à nos examens. Ils ne veulent pas réussir à leurs examens.
9. Vous pouvez aller au Québec. Nous ne pouvons pas aller au Québec.
10. Mes soeurs savent parler français. Mes frères ne savent pas parler français.

ÉCHELLES

Pronoms indéfinis et pronoms démonstratifs

Un examen.
   Encore un autre!
    À bas les examens!
     Vivent les examens!
      C'est le même que celui de l'an dernier.
       Mais non, c'est un nouveau.

Une interrogation de contrôle.
   Encore une autre.

À bas les interros!
  Vivent les interros!
    C'est la même que celle de l'an dernier.
      Mais non, c'est une nouvelle.

Des concours.
  Encore d'autres!
    À bas les concours!
      Vivent les concours!
        Ce sont les mêmes que ceux de l'an dernier.
          Mais non, ce sont de nouveaux.

9
Au grand magasin

*Le rayon d'ameublement des Galeries Lafayette.[1] Un couple d'une
quarantaine d'années. Le vendeur zélé, carnet de commande à la main.
Les meubles disposés en allées: canapés, fauteuils, lampes, lampadaires,
buffets, salles à manger, chambres à coucher, ...*

[1] *Galeries Lafayette:* Grand magasin parisien, ne vend que des articles de bonne qualite;
a des succursales en province et à l'étranger.

Monsieur et Madame Ponchon viennent d'acheter une nouvelle maison, le rêve de leur vie. Maintenant, il faut la meubler, cette maison! Ils ont déjà passé trois heures à examiner des mobiliers. Ils ont demandé au vendeur de leur montrer presque tout ce qu'il a en rayon. Pour commencer, ils ont acheté un imposant canapé marron clair à quatre places. Puis, Madame Ponchon a aperçu deux poufs moutarde irrésistibles. «Ce sera le clou de notre salon, chéri!», a-t-elle crié. Monsieur Ponchon, lui, a choisi un fauteuil anglais:[2] il s'imagine déjà en train de lire son journal après dîner. Ils ont ensuite acheté des lampadaires Art Nouveau,[3] un immense tapis persan, un buffet Empire[4] et deux tables de nuit Louis XVI.[5]

De temps en temps Monsieur Ponchon fait rapidement des calculs mentaux et se sent un peu inquiet. Comment fera-t-il pour payer la facture? Le vendeur, lui, n'en revient pas. Jamais il n'a vendu autant de meubles en si peu de temps!

Les problèmes financiers de Monsieur Ponchon l'intéressent peu, à condition que son client puisse payer comptant ou à tempérament. Il ne pense donc qu'à fixer la date de livraison.

Pourtant, Monsieur Ponchon se décide à sonner l'alarme: «Tu ne crois pas que nous pourrions attendre pour acheter le buffet?»

«Ah! certainement pas! Je préfère l'acheter aujourd'hui, même si je dois ensuite danser devant!»[6]

QUESTIONS D'IDENTIFICATION

1. Dans quel magasin sommes-nous? Nous.../ Ce sont les...

2. Qui est-ce qui parle au vendeur? Un couple d'une quarantaine...

3. Dans quel rayon sont-ils? ... des meubles./ ... d'ameublement.

4. Depuis combien de temps sont-ils là? ... depuis trois...

5. Qu'est-ce qu'ils ont demandé à voir? ... tout ce que le vendeur a en rayon.

6. L'imposant canapé était-il de couleur claire ou de couleur foncée? ... de couleur.../ ... en marron...

7. Qu'est-ce que Madame Ponchon a aperçu ensuite? ... poufs moutarde.

[2] *Fauteuil anglais:* Ce terme désigne des fauteuils très rembourrés aux contours arrondis.
[3] *Art Nouveau:* Un des styles en vogue au début du siècle.
[4] *Empire:* Le dernier des grands styles, évoque les expéditions de Napoléon Ier en Egypte.
[5] *Louis XVI:* Roi de France en 1774, décapité en 1793.
[6] *Danser devant le buffet:* N'avoir rien à manger.

8. Comment les a-t elle trouvés? ... irrésistibles.
9. Qu'est-ce qu'elle a crié à son mari? ...: «Ce sera le clou ...»
10. Quels autres meubles a-t-elle choisis? (fauteuils anglais, buffet Empire en ébène, tapis persan, lampadaires Art Nouveau, tables de nuit Louis XVI).
11. Est-ce que Monsieur Ponchon s'oppose aux désirs de sa femme? Pas catégoriquement. Il recommande la prudence.
12. Pourra-t-il payer la facture sans difficulté? Non, il se demande comment il fera pour ...
13. Le vendeur a-t-il les mêmes soucis? Non, le vendeur, lui ...
14. À quoi pense-t-il? ... à fixer la date de livraison.
15. Que demande Monsieur Ponchon à sa femme? ... «Tu ne crois pas ...»/ ... si elle ne croit pas qu'ils pourraient ...
16. Que répond-elle? ... «Je préfère ...»/ ... qu'elle préfère l'acheter ... même si elle doit danser .../ ... quand elle devrait danser ...

QUESTIONS D'EXPLOITATION

1. Trouve-t-on des Galeries Lafayette ailleurs qu'à Paris? Oui, ... dans les grandes villes de province (par exemple, à Marseille, à Lyon, et à Bordeaux ...) ainsi qu'à l'étranger.
2. À quels grands magasins américains, canadiens ou britanniques peut-on comparer les Galeries? On peut les comparer à ...
3. Quels meubles choisiriez-vous pour un salon? Moi, je choisirais ...
4. À quelle époque est-ce que le style Empire a été créé? ... à l'époque napoléonienne./ ... à la fin du dix-huitième siècle et au début du dix-neuvième siècle.
5. Et l'Art Nouveau? ... au début du vingtième siècle.
6. Est-ce que Madame Ponchon avait un faible pour les poufs moutarde? Oui, ... irrésistibles./ Elle avait un penchant pour ...
7. Si Monsieur Ponchon ne peut pas payer comptant, qu'est-ce qu'il fera? ... payer à crédit./ ... à tempérament.
8. Est-ce qu'on ferait crédit à quelqu'un qui n'a pas d'emploi régulier? Non, pour avoir du crédit il faut .../ Pour qu'on vous fasse ... il faut .../ ... il ne faut pas être chômeur.

9. Si Monsieur Ponchon ne payait pas ses meubles, que ferait le magasin?

    Il les reprendrait./ ... enverrait un huissier chez Monsieur Ponchon.

10. Préférez-vous les styles contemporains aux styles d'époque?

    J'aime mieux ... que ...

11. Selon vous, quelle sorte de gens sont les Ponchon?

    ... ils ont un air très bourgeois./,Ils forment un couple excentrique./ Je trouve les goûts de Madame Ponchon très bizarres.

12. Est-ce qu'un mari doit toujours se plier aux désirs de sa femme?

    Naturellement, .../ Mais non, ce serait une faiblesse de sa part./ Cela dépend de la situation.

13. Une femme doit-elle forcément approuver son mari?

    Non .../ ... avoir son mot à dire./ ... être libre de le critiquer.

14. Que devrait faire un mari devant les extravagances de sa femme?

    ... s'opposer aux .../ ... mettre un terme aux ... / ... essayer de lui faire entendre raison.

15. Peut-on mettre en contraste les caractères de Monsieur et de Madame Ponchon?

    Oui, Monsieur Ponchon est timide, alors que Madame est autoritaire (dure, décidée).

L'ancien et le nouveau.

16. Approuvez-vous le comportement de Monsieur Ponchon? Non, je le trouve ridicule./ Il est beaucoup trop passif./ Oui, il n'aime pas discuter avec elle en public./ Il est dévoué à sa femme./ Il se laisse mener par le bout du nez./ Il a tort, s'il continue à ...

MISE EN PERSPECTIVE

Que dirait Monsieur Ponchon s'il était un peu moins docile?

SCHÉMA D'INTONATION

L'Exclamation—Suite

A. *Phrases très fortement exclamatives:* exprimant une forte émotion, comportant *un mot exclamatif* (e.g. interjection, adjectif exclamatif, etc.).

EXEMPLES:

Quel beau fauteuil!

Oh! qu'il était beau!

EXERCICE:
1. Comme il fait chaud aujourd'hui!
2. Oh! que Madame est enthousiaste!

B. *Phrases très fortement exclamatives*, mais comportant *une proposition incise*.

EXEMPLE:

Oh! oh! dit Monsieur Ponchon, que c'est cher!

EXERCICE:
1. Ah! quelle classe a ce fauteuil, dit-il, quelle grâce!
2. Diable! s'exclama-t-il, comme c'est vilain!
3. Dis donc! lança-t-il à sa femme, comme tu y vas!
4. Trois mille francs! s'écria-t-elle, quelle audace!

CONVERSATION GRAMMAIRE: Exercices

A. PRONOM PERSONNEL DÉMONSTRATIF

MODÈLE: (*maison—meubler*) *Il faut la meubler, cette maison!*
          (*meubles—payer*) *Il faut les payer, ces meubles!*

1. (meubles—faire livrer)
2. (parquet—cirer)
3. (clients—satisfaire)
4. (poufs—acheter)
5. (leçon—apprendre)
6. (devoirs—faire)
7. (voiture—vendre)
8. (désert—traverser)
9. (examen—passer)
10. (pays—essayer de comprendre)
11. (langue—connaître)
12. (pauvre homme—plaindre)
13. (argent—dépenser)
14. (piano à queue—accorder)
15. (tapis—secouer)
16. (vitres—nettoyer)
17. (facture—acquitter)

B. VOCABULAIRE (*les animaux*)

(une *aile*, une *écaille*, une *fourrure*, une *griffe*, une *patte*, une *plume*, un *poil*, une *queue*, une *gueule*, une *nageoire*, une *main*)

1. Les hommes ont des jambes et des pieds.
   a. Les chiens ont quatre ...
   b. Les oiseaux ont deux ... et deux ...
   c. Les poissons ont des ...
   d. Les singes ressemblent beaucoup aux hommes, mais ils ont quatre ... et une ...

(Attention: une table a des pieds.)

2. Les hommes ont des ongles.
   a. Les chats ont des ...
3. Les hommes ont une bouche.
   a. Les chiens ont une ...
4. Les hommes ont des cheveux.
   a. Les chiens ont des ...
   b. Les renards ont aussi des ... ou une ...
   c. Les oiseaux ont des ...
   d. Les poissons ont des ...

(*bondir, galoper, nager, ramper, sauter, trotter, voler*)

5. Les hommes marchent ou courent.
   a. Les oiseaux ...
   b. Les poissons ...
   c. Les serpents ...
   d. Les grenouilles ...
   e. Les chevreuils ...
   f. Les chevaux ...

ÉCHELLE

(*faire*)

Adolphe! Vous ferez le ménage ce matin!
  Oui, Madame, je le ferai.
    Vous ferez aussi les courses!
      Certainement, je les ferai.
        N'oubliez pas de faire la vaisselle!
          Je la ferai.
            Et les vitres.
              Je les ferai aussi.
                Allez aussi chercher le courrier à la poste!
                Je le ferai.
                  Vous voulez me faire plaisir?
                    S'il me reste du temps, certainement.
                      Faites sortir le chien vers les 10 heures.
                    Ce sera fait.
                      Et faites attention aux voitures!
                    Je le fais toujours.
                      Adolphe, vous êtes parfait.
                      Madame me surfait.
                      Vous valez de l'or!
                      Madame est bien bonne.

10
Une chambre d'étudiant

Une chambre mansardée. Table de travail, lit à une place, lucarne, cantine lavabo, abat-jour, articles de toilette sur une étagère, chaise, radiateur, tapis, gravures et photos. Sur la table: courrier, notes, stylos à bille, gomme, dictionnaires, rouleau de scotch, réveille-matin, trombones.

Robert Lincoln, étudiant américain en stage à Toulouse, vit dans cette chambre depuis trois mois. Il a rangé sa cantine dans un coin. Elle lui sert de commode et d'armoire. La pièce est éclairée par un unique œil-de-bœuf d'où on aperçoit les toits de la ville. Un lit étroit, une table de travail, une petite bibliothèque, une chaise, un lavabo et un radiateur prennent presque toute la place. Du plafond pend un fil électrique qui supporte un immense abat-jour. Sur le plancher, Robert a mis un petit tapis en guise de descente de lit. Avec la permission du propriétaire, il a épinglé au mur quelques gravures et photos. Sur sa table, tout est rangé dans un ordre impeccable. Comme il n'y a pas de salle de bains particulière, Robert partage celle qui se trouve dans l'appartement du propriétaire à l'étage au-dessous.

C'est une très petite chambre, mais Robert s'en contente. Il l'a trouvée en s'adressant au service de logement à l'Université. Le loyer n'est pas exorbitant et, chose inestimable, les propriétaires sont des gens charmants et très aimables. Ajoutez à cela que Robert a fait la connaissance d'une jolie brune, qui habite à côté, qui est étudiante comme lui, et presque du même âge. On comprend qu'il n'ait pas la moindre envie d'aller ailleurs.

QUESTIONS D'IDENTIFICATION

1. Dans quelle ville sommes-nous? ... dans la ville de .../ ... à ...
2. Où se trouve la chambre mansardée de Robert? ... sous le toit./ ... sous les combles.
3. Depuis combien de temps Robert est-il ici? ... depuis trois mois./ Voilà trois mois que ...
4. De quoi lui sert la cantine? ... de commode et d'armoire.
5. Comment s'appelle l'ouverture ovale? On l'appelle un .../ Cela s'appelle un ...
6. Qu'est-ce qui pend du plafond? Un immense ...
7. Décrivez l'abat-jour. Il est ..., de forme ...
8. De quoi sert le tapis? ... de descente de ...
9. Qu'est-ce qui prend presque toute la place? (Faire l'inventaire de l'ameublement dans cette chambre.)
10. À qui Robert a-t-il demandé la permission d'épingler des gravures au mur? ... au ...
11. Énumérez les différents objets qui se trouvent sur la table. On y voit ...
12. Où est la salle de bains? ... à l'étage ...
13. Où Robert a-t-il trouvé cette chambre? ... au service de ...
14. Que pense Robert de la famille du propriétaire? Elle a été très ...
15. De qui Robert a-t-il fait la connaissance? ... d'une jolie ...

QUESTIONS D'EXPLOITATION

1. Pourquoi la malle de Robert est-elle si pratique?

   Elle remplace à la fois une ... et une ...

2. Pensez-vous que Robert ait une très belle vue de sa chambre?

   Oui, il est probable qu'il a ...

3. Pensez-vous que la chambre soit suffisamment éclairée?

   Non, je ne pense pas que la chambre soit .../ Il doit faire assez sombre là-dedans.

4. Robert habite-t-il une chambre de grand luxe?

   Au contraire, sa chambre est des plus modestes./ ... est simplement acceptable.

5. Qu'est-ce qui manque le plus dans cette chambre?

   Il n'y a pas assez de lumière .../ Il y faudrait plus de ...

6. Robert est-il un locataire soigneux? Qu'est-ce qui le prouve?

   Oui, tout est dans un ordre .../ Tout est à sa place.

7. Quand Robert est-il censé payer son loyer?

   ... au début du mois.

8. En voyant sa chambre, quel jugement porteriez-vous sur Robert?

   ... je dirais que c'est un garçon des plus sérieux./ À en juger par sa chambre ... ordonné et soigneux.

9. Est-ce que Robert pourrait faire sa cuisine dans sa chambre?

   Non, c'est impossible parce qu'il n'a pas d'appareils .../ ... on ne voit ni réchaud ni cuisinière.

10. Y a-t-il peut-être une autre raison pour cela?

    Le propriétaire lui a peut-être défendu de faire la cuisine dans sa chambre./ ... le lui a ...

11. Est-ce que Robert compte faire un long séjour à Toulouse?

    Non, il restera jusqu'à la fin de l'année scolaire.

12. S'il devait rester plus longtemps, est-ce qu'il se contenterait d'une si petite chambre?

    Non, s'il ... en chercherait une plus .../ Peut-être, car elle est .../ ... le loyer est .../ ... les propriétaires sont ...

13. À votre avis que ferait-il dans ce cas?

    ... il essayerait de changer de chambre./ ... relouerait la même.

14. Robert pourrait-il héberger un ami dans une si petite chambre?

    Non, il lui serait impossible d' ...

15. Comment la famille du propriétaire s'est-elle montrée aimable pour Robert?

    Ils l'ont invité, par exemple, à prendre le café./ Ils l'ont peut-être emmené à la campagne, au ...

16. Robert est-il heureux que ses propriétaires soient charmants?

    Oui ... trouve inestimable que .../ ... précieux que ...

17. Qui est cette jeune fille dont il a fait la connaissance?

    C'est une étudiante qui habite .../ C'est une jolie brune qui ...

18. A-t-il envie pour l'instant de changer d'appartement?

Non, il n'a pas la moindre envie de .../ Pourquoi changerait-il ...? On comprend qu'il n'ait pas ...

MISE EN PERSPECTIVE

Quels commentaires critiques feriez-vous sur la chambre de Robert?

SCHÉMA D'INTONATION

Interrogation avec Écho
Interrogation normale, suivie d'une proposition éclairant le contexte. Même schéma que pour l'interrogation simple, mais répété avec moins d'amplitude au niveau de l'implication.

EXEMPLE:

Vous croyez qu'il ira la voir, comme il l'a promis?

EXERCICE:
1. Un étudiant américain, dans ce minuscule appartement?
2. Juste un lavabo, vous croyez que c'est tout?
3. Ce n'est pas indispensable, à votre avis?
4. Et Robert s'en contente, vous en êtes sûr?
5. Il a épinglé des gravures au mur, vraiment?

CONVERSATION GRAMMAIRE: Exercices

A. LE PLUS-QUE-PARFAIT

En Amérique Robert habitait chez ses parents. Maintenant, c'est très différent.

MODÈLE: *Robert habite seul.*
Avant de venir en France, Robert n'avait jamais habité seul.

1. Robert vit seul.
2. Robert boit du vin à tous les repas.
3. Robert fait lui-même ses courses.
4. Robert achète lui-même ses vêtements.
5. Robert nettoie sa chambre lui-même.
6. Robert paie son loyer tous les mois.
7. Robert parle français tout le temps.
8. Robert écrit de longues lettres.
9. Robert est indépendant.

B. ÊTES-VOUS FORT EN ZOOLOGIE?
(Servez-vous d'un dictionnaire.)

    1. Nommez trois animaux qui ont une longue queue.
    2. Nommez trois animaux qui ont la queue courte.
    3. Nommez trois animaux qui ont une fourrure épaisse.
    4. Nommez trois animaux qui ont peu de poils.
    5. Cet animal vole, a des poils et allaite ses petits. Qu'est-ce que c'est?
    6. Cet animal nage, n'a ni poils ni plumes ni écailles et allaite ses petits. Qu'est-ce que c'est?
    7. Et finalement, pour rire: Quels sont les animaux qui mangent avec leur queue?[1]

ÉCHELLES

(*en, y, lui, elle*)

Ma chambre
Je me contente de ma chambre.
Je m'en contente.
  Je suis souvent dans ma chambre.
  J'y suis souvent.
    Je vous parle de ma chambre dans ma lettre.
    Je vous en parle dans ma lettre.
      Je passe tous mes week-ends dans ma chambre.
      J'y passe tous mes week-ends.
        Je rêve parfois de ma chambre.
        J'en rêve parfois.
          Je ferai quelques allusions à ma chambre.
          J'y ferai quelques allusions.

La jolie brune
Je rêve parfois de la jolie brune.
Je rêve d'elle parfois.
  Laissez-moi vous parler de la jolie brune.
  Laissez-moi vous parler d'elle.
    Je parle souvent à la jolie brune.
    Je lui parle souvent.
      Est-ce que j'ai fait allusion à la jolie brune?
      Est-ce que j'ai fait allusion à elle?

[1] Réponse: Tous. Avez-vous jamais vu un animal qui enlève sa queue avant de manger?

Toulouse
Il est question de Toulouse dans cette leçon.
Il en est question.
   J'ai passé un an à Toulouse.
   J'y ai passé un an.
      Je reviens de Toulouse.
      J'en reviens.

La Haute-Garonne (chef-lieu: Toulouse)
J'ai passé quelque temps dans la Haute-Garonne.
J'y ai passé quelque temps.
   Je suis parti de la Haute-Garonne en avril 1978.
   J'en suis parti en avril 1978.

Québec (province du Canada)
Je vais passer quelques semaines au Québec.
Je vais y passer quelques semaines.
   Quand partirez-vous du Québec?
   Quand en partirez-vous?

La Louisiane, La Virginie, La Californie, . . .
Êtes-vous déjà allé en Louisiane?
Y êtes-vous déjà allé?
   Ils nous parlent de la Louisiane dans leur lettre.
   Ils nous en parlent dans leur lettre.

11
Christiane à Montréal

Au sommet du Mont-Royal, Christiane et ses parents se promènent en calèche. Au fond les gratte-ciel de la ville et le Saint Laurent.

Christiane est arrivée de France il y a trois jours seulement, et la voilà à Montréal presque comme chez elle. Les jeunes adolescents s'habituent très vite à tout. Elle est venue passer un mois de vacances chez ses parents canadiens, son oncle et sa tante, Monsieur et Madame Lapointe. Les Lapointe, dont l'origine française remonte au temps des premières colonies en Nouvelle France,[1] parlent français comme la plupart des gens de Montréal. Christiane s'est accoutumée sans trop de peine à leur accent et à leurs jolies expressions qui sont parfois en joual.[2] Elle a entendu beaucoup d'anglais dans les rues, dans les grands magasins, à la radio et à la télévision. D'ailleurs, ses cousins, qui sont de son âge, savent parler les deux langues sans aucune difficulté. Mais c'est le français qu'on utilise à la maison.

Montréal est une très grande ville et Christiane est surprise de voir que tant de monde parle français, vit en français en pleine Amérique du Nord et à quelques kilomètres seulement du Canada anglophone et des États-Unis. Et quel immense pays que le Canada! La province de Québec, à elle seule, est trois fois plus grande que toute la France! Tout, ici, est plus vaste que chez Christiane. Tout y est différent aussi, mais Christiane ne sait pas encore dire pourquoi. Si elle reste encore un peu au Québec, elle l'apprendra sûrement. Et il y a encore onze autres provinces et territoires dans cet immense pays!

QUESTIONS D'IDENTIFICATION

1. Où Christiane se trouve-t-elle? ... au Canada./ ... au Québec./ ... à Montréal.

2. Depuis combien de temps est-elle là? ... là depuis .../ Il y a ... qu'elle est là.

3. Chez qui est-elle? ... chez son oncle et sa tante./ ... chez ses parents canadiens./ ...les Lapointe.

4. Quelle langue les Lapointe utilisent-ils? ... le français./ ... surtout./ .... à la maison.

5. Quelle autre langue Christiane entend-elle à Montréal? ... l'anglais./ ... beaucoup d'anglais.

6. Où se trouve Montréal? ... au Québec./ ... à quelques kilomètres du ... et des ...

7. Le Québec est-il une grande province? ... immense./ ... plus grand que .../ La province est trois fois plus grande que ...

[1] *Nouvelle France:* Nom donné au territoire colonisé par la France au dix-septième siècle.

[2] *Le joual:* Langue populaire qui doit son nom à la prononciation du français «cheval.» Autres exemples de joual: *un char* = une automobile; *pantoute* = pas du tout. De plus, on trouve au Québec de fréquentes tournures dialectales. Par exemple: *elle a dompé son boy friend* = elle a rompu avec son ami.

8. Combien de provinces et terri-   ... douze .../ ... dix provinces et
   toires y a-t-il en tout au Canada?   deux territoires.

QUESTIONS D'EXPLOITATION

1. Est-ce que Christiane s'habitue   Oui, .../ ... se sent presque comme
   vite à Montréal?   chez elle à .../ ... se trouve très
                                       bien à .../ ... se sent à l'aise .../
                                       Au bout de trois jours elle s'y est
                                       habituée.

2. Les gens âgés s'adaptent-ils vite Non, .../ ... à un pays étranger./
   à un nouvel endroit?   ... à l'étranger./ ... à un nouveau
                                       climat./ Certaines personnes âgées
                                       ...

3. Et les jeunes?   Oui, par contre, .../ ..., eux, .../
                                       Les jeunes, au contraire, .../ Les
                                       jeunes gens .../ Non, certaines
                                       jeunes personnes ...

4. D'où viennent les Lapointe?   Ils sont d'origine .../ ... nés au
                                       Québec, descendants de Français.

5. Combien de langues parle-t-on   ... deux langues .../ On en parle
   à Montréal?   .../ ... le français et l'anglais.

6. Laquelle est la plus parlée?   C'est le français qui .../ ... qu'on
                                       parle davantage./ ... qu'on entend
                                       parler le plus souvent.

7. Combien de langues entend-on à   ... plusieurs ... (l'anglais, le français,
   Toronto?   le polonais, ...)./ Il y a beaucoup de
                                       minorités linguistiques à Toronto.

8. Qu'est-ce qui est différent dans   C'est l'accent et certaines jolies ex-
   le français de Montréal?   pressions./ L'accent ... semblent
                                       différents./ ... surprennent./ On
                                       est surpris par ...

9. Quelle langue est la plus parlée   C'est l'anglais qui .../ ... l'anglais
   dans le reste du Canada?   qu'on parle le plus souvent.

10. Qu'est-ce que les Québecois doi- ... qu'elle a un accent et de jolies
    vent penser de Christiane?   expressions./ ... qu'elle aussi a ...

11. Pourquoi Christiane est-elle sur- ... parce que tout le monde .../
    prise?   ... tant de monde ...

12. Peut-on parler français dans le   Oui, on peut .../ ... parce que le
    reste du Canada?   Canada a deux langues officielles./
                                       ... est un pays bilingue./ ... offi-
                                       ciellement bilingue.

13. Qu'est-ce   qui   impressionne Ce qui ... c'est que le pays est
    Christiane?   immense./ ... c'est l'immensité du
                                       pays.

14. Le Québec et la France sont-ils semblables?

Non, différents./ ... dissemblables./ Tout est différent au Québec.

15. Christiane sait-elle exactement pourquoi ils sont différents?

Non, ... pas encore .../ ... ne peut pas encore dire .../ Il est encore trop tôt pour qu'elle puisse dire .../ ... en quoi les pays sont ...

16. Que devra-t-elle faire pour le savoir?

... rester encore un peu./ Il faudra qu'elle reste .../ Si elle reste ..., elle le saura./ Elle le saura en restant plus longtemps.

17. Peut-on connaître un pays en trois jours?

Non, .../ ... sûrement pas .../ Il est impossible de .../ ... naïf de prétendre connaître .../ ... ridicule de ...

18. Que fera Christiane si elle est curieuse?

... ira faire un tour dans les autres provinces du pays./ ... ira visiter .../ ... cherchera à se renseigner sur .../ ... cherchera à apprendre l'anglais pour mieux connaître ...

19. Et si vous étiez né dans le Canada anglophone?

... j'irais visiter le .../ ... apprendrais le français pour mieux connaître .../ ... ferais un effort pour .../ ... être bilingue.

20. Pourquoi le Québec est-il différent du reste du Canada?

... Parce que les gens y parlent .../ ... on y parle .../ ... les habitudes des gens ne sont pas les mêmes./ ... la cuisine, la manière de vivre et la mentalité ...

21. Quels avantages y a-t-il à vivre dans un pays bilingue?

On apprend à être tolérant./ On s'enrichit l'esprit et on s'élargit les idées.

22. Y a-t-il des inconvénients?

Oui, il est parfois difficile de communiquer./ ... de se faire comprendre./ ... facile de vexer les gens.

23. Pouvez-vous citer quatre ou cinq des langues les plus parlées dans le monde?

(allemand, anglais, arabe, chinois, espagnol, français, japonais, russe, ...)

MISE EN PERSPECTIVE

1. Quels avantages trouvez-vous à la connaissance d'une deuxième langue?
2. Quels sont, à votre avis, les meilleurs moyens pour apprendre une langue étrangère?

SCHÉMA D'INTONATION

Phrase Énonciative avec Implication

Courbe montante dans le premier membre de la phrase, reprise dans le second avec très peu d'ampleur, quand il y a vraiment implication. (NB: Le second membre de phrase peut être *sous-entendu*.)

EXEMPLES:

Bonsoir, mon petit. Bonsoir (, mon petit).

Je l'ai vu à la télévision (, vous savez).

EXERCICE:

1. Ils n'habitent plus Montréal (, vous savez).
2. Elle n'a pas beaucoup de goût (, tu sais).
3. Je préfère le moderne et de loin (, mon cher ami).
4. Rien ne vaut le Québec (, mon vieux).
5. Sa femme préfère les parquets en bois (, n'est-ce pas étrange?)
6. Ils ne mangent chez eux à midi que deux fois par semaine (, est-ce croyable?)

CONVERSATION GRAMMAIRE: Exercices

A. ACTIF–PASSIF

MODÈLE: *On parle français.*
           Le français est parlé.
           Les Québecois chantent beaucoup cette chanson.
           Cette chanson est beaucoup chantée par les Québecois.

1. On connaît la fin de cette histoire.
2. L'accent surprend le visiteur.
3. Les voitures écrasent souvent les chiens abandonnés.
4. On visite de plus en plus le Québec.
5. Le Canada attire les touristes et les campeurs.
6. La neige n'effraie pas les Canadiens.
7. Les plaines centrales du Canada produisent d'énormes quantités de blé.
8. On fait les vendanges en automne.
9. On cueille les oranges en hiver.
10. La transcanadienne traverse le Canada d'est en ouest.

B. PRONOMS COMPARATIFS

MODÈLE: *J'ai 15 ans. Elle en a 16. Donc, elle a 1 an **de plus** que moi.*
           *Il a 15 ans. Elle en a 13. Donc, elle a 2 ans **de moins** que lui.*

1. Je veux 100 francs. Vous en voulez 80.
2. Ils connaissent 5 chansons. Tu en connais 8.
3. Il a mangé 3 pommes. J'en ai mangé 2.
4. Le Canada a 12 provinces. Mon pays en a 6.
5. Je t'ai prêté 300 dollars. Il t'en a prêté 500.
6. Il fait 20 degrés (centigrades) à Vancouver. Il en fait 31 à Montréal.
7. Tu as payé ta Porsche 15,500 dollars. J'ai payé la mienne 12,000.
8. Elle fait 2 milles à pied chaque jour. Il en fait 1.
9. Les Suisses cultivés parlent 3 langues. J'en parle 2.
10. Vancouver a 1 million d'habitants. Montréal en a 2 et demi.

ÉCHELLE

Le Québec qu'est-ce que c'est?

Le Québec, c'est un peu la France.
   C'est un peu l'Amérique du Nord.
     C'est un peu des deux.
       C'est beaucoup de choses à la fois.
         C'est encore un peu plus que cela.
         C'est plus qu'on ne croit.
          C'est difficile à dire.
           Quelle question!
             C'est ... c'est le Québec.
             Ben vrai!

12

Dans un «Économat»[1]

Intérieur d'une épicerie : boîtes de conserve, bouteilles (vin, lait, eau gazeuse, liqueurs), corbeilles de fruits et de légumes, frigo pour denrées congelées et produits laitiers. Une dame qui achète de quoi préparer le repas de midi.

[1] *Économat :* Épicerie faisant partie d'une chaîne de magasins (on dit aussi magasins à succursales multiples).

L'ÉPICIER: Bonjour, Madame, vous désirez?

LA CLIENTE: Bonjour, Monsieur. Avez-vous du pâté de foie gras bien frais?

L'ÉPICIER: Mais oui, Madame, j'en ai d'excellent. Regardez! J'ai aussi du pâté de porc en réclame.

LA CLIENTE: Donnez-moi deux cents grammes[2] de foie gras. Nous aurons du monde aujourd'hui. Je voudrais également six bananes, mais pas plus de deux kilos.[3] Et avez-vous des artichauts?

L'ÉPICIER: Ils viennent d'arriver. Mais ils sont chers en cette saison.

LA CLIENTE: Il m'en faut quatre tout de même.

L'ÉPICIER: Et après?

LA CLIENTE: Deux bouteilles de rouge ordinaire.

L'ÉPICIER: Avec la consigne ça fait quatre cent quatre-vingt-quinze francs[4] la bouteille.

LA CLIENTE: Oh là là! Tout augmente! Et pour terminer cinquante grammes de fromage râpé.

L'ÉPICIER (*faisant l'addition*): Ça vous fait six mille deux cent vingt-cinq en tout, Madame.

LA CLIENTE (*lui donnant un billet de cinq cents francs*):[5] Je regrette, je n'ai pas de monnaie.

L'ÉPICIER: Aucune importance, Madame. (*Rendant la monnaie.*) Voilà, Madame. Au revoir, Madame. Bon appétit.

LA CLIENTE: Au revoir, Monsieur.

QUESTIONS D'IDENTIFICATION

1. Dans quelle boutique sommes-nous? ... dans un ...

2. Que demande l'épicier quand il voit entrer la dame? ...: «Bonjour, Madame, vous ...»

3. Quel est le premier achat que veut faire la cliente? Elle désire acheter d'abord du ...

4. Est-ce qu'elle préfère le pâté en réclame? Non, elle choisit ...

5. Combien de foie gras demande-t-elle? ... deux cents ...

6. Quel poids de bananes est-ce qu'elle prend? Elle n'en prend pas plus de deux ...

7. Les artichauts sont-ils chers en cette saison? Oui, ... excessivement ...

---

[2] *Gramme:* 1/28e d'une once (*ounce*). Mille grammes font un kilo (système métrique).
[3] *Kilo:* Kilogramme (kg), à peu près 2,2 livres (*pounds*).
[4] *Quatre cent quatre-vingt-quinze francs:* L'épicier compte, bien sûr, en anciens francs.
[5] *Cinq cents francs:* Le billet de la cliente est en nouveaux francs (NF), créés en 1959.

8. Pourquoi est-ce qu'elle en prend tout de même?

... attend des invités./ ... aura du monde à la maison.

9. Quelle sorte de vin est-ce qu'elle choisit?

... du rouge ...

10. Quel est le prix de la bouteille avec la consigne?

Avec la consigne cela fait ... la bouteille.

11. Quel achat fait-elle en dernier?

Pour terminer, elle prend cinquante grammes de ...

12. Quelle est la somme à payer?

En tout ...

13. Est-ce qu'elle a de la monnaie?

Elle regrette de ne pas avoir de ...

14. Combien l'épicier doit-il lui rendre?

En anciens francs cinquante mille moins six mille deux cent vingt-cinq, cela fait .../ En nouveaux francs, cinq cent moins soixante-deux francs vingt-cinq font ...

QUESTIONS D'EXPLOITATION

1. Ce magasin est-il très grand?

Non, ... une petite épicerie de quartier.

2. Si elle voulait acheter de la viande, cette dame viendrait-elle dans ce magasin?

Non, elle ne viendrait pas ...

3. Où est-ce qu'elle irait alors?

... chez un boucher ou chez un charcutier./ ... dans une boucherie ou dans une charcuterie.

4. Qu'est-ce que c'est qu'une boucherie chevaline?

... où l'on vend de la viande de ...

5. La viande de cheval est-elle moins chère que celle de boeuf?

Oui, ... un peu moins ...

6. Dans quoi cette cliente mettra-t-elle ce qu'elle a acheté?

... un filet à provisions./ ... un sac à ...

7. En quelle saison trouve-t-on des artichauts?

... l'été.

8. En avez-vous jamais mangé en conserve?

Oui, ... (souvent) .../ Non, je n'ai ...

9. Quel est l'avantage des produits en conserve?

... en toutes saisons.

10. À un grand dîner, est-ce qu'on pourrait servir du vin ordinaire?

Non, ... un vin de marque./ ... un grand vin./ ... un vin fin.

11. Pouvez-vous citer quelques grands crus bien connus?

Je connais le bourgogne, les bordeaux, le beaujolais, les vins d'Anjou, les champagnes, ... (consulter la carte des anciennes provinces).

12. Avec quels plats doit-on servir du vin rouge? Et du vin blanc?

On sert le ... surtout avec le poisson, et le ... de préférence avec les viandes.

13. Et au dessert que peut-on servir? | ... un vin blanc doux, ou du champagne.
14. Préférez-vous le vin rouge ou le vin blanc? | Je préfère le ... au .../ C'est le ... que j'aime le mieux./ J'aime mieux le ... que le ...
15. Si on n'aime pas le vin, par quoi le remplace-t-on? | ... par des boissons non alcoolisées, par exemple, de l'eau ordinaire, de l'eau minérale, des jus de fruits.
16. Que fait-on des bouteilles consignées? | On les rend./ Il faut les .../ On doit les ...
17. Existe-t-il des supermarchés dans les villes françaises? | Oui, ... de plus en plus./ Ils sont de plus en plus nombreux.
18. Pourquoi est-il si difficile pour un étranger de compter l'argent français? | ... les Français comptent indifféremment en anciens et en nouveaux francs.
19. Rendez la monnaie à un client qui vous achète pour quatre-vingts francs de marchandises et qui paye avec une pièce d'un franc. | Je lui rends ... en anciens francs./ Je lui rends ... centimes en nouveaux francs.

Épicerie fine. L'épicier est aussi un ami.

MISE EN PERSPECTIVE

Quelles différences remarquez-vous dans la façon de faire le marché en France et chez vous?

SCHÉMA D'INTONATION

L'Ordre (Phrase Impérative)

EXEMPLES:

Regardez!

Jacques, ne te salis pas!

EXERCICE:
1. Descends de cette chaise!
2. Fais ce qu'on te dit!
3. N'achète pas n'importe quoi!
4. Ne gaspillez pas votre argent!
5. Edouard, ne touche pas aux fruits de l'étalage!

CONVERSATION GRAMMAIRE: Exercice

POUR APPRENDRE À COMPTER EN
FRANÇAIS EN UTILISANT LE SYSTÈME MÉTRIQUE
MODÈLE: *2 kilos de bananes à 6 francs le kilo, ça fait 12 francs.*
          1.5 mètre de toile à 10F le mètre, ça fait 15F.

1. 3 kilogrammes d'asperges à 9F le kilogramme, ...
2. 11 livres de tomates à 5,5F la livre, ...
3. 2.5 kilogrammes de carottes à 4F le kilogramme, ...
4. 250 grammes de pâté de foie à 9F la livre, ...
5. 1/4 de livre de truffes à 60F le kilogramme, ...
6. 5 livres de courgettes à 4F le kilogramme, ...
7. 100 grammes de fromage à 20F le kilogramme, ...
8. 2 kilogrammes de crevettes à 41F la livre, ...
9. 1 poulet de 2.5 kilogrammes à 24F le kilogramme, ...
10. 8 quintaux de paille à 35F le quintal, ...
11. 25 quintaux de ciment à 4800F la tonne, ...
12. 2,5 tonnes de charbon à 6500F la tonne, ...

ÉCHELLES

A. le, la, les/en

Du pain (des légumes, du vin, du poisson, ...)
   J'en ai besoin.
      Il m'en faut.
         Je n'en ai plus.
            Je n'en ai pas assez pour nous tous.
               Est-ce que vous en avez?
            Il m'en reste.
            En voici.
            En voilà.

Cette flûte de pain (cette aubergine, cette bouteille de beaujolais, ...)

J'en ai besoin.
   Il me la faut.
      Est-elle déjà vendue?
         Non, elle me reste.
            Combien vaut-elle?
               Combien la vendez-vous?
            Je la prends.
            La voici.
            La voilà.

Ces artichauts (ces concombres, ces radis, ces navets, ...)

J'en ai besoin.
   Il me les faut.
      Sont-ils déjà vendus?
         Non, ils me restent.
            Combien valent-ils?
               Combien les vendez-vous?
            Je les prends.
            Les voici.
               Les voilà.

B.

Ça fait 35 francs.
Ça vous fait 35 francs.
Ça s'élève à 35 francs.
Votre note s'élève à 35 francs.
Ça se monte à 35 francs.
Vous me devez 35 francs.
Total: 35 francs.

Vous êtes sûr?
Vous en êtes certain?
Vous avez dit 35 francs?
Vous ne faites pas erreur?
Vous avez bien dit: 35 francs?
J'ai bien entendu: 35 francs?

C'est bien ça: 35 francs.
J'ai vérifié, c'est bien 35 francs.
Mais oui, c'est bien 35 francs.
Mais oui, c'est bien ça.

C'est cher!
C'est un peu cher!
C'est très cher!
C'est affreusement cher!
C'est bougrement cher!
C'est affolant!
C'est de la folie!
C'est du vol!
Vous devez vous tromper.
Vous devez faire erreur.
Vous m'assassinez!
Où allons-nous?

C'est comme ça
Je n'y peux rien.
Tout augmente.
Qu'est-ce qu'on y peut?
Je n'y suis pour rien.
Ce n'est pas moi qui fixe les prix.
C'est la faute du gouvernement.
C'est la faute des Américains.
C'est la faute des Russes.
C'est à cause du Marché Commun.
C'est à cause de l'inflation.
C'est la faute du mauvais temps. (sécheresse, inondations)
C'est la faute du président, pas la mienne.
Nous allons à la catastrophe.
On finira par en crever.
Tout ça finira mal, allez!

Venez donc prendre un verre.
On va oublier tout ça!
Ça vaut mieux qu'une jambe
        cassée!

13
Après-dîner

Nous sommes chez les Delez-Termos. C'est le soir. Madame Delez-Termos est sortie avec des amis. Monsier Delez-Termos est assis dans son fauteuil préféré, en manches de chemise. Il lit le journal. La fillette, Véronique, huit ans, est encore à table. Elle fait la moue devant son assiette.

MONSIEUR DELEZ-TERMOS: Dépêche-toi. Il est presque six heures vingt. Tu ne veux pas manquer Nounours,[1] n'est-ce pas?

VÉRONIQUE: Je n'ai plus faim. Tu sais bien que je déteste la compote de pommes.

MONSIEUR DELEZ-TERMOS: Allons, allons! Pas de télé pour les retardataires. Tu vas te coucher si tu n'as pas fini ton assiette dans deux minutes.

VÉRONIQUE (*pleurnichant*): Mais Papa, j'en ai déjà mangé beaucoup. Et puis j'ai mangé mes carottes, et je ne les aime pas non plus!

MONSIEUR DELEZ-TERMOS: Écoute, j'ai travaillé dur toute la journée. J'aimerais avoir un peu la paix chez moi. Tu la veux, cette compote, ou tu ne la veux pas?

VÉRONIQUE: Je ne la veux pas.

MONSIEUR DELEZ-TERMOS: Eh bien, mange un fruit. Ça te fera autant de bien. Et porte toute la vaisselle à la cuisine. Et cesse de pleurnicher. ... Voyons, qu'est-ce qu'il y a sur la deuxième chaîne?[2] Ah, un vieux film de Garbo, en version française!

VÉRONIQUE: Mais Papa, c'est mardi, c'est le jour du feuilleton.

MONSIEUR DELEZ-TERMOS: Ah, c'est vrai, *Les Incorruptibles*,[3] Je ne veux pas manquer ça! Alors, ce sera la première chaîne. Mais ce n'est pas pour les enfants.

VÉRONIQUE: Oh, Papa, je pourrai regarder cinq petites minutes seulement?

MONSIEUR DELEZ-TERMOS: Non, tu sais que ta mère n'aime pas que tu regardes les films violents.

VÉRONIQUE: Mais Papa ...

MONSIEUR DELEZ-TERMOS: Assez, tu es insupportable ce soir. As-tu fini de manger?

VÉRONIQUE: Oui, Papa, j'ai mangé une banane et j'ai débarrassé la table.

MONSIEUR DELEZ-TERMOS: C'est bon. J'ouvre la télé. Voilà Nounours. Ensuite, tu iras gentiment te coucher.

QUESTIONS D'IDENTIFICATION

1. Quelle heure est-il?   Il est presque .../ Il va être ...
2. Où est Madame Delez-Termos?   ... avec ...

---

[1] *Nounours:* Courte émission pour les enfants diffusée le soir.

[2] *Deuxième chaîne (Antenne 2/A2):* Définition de l'image—441 lignes; les images sont de bonne qualité. *Première chaîne* (TFI) (fut mise en service avant l'autre): définition de l'image—819 lignes; les images sont d'excellente qualité. (Aux U.S.A. et au Canada la définition de l'image est de 525 lignes.) Il existe aussi depuis quelques années une troisième chaîne (FR.3).

[3] *Les Incorruptibles:* Vieux feuilleton connu aux U.S.A. sous le nom de *The Untouchables*. Les films policiers et les «westerns» ont un public énorme en France, surtout parmi les jeunes.

LUNDI

21 NOVEMBRE

18.00 A LA BONNE HEURE

LE BRUIT ET LE TRAVAIL

Près de trois millions de Français sont soumis chaque jour, sur leurs lieux de travail, à de graves intensités de bruit. Connaît-on toutes les conséquences liées au bruit dans l'entreprise ?

18.25 NOUNOURS

LES GROS MOTS

18.30 L'ILE AUX ENFANTS

Une émission de Christophe Izard

CASIMIR
LES RICHESSES DE LA TERRE

Casimir	Yves Brunier
François	Patrick Bricard
Léonard	Boris Scheigam
Hippolyte	Gérard Camoin
M. du Snob	Jean-Louis Terrangle
Julie	Eliane Gauthier
Mlle Futaie	Marie-Noëlle Chevalier
Le facteur	Henri Bon

Et, tout au long de la semaine,
les autres séquences :
PONCTUATION, ANTIVOL ET LES KANAPOUTZ
de Stephano Lonati et Italo Bettiol
GRIBOUILLE ET LES PETITES VOITURES
de Denis Dugas
TOBA ET LES AUTRES
d'Yves Brunier
PRIMO
de Gilles Gay et Jean-Louis Fournier
CHANSON
de Eolis
Animation d'Anne Hofer

18.50 LES AVENTURES DE L'ÉNERGIE

Dessin animé en quinze épisodes
de Jean-Louis Besson
Musique de Pierre Bachelet
avec la voix de Michel Galabru
Onzième épisode
L'ENERGIE UNIVERSELLE

Au XXᵉ siècle c'est « la fée électronique ».

L'électronique nous a fait entrer dans l'ère de l'automatisation et de la communication instantanée.

18.55 LE 16 A KERBRIANT

Feuilleton en vingt-cinq épisodes
de Jean Cosmos et Jean Chatenet
d'après le roman d'Anne, Gwen et Jean-Claude
Pasquiez : « Grand-mère agent secret »
Réalisation de Michel Wyn
Vingt et unième épisode

Franz Madelin	Louis Ve
Anne Lacassagne	Elisabeth Al
Lionel	Jean-Pierre Casta
Blanche Lacassagne	Tsilla Chel
Wolff	Vernon Dobtch

Délivré par Blanche, le capitaine Madelin a ê
pris par une patrouille et conduit à la Komm

CATHERIN

(Il suffit d'un amou)

UN FILM DE BERNARD BORDERIE (1968
ADAPTATION ET DIALOGUES DE BERNARD BORDERIE E
ANTOINE TUDAL
D'APRÈS LE ROMAN DE JULIETTE BENZONI
IMAGES DE HENRI PERSIN
MUSIQUE DE MICHEL MAGNE

Catherine	Olga Georges-P
Sarah	Francine B
Joëlle	Bérangère Dau
Le duc Philippe	Horst Fr
Arnaud de Montsalvy	Roger van H
Le grand connétable Garin	Roger Pig
Caboche	Claude Brass
Barnabé	André Pou
Doux Jésus	Robert B
Gros Téton	Henri Co
De Lifan	Pierre H
Xantrailles	Claude Ore
Le capitaine Montsalvy	Fred Willia

LE SUJET

En 1418, à Paris. Au cours des luttes sanglantes en
Bourguignons et Armagnacs, les aventures amoureu
et politiques de la fille d'un orfèvre.

SI VOUS AVEZ
MANQUE LE DEBUT

Les bouchers, alliés des Bourguignons, assiègent Pa
défendu par les étudiants et fidèle aux Armagna
Catherine, fille de l'orfèvre Legoix, est courtisée

22.10 QUAND LES ANGLAIS OCCUPAIENT PARIS

Une émission de Jean Duché
Réalisation de
Jean Bescont

Jean Duché évoque, dans cette émission, le P
ris de la fin du Moyen Age, entre 1380 et 142

3. Comment Monsieur Delez-Termos est-il habillé? Il est en manches ...

4. Pourquoi Véronique a-t-elle intérêt à se dépêcher? ... parce qu'elle veut voir ...

5. Qu'est-ce qu'elle mange? ... de la ...

6. Qu'est-ce qui va se passer si elle ne finit pas? Elle ne regardera pas .../ ... ira directement au lit sans regarder ...

7. Est-ce qu'elle aime les carottes? ... non plus.

8. Pourquoi Monsieur Delez-Termos veut-il avoir la paix chez lui? ... parce qu'il a ...

9. Que doit manger Véronique à la place de la compote? ... manger ...

10. Qui doit-elle faire ensuite? Elle doit ...

11. Que passe-t-on sur la deuxième chaîne? ... un vieux ...

12. Ce film est-il en français ou bien sous-titré? ... en version ...

13. Quelle émission y a-t-il sur la première chaîne? ... le feuilleton ...

14. Quelle sorte de film est-ce? C'est un ...

15. Est-ce que Véronique a fini de manger à temps? Oui, ... juste à temps.

16. Qui apparaît sur l'écran? C'est ... qui apparaît .../ On voit apparaître ...

17. Que fera Véronique ensuite? ... gentiment se coucher./ ... gentiment au lit.

QUESTIONS D'EXPLOITATION

1. Est-ce qu'il est déjà 6 h. 20? Non, ... pas encore ...

2. La télévision en France est-elle privée ou nationalisée? ... nationalisée.

3. Combien de chaînes y a-t-il actuellement en France? Et dans votre région? En France .../ Dans ma région ...

4. L'O.R.T.F. (Office de la Radio et Télévision françaises) admet-il la publicité? Oui, mais groupée./ Jamais au cours d'une émission.

5. Puisque Véronique a fini de manger à temps, quand est-ce qu'elle ira se coucher? ... après avoir vu Nounours./ ... après l'émission.

6. En France, est-ce que les émissions de télé durent toute la journée? Non, ... n'ont lieu que vers midi et le soir.

7. La télévision en couleurs fonctionne-t-elle déjà en France, en Angleterre, en Russie?

Oui, on l'a mise en service./ On a bien dépassé le stade expérimental.

8. Est-ce qu'on reçoit en Europe des émissions en direct transmises par satellite?

Oui, . . ., et inversement l'Amérique peut recevoir . . .

9. Est-ce qu'il faut payer une taxe annuelle si on possède un appareil de télévision?

Oui, . . . assez élevée.

10. Est-ce qu'il existe en France des émissions scolaires?

Oui, . . . beaucoup./ . . . chaque jour de classe.

11. Les télé-spectateurs sont-ils de plus en plus nombreux dans les campagnes et villages de France?

Oui, ils sont . . .

12. Les images de la télévision française sont-elles plus nettes que celles de la télévision britannique?

Oui, . . . bien plus nettes, surtout sur la première chaîne.

13. Peut-on écouter à la radio des émissions éducatives ou de la grande musique?

Oui, . . . sur des chaînes spéciales, sur France III (ou France-Culture), par exemple.

14. Aimeriez-vous passer une soirée à regarder la télévision sans voir de publicité?

Oui, que j'aimerais . . . !/ Non, ma foi, je n'ai rien contre la publicité.

15. À votre avis, est-ce qu'il est bon de passer beaucoup de films de guerre à la télévision?

Oui, cela ne fait de mal à personne./ Non, ces films de guerre incitent à la violence.

16. Est-ce qu'il existe dans votre pays des feuilletons pour enfants?

Oui, il en existe pas mal, comme, par exemple, . . ./ Non, ça n'existe pas . . ./ Il n'y a pas de . . .

17. Est-ce qu'il vous arrive de les regarder parfois?

Moi, je ne regarde jamais ces émissions enfantines./ Au contraire, moi, je les suis régulièrement./ . . . à l'occasion./ J'en raffole!/ Ah, non, c'est trop enfantin pour moi!

MISE EN PERSPECTIVE

Que pensez-vous du nombre et de la qualité des émissions télévisées chez vous?

SCHÉMA D'INTONATION

Phrases en Suspens (L'hésitation)

A. *Le dernier mot est accentué:* c'est un verbe, un adjectif, un nom, un adverbe . . .

Les enfants d'abord.

EXEMPLE:

Les films américains sont de qualité ...

EXERCICE:

1. Maman, la compote de pommes me fait ...
2. L'actrice s'appelait Greta ...
3. C'était à l'époque du président ...
4. Ils habitaient ...

B. *Le dernier mot n'est pas accentué:* c'est un article, un relatif, ...

EXEMPLE:

C'est un documentaire sur la ...

EXERCICE:

1. Il y a Nicolas et puis aussi ...
2. Il me faudrait un peu de ...
3. J'ai pris le train de ...
4. C'est de lui que ...
5. La première chaîne est plus ..., moins ..., enfin ...

CONVERSATION GRAMMAIRE: Exercice

LE PASSÉ COMPOSÉ

MODÈLE: *Le réveil sonne à sept heures.*
         Hier aussi, il a sonné à sept heures.

1. Monsieur Delez-Termos se lève tout de suite.
2. Il descend à la cuisine.
3. Il prépare lui-même son café au lait et ses tartines.
4. Il déjeune en écoutant la radio.
5. Il fait dix minutes de culture physique.
6. Il se rase.
7. Il se douche.
8. Il se lave les dents.
9. Il s'habille.
10. Il dit au revoir à sa femme et à sa fille.
11. Il prend l'autobus pour aller au bureau.
12. Il travaille toute la matinée.
13. À midi, il revient à la maison pour déjeuner.
14. À deux moins le quart, il repart au bureau.
15. Il rentre chez lui à six heures.
16. Il dîne à sept heures et demie.
17. Il regarde la télévision une heure ou deux.
18. Il se couche à dix heures.

(Et il fait cela tous les jours depuis douze ans, le malheureux! Quelle vie monotone!)

ÉCHELLES

(*à-de*, les pronoms personnels *le-la-les*)

Range la vaisselle!
    Dépêche-toi de ranger la vaisselle.
        Dépêche-toi de la ranger.
            Aide-moi à ranger la vaisselle.
                Aide-moi à la ranger.
                Aide-moi à le faire.

Finis tes devoirs!
    Dépêche-toi de finir tes devoirs.
        Dépêche-toi de les finir.
            Aide-moi à finir mes devoirs.
                Aide-moi à les finir.
                Aide-moi à le faire.

Choisis une émission pour enfants!
    Dépêche-toi de choisir une émission pour enfants.
        Dépêche-toi d'en choisir une.
            Aide-moi à choisir une émission pour enfants.
                Aide-moi à en choisir une.
                Aide-moi à le faire.

Règle la télévision!
   Dépêche-toi de régler la télévision.
      Dépêche-toi de la régler.
         Papa, aide-moi à régler la télévision.
         Aide-moi à la régler.
         Papa, aide-moi à le faire.

Cherche un reportage sportif!
   Dépêche-toi de ...
      Dépêche-toi d'en ...
         Albert, aide-le à chercher ...
         Albert, aide-le à en ...
         Albert, aide-le à le ...

14
Les nouvelles de midi

Une salle à manger modeste, table presque desservie. Serviettes, carafe d'eau, carafon de vin, verres, tasses à café. Un récepteur de radio posé sur un meuble. Les Biarnès (père, mère, et deux grands garçons), immobiles et trés attentifs.

La famille Biarnès déjeune en écoutant les dernières nouvelles à la radio. Comme beaucoup de Français, ils sont à l'écoute de France-Inter,[1] dont le bulletin d'informations de midi est très complet et bien présenté.

Le journaliste au micro annonce que ce matin s'est tenue à l'Élysée[2] une conférence réunissant le ministre des Affaires Étrangères et son homologue allemand. À Bruxelles, les négociations sur la politique agricole du Marché Commun sont sur le point d'aboutir. Il y a du brouillard sur Londres, mais ce n'est pas vraiment une nouvelle, et seuls les avions équipés d'un système d'atterrissage automatique pourront se poser à l'aéroport de Heathrow. L'extrême sécheresse persiste en Afrique centrale, et on invite tout le monde à venir au secours des sinistrés par des dons en argent ou en nature.

C'est une speakerine qui donne les prévisions météorologiques: temps nuageux sur l'est de la France et le Bassin Parisien, soleil dans l'après-midi sur la Côte d'Azur et la vallée du Rhône. Il fait 19 degrés à Paris, 16 à Strasbourg et Lyon, 23 à Toulouse, 25 à Marseille et Nice.

Le soir, c'est autour de la télé que se groupent les membres de la famille. Ils aiment surtout les émissions de variétés. À la radio c'est aussi ce genre d'émissions qu'ils écoutent volontiers, comme bon nombre de Français moyens. Après une rude journée de travail, on n'aspire qu'à se détendre un peu.

QUESTIONS D'IDENTIFICATION

1. À quelle heure la famille Biarnès écoute-elle le bulletin d'informations? ... à midi./ ... à l'heure du déjeuner.
2. Quelle chaîne écoutent-ils? ... sont à l'écoute de ...
3. Qu'est-ce qui a eu lieu ce matin à l'Élysée? ... une ... s'est tenue ...
4. Qu'est-ce qui se passe à Bruxelles? ... les ... sont sur le point ...
5. Quel temps fait-il sur Londres? Il y a du ...
6. Est-ce que c'est une surprise? Non, ... pas une nouvelle.
7. Tous les avions pourront-ils se poser à Londres-Heathrow? Non, seuls ceux qui ...
8. Qu'est-ce qui se passe en Afrique centrale? ... la sécheresse .../
9. Qui est-ce qui donne les prévisions météorologiques? Une ...
10. Quel temps prévoit-on sur la vallée du Rhône? On prévoit .../ Il fera du ...

[1] *France-Inter:* Chaîne de radio qui diffuse des émissions de variétés, des chansons, et des bulletins d'informations.
[2] *L'Élysée* (palais de): Résidence parisienne du Président de la République, située près des Champs-Élysées.

11. Et sur le Bassin Parisien?   On prévoit un ...
12. Quelle est la température à Paris?   À Paris, il fait .../ La température est de ...
13. Quels programmes les Biarnès écoutent-ils ou regardent-ils?   ... uniquement ... de variétés.

QUESTIONS D'EXPLOITATION

1. Pourquoi les Biarnès choisissent-ils d'écouter France-Inter plutôt qu'une autre station?   ... parce que le bulletin d'informations de midi est ...

2. Qu'est-ce que c'est que le palais de l'Élysée?   C'est la ...

3. Où se trouve-t-il? Pourriez-vous le situer sur le plan de Paris?

4. Avez-vous entendu parler du Marché Commun?   Oui, j'en ai ...

5. Votre pays est-il favorable ou non au Marché Commun?   Il est .../ Il n'est pas ...

6. Quand il y a une catastrophe quelque part dans le monde, comment la radio peut-elle aider à secourir les victimes?   ... en invitant les gens à contribuer à des caisses de secours, à envoyer une contribution à la Croix-Rouge, à donner des vêtements pour les victimes.

7. Comment est-ce qu'on peut aider des gens qui sont à des milliers de kilomètres de soi?   On peut leur envoyer de l'argent, des vêtements, des médicaments.

8. Beaucoup d'aéroports sont-ils équipés pour les atterissages automatiques?   Oui, un assez grand nombre .../ Les plus grands ..., par exemple, ...

9. Le temps est-il plus brumeux en France qu'en Angleterre?   Non, ... pas aussi ... qu'en .../ ... moins ... qu'en ...

10. D'habitude fait-il plus beau sur la Côte d'Azur que sur le reste de la France?   Oui, la Côte est renommée pour son beau temps./ En général .../ Le plus souvent ...

11. Pourquoi?   ... la région est abritée./ Le climat méditerranéen est doux, même en hiver.

12. La sécheresse en Afrique centrale, qu'est-ce qui montre qu'elle est grave?   On compte de nombreuses victimes./ On demande à tout le monde de ...

13. Outre la sécheresse, connaissez-vous d'autres catastrophes naturelles?   Il y a ... (tremblements de terre, éruptions volcaniques, épidémies, ouragans, inondations, ...)

14. Convertissez 19 degrés centigrades en fahrenheit.

Dix-neuf degrés centigrades font ... (voir la table d'équivalences, p. 301).

15. Pourquoi les Biarnès écoutent-ils les nouvelles?

... pour se tenir au courant de la situation en France et dans le monde./ ... pour savoir ce qui se passe .../ ... pour se tenir informés de ce qui .../ ... des principaux événements ...

16. Arrivent-ils quand même à avoir une certaine culture?

Oui, grâce à la radio et à la télévision ...

17. Les émissions de variétés permettent-elles de se cultiver?

Non ..., simplement de se détendre./ ... de se distraire./ Pour se cultiver, il faut regarder ou écouter des émissions culturelles./ ... plus sérieuses.

18. Beaucoup de gens regardent-ils les émissions de variétés?

Oui .../ ... la plupart des Français moyens ...

19. Peut-on leur reprocher de regarder de préférence ces émissions?

Non, après une rude journée de ... il est normal qu'ils préfèrent .../ On comprend qu'ils .../ ... ils n'ont pas envie de .../ Ils sont trop fatigués pour de profondes réflexions./ Oui, ils ont tort./ ... un film sérieux n'est pas forcément ennuyeux.

MISE EN PERSPECTIVE

Écouter les nouvelles tout en mangeant, cela se fait-il aussi chez vous? Le faites-vous vous-même? Quels avantages ou quel plaisir y trouvez-vous?

SCHÉMA D'INTONATION

Phrases en Suspens—Suite
(L'arrêt volontaire. La menace non formulée.)
REMARQUE:

Assez semblable à l'hésitation dans la phrase terminée par un mot accentué, mais arrêt brusque et à un plus haut niveau de voix.

EXEMPLE:

Si tu ne finis pas ton pain, je te ...

EXERCICE:

1. Baisse donc la télé, sinon ...
2. S'il pleut encore demain, je vais ...

3. J'ai bien envie de te priver de ...
4. Cette présentatrice me fait horreur, j'ai envie ...
5. J'en ai assez de ces feuilletons ...

CONVERSATION GRAMMAIRE: Exercices

COMPARATIFS–SUPERLATIFS; *les/en*; idiomatismes
A. Les Émissions de Variétés.
    1. Elles sont intéressantes.
               captivantes.
               très intéressantes.
               peu ...
               assez ...
               aussi ...   que les autres.
               moins ...   que les émissions culturelles.
               plus ...   que vous ne croyez.
               plus ...   qu'on ne croit généralement.
               ennuyeuses.

    2. Elles se ressemblent toutes.
               Les écoutez-vous toutes?
               En écoutez-vous parfois?
               J'en écoute quelques-unes.
               J'en écoute une de temps en temps.
    3. Rien n'est plus décevant.
               Si j'en écoute?
               Si j'en écoute quelques uns?
               Jamais de la vie!
               Vous n'y pensez pas!
               Ne m'en parlez pas!
               Je ne veux pas en entendre parler!

B. LES REPORTAGES SPORTIFS
    1. Ils sont intéressants.
               captivants.
               très intéressants.
               (etc.)
    2. Ils se ressemblent tous.
               Les écoutez-vous tous?
               (etc.)
    3. Rien n'est plus décevant.
               Si je les écoute?
               (etc.)

ÉCHELLE

La radio est trop forte.
    Baisse-la un peu.
        Encore un peu.
            Règle-la mieux que ça.
                Diminue les aigus.
                    Augmente les basses.
                        Choisis une station FM.
                            Change les hauts-parleurs de place.
                            Ta radio fait un bruit de fond.
                            Il y a des interférences.
                                Il faut améliorer la réception.
                                Installe une antenne.
                                Ouvre les fenêtres!

15
Consultation chez le docteur Teste

Le cabinet de consultation d'un médecin. Chaise longue, rayons de livres, de revues et de dossiers. Sur le bureau: stéthoscope et paperasses. Le docteur en blouse blanche raccompagnant une cliente âgée. Par la porte entrebaîllée de la salle d'attente on voit d'autres clients qui attendent, certains depuis plus d'une heure.

Nous voici chez le docteur Teste. Madame Bert sort de son cabinet de consultation. C'est une vieille cliente du docteur, à la retraite depuis quinze ans, et sa fiche médicale est bien remplie. Elle vient le voir régulièrement à cause de son cœur. Elle a souvent besoin d'une piqûre. Le docteur lui fait une dernière recommandation en lui remettant sa feuille de Sécurité Sociale.[1] Dans la salle d'attente, le client suivant est déjà debout. Il avait pris un rendez-vous la semaine précédente pour se faire faire une radio des poumons. Il y a une heure qu'il est là. Pour la première fois, le docteur va utiliser le nouvel appareil qu'il a reçu récemment et dont il est très fier. C'est un appareil très au point, et bien plus précis et plus pratique que l'ancien.

Quel travail! Que de monde! Les jours de consultation, le docteur Teste a parfois l'impression de travailler à la chaîne. Et il lui arrive de maudire la Sécurité Sociale grâce à laquelle beaucoup de gens qui ne sont pas vraiment malades vont quand même chez le médecin.

QUESTIONS D'IDENTIFICATION

1. Où sommes-nous?   ... chez ... dans ...
2. Qui sort de son cabinet?   C'est Madame Bert qui ...
3. Depuis quand est-elle à la retraite?   ... depuis ...
4. De quoi a-t-elle souvent besoin?   ... d'une piqûre à cause de ...
5. Que savez-vous de sa fiche médicale?   ... elle est bien ...
6. Que lui dit le docteur avant qu'elle parte?   ... lui fait ...
7. Y a-t-il du monde dans la salle d'attente?   Oui, la salle est ...
8. Depuis combien de temps certains clients attendent-ils?   ... depuis plus d'une heure.
9. Quand le client suivant avait-il pris un rendez-vous?   ... la semaine ...
10. Pourquoi est-il venu?   ... pour se faire faire ...
11. Qu'est-ce que le docteur vient de recevoir? ... un nouvel ...
12. Est-il fier de son appareil?   Oui, il en est ...
13. Comparez cet appareil à l'ancien.   Il est plus ... et plus ... que l'ancien.
14. Les jours de consultation, quelle impression a le docteur Teste?   ... à la chaîne.
15. Quelle administration le docteur maudit-il? ... la Sécurité Sociale./ Il lui arrive de maudire ...

[1] *Sécurité Sociale:* En gros, système d'aide médicale soutenu financièrement par l'État. Tous les Français en bénéficient. Les cotisations sont obligatoires et proportionnelles au salaire.

QUESTIONS D'EXPLOITATION

1. Madame Bert est-elle en bonne santé?

Non, elle a ...

2. Est-ce une femme jeune?

Non, ... plutôt âgée./ ... assez âgée./ ... d'un certain âge./ ... à la retraite.

3. Les gens d'un certain âge sont-ils souvent malades?

Oui, ... plus souvent ... que les jeunes.

4. Où le docteur écrit-il le nom et les maladies de ses clients?

... sur une fiche .../ dans un dossier.

5. Les médecins font-ils toujours des recommandations à leurs malades?

Oui, ils en font .../ Oui, ils leur en font ...

6. La salle d'attente est-elle vide?

Non, loin de là, elle ...

7. Faut-il attendre longtemps chez les médecins?

Oui, ils sont souvent en retard./ Ils nous font attendre parfois un temps fou.

8. Attendriez-vous aussi longtemps que ces gens-là?

Que voulez-vous? Il faut bien être patient.

9. Le client suivant s'est-il impatienté?

Sans doute, puisqu'il attendait depuis une heure.

10. À quoi le voyez-vous?

Au fait qu'il est debout avant que Mme Bert soit partie.

11. De quoi souffre-t-il?

... des poumons.

12. Le docteur Teste est-il bien équipé pour faire une radio?

Oui, il a tout ce qu'il faut pour .../ ... il ne manque de rien ...

13. Y a-t-il longtemps qu'il a reçu ce nouvel appareil?

Non, il l'a seulement depuis ...

14. Pourquoi a-t-il fait venir ce nouvel appareil?

... parce que l'ancien n'était pas très au ...

15. Le docteur Teste est-il, selon vous, un spécialiste?

Non, c'est plutôt un médecin de médecine générale.

16. Que fait le docteur quand il reçoit un malade pour la première fois?

... remplit une fiche .../ ... lui demande tous les renseignements utiles./ ... nécessaires.

17. Pourquoi le docteur a-t-il besoin d'une fiche pour chaque client?

Autrement il ne se souviendrait pas de chacun de ses clients./ ... de chaque cas particulier.

18. Que remet-il à Madame Bert avant qu'elle sorte?

Il lui remet sa feuille de ...

19. À quoi sert cette feuille de Sécurité Sociale?

Cette feuille permet au malade de se faire rembourser le prix de la consultation.

20. Les médicaments sont-ils remboursés?

Oui, ... aussi ...

21. Tous ces frais sont-ils remboursés à 100%?

Non, ... à 75% environ.

22. Pour être remboursé au maximum, que faut-il faire?

... être inscrit à une Mutuelle.[2]

23. Sait-on si le client suivant est gravement malade?

Non, ... pas encore .../ On le saura après l'examen radioscopique.

24. Fait-on couramment de tels examens?

Oui, ... régulièrement. Par exemple, pour dépister la tuberculose.

25. Tous ceux qui vont chez le médecin sont-ils malades?

Non, beaucoup de ceux ... ne sont pas .../ ... beaucoup d'entre eux .../ Certains sont des malades imaginaires.

26. Comment se fait-il que ces gens qui ne sont pas vraiment malades aillent quand même chez le médecin?

C'est que leurs frais médicaux sont presque entièrement remboursés par la Sécurité Sociale./ Ils abusent de leur privilège d'être remboursés par ...

MISE EN PERSPECTIVE

Comparez le système d'aide médicale en France à celui de votre pays. Quels avantages, quels inconvénients voyez-vous dans chacun des deux systèmes?

SCHÉMA D'INTONATION

La Phrase Incise (La Parenthèse)
(à rapprocher du schéma de la leçon 9)

EXEMPLE:

Mon/père, ajouta-il fièrement, était un héros.

EXERCICE:
1. Le Docteur Dubois, qui est très connu, habite près de chez nous.
2. Certains malades, les vieux principalement, sont difficiles à soigner.
3. Madame Bert, sa fiche médicale le montre assez bien, est une fidèle cliente.
4. La salle d'attente, vous le voyez, est pleine à craquer.

[2] *Mutuelle:* Système d'assurance non soutenu par l'État qui fonctionne uniquement grâce aux cotisations des membres adhérents (mutualistes). Par exemple, la Mutuelle Générale de l'Éducation Nationale—MGEN—à laquelle adhèrent presque tous les enseignants.

5. Cet appareil à rayons X, que je viens à peine de recevoir, est d'une précision remarquable.

CONVERSATION GRAMMAIRE: Exercice

PRONOMS OBJETS À L'IMPÉRATIF

Un élève jouera le rôle du Docteur Tant Mieux; un autre le rôle du Docteur Tant Pis.

MODÈLE: *Docteur, est-ce que je peux manger du pain?*
LE DOCTEUR TANT MIEUX: *Mais oui! Mangez-en si cela vous fait plaisir.*
LE DOCTEUR TANT PIS: *N'en mangez pas! Je vous l'interdis.*

1. Docteur, est-ce que je peux manger des huîtres?
2. Docteur, est-ce que je peux prendre des douches froides?
3. Est-ce que je peux faire des voyages en avion?
4. Est-ce que je peux aller à la plage?
5. Est-ce que je peux boire du champagne?
6. Est-ce que je peux fumer la pipe?
7. Est-ce que je peux aller à la montagne?
8. Est-ce que je peux dormir en plein air?
9. Est-ce que je peux faire du ski?
10. Est-ce que je peux jouer au tennis?
11. Est-ce que je peux manger du fromage?
12. Est-ce que je peux boire de la bière?

ÉCHELLES

Madame Bert: renseignements.

Madame BERT Marguerite Adèle
née CHARLOPIN
le 11-03-10
à 41100 Vendôme

Quel est son nom?
  Et son prénom?
    Et son nom de jeune fille?
      Sa date de naissance? (Quand est-elle née?)
        Son lieu de naissance (Où est-elle née?)

Son numéro d'immatriculation à la Sécurité Sociale

02	10	03	41	072 014

| sexe | année de naissance | mois | département d'origine | (autres renseignements administratifs) |
| F | 1910 | mars | Loir-et-Cher | |

Avez-vous des maladies graves?
  Quel est votre groupe sanguin?
    Quelle est votre tension artérielle?
      Suivez-vous un régime?
        Avez-vous des essoufflements?
          Avez-vous des étourdissements?
            . . .

La mise en relief
La fiche de Madame Bert.
  Elle est bien remplie.
    Pour être remplie, elle est remplie.
      Remplie, ça, elle l'est.
        Ah! on peut dire qu'elle est remplie.
        Ça, c'est sûr, elle est remplie!
          Si elle est remplie? Tu parles!

16
Le départ en vacances

À l'intérieur de la familiale, Monsieur et Madame Bourgoin; leur fille partageant le siège arrière avec deux caniches. La voiture remorque une caravane. Sur la galerie: des valises, des matelas pneumatiques roulés, des cannes à pêche. Deux agents, leurs motos tout près. Route très droite, bordée de peupliers. Au fond, une file de voitures. À droite, une borne.

Cette année les Bourgoin ont choisi de passer leurs vacances dans les Pyrénées. Les voici dans la vaste plaine de la Beauce, sur la Nationale 20[1] bordée de peupliers. Un agent vient de faire signe à leur voiture, une familiale Renault,[2] de s'arrêter. Il demande au conducteur, Monsieur Bourgoin, de lui montrer ses papiers. Celui-ci présente sa carte d'identité,[3] sa vignette,[4] sa carte grise,[5] et enfin ses cartes jaune[6] et verte.[7] L'agent vérifie lentement que tout est en règle.

De l'autre côté de la route, un second agent motocycliste surveille les voitures qui roulent en sens inverse vers Paris. Tout à l'heure les Bourgoin vont déposer leurs caniches chez des amis. Puis ils continueront leur voyage vers le sud. Monsieur Bourgoin commence à s'impatienter, car voilà bien dix minutes qu'ils sont arrêtés. Madame s'évente très calmement, au moyen d'une carte Michelin[8] en attendant que tout soit fini.

QUESTIONS D'IDENTIFICATION

1. Où vont les Bourgoin?   ... dans les ...
2. Où nous trouvons-nous?   Nous voici dans ... sur ...
3. Qu'est-ce qui borde la route?   Elle est bordée de ...
4. Quelle sorte de voiture ont les Bourgoin? Ils ont une ...
5. Qu'est-ce qu'on voit sur la galerie?   Il y a ...
6. Que remorque la voiture?   Elle ...
7. Que demande l'agent à Monsieur Bourgoin?   Il lui demande ...
8. Citez les pièces que lui présente Monsieur Bourgoin. Monsieur Bourgoin lui présente ...
9. Qu'est-ce que l'agent vérifie?   Il vérifie que ...
10. Où se trouve l'autre agent?   ... de l'autre côté de ...
11. Vers quelle ville roulent les voitures allant en sens inverse? ... vers ...

[1] *Nationale 20:* Les routes nationales (R. N.) sont les axes à grande circulation. Beaucoup partent de Paris (ou y aboutissent). La R. N. 20 part de Paris et va vers le sud—Orléans, Châteauroux, Limoges, l'Espagne ...

[2] *Familiale Renault:* Voiture à quatre portes fabriquée par Renault, compagnie nationalisée. On peut dire aussi: break.

[3] *Carte d'identité:* Document que chaque Français doit avoir sur lui portant nom, prénoms, âge, adresse et signes particuliers du titulaire.

[4] *Vignette:* Taxe qui varie selon la puissance de la voiture; s'achète chaque année avant le Ier décembre; timbre qui prouve qu'on l'a payée.

[5] *Carte grise:* Prouve que la voiture vous appartient.

[6] *Carte jaune:* Prouve que votre voiture est assurée pour la France.

[7] *Carte verte:* Prouve que votre voiture est assurée à l'étranger.

[8] *Carte Michelin:* Carte routière d'excellente qualité, éditée par Michelin, grand fabricant de pneumatiques (pneus radiaux) fusionné avec Citroën.

12. Où les Bourgoin vont-ils laisser   ... chez ...
    leurs chiens?
13. Que fait Madame?   Elle ...

QUESTIONS D'EXPLOITATION

1. Que font les Bourgoin?   ... partent en vacances./ ... en
                                        congé.
2. Beaucoup de Français partent-   Oui, la plupart des .../ Nombre
   ils en vacances en août?   de .../ Un grand nombre ...
3. Les routes bordées d'arbres sont-   Oui, il y a beaucoup de ... qui
   elles nombreuses en France?   sont ...
4. Monsieur et Madame Bourgoin   Non, la leur est ...
   ont-ils une grosse caravane?
5. À quoi sert la carte grise?   ... à prouver que ... (voir notes.)
6. Et la carte verte?   ... prouve que ...
7. Les agents se déplacent-ils seuls?   Non, d'habitude ... par deux.
8. Comment ces deux-là se dé-   ... à moto.
   placent-ils?
9. Qu'est-ce que la vignette?   (Voir notes.)
10. Ce genre de droits existe-il dans   Non, nous n'avons rien de sembla-
    votre pays?   ble./ Oui, nous l'avons également./
                                        Nous en avons l'équivalent.
11. Que se passera-t-il si Monsieur   ... aura une contravention./ Il sera
    Bourgoin n'est pas en règle?   obligé de payer une amende.
12. Monsieur Bourgoin roule-t-il en   Non, ... en sens inverse./ ... dans
    direction de Paris?   la direction opposée./ En direction
                                        de ...
13. Que devra faire Monsieur Bour-   ... rouler lentement.
    goin pour éviter un accident?
14. Les Bourgoin ont-ils l'intention   Non, ce n'est pas leur intention.
    de coucher dans un hôtel?
15. Qu'est-ce qui vous fait dire cela? C'est le fait qu'ils ont une ...
16. Quelle est la durée des congés   ... de quatre semaines, parfois de
    payés en France?   cinq semaines.
17. Est-ce que vous avez entendu   Oui, .../ Non, ... jamais .../
    parler des Auberges de la Jeu-   C'est ...
    nesse?[9]
18. Pourquoi un break est-il plus   ... plus spacieux et plus logeable.
    pratique pour les vacances
    qu'une quatre places ordinaire?

---

[9] *Les Auberges de la Jeunesse* (A. J.): Équivalent des «youth hostels», organisation qui s'occupe de loger les jeunes à peu de frais dans des centres d'hébergement répartis dans de nombreux pays.

19. Citez quelques villes et régions   (Penser à la mer, à la montagne; voir
    de France où les Français aiment   la carte de France.)
    passer leurs vacances.

MISE EN PERSPECTIVE

Que pensez-vous des contrôles policiers sur la route?

RÉVISION DES EXERCICES D'INTONATION

1. La Phrase-Exposé (2, *Chiens et chats*)

RAPPEL:

Les grands-parents // aiment beaucoup les animaux.

EXERCICE:

L'agent vérifie que tout est en règle.

2. La Phrase-Exposé—Suite (3, *La visite du médecin*)

RAPPEL:

Madame Quillet a fait venir le médecin // car son fils est malade.

EXERCICE:

De l'autre côté de la route, un second agent motocycliste surveille les
voitures qui roulent en sens inverse vers Paris.

3. L'interrogation (4, *Un renseignement*)

RAPPEL:

Est-ce que je peux prendre l'autobus?

EXERCICE:

Est-ce que Monsieur Bourgoin s'impatiente?
Les Bourgoin emmènent-ils leurs caniches avec eux?

4. L'interrogation—Suite (5, *L'embouteillage*)

RAPPEL:

Pourquoi êtes-vous passé au feu rouge?

EXERCICE:
Qu'est-ce que l'agent demande à Monsieur Bourgoin?

CONVERSATION GRAMMAIRE: Exercice

MODÈLE: *L'agent ordonne à Monsieur Bourgoin de s'arreter.*
Arrêtez-vous!

1. L'agent ordonne à Monsieur Bourgoin de lui montrer ses papiers.
2. L'agent ordonne à Monsieur Bourgoin de lui montrer sa carte grise.
3. L'agent ordonne à Monsieur Bourgoin de repartir.
4. Madame Bourgoin dit à son mari de s'arrêter.
5. Madame Bourgoin dit à son mari de montrer ses papiers à l'agent.
6. Madame Bourgoin dit à son mari de montrer sa carte grise à l'agent.
7. Madame Bourgoin dit à son mari de repartir.
8. Les enfants demandent à leur père de leur montrer les papiers.
9. Les enfants demandent à leur père de leur montrer la carte grise.
10. Les enfants demandent à leur père de repartir.
11. Les enfants demandent à leur père de ne plus s'arrêter.

ÉCHELLES

L'agent me fait signe.
    Je dois ralentir.
        Il me faut ralentir.
            Il faut que je ralentisse.

L'agent te fait signe.
    Tu dois freiner.
        Il te faut freiner.
            Il faut que tu ...

L'agent lui fait signe (à Jeannette).
    Elle doit s'arrêter.
        Il lui faut s'arrêter.
            Il faut qu'elle ...

L'agent nous fait signe.
    Nous devons montrer nos papiers.
        Il nous faut montrer nos papiers.
            Il faut que nous ... nos papiers.

L'agent vous fait signe.
    Vous devez répondre à ses questions.
        Il vous faut répondre à ses questions.
            Il faut que vous . . . à ses questions.

L'agent leur fait signe (à Jeannette et à Pierre, à eux, à elles, à tous, . . .).
    Ils doivent faire ce qu'il leur dit.
        Il leur faut faire ce qu'il leur dit.
            Il faut qu'ils . . . ce qu'il leur dit.

17
Au kiosque à journaux

Un kiosque à journaux, tapissé de périodiques. Au second plan une affiche-réclame de la loterie nationale. Un monsieur et une dame qui se parlent. Une vendeuse qui attend avec résignation.

ALAIN :   Regarde le dessin dans *Le Canard*.[1]

FRANÇOISE :   Ils sont impitoyables pour les ministres !

ALAIN :   Tu n'achètes pas *Elle*?[2]

FRANÇOISE :   J'ai déjà lu ce numéro. Je préfère *le Nouvel Observateur*.[3] J'ai entendu dire qu'il y a un article sensationnel concernant la la pollution de la Mer du Nord.

ALAIN :   Ça ne m'emballe pas.[4] Puisque nous avons choisi de passer la soirée à lire, je prendrai *Le Monde diplomatique*.[5]

FRANÇOISE :   Tu ne veux pas *L'Équipe*?[6]

ALAIN :   Non, il n'y a pas eu de match intéressant dimanche. Mais je vais acheter le dernier numéro de *L'Argus*,[7] et ... tiens! *L'Indicateur* de la S.N.C.F.[8] Je me rends à Quimper[9] vendredi et j'ai besoin de savoir les horaires.

FRANÇOISE :   Tu seras gentil de payer ma revue. Je n'ai plus un sou. Et s'il te plaît, achète aussi *Tintin* pour Michou et *Pomme d' Api* pour Kiki. Ils adorent les illustrés.

ALAIN :   Tu n'as pas peur de leur donner de mauvaises habitudes en leur apportant régulièrement des bandes dessinées?

FRANÇOISE :   Mais non, celles-là sont bien écrites. D'ailleurs, tu lis *Tintin*, toi aussi, quand tu en trouve un qui traîne !

ALAIN :   C'est vrai, ça me détend, mais moi, je ne suis pas aussi influençable que les enfants. Enfin, je les leur achète. (À la vendeuse) Ce sera combien, Madame?

LA VENDEUSE (*faisant le calcul*): Voyons. Cinq francs deux fois; trois francs; neuf cinquante; deux cinquante et deux. Vous prenez le *Canard* avec?

ALAIN :   Oui, Madame, et donnez-moi aussi *Le Monde*.[10]

LA VENDEUSE :   Deux francs deux fois. Ça fait trente-et-un francs.

ALAIN (*regardant dans son porte-monnaie*): Je n'ai que des billets de cinq mille.[11]

LA VENDEUSE :   Ça ne fait rien, Monsieur. Je vous rendrai la monnaie.

---

[1] *Le Canard enchaîné* (titre complet): Hebdomadaire satirique.

[2] *Elle:* Revue féminine.

[3] *Le Nouvel Observateur:* Revue qui se spécialise en articles de fond.

[4] *Emballer:* (Familier) plaire énormément, enthousiasmer.

[5] *Le Monde diplomatique:* Journal spécialisé dans les affaires étrangères.

[6] *L'Équipe:* Revue sportive.

[7] *L'Argus:* Hebdomadaire qui donne les prix courants des voitures d'occasion, plus des nouvelles concernant l'automobile.

[8] *Indicateur de la S.N.C.F.:* Périodique qui donne les horaires de la S.N.C.F. (Société Nationale des Chemins de Fer Français) pour toute la France, par région.

[9] *Quimper:* Ville de Bretagne, à 568 kilomètres à l'ouest de Paris (chef-lieu du Finistère).

[10] *Le Monde:* Grand quotidien national, paraissant l'après-midi.

[11] Il s'agit ici d'anciens francs.

QUESTIONS D'IDENTIFICATION

1. Où sommes-nous?
... juste devant ...
2. Que voit-on derrière le kiosque?
... une affiche-réclame de la loterie nationale.
3. Qui vise le dessin dans *Le Canard enchaîné*?
... impitoyable pour ...
4. Pourquoi Françoise n'achète-t-elle pas *Elle*?
Elle l'a déjà lu.
5. Qucl périodique choisit-elle?
Elle prend ...
6. Quelle lecture Alain se propose-t-il d'abord?
D'abord, ...
7. Que lui suggère Françoise?
... *L'Équipe*.
8. Qu'est-ce qu'Alain choisit finalement?
Il finit par choisir ...
9. Qui doit payer les journaux et revues?
C'est Alain ...
10. Pour qui achète-il des bandes dessinées?
... pour .../   ... ses enfants.
11. Combien ça fait-il?
Ça fait .../   Au total, ...
12. Quelle somme Alain donne-t-il à la vendeuse?
... 5000 F., puisqu'il n'a que des billets de cinquante francs.

QUESTIONS D'EXPLOITATION

1. Sommes-nous à l'intérieur?
Non, nous sommes dehors, dans la rue.
2. À part les kiosques à journaux dans les rues, où peut-on acheter des périodiques en France?
... dans certains bureaux de tabac, papeteries, librairies, chez les marchands de journaux.
3. Le dessin dans *Le Canard* est-il flatteur pour les ministres?
Non, ... pas du tout./   ... désobligeant.
4. Savez-vous les noms des grands journaux parisiens?
... *Le Monde, Le Figaro, Paris-Presse* ...
5. Paraissent-ils le dimanche et en semaine?
Cela dépend; certains ...; d'autres ...
6. Existe-t-il une presse régionale ou locale?
Bien sûr, elle est très importante.
7. Si vous cherchez un appartement, une voiture d'occasion, de la main d'œuvre, quelle rubrique du journal consultez-vous?
... les petites annonces.
8. Quels hebdomadaires ressemblent à *Life*, à *Time*?
... *Paris-Match, L'Express* ou *Le Point*.

9. Quelles sortes d'articles trouve-t-on dans les journaux féminins?

... sur la couture, la cuisine, la famille, la mode. On y trouve des nouvelles, des romans-feuilletons.

10. Et dans les revues sportives, quels articles trouve-t-on?

... sur les vedettes du sport, les grands matches, les concours olympiques, les championnats, peut-être aussi sur des sports plus individuels comme la pêche, l'alpinisme, ...

11. Les prix cotés dans *L'Argus* sont-ils généralement respectés?

Oui, ils font foi./ On s'y fie./ Ils servent de base à ...

12. Décrivez en quelques phrases un reportage photographique qui vous a beaucoup impressionné.

Le sujet du reportage était .../ Je l'ai vu dans ...

13. Avez-vous jamais décoré les murs de votre chambre de photos tirées des magazines illustrés?

Oui, surtout des photos de ... (voitures de sport, matches sportifs, pin-ups, mode, ...)

14. Quand vous ouvrez un journal lisez-vous de préférence les articles de fond ou les faits divers?

De préférence, je lis ...

La masse ne lit pas ce qu'il y a de meilleur.

15. Lisez-vous toujours les bandes dessinées?

Oui, ça m'amuse./ Non, je suis trop sérieux pour lire ces machins pour gosses./ Jamais de la vie!/ C'est bon pour des enfants!

16. Êtes-vous abonné à un journal, à des périodiques? Depuis longtemps?

Oui, ... depuis ...

17. Est-ce que vous lisez en entier les journaux ou revues que vous achetez?

Non, parfois je les jette sans les lire./ Je les jette sans les avoir lus en entier./ Oui, ... d'un bout à l'autre./ ... de la première à la dernière page.

MISE EN PERSPECTIVE

Quels périodiques de votre pays correspondent à ceux du texte? Lesquels emporteriez-vous en voyage?

RÉVISION DES EXERCICES D'INTONATION

1. La Surprise (*6, Un F3*)

RAPPEL:

C'est près du Bois de Boulogne!

EXERCICE:

Tu n'achètes pas *Elle*!

2. La Surprise—Suite (*7, Aux sports d'hiver*)

RAPPEL:

Il n'y a que trois hôtels, et c'est tout!

EXERCICE:

J'ai bien compris, tu n'achètes pas *Elle*!

3. L'exclamation (*8, Après l'examen*)

RAPPEL:

Tu es un paresseux. (Phrase légèrement exclamative.)

EXERCICE:

Je m'en doutais.

4. L'exclamation—Suite (*8, Après l'examen*)

RAPPEL:

Tu es un PAResseux! (Phrase plus nettement exclamative.)

EXERCICE:

Ils sont impitoyables pour les ministres!

CONVERSATION GRAMMAIRE: Exercices

A.   PRONOMS MULTIPLES AU PRÉSENT

MODÈLE: *Achète-moi Le Canard, s'il te plaît.*
            D'accord, je te l'achète.

1. Achète-moi une revue.
2. Achète des bandes dessinées pour les enfants.
3. Achète *Tintin* pour Michou.
4. Achète un journal de modes pour Grand'Mère.
5. Achète ces cartes postales pour Tante Marie.
6. Achète le journal pour toi.
7. Achète ce calendrier pour nos amis.
8. Achète . . .
    —Ca suffit! Tu crois que je suis millionnaire?

MODÈLE: *Achète-moi Le Canard, s'il te plaît.*
            Achète-le-moi.

1. Achète-moi une revue.
2. Achète des bandes dessinées pour les enfants.
3. Achète . . .

B.   LES RELATIFS INTERROGATIFS

1. Les journaux. Lesquels lisez-vous?
    Je les lis tous.
    J'en lis quelques-uns.
    J'y lis des articles passionnants.
    Je n'y trouve rien d'intéressant.
    Il y en a que je n'ai jamais lus.
    Auxquels faites-vous allusion?
    Desquels parlez-vous?

2. Les revues spécialisées. Lesquelles lisez-vous?
   Je les lis toutes.
   J'en lis quelques-unes.
   J'y lis . . .
   . . .

ÉCHELLES

La mise en relief
Ce journal est bien informé.
   Comme ce journal est bien informé!
      Que ce journal est bien informé!
         Pour être informé, ce journal est informé!
            Ça, oui, on peut dire que ce journal est informé!
               Informé, ce journal l'est.
                  Ce journal? Informé? Il l'est.

Cette revue est bien informée.
   Comme cette revue est bien informée!
      . . .

18
Un amphi

Un amphithéâtre d'université, bondé d'étudiants. À gauche, l'appariteur qui vient de faire entrer le professeur. Les étudiants debout. Nicole et Dominique chuchotent.

NICOLE (*chuchotant*): C'est aujourd'hui qu'il nous donne les sujets de dissertation?

DOMINIQUE: Je crois. Mais je ne pense pas qu'il ait fini la bibliographie. Ca fait déjà deux séances qu'il énumère les études sur Voltaire. J'aimerais mieux savoir ce qu'il a à dire sur *Candide*,[1] puisque c'est au programme.

NICOLE: C'est pas marrant,[2] la bibliographie. Je n'aurai jamais le temps de lire tout cela. Mais dis donc, quand faudra-t-il remettre la dissertation?

DOMINIQUE: Sais pas. Sûrement avant Pâques. On a le temps.

NICOLE: Moi, j'ai décidé de ne pas la faire. Je suis débordée cette année. Quel travail! Avec toutes les u.v. que je présente,[3] tu sais. D'ailleurs, je me suis inscrite pour deux explications de texte.

DOMINIQUE: Tu en as du courage! Mais fais attention, le prof ne sera pas content si tu ne lui remets rien avant les examens.

NICOLE: Je risque le coup quand même. Je me tirerai d'affaire avec le cours polycopié[4] à la fin de l'année.

QUESTIONS D'IDENTIFICATION

1. Sommes-nous dans une salle de classe? — Non, dans un ...
2. Reste-t-il beaucoup de places libres? — Non, ... l'amphi est bondé./ Toutes les places sont prises.
3. Qui a introduit le professeur dans l'amphithéâtre? — C'est ...
4. Nicole parle-t-elle à haute voix à Dominique? — Non, elle parle en ...
5. Qu'est-ce que le professeur n'a pas encore fini? — Il lui reste à finir ...
6. Depuis combien de temps parle-t-il des études sur Voltaire? — Cela fait ... qu'il ...
7. Sur quel texte fait-il son cours cette année? — C'est .../ ... un conte célèbre de ...
8. A-t-il déjà donné les sujets de dissertation? — Non, ... pas encore ... de ...
9. Quand veut-il qu'on lui remette les dissertations? — Il veut qu'on .../ ... qu'on les lui fasse avant ...

[1] *Candide:* Conte philosophique de Voltaire (1759).
[2] *C'est pas marrant:* Tournure familière.
[3] *U. v.: Unité de valeur,* équivalent des *credit points* en Amérique du Nord. Ce système remplace les anciens certificats en Iere et 2eme années jusqu'au *DEUG* (Diplôme d'Études Universitaires générales). Ensuite *Licence* (3eme année) et *Maîtrise* (4eme et 5eme années) comportent encore des certificats.
[4] *Cours polycopié:* Texte, imprimé à la ronéo, de toutes les conférences du professeur, et vendu aux étudiants.

10. Pourquoi Nicole ne veut-elle pas remettre de dissertation?

Elle est débordée de travail./ Elle présente beaucoup d' . . .

11. Comment est-ce qu'elle va se tirer d'affaire?

. . . en achetant le cours . . .

QUESTIONS D'EXPLOITATION

1. Pouvez-vous dire à peu près quel est le nombre d'étudiants dans cet amphithéâtre?

Ils sont à peu près . . ./ Ils doivent être . . .

2. Est-ce beaucoup?

Oui, . . . bien trop pour ce local.

3. Est-ce qu'ils font du bruit en ce moment?

Non, . . . pas de chahut./ Ils parlent à voix . . .

4. Quel diplôme les deux jeunes filles préparent-elles?

. . . DEUG.

5. Combien d'années faut-il pour être licencié? Pour avoir la maîtrise?

Pour la licence, il faut . . ./ Pour la maîtrise, il faut . . .

6. Pouvez-vous expliquer ce qu'est un cours polycopié?

. . . (voir notes.)

7. À quelle époque de l'année ont lieu les examens en faculté?

. . . en mai-juin./ Tout est fini vers le 1er juillet.

8. Croyez-vous que Nicole soit une étudiante très sérieuse?

Non, je ne crois pas qu'elle soit . . ./ Non, . . . car elle ne fait pas beaucoup de zèle.

9. Nicole et Dominique suivent-elles d'autres cours de littérature française?

Oui, . . . puisqu'elles préparent un certificat.

10. Les cours universitaires sont d'habitude très spécialisés. Quels avantages trouvez-vous à des cours spécialisés?

Par exemple, ils permettent une connaissance approfondie des quelques sujets étudiés.

11. Et quels en sont les inconvénients?

Par exemple, ils empêchent d'avoir des vues plus générales.

12. Est-il vraiment indispensable de suivre le cours de ce professeur?

Non, on peut se passer de le suivre./ . . . s'en passer.

13. Pourquoi?

L'assistance au cours n'est pas obligatoire./ On n'y fait jamais l'appel.

14. Est-ce qu'il existe la même chose dans votre pays?

Oui, . . ./ Non, . . .

15. Si ça existait, iriez-vous suivre les cours des professeurs à l'Université?

Oui, . . ./ Non, . . .

16. Qu'est-ce qui vaut mieux, un cours écrit ou un cours qu'on a entendu donner par un professeur?
Cela dépend de beaucoup de facteurs. Par exemple, un bon ... vaut mieux qu'un médiocre ...

17. Que savez-vous de l'habitude qui consiste à se lever quand le professeur entre dans la classe?
C'est une marque de respect./ ... de déférence./ Ça ne se fait presque plus./ Ça ne rime à rien.

MISE EN PERSPECTIVE

Quelle est l'utilité aujourd'hui des diplômes universitaires?

RÉVISION DES EXERCICES D'INTONATION

1. L'exclamation—Suite (*9, Au grand magasin*)

RAPPEL:

Quel beau fauteuil! (Phrases très fortement exclamatives, comportant un mot exclamatif)

EXERCICE:
Quel travail!
Comme je suis débordé cette année!

2. L'exclamation—Suite (*9, Au grand magasin*)

RAPPEL:

Dis donc, lança-t-il à sa femme, comme tu y vas! (Phrase très fortement exclamative, comportant une proposition incise)

EXERCICE:
Vingt-cinq u.v., lui dit-elle très impressionnée, quel courage tu as!

3. L'interrogation avec Écho (*10, Une chambre d'étudiant*)

RAPPEL:

Et Robert s'en contente, vous êtes sûr?

EXERCICE:
C'est aujourd'hui qu'il nous donne les sujets de dissertation, tu crois?

4. Phrase Énonciative Avec Implication
(11, Christiane à Montréal)

RAPPEL:

Elle n'a pas beaucoup de goût (,tu sais).

EXERCICE:
Je prépare trois certificats (,tu sais).

CONVERSATION GRAMMAIRE: Exercices (INDICATIF/SUBJONCTIF)
A. Tu sais ta leçon.
  1. J'en suis sûr. Je suis sûr que tu sais ta leçon.
  2. J'en suis heureux. Je suis heureux que tu saches ...
  3. J'en suis étonné. Je suis étonné que tu saches ...
  4. J'en doute. Je doute que tu ...

B. Tu réussiras à ton examen.
  1. J'en suis sûr. Je suis sûr que tu réussiras.
  2. Je le sais. Je sais ...
  3. C'est probable. Il est probable ...
  4. C'est possible. Il est possible que tu réussisses ...
  5. J'en serais étonné. Je serais étonné ...
  6. J'en doute. Je doute ...
  7. Je le souhaite. Je souhaite ...

C. Tu n'as pas assez travaillé.
  1. Je le sais. Je sais ...
  2. On me l'a dit. On m'a dit ...
  3. Avoue-le. Avoue que ...
  4. Ne le nie pas. Ne nie pas que ...
  5. C'est possible. Il est possible que tu n'aies pas ...

ÉCHELLE

Un élève contestataire
LE PROFESSEUR: *Écoutez ce que je vais vous dire.*
L'ÉLÈVE: *Pourquoi faut-il que nous écoutions?*

PROFESSEUR: Prenez des notes.
ÉLÈVE: Pourquoi faut-il ...

PROFESSEUR : Vous écrirez trois dissertations ce trimestre.
ÉLÈVE : Pourquoi ...
PROFESSEUR : Vous ferez chacun un exposé.
ÉLÈVE : Pourquoi ...
PROFESSEUR : Vous lirez tous les ouvrages de cette liste.
ÉLÈVE : Pourquoi ...
PROFESSEUR : Vous ferez un résumé de chaque ouvrage.
ÉLÈVE : Pourquoi ...
PROFESSEUR : Assistez régulièrement au cours.
ÉLÈVE : Pourquoi ...
PROFESSEUR : Arrivez à l'heure.
ÉLÈVE : Pourquoi ...
PROFESSEUR : Préparez-vous pour l'examen.
ÉLÈVE : Pourquoi ...
PROFESSEUR : Soyez consciencieux.
ÉLÈVE : Pourquoi ...

Le professeur : Vous aurez tous une bonne note, sauf le contestataire qui m'a interrompu tout le temps :
Tous les élèves : Ouh !

19
Élections en Ontario

Bonsoir, Mesdames et Messieurs. Vous écoutez CBUF-FM à Vancouver, la voix française sur la côte du Pacifique. Au micro Michel Bonnard qui vous parle. Voici nos informations.

Les élections provinciales en Ontario se déroulent sous le signe du bilinguisme. Le candidat libéral d'Ottawa-Nord a tenu sa dernière conférence de presse avant le vote pour rassurer les nombreux francophones de sa circonscription.

(enregistré au magnétophone)
Je m'engage solennellement à défendre vigoureusement les droits de toutes les minorités, en particulier les vôtres, à l'intérieur de la province et au sein de la fédération canadienne. La sécession n'est pas le moyen de sauvegarder l'identité culturelle et linguistique d'un groupe ethnique, comme on le croit au Québec. Il y a place pour vous, Canadiens francophones, dans l'Ontario et dans le Canada de demain. Faites-moi confiance. Votez pour moi. J'ai besoin de vous!

Nous souhaitons bonne chance à ce chaud partisan du bilinguisme. Mais il est à craindre que les électeurs francophones de la région s'abstiennent de voter pour marquer leur déception vis-à-vis de la politique des partis officiels. L'abstention priverait les libéraux, les conservateurs et les néo-démocrates d'un grand nombre de suffrages.

Le gouvernement soviétique annonce . . .

QUESTIONS D'IDENTIFICATION

1. Quel poste de radio écoutons-nous? ... CBUF-FM à ...
2. Où se trouve Vancouver? ... sur la côte du Pacifique.
3. Qui parle au micro? C'est ... qui ...
4. Qu'est-ce qui se déroule en Ontario? Il y a des ...
5. Qu'a fait le candidat libéral d'Ottawa-Nord? Il a rassuré ...
6. À quoi s'engage-t-il? ... à défendre ... minorités.
7. Est-il pour la sécession des francophones? Non, .../ Il est contre ...
8. Pourquoi fait-on parfois sécession? Pour sauvegarder ...
9. De quoi ce candidat est-il partisan? ... bilinguisme.
10. Par quoi les francophones ont-ils été déçus? ... par la politique ...
11. Combien de partis y a-t-il au Canada? Il y en a .../ Il y a les ...

QUESTIONS D'EXPLOITATION

1. Vancouver est-elle en Ontario? Non, ... sur la côte .../ ... en Colombie Britannique.

2. Pourquoi y a-t-il un poste de radio français à Vancouver?

... parce qu'il y a une minorité française./ ... à cause de la politique bilingue du Canada.

3. Ce candidat fera-t-il d'autres conférences de presse avant les élections?

Non, c'est sa dernière .../ ... il n'en fera pas d'autres./ ... fera plus.

4. Sa circonscription comprend-elle toute la ville d'Ottawa?

Non, ... seulement Ottawa-Nord.

5. Est-ce que le candidat défendrait aussi bien les droits des Indiens?

Oui, parce qu'il s'engage à ...

6. Pourquoi ne croit-il pas à la sécession?

... parce qu'il est fédéraliste./ ... il y a place dans l'Ontario et dans le Canada pour ...

7. Que demande-t-il aux électeurs?

Il leur demande: "Faites-moi ... Votez ..."/ ... de lui faire ... et de voter ...

8. Comment interprétez-vous ce que le speaker souhaite au candidat?

Cela me paraît sincère./ ... ironique./ Je trouve que c'est mi-figue mi-raisin.

9. Qu'est-ce qui est à craindre dans ces élections?

Il est à craindre que ... s'abstiennent./ On craint l'abstention des ...

10. Les francophones sont-ils satisfaits de la politique des partis officiels?

Non, ils n'en sont pas .../ Ils ne le sont pas./ Ils ont été déçus par cette politique.

11. Quelle est l'orientation politique des trois grands partis canadiens?

Les libéraux sont au centre, les conservateurs à droite, les néo-démocrates à gauche.

12. Les États-Unis ont-ils actuellement trois partis comme le Canada?

Non, ils n'en ont que deux./ Ils ont un parti démocrate et un parti républicain.

13. Existe-t-il beaucoup d'électeurs francophones à Ottawa?

Oui, il y en a .../ ... un grand nombre./ Ils sont nombreux.

14. Où sont-ils le plus nombreux?

C'est au Québec qu'ils .../ ... dans la province de Québec.

15. Y en a-t-il ailleurs? Où?

Il y en a beaucoup dans les provinces maritimes (Nouvelle Écosse, Terre Neuve, Nouveau Brunswick, par exemple) et en Ontario./ ... quelques uns aussi dans les autres provinces.

16. Que doit faire un citoyen un jour d'élections?

Il doit voter./ ... aller aux urnes./ Son devoir est de .../ Il ne doit pas s'abstenir.

17. Quelles formalités faut-il remplir pour pouvoir voter?

Il faut être citoyen./ ... être inscrit sur une liste électorale./ ... avoir l'âge légal pour voter.

18. Les étudiants aux États-Unis et au Canada ont-ils le droit de voter dans une ville universitaire?

Oui, aux États-Unis …/ Non, au Canada, ils doivent voter par procuration ou par correspondance.

MISE EN PERSPECTIVE

Nommez quelques groupes ethniques qui composent la population de votre pays. Quels sont ceux dont l'identité culturelle et linguistique est la plus marquée?

RÉVISION DES EXERCICES D'INTONATION

1. L'ordre (*12, Dans un «Économat»*)

RAPPEL:

Donnez-moi du pâté de foie.

EXERCICE:

Qu'on ne me parle plus du style Louis XIII.

2. La Phrase en Suspens (*13, Après dîner*)

RAPPEL:

Maman, la compôte de pommes me *fait* … (Hésitation, le dernier mot est accentué.)

EXERCICE:

Si cette vieille femme reste à *Lyon* …

CONVERSATION GRAMMAIRE: Exercices

A. TRANSPOSITIONS NOM—VERBE,
PRONOMS PERSONNELS, SUBJONCTIF

MODÈLES: *J'ai besoin de votre aide.*
J'ai besoin que vous m'aidiez.
As-tu besoin de son aide (de l'aide de Jacqueline)?
As-tu besoin qu'elle t'aide?

1. Ils ont besoin de votre soutien.
2. As-tu besoin de notre amour?
3. Est-ce qu'elle a besoin de ton secours?
4. Vous avez besoin de mes conseils?

5. Ils ont besoin de notre secours.
6. Nous n'avons pas besoin de ton aide.
7. Vous n'avez pas besoin de son soutien.
8. Tu as besoin de leur soutien.
9. Nous n'avons pas besoin de ton amour.
10. Qui a besoin de mon aide?

B. LES PRONOMS POSSESSIFS

MODÈLE: *Défendez mes droits. Je défendrai vos droits.*
Défendez mes droits. Je défendrai les vôtres.

1. Écoutez ma chanson. J'écouterai votre chanson.
2. Il a visité mon pays. J'ai visité son pays.
3. Elle m'a présenté sa soeur. Je lui présenterai ma soeur.
4. Ils ont travaillé à ton élection. Nous avons travaillé à leur élection.
5. Tu t'es inscrit à son parti. Il s'est inscrit à mon parti.
6. Nous faisons confiance à notre président. Qu'ils fassent confiance
   à leur président.
7. Parlez-nous de votre province. Je vous parlerai de nos provinces.
8. Prends un peu de mon déjeuner. Donne-lui un peu de ton déjeuner.
9. Qu'elle rentre en compagnie de ses amies. Je rentrerai en compagnie de mes amis.
10. Occupe-toi de tes affaires. Je m'occuperai de mes affaires.

ÉCHELLE

Le discours politique
Je vous offre le changement dans la continuité.
   Et la continuité dans le changement.
      La continuité par le changement.
         La continuité pour le changement.
            La continuité du changement.
               La nouveauté dans la tradition.
                  La tradition de la nouveauté.
                     La foi dans l'avenir.
                        L'avenir dans l'espérance.
                          L'espérance dans l'avenir.
                            L'espérance de l'avenir.
                              L'avenir de demain.
                                Un lendemain qui chante.
                                Des lendemains qui chantent.
                                    Mais aujourd'hui ..., votez pour moi!

20

Une villa de banlieue

Une maison à deux étages de style Louis XIII.[1] *Devant la maison, le jardin, une fontaine, une balustrade, la grille d'entrée. Un domestique en train de nettoyer vigoureusement une fenêtre au premier étage.*[2]

---

[1] *Style Louis XIII:* Un des grands styles d'époque, typique de la première moitié du dix-septième siècle, et remarquable par le mélange harmonieux de la brique et de la pierre.
[2] *Le premier* (étage): En France, on ne compte pas le rez-de-chaussée comme étage.

C'est un grand industriel lyonnais qui habitait cette maison, à vingt minutes du centre de la ville. On distingue, à gauche, des parterres soigneusement entretenus, à droite quelques arbres, en particulier des mûriers, et deux bancs près d'une fontaine, à l'ombre des arbres. Une terrasse avec balustrade en fer forgé ceinture la maison, qui est de style Louis XIII.

Le rez-de-chaussée de cet imposant édifice est éclairé par quatre portes-fenêtres séparées par une grande porte d'entrée à deux battants. Il y a autant d'ouvertures au premier qu'au rez-de-chaussée, et c'est une véritable corvée pour le domestique que d'avoir à nettoyer toutes ces vitres. Au deuxième étage, deux cheminées encadrent les lucarnes, situées juste au-dessus de la chambre des maîtres.

Le domaine est à vendre, car la propriétaire ne supporte plus le climat humide de la région lyonnaise. Comme son mari est décédé il y a six mois, la veuve a pris la décision de se retirer sur la Côte.[3] Peut-être a-t-elle l'intention secrète de chercher là-bas un nouveau mari ; c'est du moins ce que racontent les mauvaises langues. Ce sont ses petits-enfants qui vont être déçus! Ils aimaient tant jouer dans le grand parc derrière la maison. Une agence immobilière s'occupe de la vente.

QUESTIONS D'IDENTIFICATION

1. Qui est-ce qui habitait cette maison?
C'est un ...

2. Où cet industriel habitait-il?
... à Lyon./ ... aux environs de Lyon./ ... dans la banlieue lyonnaise.

3. Où sont placés les deux bancs?
... près d' ...

4. En quoi est la balustrade de la terrasse?
... en fer ...

5. De quel style est cette maison?
... de style ...

6. Combien d'ouvertures y a-t-il au rez-de-chaussée?
J'en compte ...

7. Et au premier étage?
... autant qu'au ...

8. Qu'est-ce que le domestique a à faire?
... a à nettoyer ...

9. Où se trouvent situées les lucarnes du deuxième?
... juste au-dessus de ...

10. Pourquoi la propriétaire veut-elle vendre la maison?
... son mari est ... et elle ne supporte plus le ...

11. Quelle autre raison peut-elle avoir pour se retirer sur la Côte?
Peut-être a-t-elle l'intention de .../ Peut-être qu'elle a ...

12. Pourquoi les petits-enfants seront-ils déçus?
... ils aimaient ...

13. Qui s'occupe de la vente?
Une agence ...

[3] *Côte :* La Côte d'Azur.

QUESTIONS D'EXPLOITATION

1. À qui appartient cette grande villa?
Elle est à …/ C'est celle d' …

2. Est-ce qu'elle est loin du centre de Lyon?
Non, … à vingt …

3. Combien d'ouvertures y a-t-il en tout sur la façade?
J'en vois …/ J'en compte …

4. Est-ce que cela fait beaucoup de vitres à nettoyer?
Oui, … un nombre considérable de …

5. Est-ce un travail fatigant que de nettoyer ces vitres?
Oui, c'est une corvée./ On n'en finit pas de …

6. Décrivez ce que vous voyez devant la maison.
(parterres, mûriers, bancs, fontaine, balustrade)

7. Par quoi sont encadrées les lucarnes du second?
Elles … par les …

8. Que s'est-il passé il y a six mois?
Il y a six mois, l'industriel …

9. Est-ce l'industriel qui ne supporte pas le climat de la région?
Non, c'est sa …

10. Quelle sorte de climat les personnes âgées ne peuvent-elles pas supporter?
… les climats humides et froids, aux hivers longs.

11. Le climat de la Côte est-il le même que celui de la région lyonnaise?
Non, le climat de la Côte est moins …/ … est plus tempéré, plus sec …

12. Que racontent les mauvaises langues?
… qu'elle a peut-être l'intention de …/ Elles répandent le bruit que la veuve …/ Elles font courir le bruit que …

13. Est-il gentil de raconter de telles choses?
Non, c'est très méchant./ Les mauvaises langues parlent sans savoir./ C'est très cruel car cette femme a peut-être beaucoup de peine./ … n'a pas du tout l'intention de se remarier./ … était bien trop attachée à son mari pour songer à se …

14. Les petits-enfants de la veuve, vont-ils être contents?
Au contraire, … déçus.

15. Pourquoi?
Parce qu'ils aimaient …

16. Est-ce qu'ils pourront venir jouer dans le parc quand la maison sera vendue?
Non, une fois que la maison sera …

17. Est-ce qu'ils jouaient sur la pelouse devant la maison?
Non, c'était strictement défendu./ … derrière, dans le …

18. Un seul domestique suffit-elle dans cette grande maison?
Non, un seul domestique ne suffit pas …/ … ne peut pas tout faire.

19. Quels sont les autres domestiques qu'il pourrait y avoir
chez ces gens-là?

(cuisinier, chauffeur, jardinier).

20. Ce domaine, a-t-il une grande
valeur, d'après vous?

Oui, il me semble que c'est un domaine de grande .../ Cette maison
a dû coûter une petite fortune.

21. Aimeriez-vous l'habiter?

Oui, je rêve d'habiter une immense
maison avec beaucoup de domestiques./ Non, je ne serais pas à
l'aise là-dedans./ Non, je préfère de
beaucoup .../ Qu'on ne me parle
pas d'une telle maison!

MISE EN PERSPECTIVE

Si vous faisiez construire une belle maison, quel style choisiriez-vous
et pourquoi? Comment la chaufferiez-vous?

RÉVISION DES EXERCICES D'INTONATION

1. La Phrase en Suspens (*13, Après dîner*)

RAPPEL:

Il y a Nicolas et puis aussi ... (Hésitation, dernier mot inaccentué.)

EXERCICE:

Il rentrait à Paris avec ...

2. La Phrase en Suspens (*14, Les nouvelles de midi*)

RAPPEL:

J'ai bien envie de te priver de ... (Arrêt volontaire, menace)

EXERCICE:

Si vous conduisez à trop vive allure ...

CONVERSATION GRAMMAIRE: Exercices (QUI/QUE)

A. La Villa

MODÈLE: *Je la vois. C'est moi qui la vois (pas toi).*

1. Tu la verras. C'est toi qui ...
2. Elle l'a vue. C'est elle qui ...

    3. Nous l'achèterons. C'est nous qui ...
    4. Vous la vendrez. C'est vous qui ...
    5. Ils la trouvent chère. Ce sont eux qui ...
    6. Elles la trouvent grande. Ce sont elles qui ...

B.

MODÈLE: *J'ouvre la porte. C'est la porte que j'ouvre (pas la fenêtre).*

1. Je ferme la fenêtre. C'est la fenêtre ...	(pas la porte)
2. Elle dort en haut. C'est ...	(pas en bas)
3. Nous habitons à Lyon. C'est à ...	(pas sur la Côte d'Azur)
4. Vous avez engagé un domestique. C'est ...	(pas une bonne)
5. Ils regrettent le bon vieux temps. C'est ...	(pas leur fortune)

ÉCHELLES

Je voudrais une maison, mais pas trop grande.
    Cinq pièces, cuisine, deux salles de bains?
        C'est trop grand pour moi.
            Quatre pièces, cuisine, une salle de bain?
                C'est encore trop grand.
                    Alors vous voulez un appartement.
                        Vous en avez de grands?
                            Trois chambres, cuisine, salle de bains, loggia, ...

À combien?
    À partir de 95.000 F, clés en mains.
        C'est trop cher.
            Deux chambres, sans loggia, 75.000 F, clés en mains.
                C'est encore trop cher.
                    J'ai une 2 CV d'occasion, 1959 ...
                      Ce sera trop petit ...

21
L'accident

Une route luisante de verglas. Une C. X.[1] sur le bas-côté, l'avant défoncé
par un camion. Le camion moins endommagé. La voiture et le camion sur la
gauche. Une autre voiture sur la droite de la route, bien rangée. Le témoin,
l'agent, les blessés sur des brancards, l'ambulance. Le témoin, près du
médecin, l'aide à panser un blessé.

[1] C. X.: Voiture fabriquée par Citroën, réputée pour son confort exceptionnel (suspension à air et huile) et sa ligne inhabituelle.

La route était glissante à cause du verglas, et un terrible accident est arrivé. Monsieur Pierre Berry, ingénieur, rentrait à Paris en C. X. avec trois confrères. Très pressé, il conduisait à grande vitesse. Soudain, dans un virage, sa voiture a dérapé et est allée se jeter contre un poids lourd qui arrivait lentement en sens inverse. La C. X. est très endommagée, plus que le camion.

Un autre automobiliste a été le témoin de l'accident. En freinant brusquement pour éviter la collision, il a failli, lui aussi, suivre le sort de M. Berry. Après avoir rangé sa voiture, le témoin a téléphoné, d'une ferme voisine, à la gendarmerie la plus proche.

En ce moment, un agent règle la circulation pour éviter un autre accident. Un médecin, arrivé dans l'ambulance, s'occupe des blessés. Le témoin l'aide de son mieux. Quant à Monsieur Berry, le conducteur de la C. X., il est très grièvement blessé et mourra des suites de ses blessures. Il a payé bien cher son imprudence. Le chauffeur du camion, lui, n'a que de légères contusions. Il est furieux, pourtant, et jure comme un charretier, maudissant les C. X. les ingénieurs, les chauffards, le verglas, les routes et le gouvernement!

QUESTIONS D'IDENTIFICATION

1. Qu'est-ce qui est arrivé? — Il est arrivé ...
2. Pourquoi la route était-elle glissante? — ... à cause du ...
3. Avec qui l'ingénieur était-il dans sa voiture? — ... avec trois ...
4. Comment conduisait-il? — ... à grande vitesse.
5. Qu'est-il arrivé dans un virage? — ... a dérapé et ...
6. Qu'est-ce qui a failli arriver au témoin? — ... a failli suivre le sort ...
7. Qu'a fait le témoin? — ... téléphoné à ...
8. Pourquoi l'agent règle-t-il la circulation? — ... pour éviter ...
9. Que fait le médecin pendant ce temps? — ... il soigne les ...
10. Que va-t-il arriver à M. Berry? — Il mourra ...
11. Le chauffeur du camion, qu'est-ce qu'il a? — ... n'a ...
12. Que fait-il? — Il jure comme ... et il maudit ...

QUESTIONS D'EXPLOITATION

1. Est-ce un petit accident qui est arrivé? — Non, ... très grave ...
2. Combien de véhicules y a-t-il sur la route? — Maintenant il y a ...

3. Comptez-vous la moto? — Oui, .../ Non, .../ J'avais oublié de ...

4. À qui est la moto? — ... est à .../ C'est celle de .../ ... appartient à ...

5. Monsieur Berry conduisait-il lentement? — Non, loin de là .../ Au contraire, ...

6. Avait-il du temps devant lui? — Non, il était pressé de rentrer à ...

7. Approuvez-vous Monsieur Berry? — Non, je le désapprouve./ Je n'aurais pas fait comme lui.

8. Une voiture comme la C. X. tient-elle bien la route? — Oui, ... a une bonne tenue de route./ ... une tenue de route exceptionnelle.

9. Peut-on freiner sur une route verglacée? — Non, il vaut mieux ne pas .../ Il est dangereux de ...

10. Aurait-on pu éviter cet accident? — Oui, on aurait pu l'éviter./ Il aurait pu être évité./ Non, on ne ... pas .../ ... il était inévitable.

11. Qui en est responsable? — Le responsable est .../ C'est Monsieur B. qui .../ ... a causé l'accident./ C'est la faute de ... si l'accident est arrivé.

12. Le témoin a-t-il fait son devoir? — Oui, il l'a fait./ Il a fait ce qu'il fallait faire.

13. Qu'auriez-vous fait à sa place? — ... comme lui./ ... la même chose.

14. Qu'est-ce qui arriverait sans l'agent de police? — Il arriverait un autre .../ ... pourrait arriver .../ ... arriverait peut-être.

15. Qu'est-ce qui arriverait s'il n'y avait pas de médecin? — ... les blessés risqueraient de mourir.

16. Qui donne un coup de main au docteur? — C'est le ... qui ...

17. Emporte-t-on le chauffeur du camion sur un brancard? — À quoi bon? C'est inutile puisqu'il n'a .../ Il est inutile d' ...

18. Est-ce qu'il a raison de se plaindre? — Oui, mais il a tort de .../ Oui, il a des motifs de se plaindre et d'être furieux, mais à quoi bon jurer et .../ ... pourquoi s'en prendre à tout le monde?/ ... au lieu de crier et de jurer il ferait mieux de donner un coup de main ...

19. Monsieur Berry est-il mort sur le coup? — Non, ... peu après l'accident.

20. Est-ce que les imprudences se paient? — Oui, souvent .../ Un jour, tôt ou tard, ...

21. Trouvez-vous que Monsieur Berry a payé la sienne bien cher? — Oui, je trouve qu'il .../ ... qu'il l'a bien payée./ Il me semble qu'il .../ À mon avis ...

22. Avez-vous commis des imprudences dans votre vie?

Non, je n'ai jamais ... d' .../ ... aucune .../ Oui, ... beaucoup d' .../ J'en ai ... quelques-unes./ ... certaines.

23. Les avez-vous payées?

Non, .../ ... pas encore .../ Oui, ... cher./ ... bien cher.

24. Cet accident vous donne-t-il envie d'être prudent sur les routes?

Oui, il me donne envie d'être très ...

25. Devrait-on publier dans les journaux les photos d'accidents pour impressionner les gens?

Oui, .../ Oui, ça pourrait les rendre plus .../ Peut-être feraient-ils attention./ Non, ce serait inutile./ Ça ne changerait rien./ Ça n'aurait aucun effet sur ...

MISE EN PERSPECTIVE

Est-ce que vos concitoyens conduisent en général avec beaucoup de prudence? Donnez des exemples pour et contre.

RÉVISION DES EXERCICES D'INTONATION

1. La Phrase Incise, La Parenthèse
(15, *Consultation chez le docteur Teste*)

RAPPEL:

Certains malades, les vieux surtout, sont difficiles à soigner.

EXERCICE:
Soudain, dans un virage, sa voiture a dérapé.

CONVERSATION GRAMMAIRE: Exercice

LES CHARNIÈRES

MODÈLE: *Il y a des blessés et un médecin est sur les lieux.*
Puisqu'il y a des blessés, un médecin est sur les lieux.
Comme il y a des blessés, un médecin est sur les lieux.

1. La route est glissante et il faut conduire prudemment.
Puisque ...
Comme ...
2. Ils sont charmants et je les aime bien.
Puisqu'ils ...
Comme ...

3. Elle habite dans mon quartier et nous allons à la fac ensemble.
   Puisqu'elle ...
   Comme ...
4. Je vis seul et une petite chambre me suffit.
   Puisque je ...
   Comme ...

ÉCHELLE

L'accident
À qui la faute?
  C'est la faute de cet homme.
    Ce n'est pas de la mienne.
      Ce n'est pas de celle de l'agent.
        C'est la faute de tout le monde.
        C'est la faute du verglas.
        C'est la faute du hasard.
          C'est la faute de personne.
        La faute de qui?
        De personne!
          Connais pas!

NIVEAU

2

1

Rencontre au «Champo»

Le café «Le Champo»[1] *dans la rue des Écoles, un peu après midi. Des étudiants, garçons et filles, sont assis à des tables, à l'intérieur et à la terrasse vitrée, dégustant leur café. Un garçon sert des consommations à un groupe de jeunes et, à une table voisine, un étudiant présente une jeune fille à un de ses amis qui est en train de boire une bière à petites gorgées. Toutes les tables sont encombrées de bouteilles vides, de soucoupes, de carafes, de tasses, car les clients sont nombreux à cette heure de la journée. Au-dessus du comptoir, à droite, près de la caisse on distingue une horloge qui marque deux heures moins le quart. Les jeunes gens sont habillés simplement mais élégamment. Les jeunes filles en particulier ont beaucoup de chic.*

[1] *Le Champo :* Café dans la rue des Écoles (V[e] arrondissement), tout près de l'Université de Paris IV (autrefois la Sorbonne).

Le Champo est le rendez-vous d'un grand nombre d'étudiants pour une raison bien simple : il est à deux pas de la Sorbonne et tout près de quatre ou cinq salles de cinéma. C'est là qu'on retrouve les copains toujours à peu près à la même table, à l'heure du café. On en profite pour discuter sans fin et à grand bruit de toutes sortes de problèmes : les cours, les profs, les films, la politique, les amis, le monde ... Il règne parmi ces jeunes gens une atmosphère de franche camaraderie qui fait plaisir à voir. On fume beaucoup, tout en buvant son express.[2] Michel, que ce café trop fort énerve, a commandé une bière. Plongé dans de profondes pensées, il n'a pas vu arriver Pierre, accompagné d'une charmante jeune fille.

PIERRE : Michel! toujours aussi distrait! Bonjour, mon vieux! Je te présente Evelyne, une amie. Evelyne est en Philo[3] au lycée d'Orsay.[4] C'est une future étudiante en Lettres.

MICHEL : Dis donc, tu as des amies drôlement jolies! Comment allez-vous, Evelyne?

EVELYNE : Très bien, merci. Et vous?

MICHEL : On ferait aussi bien de se tutoyer,[5] vous ne croyez pas? Tu n'y vois pas d'inconvénient, au moins, Pierre?

PIERRE : Bien sûr que non, voyons Michel. Entre copains, il est normal de se tutoyer.

EVELYNE : Tiens, cela me rappelle que l'autre jour, dans la cour du lycée, j'ai tutoyé une surveillante, sans le faire exprès. Je l'avais prise pour une élève de terminale.[6]

MICHEL : Et comment a-t-elle trouvé ça?

EVELYNE : Pas du tout à son goût. Mais la prochaine fois je la vouvoierai sans faute, croyez-moi. Pardon, crois-moi!

PIERRE : Je te le conseille vivement. On ne sait jamais avec ces «pionnes»!

MICHEL : C'est dommage que vous arriviez si tard. Nous venons à peine de faire connaissance et il va falloir nous séparer. J'ai un cours à deux heures.

EVELYNE : Oh! c'est dommage en effet. Mais nous aurons d'autres occasions de bavarder sans doute.

Michel, à regret, prend donc congé de ses amis qui vont occuper sa table devenue libre. Il paraît que Pierre et Evelyne sortent ensemble depuis quelque temps. On dit même que c'est assez sérieux entre eux.

[2] *Express :* Café noir, très fort (de l'italien «espresso»).
[3] *Philo* (pour Philosophie) : Une des quatre classes terminales des lycées. Les autres sont Sciences appliquées, Économie et Droit. (Quelques changements ont été apportés récemment à ce système.)
[4] *Orsay :* Ville au sud-ouest de Paris, dans la grande banlieue, sur la ligne de Sceaux (voir la carte du métro).
[5] *Tutoyer :* Dire «tu» à quelqu'un, par opposition à «vouvoyer» qui revient à dire «vous».
[6] *Terminale :* Voir note 3.

QUESTIONS D'IDENTIFICATION

1. Où se trouve le Champo?	... à deux pas de .../ ... tout près de ...
2. De quoi discutent les étudiants?	... discutent de ... des ... du ...
3. Que font-ils en buvant leur café?	... fument ... discutent.
4. Quelle atmosphère règne parmi les étudiants?	Il règne .../ Une atmosphère de ... règne parmi eux.
5. Comment appelle-t-on la sorte de café qu'ils boivent?	On l'appelle un express./ ... café express./ C'est un ...
6. Qu'est-ce que Michel a commandé?	C'est une bière que ...
7. Pourquoi?	... le café ...
8. Qu'a fait Evelyne dans la cour du lycée?	... a tutoyé ... sans le faire ...
9. Pourquoi les trois amis se séparent-ils si tôt?	parce que Michel a ...

QUESTIONS D'EXPLOITATION, Première Série

1. Pourquoi beaucoup d'étudiants vont-ils au Champo?	... pour une raison bien .../ ... pour deux raisons: .../ ... parce qu'il est ...
2. Les étudiants discutent-ils de nombreux problèmes?	Oui, ... de toutes sortes de .../ ... s'intéressent à toutes sortes de .../ Toutes sortes de ... les intéressent.
3. Y a-t-il des barrières entre garçons et filles?	Non, ... pas de .../ ... aucune barrière./ Il y a une franche camaraderie .../ ... saine amitié ...
4. Michel peut-il supporter le café-express?	Non, ... trop fort pour lui./ ... lui fait mal.
5. Pourquoi n'a-t-il pas vu Pierre arriver?	... il était plongé .../ ... il est toujours distrait.
6. Pierre est-il seul?	Non, ... accompagné d'une .../ ... il est avec une ...
7. Comment Michel trouve-t-il Evelyne?	Il la trouve drôlement .../ Il dit qu'elle est ...
8. Qu'est-ce qui est normal entre copains?	Entre copains, il est normal de .../ ... normal qu'on se ...
9. Comment se fait-il qu'Evelyne ait tutoyé une surveillante?	Elle l'avait prise pour .../ C'est qu'elle l'avait prise pour .../ Elle l'a fait par mégarde./ ... pas fait exprès.
10. Qu'est-ce que Pierre conseille à son amie?	... de vouvoyer la ... la prochaine fois./ Il lui recommande de ...

11. Pierre aime-t-il les surveillants?   Non,... pas beaucoup.../ ...puis-
                                         qu'il les appelle des «pions».
12. Michel est-il heureux de quitter   Non, .../ Il les quitte à regret./ Il
    ses amis?   regrette de les .../ ... de devoir les
                                         ...

QUESTIONS D'EXPLOITATION, Deuxième Série

1. Quels sont les avantages du   Il est près de ... et entouré de .../
   Champo?   Il a l'avantage d'être ...
2. Tout le monde a-t-il la même   Non, chacun a la sienne./ ... sa
   façon de discuter?   propre manière.
3. D'habitude comment discutent   ... calmement./ ... d'une manière
   les gens âgés?   calme, posée./ ... sans s'emporter./
                                         ... en gardant leur calme.
4. Et les jeunes?   ... à grand bruit./ ... parfois en
                                         s'emportant./ Les jeunes, eux, ...
5. Les étudiants de ce pays-ci discu-   Oui, ils en discutent .../ Non, ils
   tent-ils librement de politique?   n'en discutent pas./ Oui, ils abor-
   de leurs amis?   dent ces sujets./ C'est volontiers
                                         qu'ils ...
6. La présence d'Evelyne gênerait-   Non, ... pas beaucoup./ ... les
   elle les garçons s'ils parlaient de   obligerait à plus de tact./ ... moins
   filles?   de grossièreté./ ... plus de déli-
                                         catesse, de retenue, peut-être.
7. Quel est le défaut de Michel?   Son défaut, c'est d'être .../ ...c'est
                                         la distraction./ C'est un grand dis-
                                         trait.
8. Vous est-il difficile de tutoyer   Oui, il m'est difficile de .../ Oui,
   vos camarades de classe quand   ça m'est difficile./ Il m'est très dif-
   vous parlez français?   ficile de les .../ Je trouve qu'il ...
                                         de les .../ Je n'arrive pas à les ...
9. Si vous étiez en France verriez-   Non, ... aucun inconvénient .../
   vous un inconvénient à ce qu'on   ... pas le moindre inconvénient à
   vous tutoie?   ce .../ ... trouverais normal qu'on
                                         me .../ ... que les gens me .../
                                         ... normal de me faire tutoyer.
10. Est-ce que vous diriez «tu» à   Oui, je leur dirais «tu.»/ Je les
    vos amis?   tutoierais./ J'essayerais de les ...
11. Par contre, est-ce que vous diriez   Non, oh! non, .../ Certainement
    «tu» à vos professeurs et à vos   pas!
    surveillants?
12. Les présentations sont-elles vite   Oui, ... très vite faites./ ... vite
    faites entre jeunes gens?   réglées./ On passe très vite sur les
                                         ...

13. Ces jeunes gens ont-ils décliné leur nom de famille?

Non, .../ ... ont donné seulement leur prénom./ ... n'ont donné que ...

14. Connaissez-vous quelques répliques à faire lorsqu'on vous présente quelqu'un en français?

On peut dire: «Enchanté.»/ ... «Je suis enchanté de faire votre connaissance.»/ ... ravi de faire .../ ... ravi de vous connaître./ ... d'avoir eu l'honneur de faire ...

15. Savez-vous comment on se présente en français?

On dit: «Permettez-moi de me présenter: je suis ...»

16. Et savez-vous comment on présente quelqu'un?

Dans ce cas, on dit: «Madame, permettez-moi de vous présenter Monsieur ...»/ ... «Je vous présente Monsieur ...»/ «Voici Monsieur ... que je suis heureux de vous présenter.»

17. Quand on présente un homme à une femme, duquel doit-on d'abord donner le nom?

Dans ce cas, il faut nommer l'homme d'abord./ Il convient de .../ C'est le nom de l'homme qu'on doit donner en premier. Par exemple: «Madame, je vous présente Monsieur Un Tel; voici Madame Une Telle.»

18. Les gens suivent-ils toujours cette règle?

Non, peu de gens .../ ... bien peu de personnes la connaissent./ Les manières se perdent, hélas!

19. Pierre l'a-t-il suivie ici?

Oui, .../ Pierre connaît les usages.

20. Est-on aujourd'hui aussi à cheval sur les principes qu'autrefois?

Non, ... pas aussi strict sur ces questions.

21. Est-ce la même chose dans tous les pays?

Non, on est plus traditionaliste dans certains pays./ ... accorde encore beaucoup d'importance à ces questions.

22. Les jeunes gens accordent-ils beaucoup d'importance à ces questions-là?

Non, ... peu d'importance .../ ... n'accordent aucune importance .../ ... se désintéressent de ces .../ ... se préoccupent peu de ces ...

23. Est-ce mieux ainsi?

Oui, .../ Non, à mon avis .../ Je regrette les temps anciens./ Moi, je trouve que ces questions ont leur importance./ Il était temps qu'on simplifie ...

24. Que dit-on de Pierre et d'Evelyne?

On dit .../ Il paraît qu'ils .../ On dit que c'est .../ C'est assez sérieux, dit-on./ ...; c'est ce qu'on dit./ On raconte que .../ Le bruit court que ...

25. Est-ce qu'on est certain de cela? Non, c'est un simple bruit./ C'est ce que les gens racontent./ Ce ne sont que des on-dit.
26. Si c'est sérieux, que croyez-vous que Pierre et Evelyne feront? Si c'est sérieux, ils se marieront./ . . . il est probable qu'ils . . ./ . . . cela finira par un mariage.

MISE EN PERSPECTIVE

1. L'anglais ne possède plus le pronom *tu*. Vous paraît-il indispensable?
2. De quoi discutez-vous le plus souvent avec vos amis en dehors des cours?

CONVERSATION GRAMMAIRE: Exercices

A. Les Cancans

Pierre et Evelyne sortent ensemble. Êtes-vous sûr que cette nouvelle soit vraie? Non? Alors, c'est un cancan.
Montrez que c'est un cancan en utilisant une des expressions suivantes:
1. On dit . . .
2. (le conditionnel) . . .
3. J'ai entendu dire . . .
4. Il paraît . . .

MODÈLE: *On dit que Pierre et Evelyne sortent ensemble.*
Oui, ils sortiraient ensemble.
Tu as entendu dire que Pierre et Evelyne sortent ensemble.
Oui, il paraît qu'ils sortent ensemble.

1. Le Premier Ministre est gravement malade.
2. Le Prince André est fiancé.
3. Il fait -45 à Winnipeg.
4. On les a vus ensemble plusieurs fois de suite au Champo.
5. Micheline divorce d'avec Paul.
6. Les postiers se sont mis en grève.
7. L'oléoduc de la vallée du MacKenzie sera finalement construit.
8. La police connaît tous les détails de l'affaire.
9. La surveillante a été renvoyée.
10. Elle refuse qu'on la tutoie.
11. Alain a écrit un roman.
12. L'essence augmentera de 10 centimes par litre le mois prochain.
13. Ils se connaissent depuis longtemps.
14. Il y a une manifestation au Quartier Latin.
15. Elles se tutoient.
16. Il la vouvoie.

B. NÉGATIONS (*ne . . . plus, ne . . . pas encore*)
MODÈLES: *Est-ce que tu fumes encore?*
*Non, je **ne** fume **plus.***

Est-ce que tu as déjà lu le journal?
*Non, je **ne** l'ai **pas encore** lu.*

Tu vas toujours au Champo?
*Non, je **n**'y vais **plus**.*

1. Est-ce que tu bois toujours du café?
2. Veux-tu encore de la bière?
3. Avez-vous déjà dîné?
4. Est-elle toujours au Lycéc d'Orsay?
5. Sauveur va-t-il déjà à l'université?
6. Est-ce qu'ils se tutoient déjà?
7. Votre 'pion' est-il toujours aussi sévère?
8. On se sépare déjà?
9. Tu as déjà vu le film *Mon oncle Antoine*?
10. Ils se fréquentent toujours?

ÉCHELLES

Monsieur Dumas
C'est mon oncle.
Je le connais.
Je lui dis «tu.»
Je le tutoie.
Il me tutoie.
Nous nous tutoyons.
C'est normal.

Madame Dupont
C'est mon professeur d'histoire.
Je la connais.
Je ne lui dis pas «tu.»
Je lui dis «vous.»
Elle me dit ''vous'' aussi.
Nous nous vouvoyons.
C'est normal.

Le CODOFIL[7] en Louisiane
Tu te le rappelles?
Tu t'en souviens?
Ah! oui! je me le rappelle.
Je m'en souviens bien.
Comme je m'en souviens.
Si je m'en souviens?

---

[7] *CODOFIL:* Comité pour le développement du français en Louisiane.

Notre ancienne professeur de philo
Tu te la rappelles?
   Tu te souviens d'elle?
      Non, je ne me la rappelle pas.
         Je ne me souviens plus d'elle.
            Comme je me souviens d'elle!
            Si je m'en souviens d'elle!

Les paysages de la Shenandoah
Je me les rappelle.
   Je m'en souviens.
      Comme je m'en souviens!
        Comme je me les rappelle!
           Moi, je ne m'en souviens plus très bien.
           Toi, tu te les rappelles clairement.

2
Une ferme

*Voici la cour d'une grande ferme. On distingue un tracteur au centre de la
cour, et d'autres machines agricoles : une herse, un chariot, un tombereau.
Un peu à l'écart se dressent les silos à maïs, et par delà les grilles, on distingue les champs labourés et une grande prairie où paissent des vaches. La
maison d'habitation, à gauche, est vaste, coquette et de construction récente.
L'antenne de télévision se dresse sur le toit d'ardoises grises. Deux beaux
saules pleureurs flanquent un parterre de fleurs devant l'entrée. Un ouvrier
agricole sort du garage, à l'extrémité de la maison. On entrevoit, derrière un
rideau d'arbres, les premières maisons du village.*

Après la Beauce, c'est en Picardie[1] que se trouvent les plus grandes propriétés de France. Celle-ci, qu'on peut considérer comme une ferme modèle, a près de cent hectares[2] de superficie. Elle appartient au maire du village dont on peut voir les premières maisons par delà les champs. Monsieur le maire, il y a quelques jours, a acheté un tracteur neuf, plus puissant que celui qu'il avait déjà et qu'il a décidé de conserver. Sa femme, très active à la ferme, trouve le nouvel engin très agréable à conduire. Un tracteur est indispensable dans une grande propriété pour labourer, herser et rentrer les foins. Presque tous les grands fermiers de la région en ont au moins deux. La mécanisation a permis à beaucoup d'entre eux de réduire la main-d'œuvre agricole. C'est le cas du maire qui n'emploie plus qu'un seul journalier au lieu des trois dont il avait besoin autrefois. C'est lui qui s'occupe des vaches. Cet élevage, outre qu'il rapporte relativement peu d'argent, oblige à rester en permanence à la ferme, car les bêtes exigent une attention de tous les instants. En revanche, il assure des revenus plus réguliers, répartis tout au long de l'année.

Le fils et la fille du fermier terminent leurs études, lui dans une école d'agriculture, elle au Lycée de jeune filles d'Amiens. C'est sans doute lui qui succédera à son père à la tête de l'exploitation. Il n'aura pas à envier les autres jeunes gens qui ont choisi de vivre à la ville, car il aura ici, à la campagne, tout le confort moderne. Maintenant, ce n'est plus comme autrefois, au temps des lampes à huile! Et puis, avec une voiture, il est si facile de se déplacer. La ville n'est plus qu'à quelques minutes de la ferme. Même les petits fermiers se modernisent. Ils s'y mettent eux aussi et suivent le mouvement.

QUESTIONS D'IDENTIFICATION

1. Où se trouve cette ferme?	... en ...
2. Combien d'hectares le maire possède-t-il?	Il a .../ Il est propriétaire de ...
3. Pour quels travaux un tracteur est-il indispensable?	... pour labourer ...
4. De quoi s'occupe le journalier du maire?	... des soins du ... et des ...
5. Qui aide le maire à la ferme?	... et ...
6. Pourquoi faut-il quelqu'un en permanence à la ferme?	... à cause des .../ ... parce que les bêtes exigent ...
7. Que font les enfants du fermier?	Le fils ... et la fille ...
8. Y a-t-il du confort dans les fermes d'aujourd'hui?	Oui, aujourd'hui ...
9. Que font même les petits fermiers?	Ils se .../ Ils s'y mettent ...

[1] *Picardie:* Une des trente-quatre anciennes provinces françaises, dans le nord de la France. C'est une région de grandes cultures (blé, betterave à sucre) et d'élevage. C'est aussi une des nouvelles «régions économiques» de création récente. Mais les limites des deux ne se superposent pas (voir cartes).
[2] *Hectare:* Mesure de surface ($=2.47$ acres).

QUESTIONS D'EXPLOITATION, Première Série

1. La ferme se trouve-t-elle très en dehors du village?

Non, ... pas très en dehors .../ ... assez près du ...

2. A-t-elle exactement cent hectares?

Non, ... à peu près .../ ... environ ...

3. Une ferme de cette superficie serait-elle une grande ferme aux U.S.A. ou au Canada?

Non, .../ Ce serait .../ Une telle ferme ...

4. Comparcr la puissance du nouveau tracteur à celle de l'ancien.

Celui-ci est plus ... que .../ L'ancien est moins ... que ...

5. Les petits fermiers ont-ils tous un tracteur?

Non, certains n'ont pas de .../ ... n'en ont pas./ Il y en a qui ...

6. Quels sont les principaux travaux de la ferme?

... les labours, les semailles, la fenaison, la moisson./ Ce sont les labours ...

7. Citez un avantage de la mécanisation.

Elle a permis de réduire .../ Grâce à elle on a pu réduire ...

8. Pourquoi le maire élève-t-il des vaches?

Cela assure.../ Parce qu'élever des vaches assure ...

9. Quels produits retire-t-on de l'élevage des vaches?

... du lait, des veaux, de la viande, du cuir./ Les vaches donnent ...

10. Cela rapporte-t-il beaucoup d'argent?

Non, ... pas beaucoup d'argent./ .. peu d'argent./ C'est peu rentable en fin de compte.

11. Peut-on laisser les bêtes seules plusieurs jours à la ferme?

Non, on ne peut pas .../ Il est impossible de les laisser .../ C'est impossible.

12. Quelles études font les enfants du fermier?

Son fils ... alors que sa fille .../ ... des études pratiques ... des études secondaires.

13. Que fera son fils plus tard?

Il succédera à son .../ Il lui .../ ... le remplacera à la tête ...

14. Les paysans d'aujourd'hui vivent ils comme autrefois?

Non, .../ Ils vivent mieux .../ ... bien mieux qu'autrefois./ Ils ont une vie plus facile./ ... plus agréable./ ... ont plus de confort.

15. Qu'est-ce qu'on peut faire aujourd'hui grâce à la voiture?

On peut se déplacer .../ Avec la voiture il est facile de ...

QUESTIONS D'EXPLOITATION, Deuxième Série

1. Si le maire était un tout petit fermier, achèterait-il un tracteur neuf?

Non, .../ Il lui serait inutile .../ Ce ne serait pas la peine qu'il achète .../ À quoi lui servirait d'acheter ... ?

2. Ce fermier est-il aisé? À quoi le voyez-vous?

Oui, il semble être aisé./ Il semble aisé./ Il semble l'être./ ... si j'en juge par la superficie et l'état de la ferme./ ... à en juger par ...

3. Peut-on se passer de tracteur dans une petite propriété?

Oui, .../ Il est possible de s'en passer./ On doit pouvoir s'en .../ Dans ... n'est pas indispensable.

4. Et dans une ferme comme celle du maire?

Non, .../ Non, là, il n'est pas possible de .../ Non, dans ce cas ...

5. L'élevage des vaches présente-t-il des avantages? Des inconvénients?

Oui, ... des avantages et des inconvénients./ ... peu d'avantages et beaucoup d'inconvénients./ ... plus d' ... que d' .../ ... d'énormes ...

6. Lesquels?

Il a l'avantage d'assurer ... et l'inconvénient d'obliger ...

7. De quoi peut s'occuper la fermière?

... (conduire le tracteur, herser, s'occuper des vaches, ...)

8. Comment vivaient les fermiers autrefois?

... assez mal./ ... d'une manière inconfortable./ ... menaient une vie dure.

9. Qu'est-ce qui a permis d'améliorer leur condition?

C'est la mécanisation .../ Entre autres choses l'électrification des campagnes, l'utilisation des engrais, les prêts de l'État ont ...

10. Les petits fermiers sont-ils aussi avantagés que les grands?

Non, .../ ... moins avantagés qu'eux./ ... forcément moins ...

11. Les fils et filles de fermiers restent-ils tous à la campagne?

Non, ... pas tous .../ Non, un grand nombre d'entre eux quittent la ... pour la ville./ Beaucoup d'entre eux quittent la campagne./ ... vont vivre à la ville./ ... fuient la campagne./ ... préfèrent travailler à la ... plutôt qu'à la .../ C'est un véritable exode rural.

12. Pour quelles raisons, à votre avis, les jeunes préfèrent-ils vivre à la ville?

La vie est plus facile à la ... qu'à la .../ ... moins pénible .../ Il y a plus de loisirs à la .../ ... plus de distractions .../ ... les horaires sont plus réguliers .../ ... plus de confort .../ Les salaires ... plus élevés ...

13. Qu'est-ce qui peut encore retenir les jeunes à la campagne?

La mécanisation, le confort accru, la rentabilité des exploitations peuvent encore .../ Les jeunes peuvent encore être attirés par ...

La machine au service de l'agriculture.

14. Pourquoi faut-il que les jeunes restent à la campagne? ... parce que seuls les jeunes peuvent moderniser les exploitations./ ... sont ouverts aux idées neuves./ ... peuvent rénover l'agriculture./ ... appliquer des méthodes de culture modernes.

15. Que croyez-vous que fera la fille de ce fermier? Sans doute ira-t-elle vivre .../ Elle épousera peut-être un autre propriétaire./ ... elle continuera ses études et deviendra ...

MISE EN PERSPECTIVE

1. Accepteriez-vous d'épouser la fille (le fils) d'un agriculteur? Pourquoi (ou pourquoi pas)?
2. Pourquoi les gens de la campagne sont-ils souvent plus équilibrés que ceux de la ville?

CONVERSATION GRAMMAIRE: Exercices

A. LA POSSESSION

MODÈLE: *La ferme appartient au maire?*
Oui, c'est la sienne.

> *Non, elle n'est pas à lui.*
> *Si, elle lui appartient.*

1. Le domaine appartient à Monsieur Guyot?
2. Le tracteur appartient à la femme du fermier?
3. La ferme appartient à ses petits-enfants?
4. Les terrains appartiennent à un Parisien?
5. Ce bel édifice appartient à ton grand-père?
6. Ces immeubles appartiennent à deux soeurs?
7. La voiture noire appartient à Charles?
8. La Mercédes appartient à un riche industriel?
9. Cette forêt appartient aux Dupoint?
10. La bicyclette t'appartient?

B. INDICATIF/SUBJONCTIF

MODÈLE: *Les tracteurs sont indispensables aux agriculteurs.*
C'est évident.
Il est évident que les tracteurs sont indispensables aux agriculteurs.

1. La preuve en est faite. La preuve est faite que ...
2. Je le reconnais. Je reconnais ... sont ...
3. Je le crois. Je crois ... sont ...
4. Vous le savez bien. Vous savez bien que ... sont ...
5. C'est probable. Il est probable que ... sont ...
6. Tout le monde en est persuadé. Tout le monde est persuadé ... sont ...
7. Dites-moi en quoi. Dites-moi en quoi les ... sont ...
8. C'est possible. Il est possible que ... soient ...
9. Je ne le crois pas. Je ne crois pas ... soient ...
10. C'est improbable. Il est improbable que ... soient ...
11. Beaucoup en doutent. Beaucoup doutent ... soient ...
12. Nous le nions tous. Nous nions tous que ... soient ...

ÉCHELLES

C'est facile.
    C'est très facile.
        C'est *si* facile!
            C'est *aussi* facile *que* deux et deux font quatre.

Cette ferme est grande.
    Elle est très grande.
        Elle est si grande!
            Elle est aussi grande que tout le village.

Ce tracteur fonctionne bien.
   Il fonctionne très bien.
      Il fonctionne si bien!
         Il fonctionne aussi bien que l'ancien.

Il est agréable de vivre à la campagne.
   C'est très agréable.
      C'est si agréable!
         C'est aussi agréable que de vivre en ville.

Le français est intéressant.
   Le français est très intéressant.
      Le français est si intéressant!
         Le français est aussi intéressant que l'anglais.

3
Un match de football

L'équipe de Nantes dispute un match de football (soccer) contre celle de
Nice. Nous sommes devant les buts de Nice. L'avant-centre nantais Simon
vient de tirer au but. Le gardien de buts niçois plonge et saisit la balle. Trois
arrières le protègent. Un arbitre est là, bien placé. Plus loin, sur la ligne de
touche, on aperçoit l'arbitre de touche. Les tribunes sont noires de monde.
On distingue même des caméras de télévision, une dans les tribunes, une
autre sur la ligne de touche.

C'est un grand jour pour Nantes qui a une brillante équipe de football. Elle est deuxième au classement de première division. L'équipe locale, en effet, reçoit Nice, la grande rivale, qui n'a encore perdu aucun match au cours de cette saison et qui est en tête du championnat. Jusqu'ici, après trente minutes de jeu dans la première mi-temps, les Nantais n'ont pas cessé de dominer leurs adversaires. Comme on peut le voir, ce sont encore les Nantais qui viennent de manquer une belle occasion de marquer un but. Le gardien de but de Nice, bien protégé par ses trois arrières, a plongé au bon moment et a saisi la balle avant qu'elle n'entre dans ses filets. Voilà une phase de jeu qui fera sensation à la télévision. Beaucoup de Français suivent ce match qui est télévisé en direct, étant donné son importance.

L'arbitre et l'arbitre de touche surveillent de très près l'emplacement des joueurs. Dans les tribunes, après l'échec de Simon, les spectateurs sont déçus et poussent des «Oh!» de mécontentement. Ils espèrent bien que Simon, qui est un excellent joueur et qui vient d'être sélectionné dans l'équipe de France, trouvera une autre occasion de battre le gardien de but adverse.

Une foule énorme est venue assister à ce match. C'est que cette rencontre est d'une importance capitale et aussi que le football est le sport le plus populaire dans cette région de France. Plus au sud, on préfère le rugby, qui est un sport plus brutal, mais aussi plus spectaculaire et parfois d'une grande beauté. Les mordus de ce sport vous diront, par exemple, que rien ne peut se comparer à l'ambiance d'une finale de rugby à quinze. Mais on n'est pas obligé de les croire. Chacun son goût, après tout!

QUESTIONS D'IDENTIFICATION

1. Quel est le classement de Nantes? — Nantes est ...
2. Et celui de Nice? — Nice est en tête .../ ... première.
3. Quel poste occupe Simon dans l'équipe de Nantes? — Simon est l'avant-centre .../ ... occupe le poste d' ...
4. Depuis combien de temps le match est-il en cours? — Il est en cours depuis .../ Il y a ... que le match .../ Il y a ... que l'on joue.
5. Qui protège le gardien de but? — Ce sont les ... qui .../ Il est protégé par ses ...
6. Que savons-nous de Simon? — Nous savons qu'il est ... et qu'il .../ C'est un ... et il vient d'être ...
7. Comparez le rugby au football. — Le rugby est plus ... et plus ... que le football.
8. Que disent les mordus du rugby? — Ils disent que rien .../ Ils prétendent que rien ...
9. Tout le monde est-il de cet avis? — Non, .../ On n'est pas obligé de les croire./ Chacun son goût.

QUESTIONS D'EXPLOITATION, Première Série

1. L'équipe de Nice est-elle une grande équipe? Pourquoi?

Oui, c'est une .../ ... la meilleure équipe en principe, puisqu'elle est .../ ... puisqu'elle est la première au classement./ ... elle a le meilleur classement.

2. Est-il normal que Nice soit en tête du championnat?

Oui, .../ ... tout à fait normal .../ Nice mérite sa place.

3. Quel est le rôle de l'avant-centre?

Son rôle est de marquer des buts./ ... tirer au but./ Il est là pour ...

4. Et celui des arrières?

Leur rôle est de .../ ... d'empêcher les adversaires de marquer .../ ... de s'approcher des buts.

5. Le gardien de but a-t-il le droit de saisir la balle avec les mains?

Oui, .../ Lui seul a le droit de .../ ... de faire cela./ ... en a le droit.

6. Et les autres joueurs?

Les autres ... eux, n'ont pas le droit de .../ ... n'en ont pas le droit.

7. Combien de joueurs y a-t-il dans une équipe de football?

Dans une ... il y a onze .../ Il y en a .../

8. Que feraient les arbitres si un joueur n'était pas à sa place?

Si ... les arbitres siffleraient un hors-jeu.

9. Et si une faute était commise?

Si une faute ... ils siffleraient un coup franc./ ... une pénalité.

10. Simon est-il un bon joueur?

Oui, sans doute, puisqu'il vient .../ ... puisqu'on vient de le ...

11. Est-ce qu'on sélectionne n'importe quels joueurs dans l'équipe de France?

Non, .../ ... que les meilleurs./ ... ceux qui semblent les meilleurs.

12. Le football est-il partout aussi populaire en France?

Non, .../ ... plus populaire dans le Nord, l'Est et l'Ouest./ ... mais il y a d'excellentes équipes de football dans le Midi.

13. Et ailleurs, quel sport préfère-t-on?

Ailleurs ... le rugby./ ... c'est le rugby qui est plus ...

14. Pourquoi ce match est-il télévisé?

... c'est un match important./ ... capital./ ... d'une importance capitale.

QUESTIONS D'EXPLOITATION, Deuxième Série

1. Quel jour ont lieu les matches importants en France?

C'est le dimanche qu'ont lieu .../ Les matches ... se déroulent le ...

2. N'y en a-t-il jamais le samedi?

Il y en a parfois le .../ Certains ont lieu le .../ Il arrive que certains aient lieu le ...

3. Est-ce toujours l'équipe gagnante qui est forcément la meilleure?

Non, ce n'est pas .../ Non, il arrive que l'équipe gagnante ne soit pas .../ C'est parfois celle qui perd qui est ...

4. Le football est-il, comme on le prétend, un sport pour fillettes?

Non, .../ Le football est parfois brutal./ ... dangereux./ ... est un sport viril.

5. Comment appelle-t-on les joueurs dont la profession est seulement de jouer au football?

On les appelle des professionnels./ ... des joueurs professionnels./ Ce sont des footballeurs.

6. Et les autres?

Les autres sont des amateurs./ ... s'appellent des ...

7. Aimeriez-vous mieux être amateur ou professionnel?

... amateur parce que .../ ... professionnel pour ...

8. Si Simon avait marqué un but, quels cris auraient poussés les Nantais?

... des «Ah» sans doute./ ... de satisfaction.

9. Auraient-ils été déçus?

Non, .../ Au contraire ... ravis./ ... comblés./ ... enthousiasmés.

10. Et les supporters de Nice?

Les supporters de Nice, eux, ... déçus./ ... par contre auraient été ...

11. Est-ce un honneur d'être sélectionné dans l'équipe de France?

... un grand honneur .../ ... mais aussi c'est une grande responsabilité.

12. Pardonnerait-on à Simon de manquer un but s'il était seul devant la cage?

Non, on ne le lui pardonnerait pas./ Il serait impardonnable de .../ S'il faisait cela, il serait ...

13. Les joueurs niçois surveillent-ils Simon de près?

Oui, ils ... de très près./ Ils l'ont à l'œil.

14. Pourquoi?

... c'est un bon joueur./ ... remarquable tireur./ ... brillant ...

15. Pourquoi est-il connu?

... pour sa classe./ ... son habileté./ ... sa vitesse./ ... son esprit d'équipe.

16. Pourquoi Joe DiMaggio était-il connu? Et Muhammad Ali (Cassius Clay), pourquoi est-il célèbre? Et Bobby Orr?

... pour sa ...

17. Un excellent joueur peut-il à lui seul gagner un match?

Non, .../ Il est rare ... puisse .../ Gagner un match est l'affaire de toute l'équipe.

18. Pourquoi y a-t-il foule dans le stade?

Il y a foule ... parce que ce match est .../ ... les deux meilleures équipes sont là./ ... ce sport est très goûté dans cette région.

| 19. Y aurait-il autant de monde pour un match de rugby? | Non, .../ Il est probable qu'il n'y aurait pas autant .../ Un match de rugby attirerait sans doute moins de monde./ ... spectateurs. |

MISE EN PERSPECTIVE

1. Trouvez-vous normal qu'un sport devienne une profession?
2. Quel est le sport qui attire le plus de spectateurs dans votre région ou dans votre province? Et dans un autre pays tel que l'Angleterre, l'Autriche, l'URSS, ...?

CONVERSATION GRAMMAIRE: Exercices

A. LA MISE EN RELIEF
MODÈLES: *La boxe m'intéresse. Ce qui m'intéresse, c'est la boxe.*
Claire préfère les finales. Ce que préfère Claire, ce sont les finales.
Le golf est passionnant. Ce qui est passionnant, c'est le golf.

1. Le football me passionne.
2. Le hockey passionne Louise.
3. J'aime le rugby.
4. Au rugby, les fréquents arrêts sont agaçants.
5. Le troisième but fera sensation à la télévision.
6. La longue passe de l'ailier droit a enthousiasmé la foule.
7. Dans le nord de la France, le football est populaire.
8. Micheline déteste les courses à cheval.
9. Le tennis te plaît.
10. Dans mon collège, les rencontres d'athlétisme ont beaucoup de succès.
11. Il est important de bien connaître les règles du jeu.
12. L'ambiance d'une finale de rugby est incomparable.
13. Les finales du championnat ont été passionnantes.
14. Il est rare de voir un match intéressant de bout en bout.
15. Les décisions de l'arbitre sont souvent critiquées.
16. Thierry aime regarder la lutte.
17. Le saut en skis, c'est superbe.
18. La deuxième mi-temps n'a pas été intéressante.
19. Suzanne trouve les courses d'automobiles passionnantes.
20. La pétanque, ce n'est pas dangereux.

B. En Effet, en Fait
MODÈLES: *Simon est un bon joueur.* (*plus précisément*) *Il est le meilleur de tous.*
Simon est un bon joueur. **En fait** (*précision, intensification*), *il est le meilleur de tous.*

Simon est un bon joueur. (la preuve est qu') Il marque de nombreux
buts.

Simon est un bon joueur. **En effet** *(explication, justification) il
marque de nombreux buts.*

1. Il y a plusieurs équipes dans la division I. (. . .) Il y en a dix-huit.
   Il y a . . .
2. Saint-Étienne est une équipe très populaire. (. . .) Toute la France
   connaît son classement.
   Saint-Étienne . . .
3. C'est une forte équipe. (. . .) C'est la meilleure de la deuxième
   division.
   C'est . . .
4. Ce match a été très dur. (. . .) C'est le plus dur que j'aie jamais
   joué.
   Ce match . . .
5. Le prix des places a dû être cher. (. . .) Beaucoup de sièges étaient
   vides.
6. Il lui manque des qualités athlétiques. (. . .) Il ne peut pas tenir
   jusqu'à la fin d'une partie.
   Il lui manque . . .
7. Il lui manque certaines qualités athlétiques. (. . .) Il lui manque la
   principale : la vitesse.
   Il lui manque . . .
8. Nous connaissons plusieurs joueurs. (. . .) Nous avons été
   présentés à quatre.
   Nous connaissons . . .
9. C'est un sport populaire. (. . .) C'est le sport unique.
   C'est . . .
10. Le tennis n'est pas encore populaire en France. (. . .) Beaucoup
    de villes n'ont pas de courts municipaux.
    Le tennis . . .

ÉCHELLES

On *joue* beaucoup *au* rugby en France.
  On y joue beaucoup.
    Y jouez-vous aussi chez vous ?
      Non, moi, je n'y joue pas.
        Je n'y ai jamais joué.
          Je connais des gens qui y jouent.
            J'en connais qui y jouent.
              Je préfère jouer au hockey.
                Et moi au tennis.

On *joue* beaucoup *de* la guitare en Espagne.
On en joue beaucoup au Mexique aussi.
Est-ce qu'on en joue au Canada ?
Moi, je n'en ai jamais joué.
Il y a des gens qui en jouent.
Il y en a qui en jouent.
Certains préfèrent jouer de la cornemuse.
Et moi de l'accordéon.

4
Les deux affiches

*Deux amis discutent dans la rue, devant un cinéma. On peut lire l'heure
(6h. 15) au cadran d'une horloge au deuxième plan. Sur la première affiche
qui annonce un film policier on voit représentée une scène du film : des bandits
masqués attaquant une voiture blindée. Les noms des vedettes et du metteur
en scène apparaissent en caractères plus ou moins gras. L'autre affiche rappelle une dernière représentation d'Othello au théâtre Récamier.*[1]

[1] *Théâtre Récamier :* Salle de théâtre de Paris, dans le VIIe arrondissement (Sèvres-
Babylone).

PAUL: Eh bien, tu t'es décidé? Où allons-nous, au cinéma ou au théâtre?

ANDRÉ: Je ne sais pas encore. J'hésite. J'aimerais bien voir ce policier, car on m'en a dit beaucoup de bien. Mais *Othello* me tente aussi.

PAUL: On peut aller voir ce film policier, puisque tu y tiens. Mais il faut faire vite. La séance de six heures et demie va commencer. De toute façon, il est presque trop tard maintenant pour voir le documentaire et les actualités.

ANDRÉ: À quelle heure sortirons-nous?

PAUL: À huit heures. Mais j'y pense: huit heures, c'est juste assez tôt pour bondir jusqu'au théâtre Récamier et voir s'il reste encore des places abordables pour *Othello*!

ANDRÉ: C'est une idée. Mais nous aurons une soirée bien chargée, tu ne crois pas? Et d'autre part, ce sera une assez grosse dépense.

PAUL: Oh! on peut bien se payer ça, une fois en passant. Et puis, ça vaut la peine. La troupe qui joue *Othello* est excellente, d'après Janine. Et crois-moi, elle s'y connaît.

ANDRÉ: Ça, c'est vrai! Elle a fait du théâtre amateur deux années de suite dans une troupe de la région parisienne. Je crois même l'avoir entendue dire qu'elle avait joué des rôles de premier plan. Et pas dans des pièces de troisième ordre, mais dans des pièces à succès.

PAUL: Raison de plus pour lui faire confiance!

QUESTIONS D'IDENTIFICATION

1. Où les deux amis veulent-ils aller? — ... au cinéma ou au théâtre.

2. Savent-ils exactement où ils iront? — Non, ... pas encore où .../ ... ils hésitent.

3. Quel film André aimerait-il voir? — ... un film policier.

4. Pourquoi? — ... on lui en a dit ...

5. Qu'est-ce qui le tente aussi? — *Othello* .../ C'est *Othello* qui ...

6. Les jeunes gens pourront-ils voir le documentaire et les actualités? — Non, il est trop tard pour qu'ils puissent .../ ... trop tard pour les voir en entier.

7. À quel théâtre joue-t-on *Othello*? — ... au théâtre Récamier./ *Othello* se joue au ...

8. Qu'est-ce qu'on dit de la troupe qui joue *Othello*? Qui dit cela? — ... que c'est une troupe excellente./ ... qu'elle est excellente./ C'est Janine qui dit cela./ ... qui le dit./ C'est ce que dit Janine.

9. Est-ce vrai? Pourquoi? — C'est sans doute vrai parce que Janine .../ ... car elle s'y ...

10. Qu'est-ce qu'André a entendu dire par Janine? — ... qu'elle avait joué .../ Il l'a entendue dire qu'elle ...

QUESTIONS D'EXPLOITATION, Première Série

1. André s'est-il enfin décidé?

Non, ... pas encore .../ Il n'arrive pas à se ...

2. Est-ce qu'on dit du bien de tous les films policiers?

Non, ... dit du mal de certains./ Certains ne valent absolument rien./ ... n'ont aucun mérite./ ... aucune valeur./ ... sont des fours./ ... des «navets.»

3. Est-ce qu'il y a de bons films parmi les policiers?

Oui, il arrive qu'il y ait un .../ Parfois, on voit de bons policiers.

4. *Othello*, est-ce une comédie ou une tragédie? Qui l'a écrite?

... tragédie./ C'est une des plus grandes ... de .../ C'est un chef-d'œuvre ...

5. Est-ce que Paul tient à voir ce policier lui aussi?

Non, ... n'est pas particulièrement désireux de .../ ... pas autant qu'André./ Il y tient moins qu'André.

6. Est-ce qu'ils pourront voir le film et la pièce de théâtre?

Oui, il leur sera possible de .../ Ce sera possible.

7. À quelle condition?

À condition qu'ils aillent .../ ... qu'ils se décident à .../ ... qu'ils sortent du cinéma à .../ ... et qu'ils se dépêchent d'aller au ...

8. La séance de 6h. 30 est-elle déjà commencée?

Non, ... pas encore commencée./ Elle va commencer dans ... minutes./ ... bientôt.

9. Le documentaire et les actualités, passent-ils avant ou après le grand film?

... en général avant .../ D'habitude, ...

10. Combien de temps leur reste-t-il à attendre avant le début de la séance?

Il leur reste ... minutes à .../ ... avant que la séance commence./

11. À quelle heure débutent les pièces de théâtre d'habitude?

... vers 21 heures./ ... 9 heures du soir./ Le rideau se lève, d'habitude, ...

12. Janine est-elle une actrice professionnelle?

Non, c'est une amateur./ Elle fait simplement du théâtre amateur.

13. Comment André sait-il qu'elle a joué des rôles importants?

... car il l'a entendue le dire./ ... il a entendu Janine le dire elle-même./ ... il le lui a entendu dire./ ... c'est elle-même qui l'a dit.

14. Dans quelles pièces a-t-elle joué?

... des pièces à succès./ ... d'une certaine importance./ ... de premier ordre.

Il y en a presque pour tous les goûts et . . . en plusieurs langues.

QUESTIONS D'EXPLOITATION, Deuxième Série

1. Est-ce que c'est courant d'aller le même soir au théâtre et au cinéma?

   Non, ... pas courant .../ Cela ne se fait pas tous les jours./ C'est assez singulier./ Il est rare qu'on aille .../ Il est peu courant d'aller . . .

2. Le feriez-vous vous-même? Dans quel cas?

   Oui, si j'étais pressé par le temps./ ... si je n'avais pas le choix./ Je m'y résoudrais si .../

3. Pourquoi André et Paul font-ils cela?

   Sans doute parce qu'ils n'ont pas de temps à perdre./ ... qu'ils n'auront pas le temps le lendemain ou les jours suivants./ ... peut-être parce que le film ou la pièce vont être retirés de l'affiche.

4. Est-ce qu'ils prendront des places chères?

   Non, ... pas trop chères./ ... à un prix raisonnable./ ... abordables.

5. Est-ce une grosse dépense pour les deux jeunes gens?

   Oui, .../ Les étudiants ont souvent peu d'argent.

6. Pourraient-ils se permettre cela souvent?

   Non, .../ Ils peuvent se le permettre une fois en passant./ ... de temps en temps seulement.

7. Pourquoi est-ce que cela vaut la peine de faire cette dépense?

... le film est bon ... la pièce est .../ ... les deux spectacles sont à voir.

8. Est-ce qu'il est important de connaître la valeur d'une troupe de théâtre?

Oui, ... très important .../ ... car en fait tout dépend de la qualité de la troupe qui joue./ ... de la classe de la troupe./ ... des acteurs.

9. Que risque d'être une bonne pièce jouée par de mauvais acteurs?

Une bonne ... risque d'être un fiasco./ ... un four:/ ... quelque chose d'épouvantable./ ... une horreur./ ... «un navet.»

10. Les jeunes gens font confiance à Janine. Pourquoi?

... elle s'y connaît./ ... c'est un connaisseur./ ... elle doit aller souvent au .../ ... elle se tient au courant des pièces qui se jouent./ ... elle est très avertie des choses du théâtre./ ... elle a elle-même une grande expérience ...

11. Est-ce qu'on peut toujours se fier aux autres pour juger une pièce ou un film?

Non, ... pas toujours .../ Parfois il vaut mieux ne se fier qu'à soi./ ... car certains n'y connaissent rien./ ... n'ont aucun goût./ Ce qui ne leur a pas plu peut fort bien me plaire à moi./ Chacun réagit à sa façon.

12. Connaissez-vous quelqu'un à qui vous puissiez vous fier en ce domaine?

Oui, ... quelqu'un à qui je peux .../ Non, ... personne à qui je puisse .../ Je voudrais connaître quelqu'un à qui je puisse me fier .../ ... à qui je puisse faire confiance./ ... dont je puisse suivre les avis, les conseils.

13. Que font parfois les gens qui aiment beaucoup le théâtre?

Les gens qui ... en font eux-mêmes./ ... font partie d'une troupe de théâtre amateur./ ... d'une troupe d'amateurs.

14. Comment savoir quels films ou quelles pièces on joue dans une ville?

On peut savoir ... en consultant le journal à la rubrique des spectacles./ ... achetant des revues spécialisées./ ... un guide des spectacles, quand cela existe.

15. Est-ce qu'on fait beaucoup de publicité pour certains films?

Oui, ... une publicité énorme .../ On dépense des sommes folles pour la publicité de .../ On vous assomme de publicité pour ...

16. Ces films-là sont-ils forcément les meilleurs?

Non, ... pas forcément les meilleurs./ En fait, ces films-là ... médiocres./ Un bon film n'a pas besoin d'une publicité tapageuse.

17. Que pensez-vous des extraits des films à venir qu'on projette toujours dans les salles de cinéma?

Ça m'intéresse beaucoup./Cela me donne une idée de ce que sera le prochain film./ Je peux me faire une idée sur .../ Je les trouve tendancieux./ ... uniquement destinés à attirer les spectateurs./ ... mensongers./ Ils ne mettent en relief que des scènes osées, érotiques .../ ... des passages saisissants.

18. Vous laissez-vous souvent prendre au piège de la publicité de choc?

Non, ... jamais .../ Oui, ... toujours .../ Je reste sur mes gardes./ Je me laisse posséder./ ... influencer./ ... j'ai beau être sur mes gardes, je succombe./ C'est chaque fois la même chose, je me laisse faire./ Il n'y a rien à faire, c'est plus fort que moi./ Je ne peux m'empêcher de .../ À chaque fois, je me dis: «C'est fini», et cependant, la fois d'après ...

MISE EN PERSPECTIVE

1. Est-il juste de verser aux grandes vedettes de cinéma des traitements très élevés?
2. L'immoralité d'un film est-elle excusable si le film a une valeur artistique?

CONVERSATION GRAMMAIRE: Exercices

A. *Si* + *Oui* + PRONOM
MODÈLES: *Vous avez vu la pièce?*
          Oui, *je l'ai vue.*

          Vous n'avez pas vu la pièce?
          Si, *je l'ai vue.*

1. Vous n'avez pas faim?
2. Ces places te conviennent?
3. Elle n'a pas acheté les billets?
4. Il a joué Iago dans *Othello*?
5. Vous ne voulez pas aller à la séance de 20 h.?
6. Tu m'as parlé de cette pièce?
7. Tu n'étais pas content de sortir avec moi?
8. Est-ce qu'elle sera heureuse de nous revoir?

9. Voulez-vous que nous passions vous prendre en voiture?
10. Est-ce qu'il n'y avait plus de places au balcon?

B. LES VERBES PRONOMINAUX

MODÈLE: *Tu te décides?*
         Allons, décide-toi!
         Il ne se décidera jamais!
         Est-ce que tu vas te décider à la fin?
         Oui, je vais me décider.
         Il faut que je me décide.
         Voilà, je me décide.
         Je me suis décidé.
         Bravo, il s'est décidé!

1. Tu te dépêches?
   . . .
   . . .
2. Tu te lèves?
   . . .
   . . .
3. Tu te couches?
   . . .
   . . .

ÉCHELLES

Est-ce qu'il reste des places pour *Othello*?
   Non, il n'en reste plus.
      C'est vrai?
         Puisque je vous le dis.
            Comment le savez-vous?
               Je l'ai lu dans le journal.
                  Je l'ai entendu à la radio.
                     Je l'ai entendu à la télévision.
                        Je l'ai entendu dire.
                           C'est Pierre qui me l'a dit.
                           Je le tiens de Pierre.
                              Il me l'a dit au téléphone.
                              Il me l'a écrit.
Allons au cinéma.
   Allons-y.
      Venez avec nous.
         Allons-y tous ensemble.

Tâchons d'être à l'heure.

Essayons d'être en avance.

Ne soyons pas en retard.

La séance commence à 20 heures 30.

Il faut y être à 20 heures.

Nous y serons dans 20 minutes.

Il est 7 heures.

Nous y serons à 7 heures 20.

Ça va !

C'est parfait.

5

À la discothèque

Deux couples de jeunes gens, des étudiants, passent la soirée ensemble dans une discothèque. C'est une salle au plafond bas, aux lumières tamisées. Seule la piste de danse, au centre de la pièce, est un peu plus éclairée. La table qu'occupent nos amis, au premier plan, est encombrée de verres. Au milieu de la table trône un seau à champagne. Un des deux couples reste assis ; les deux autres jeunes gens se lèvent pour aller danser.

—Nous allons danser; j'adore le rock et Véronique aussi. Vous ne venez pas?

—Voyons, Jacques, tu sais bien que je déteste cette musique de sauvages. Ça me donne le vertige! Et Simone est du même avis.

—Je vois! Vous attendez le tango! C'est plus sentimental, n'est-ce pas, André?

—Mais ils ont raison, Jacques. Un tango, c'est merveilleux. Moi aussi j'aime ça, le tango, surtout avec toi ...

—Oh! C'est gentil de dire cela, Véronique, je m'en souviendrai ...

—Ne buvez pas tout le champagne pendant notre absence!

—Ne crains rien, Véronique, ni Simone ni moi ne toucherons à ce machin-là! C'est bien trop mauvais! Et c'est bien de ma faute. Si j'avais su, j'aurais choisi une autre marque ou du coca-cola tout simplement. Allez donc vous trémousser, la danse va être finie! Et tenez-vous bien: je vous observe!

En effet, il y a bien dix minutes que l'orchestre joue des airs de rock, etc. Comme il y a une pause tous les quarts d'heure, si Jacques et Véronique ne se pressent pas, ils atteindront la piste de danse trop tard et André, qui est toujours prêt à tourner quelqu'un en ridicule, ne manquera pas cette occasion de se moquer de ses amis.

QUESTIONS D'IDENTIFICATION

1. Qui adore le rock?

Jacques et Véronique .../ Ce sont ... qui .../ C'est ... qui ...

2. Qui le déteste, au contraire?

André .../ Ce sont ... qui .../ C'est ... qui ...

3. Simone est-elle du même avis qu'André?

Oui, .../ ... du même avis qu'André./ ... de son avis.

4. Quelle danse André et Simone attendent-ils?

... le tango./ C'est le tango qu'ils ...

5. Pourquoi?

C'est plus .../ C'est une danse plus ...

6. Véronique, est-ce qu'elle aime le tango elle aussi?

Oui, elle aussi ...

7. Avec qui surtout aime-t-elle le danser?

... avec Jacques./ C'est avec Jacques surtout qu'elle ...

8. Qu'est-ce que les jeunes gens boivent?

... du champagne.

9. Qui a choisi cette marque?

André .../ C'est André qui ...

10. Depuis combien de temps l'orchestre joue-t-il?

... depuis .../ Il y a ... que ...

QUESTIONS D'EXPLOITATION, Première Série

1. De qui Simone est-elle la partenaire?

... la cavalière d'André.

2. Avec qui est-ce que Véronique est sortie ce soir?

... avec Jacques./ Elle est la cavalière de ...

3. Comment André appelle-t-il le rock?

... une musique de .../ Il appelle cela une musique de ...

4. Êtes-vous de son avis?

Non, ... pas du tout .../ Oui, ... tout à fait .../ ... entièrement .../ Il a parfaitement raison.

5. Quelle danse donne le plus le vertige, le rock ou la valse?

C'est la valse qui ...

6. Véronique, que pense-t-elle du tango?

Elle dit que c'est .../ ... qu'elle aime ...

7. Et vous, qu'en dites-vous?

J'adore ça./ Ça repose./ Je ne sais pas ce que c'est./ Ça ne se danse plus./ Ce n'est plus à la mode.

8. Est-ce que les danses lentes sont à la mode aujourd'hui?

Non, .../ Oui, .../ ... moins en vogue qu'autrefois./ Les jeunes préfèrent ..., les vieux préfèrent .../ On y revient, semble-t-il./ Même le fox revient .../ ... le joue à joue.

9. À quoi Jacques voit-il que Véronique est gentille?

Elle lui a dit. «J'aime ... avec toi.»/ Elle lui a dit qu'elle ... avec lui./ ... et ça, c'est gentil de sa part.

10. Jacques oubliera-t-il ce qu'a dit Véronique?

Non, il s'en souviendra./ Oui, demain il n'y pensera déjà plus.

11. Pourquoi Véronique n'a-t-elle rien à craindre pour le champagne?

... il est mauvais./ ... bien trop .../ ... ni André ni Simone ne toucheront .../ ... n'y toucheront.

12. C'est la faute de qui si le champagne est si mauvais?

... d'André si ...

13. Qu'est-ce qu'André dit à ses deux amis?

... leur dit: «Allez ... observe!»/ ... d'aller se ... parce que la danse ... et leur conseille de bien se ... il les observe.

14. L'orchestre joue-t-il sans arrêt?

Non, .../ ... s'arrête de jouer tous les quarts d'heure./ Il y a un arrêt ...

15. Pourquoi Jacques et Véronique doivent-ils se presser?

... parce que l'orchestre .../ ... il ne reste que cinq minutes avant ...

QUESTIONS D'EXPLOITATION, Deuxième Série

1. Est-ce que les deux couples vont danser en même temps?

Non, ... séparément.

2. Que fait l'un des couples pendant que l'autre va danser?

... reste assis./ ... regarde l'autre couple danser./ ... bavarde tranquillement.

3. Ces jeunes gens ont-ils l'air de bien s'entendre?

Oui, .../ ... on a l'impression qu'ils .../ ... Il semble qu'ils .../ Ils donnent l'impression de bien ...

4. À quoi le voyez-vous?

... au fait qu'ils plaisantent./ ... ils se taquinent./ ... font des plaisanteries.

5. Quand André dit «Tenez-vous bien,» parle-t-il sérieusement ou plaisante-t-il?

Il plaisante évidemment./ C'est une plaisanterie.

6. Que savons-nous du caractère d'André?

Il aime plaisanter et tourner les gens en .../ Il est moqueur.

7. Est-ce que les jeunes gens ont commandé le meilleur champagne?

Non, .../ Loin de là, le champagne qu'ils ont commandé est ...

8. Qu'aurait fait André s'il avait su que ce champagne serait si mauvais?

... il aurait .../ ... il en aurait choisi un autre./ ... choisi du ...

9. Qu'est-ce qu'il aurait dû faire pour être sûr d'avoir du bon champagne?

... choisir une autre marque .../ ... marque plus chère .../ Pour cela ... payer plus cher.

10. Est-ce agréable de passer une soirée avec des amis?

Oui, ... très agréable .../ Il n'y a rien de plus agréable que de .../ Je ne connais rien de plus ... que de .../

11. Et avec des gens qu'on n'aime pas?

Au contraire, ce n'est pas .../ Rien de plus désagréable que de .../ Il est insupportable de ...

12. Y a-t-il beaucoup de gens qui ne vous sont pas sympathiques?

Oui, ... beaucoup .../ ... certaines personnes .../ Il y en a quelques-unes./ Non, très peu de personnes me sont antipathiques.

13. Accepteriez-vous de passer une soirée avec de telles personnes?

Non, .../ Non, au grand jamais .../ Je refuserais de .../ Oui, à la rigueur .../ ... s'il le fallait absolument./ ... si je ne pouvais faire autrement.

14. Un jeune homme comme André vous serait-il sympathique?

Oui, .../ Non, .../ Je déteste ces gens qui font toujours des réflexions./ ... jugent les autres./ ... sont moqueurs./ ... plaisantent tout le temps./ ... font sans cesse des plaisanteries./ Ces gens-là m'amusent beaucoup./ Je recherche leur compagnie.

15. Nos deux couples, ici, vous paraissent-ils sympathiques?

Oui, .../ Oui, ma foi .../ C'est difficile à dire./ Nous les connaissons trop peu pour dire ...

La surboum sympa.

16. Les inviteriez-vous à une soirée chez vous?

Oui,.../ Non,.../ Pourquoi pas?/ André ferait beaucoup rire mes invités./ Je n'aimerais pas qu'André vexe...

17. Aimeriez-vous qu'on vous les présente?

Oui,.../ ... être présenté à eux./ ... leur être présenté./ ... faire leur connaissance.

18. Présentez André ou Véronique à un ou à une de vos camarades de classe.

... je te présente .../ ... permets-moi de te présenter ...

19. Si ces deux jeunes gens vous invitaient à sortir avec eux, auquel donneriez-vous la préférence, Mesdemoiselles? Pourquoi?

... à Jacques./ ... à André./ Je préférerais sortir avec .../ Je choisirais .../ ... choisirais de sortir avec.../ ...c'est un garçon calme./ ... plein d'entrain ... charmant garçon./ ... joli garçon./ ... sérieux./ Je ne donnerais pas la préférence à ... parce que c'est un raseur./ ... il est prétentieux./ ... il est fatigant./ ... il ne danse pas./ ... il danse mal./ ... c'est un piètre danseur./ ... c'est un coureur de filles.

20. Et vous, Messieurs, laquelle de ces deux jeunes filles vous semble la plus sympathique?

C'est ... qui .../ ... me paraît la plus .../ Je préfère ... à .../ J'aime mieux ... que ...

MISE EN PERSPECTIVE

1. Les jeunes préfèrent-ils le «rock» aux danses plus anciennes?
2. Quelles boissons, Mesdemoiselles, Messieurs, aimez-vous consommer à une soirée? Et à un bal?

CONVERSATION GRAMMAIRE: Exercices

A. STYLE INDIRECT

MODÈLES: *Entrez, je vous en prie.*
Je vous prie d'entrer.

Venez, je vous le demande.
Je vous demande de venir.

1. Partez, je vous en supplie.
2. Dansez avec moi, je vous en prie.
3. Ne buvez pas trop, je vous le conseille.
4. Attendez un peu, je vous le recommande.
5. Soyez prudents, je vous le conseille.
6. Sois patiente, je te le demande.
7. N'écoute pas ce qu'il dit, je te le conseille.
8. Repose-toi, je t'en conjure.

B. Attendre, Attendre Que

MODÈLES: *J'attends le tango.*
... que le tango commence.

Elle attend la fin du rock.
... que le rock finisse/soit fini.

1. Attendons l'ouverture de la discothèque.
2. Ils attendent la fermeture des magasins.
3. J'attendrai le départ de nos voisins.
4. Nous attendons l'arrivée de nos invités.
5. J'attendais le lever du rideau.
6. Elle attend l'arrêt du métro.
7. Attendons la fin du cours.

ÉCHELLE

Qu'est-ce qu'on boit?
 Du champagne.
  Duquel? Du moelleux ou du brut?

Si on prenait du brut?
C'est ça, commandons du brut.
N'en commandons pas trop.
Mais commandons-en assez.
Commandons-le bien frappé.
Commandons-en deux bouteilles.
Et un seau à champagne!
Il faudra deux seaux, évidemment.
C'est ça, commandons deux seaux.
Qui est-ce qui commande ici?
Mais c'est toi, voyons!
Je ne connais rien au champagne.
Mais si, enfin, tu t'y connais un peu.
Parfait! Garçon!
Monsieur?
Deux seaux à champagne, s'il vous plaît.
???
Bien frappés!

6
Conversations au village

Devant le bâtiment de la mairie-école d'un village, le maire bavarde avec l'instituteur, cependant que d'autres personnes, les membres du Conseil Municipal, gravissent les marches de la mairie. À gauche, du côté de l'église, le curé parle avec une vieille femme très voûtée et qui s'appuie sur une canne. Des voitures sont garées sur la place. Celle du curé est stationnée tout près de l'église.

—Monsieur le maire! Ah! enfin, voici plusieurs jours que je cherche à vous voir! Je voulais vous rappeler que j'ai absolument besoin de ces trois mille francs[1] de crédit dont nous avons parlé le mois dernier. Ils me sont indispensables pour acheter les fournitures scolaires[2] à la rentrée prochaine.

—Je sais, mon cher Vivet! Je vous promets que le Conseil[3] votera ces crédits. On ne peut pas vous refuser cela. Nous allons nous réunir à l'instant, puisque tout le monde est là maintenant, à ce qu'il me semble. Vous pouvez assister à la séance, vous savez.

—Hélas! Je voudrais bien, mais je n'ai pas le temps, car il faut que je prépare la fête de la distribution des prix. Je n'ai plus que quelques jours devant moi, et il reste tant à faire. Je me demande si j'y arriverai!

—Monsieur le curé, ma petite-fille Claire n'a pas pu venir au caté-chisme[4] mercredi dernier. Elle était malade et a dû rester couchée toute la journée. Voulez-vous bien l'excuser?

—Mon Dieu, puisqu'elle a une raison valable, j'y consens, Madame Pinchon. Mais j'espère qu'elle sera là mercredi prochain, c'est-à-dire après-demain. Maintenant, je vous demanderai de m'excuser à mon tour, car je dois partir immédiatement. Je vais à Saint-Pair[5] où je dois rencontrer un confrère. Je crains d'être en retard.

—Alors, au revoir. Ne vous attardez pas. Je sais que vous détestez conduire vite.

—C'est exact. Je me sauve. À propos, comment vont vos rhumatismes?

—De mal en pis. Vous voyez, maintenant je ne peux plus me passer de ma canne. Mais allez donc puisque vous êtes pressé, et soyez prudent, surtout! Mieux vaut arriver en retard que jamais!

QUESTIONS D'IDENTIFICATION

1. De combien d'argent l'institu-teur a-t-il besoin?	... de trois mille francs./ Il faut 3000F. à l'instituteur./ Il lui faut 3000F.
2. Pourquoi a-t-il besoin de cet argent?	Il en a besoin pour .../ C'est pour ... qu'il en a besoin.

[1] *Francs:* Monsieur Vivet parle en nouveaux francs.

[2] *Crédits, fournitures scolaires:* Les fournitures scolaires (livres, cahiers, buvards, etc. ...) sont données gratuitement aux élèves des écoles primaires publiques en France. Il revient aux municipalités de fournir aux directeurs d'écoles l'argent nécessaire à l'achat de ces fournitures.

[3] *Conseil:* Il s'agit du Conseil Municipal, qui se réunit régulièrement (ou exception-nellement lorsqu'une décision doit être prise, ou bien un crédit voté d'urgence). Ces réunions se font sous la présidence du maire.

[4] *Catéchisme:* Cours d'instruction religieuse, donné le mercredi, jour de congé des écoles publiques.

[5] *Saint-Pair:* Petite ville du département de la Manche.

3. Qu'est-ce que le maire promet? ... que le Conseil votera .../ ... que les crédits seront votés par ...

4. Quand le Conseil va-t-il se réunir? ... à l'instant./ ... dans un instant./ ... immédiatement./ ... incessamment.

5. Monsieur Vivet peut-il assister à la séance? Oui, ... peut .../ ... a le droit d' ...

6. Y assistera-t-il? Non, il ne peut pas y assister.

7. Pourquoi? ... il n'a pas le temps./ ... il doit préparer .../ ... il faut qu'il prépare ...

8. A-t-il beaucoup de temps devant lui? Non, ... plus que .../ Il ne lui reste que ...

9. Quel jour Claire n'a-t-elle pu aller au catéchisme? ... mercredi dernier.

10. Est-ce qu'elle avait une raison valable? Oui, .../ Être malade est une raison ...

11. Pourquoi le curé s'excuse-t-il? ... parce qu'il doit .../ ... car il faut qu'il parte pour ...

12. Que lui dit-elle à propos de sa santé? ... que ses rhumatismes vont de mal en pis et qu'elle ne peut plus ...

13. Que conseille au curé la grand-mère de Claire en terminant? ...: «Soyez prudent ...»/ ... lui dit d'être prudent et qu'il vaut mieux .../ ... lui conseille la prudence.

QUESTIONS D'EXPLOITATION, Première Série

1. L'instituteur a-t-il grand besoin de cet argent? Oui, ... absolument besoin de .../ Il en a absolument besoin./ ... lui est indispensable pour ...

2. Qui vote les crédits pour l'école? C'est le ... qui .../ C'est le travail du ... de voter .../ Il revient au ... de ...

3. En France, les enfants achètent-ils leurs fournitures scolaires? Non, ... (voir note)./ Les petits Français n'ont pas à .../ Elles sont fournies gratuitement.

4. Trois mille francs, est-ce une très grosse somme? Non, ce n'est pas .../ C'est assez peu./ Ça n'est pas beaucoup.

5. Le Conseil se réunira-t-il le lendemain? Non, ... le jour même./ ... va se réunir dans quelques .../ ... incessamment.

6. L'instituteur a-t-il le droit d'assister à la séance? Oui, ... a la permission d' .../ ... l'autorisation d' .../ ... est autorisé à .../ ... car c'est une séance publique./ ... comme tout le monde.

7. Qui prépare la distribution des prix? — C'est ... qui .../ ... qui a la charge de préparer la .../ C'est à l'instituteur qu'il revient de .../ ... qu'il incombe de ...

8. Cette fête aura-t-elle lieu bientôt? — Oui, ... très bientôt./ ... dans quelques jours seulement.

9. Qu'est-ce que se demande M. Vivet? — ... s'il y arrivera./ ... s'il pourra y arriver.

10. Qu'est-ce que la vieille femme demande au curé? — ... d'excuser Claire./ ... sa petite fille.

11. Qu'est-ce que le curé demande à la vieille femme? — ... de l'excuser à son ...

12. Que lui dit-il ensuite? — ... qu'il craint ... et qu'il déteste .../ ... sa crainte d'être ... et son horreur de ...

13. Comment s'informe-t-il de la santé de la vieille femme? — ... en lui demandant: «Comment vont ...»/ ... en lui demandant comment vont ses ...

QUESTIONS D'EXPLOITATION, Deuxième Série

1. L'instituteur est-il content de voir le maire? Pourquoi? — Oui, ... il cherchait à le voir./ ... essayait de le rencontrer./ Il y avait quelques jours qu'il cherchait ...

2. Comment Monsieur Vivet manifeste-t-il sa satisfaction? — ... en disant: «Ah! enfin.»/ ... en s'exclamant ...

3. Monsieur le maire est-il sûr que le Conseil votera les crédits? — Oui, ... certain que .../ Il en est certain./ ... puisqu'il le promet./ ... puisqu'il en répond./ Il ne voit pas pourquoi on refuserait de ...

4. Si le Conseil Municipal ne votait pas les crédits, l'instituteur serait-il content? — Non, ... serait déçu./ Il serait navré qu'on lui refuse les crédits./ ... qu'on les lui refuse.

5. L'instituteur semble pressé. Pourquoi? — ... parce qu'il doit ... et qu'il n'a plus que ... devant lui./ ... car il doit ... et qu'il ...

6. À quel âge suit-on les cours d'instruction religieuse en France? — ... de sept ou huit ans à douze ou quatorze ans./ ... de l'âge de sept ... jusqu'à l'âge de ...

7. Faut-il avoir une bonne raison pour manquer la classe? — Oui, ... raison valable pour .../ On ne peut manquer la classe que si on a .../ ... à condition d'avoir une .../

8. Quel jour de la semaine se passe la scène? — ... un mardi puisque le surlendemain est un jeudi.

9. Les enfants ont congé le mercredi. Pourquoi? — ... pour aller au catéchisme./ ... pour faire du sport, se reposer, ...

10. L'instituteur public enseigne-t-il le catéchisme à ses élèves? — Non, .../ C'est le curé du village qui .../ ... un prêtre qui est chargé d'enseigner ...

11. Comment appelle-t-on les écoles où on enseigne aussi le catéchisme? — On les appelle des écoles libres./ ... confessionnelles./ ... catholiques./ C'est dans les écoles libres qu'on .../

12. Et les autres? — Les autres sont des écoles publiques./ ... laïques./ Ce sont les écoles laïques.

13. La division est-elle très nette entre ces deux sortes d'écoles? — Oui, ... très nette .../ Il y a une grande rivalité entre les deux.

14. Comment le curé se rendra-t-il à Saint-Pair? — ... en voiture./ Il s'y rendra .../ Il utilisera sa voiture.

15. Quelle est sa façon de conduire? — Il déteste .../ Il ne conduit pas .../ ... lentement./ ... doit être prudent.

16. Quels conseils donneriez-vous à quelqu'un qui va prendre la route? — Je lui conseillerais d'être .../ ... de conduire .../ ... de se montrer .../ ... courtois./ ... de respecter le code de la route./ ... de ne pas s'emporter./ ... de bien rouler à droite.

MISE EN PERSPECTIVE

1. Quelles sortes d'écoles existent aux États-Unis, ou au Canada, et en quoi sont-elles différentes les unes des autres?

2. Comment les citoyens de votre région participent-ils aux affaires publiques dans leur ville ou dans leur village?

CONVERSATION GRAMMAIRE: Exercices

A. *Rester* (impersonnel)

MODÈLES: *Jacques avait six bonbons. Il en a mangé trois.*
Il lui reste trois bonbons à manger.

Nous avons lu tout le livre.
Il ne nous reste rien à lire.

1. Nous avions douze bouteilles de champagne. Nous en avons bu six. (Il nous reste ...)

2. Nous devons lire trois romans pour le cours de littérature. J'en ai lu un.

3. Ma dissertation a quinze pages. J'en ai recopié onze.
4. Jean-Luc doit faire dix exercises. Il en a fait quatre.
5. Madeleine veut planter trente tulipes. Elle en a planté dix-sept.
6. François devait faire deux problèmes. Il les a faits.
7. J'avais deux oeufs durs. Je les ai mangés.
8. Nous avions trois bouteilles de bière. Nous les avons bues.
9. Cet article doit avoir deux mille mots. Henri en a écrit cinq cents.
10. Nous avons fini tout le programme de la leçon.

B. *Se Rappeler* (pour ces gens qui n'ont pas de mémoire!)

MODELES : *Je voulais vous rappeler l'histoire du maire.*
Rappelez-moi donc cette histoire. Je l'ai oubliée.

Je voulais lui rappeler son rendez-vous.
Rappelez-lui donc son rendez-vous. Il l'a oublié.

1. Je voulais vous rappeler l'affaire de l'instituteur.
2. Je voulais rappeler à Monsieur le curé qu'il doit aller à Saint-Pair.
3. Je voulais rappeler à mon mari d'acheter du beurre.
4. Je voulais rappeler à Hélène la lettre du doyen.
5. Je voulais rappeler aux étudiants la règle des participes passés.
6. Je voulais te rappeler ta promesse.
7. Je voulais rappeler à nos cousins que nous sortons ce soir.
8. Je voulais leur rappeler notre conversation.
9. Je voulais rappeler à Françoise *Les Très Riches Heures du Duc de Berry*.[6]

ÉCHELLE

Pauvre Contribuable!

un impôt sur le revenu
  deux amendes honorables
    trois pensions alimentaires
      quatre dons à des oeuvres de charité
        cinq traites à quinze jours
          six notes de médecin
            sept polices d'assurance
              huit contraventions pour excès de vitesse
                neuf menaces de saisie
                  dix rappels de versement
                    onze notes d'hôtel

---

[6] Enluminures du moyen âge.

douze factures du garagiste
treize assignations
quatorze paquets contre remboursement
quinze confiscations douanières
Mais pourquoi s'est-il suicidé?

7
Pierre et Jacqueline

*Une jeune fille est en train de lire une revue sur un banc du jardin du
Luxembourg.[1] Sur des bancs voisins, toutes sortes de gens sont assis au
soleil, pendant que des enfants assaillent la voiture d'un marchand de glaces
qui passait par là. Un jeune homme arrive en courant.*

---

[1] *Luxembourg* (jardin du): Jardin qui entoure sur trois côtés le palais du Luxembourg,
lequel abrite le Sénat; il est situé près de la Sorbonne.

Pierre et Jacqueline se connaissent depuis près de deux mois. Ils ont la charmante habitude de se donner rendez-vous ici, sur ce banc du Luxembourg. Aujourd'hui, comme d'habitude, c'est Pierre qui est en retard et Jacqueline, sans doute, va lui reprocher en souriant de l'avoir fait attendre. Comment peut-on être en retard lorsqu'on a rendez-vous avec une si jolie jeune fille! Gageons qu'un baiser arrangera tout. Ensuite, les deux amoureux iront se promener dans le jardin, à moins qu'ils ne descendent le boulevard pour aller flâner le long des quais de la Seine, jusqu'à la tombée de la nuit.

Il n'y a qu'un mois que Pierre et Jacqueline se fréquentent sérieusement, mais ils s'entendent si bien et se plaisent tellement qu'ils ont décidé de se fiancer. Ils aimeraient se marier à la fin de l'année prochaine, une fois que Pierre aura terminé ses études de Droit. Leurs parents semblent d'accord. Dans le cas contraire, les jeunes gens pourraient se passer de leur consentement, puisqu'ils sont tous deux majeurs. Mais tout est tellement mieux quand les deux familles sont consentantes. Il est fort possible aussi que Jacqueline ait son diplôme de documentaliste[2] à la fin de l'année. Dans ce cas, elle trouverait aisément un emploi bien rémunéré à Paris même, et nos deux jeunes gens pourraient songer à se marier plus tôt que prévu. Précisément la revue que lit Jacqueline contient un article très intéressant sur les nombreuses situations offertes aux documentalistes. Soyez sûr que Pierre va lire cet article attentivement, lui aussi!

QUESTIONS D'IDENTIFICATION

1. Depuis combien de temps les jeunes gens se connaissent-ils?	... depuis .../ Il y a ... que ...
2. Qui est en retard d'habitude?	C'est ... qui ...
3. Que fait Jacqueline en l'attendant?	... elle lit ... assise sur ...
4. Qu'est-ce qui va tout arranger?	Un baiser ...
5. Que feront les amoureux ensuite?	Ensuite ...
6. Quand souhaitent-ils se marier?	... à la fin de .../ ... une fois que ...
7. À quelle condition pourraient-ils se marier plus tôt?	... à la condition que Jacqueline ait ... et qu'elle trouve ...
8. Que contient la revue que lit Jacqueline?	... un article ... sur ...

QUESTIONS D'EXPLOITATION, Première Série

1. Pierre est-il toujours en retard à ses rendez-vous avec Jacqueline?	Non, ... pas souvent .../ Il est exceptionnel qu'il soit en retard ...

---

[2] *Documentaliste:* Personne qui réunit, classe et fournit les documents (articles, revues, ouvrages, etc., ou simplement leur titre et leur résumé) d'une entreprise, d'une école, d'une administration, etc....

2. À votre avis, Jacqueline a-t-elle attendu longtemps?

Non, ... pas longtemps./ ... n'a pas dû attendre bien longtemps.

3. Sera-t-elle très fâchée contre Pierre?

Non, ... pas très fâchée contre lui.

4. Si elle était très fâchée, de quelle façon parlerait-elle à Pierre?

... sur un ton de reproche./ ... sèchement./ ... sans sourire.

5. Pourquoi les deux jeunes gens se donnent-ils rendez-vous dans ce jardin?

... c'est un endroit agréable./ ... près de l'université./ ... on y est tranquille.

6. Sont-ils seuls dans ce jardin?

Non, il y a d'autres personnes .../ ... ils sont entourés de promeneurs, de gens qui flânent, qui se reposent au soleil.

7. Y a-t-il longtemps que les deux amoureux sortent ensemble?

Non, il n'y a que deux mois qu'ils .../ ... il y a seulement deux mois qu'ils .../ Cela fait assez peu de temps que ...

8. Pourquoi ont-ils décidé de se fiancer?

... parce qu'ils se ... et qu'ils .../ ... ils semblent faits pour s'entendre./ ... ils sont bien assortis.

9. Pierre a-t-il fini ses études?

Non, ... pas encore fini .../ Il les aura finies à la fin de .../ ... il lui faut encore plus d'un an avant de terminer ...

10. À quel âge est-on majeur en France?

On ... à dix-huit ans./ On atteint sa majorité à dix-huit ans./ L'âge de la majorité est ...

11. Les parents sont-ils toujours d'accord quand il s'agit du mariage de leurs enfants?

Non, il arrive qu'ils ne soient pas .../ Parfois il ne le sont pas./ ... n'arrivent pas à se mettre d'accord./ ... à tomber d'accord.

12. Que peuvent faire les enfants majeurs dans ce cas-là?

... se marier sans le consentement de .../ Ils ont le droit de se passer du ...

13. Et ceux qui ne sont pas majeurs?

Ceux-là doivent avoir le consentement .../ ... ne peuvent se passer du .../ ... doivent attendre d'être majeurs pour pouvoir se passer du ...

14. Est-ce qu'il est probable que Jacqueline ait son diplôme à la fin de l'année?

Non, il n'est pas probable ... ait .../ ... c'est simplement possible./ Il est seulement possible qu'elle l'ait .../ Elle l'aura peut-être ...

15. Et Pierre?

En ce qui concerne Pierre, il est certain qu'il ne l'aura pas .../ ... il est probable qu'il ne l'aura pas.

16. Si elle avait déjà son diplôme, trouverait-elle du travail?

Oui, si elle avait ... trouverait .../ ... quand on a un tel diplôme, on trouve .../ Ceux qui ont ... trouvent ...

QUESTIONS D'EXPLOITATION, Deuxième Série

1. Faut-il être exact à un rendez-vous?

Oui, .../ C'est une question d'honneur./ Oui, on se doit d'être .../ ... ponctuel à un ...

2. Est-il poli de faire attendre quelqu'un?

Non, ... impoli .../ ... incorrect .../ Il ne faut pas ... car .../ On ne doit pas ...

3. Les amoureux sont-ils toujours d'accord?

Non, ... pas toujours .../ ... parfois ils ont des querelles./ ... ils se querellent./ ... ont des brouilles./ ... se disputent.

4. Ces querelles durent-elles longtemps?

Non, en général .../ Parfois, elles .../ ... sont assez graves.

5. Comment se terminent-elles?

Souvent, ... par un .../ ... des larmes et des baisers./ ... de grandes promesses./ ... une rupture.

6. Deux jeunes gens qui sortent ensemble vont-ils forcément se marier?

Non, ... ne vont pas forcément se .../ On peut sortir ensemble en amis .../ Sortir avec une jeune fille (un jeune homme) ne signifie pas qu'on va l'épouser./ ... se marier avec lui (elle)./ C'est une chose de sortir ..., et c'en est une autre de ...

7. Pourquoi est-il nécessaire qu'au moins un des deux jeunes gens travaille?

... pour subvenir aux frais du ménage./ ... sans cela comment feraient-ils pour vivre?/ ... les parents seraient obligés de les aider./ ... ils seraient à la charge de leurs parents.

8. Pierre épousera-t-il Jacqueline uniquement parce qu'elle est jolie?

Non, il l'épousera aussi parce qu'ils ... et qu'ils .../ On n'épouse pas quelqu'un uniquement parce qu'il est beau./ Il y a des qualités bien plus importantes que la beauté.

9. Que feraient les jeunes gens si leurs parents ne consentaient pas à leur mariage?

Ils se marieraient sans le consentement de leurs .../ Ils se passeraient du .../ Ils se marieraient malgré l'opposition de ...

10. Que feriez-vous dans un cas semblable? — Moi, je ferais comme eux./ Moi, au contraire, je choisirais d'attendre.../ J'attendrais que les deux familles...

11. Pourquoi Pierre sera-t-il intéressé par cet article dans la revue? — ... parce qu'il doit se sentir concerné./ ... que tout ce qui intéresse Jacqueline l'intéresse aussi./ ... il s'agit de l'avenir de Jacqueline.

12. Pourquoi Jacqueline tient-elle à trouver du travail à Paris même? — ... parce que c'est là que Pierre doit rester pour terminer.../ ... pour rester près de son mari./ ... pour éviter d'être séparée de son mari.

MISE EN PERSPECTIVE

1. Quels conseils donneriez-vous à deux jeunes pour que leur mariage soit solide et heureux?
2. Tous les métiers, selon vous, doivent-ils être accessibles indifféremment aux hommes et aux femmes?

CONVERSATION GRAMMAIRE: Exercices

A. L'IMPARFAIT D'HABITUDE

MODÈLE: *Pierre est fâché avec Jacqueline. Il ne se voient plus.*
Quand on pense qu'ils se voyaient tous les jours!

1. Ils ne se rencontrent plus au Luxembourg.
2. Ils ne se promènent plus dans le jardin.
3. Ils ne descendent plus le boulevard ensemble.
4. Ils ne flânent plus le long des quais.
5. Ils ne prennent plus le café ensemble.
6. Ils ne se téléphonent plus.
7. Ils ne s'écrivent plus.
8. Ils ne se font plus de petits cadeaux.
9. Ils ne s'embrassent plus.
10. Ils ne songent plus à se marier.

B. LA SUBORDINATION

MODÈLE: *Si j'ai le temps et **s'il fait beau,** nous irons nous promener.*
*Si j'ai le temps et **qu'il fasse beau,** nous irons nous promener.*

1. Si vous commandez du champagne et s'il est bon, j'en boirai.
2. Si Simone est là et si elle veut danser, je l'inviterai.
3. Si tu passes et si tu as le temps, nous prendrons un verre ensemble.
4. S'ils t'invitent et si tu vas avec eux, tâche d'être correct.

5. Si elle s'arrête et si tu l'aperçois, invite-la à la maison.
6. Si tu la revois et si tu lui plais, c'est bon signe.
7. Si vous êtes heureux ensemble et si vous vous aimez, mariez-vous.
8. Si vous voulez vous marier et si vous le pouvez, faites-le donc.
9. S'il est bête et si en plus il ne sait pas danser, je te plains.
10. S'ils sont gauches et s'ils n'ont pas le sens du rythme, ils ne sauront jamais danser.

ÉCHELLE

La belle histoire d'amour

Marc et Sylvie se trouvent par hasard en même temps dans un café.
Marc et Sylvie se sont trouvés par hasard en même temps dans un café.
  Ils s'assoient à des tables voisines.
  Ils . . .
    Ils se parlent.
    . . .
      Ils se plaisent.
      . . .
        Quelques jours plus tard, ils se rencontrent chez des amis communs.
        . . .
          Ils se retrouvent avec plaisir.
          . . .
            Le lendemain ils se téléphonent.
            . . .
              Ils se donnent rendez-vous.
              . . .
                Ils se promènent ensemble.
                . . .
                  Ils se séparent avec regret.
                  . . .
                    Les jours suivants, ils se voient souvent.
                    . . .
                      Ils ne se disputent jamais.
                      . . .
                        Ils s'entendent parfaitement.
                        . . .
                          Ils ne se quittent plus.
                          . . .
                            Ils se fiancent.
                            . . .

Ils se marient.

. . .

Ils s'aiment jusqu'à la fin de leurs jours.

. . .

Quelle belle histoire! Mais est-elle vraie?

8
La fête au village

La place du village. C'est le jour de la fête nationale. On remarque le parquet démontable pour les danseurs, l'estrade où joue l'orchestre, des baraques foraines, un manège de chevaux de bois. Au fond la salle des fêtes (fermée, car il fait beau et l'on danse en plein air). À gauche, la terrasse du café, où la plupart des jeunes gens sont en manches de chemise à cause de la chaleur. Pourtant, les gens à la table du maire sont en tenue de ville.

Comme tous les ans, le quatorze juillet a lieu la fête au village. Cette année on a fait venir un orchestre musette[1] bien connu, et les couples dansent avec entrain sur le parquet démontable, installé au centre de la place publique. Les jeunes préféreraient un orchestre de jazz, mais Verchueren, le chef de cet orchestre, connaît bien les danses à la mode, et, jeunes et vieux, tout le monde est content. Pour les enfants, on a fait venir un manège de chevaux de bois qui tournera jusqu'après minuit. Des feux d'artifice vont clôturer la soirée.

En ce moment il n'y a plus de place à la terrasse du café qui a été prise d'assaut, car tout le monde a soif à cause de la chaleur qu'il fait. Monsieur le maire est là, avec ses amis, madame le docteur Rieux et son mari, Maître Vincent, l'huissier, et l'instituteur Monsieur Brun. La femme du maire n'a pas voulu venir ; elle préfère s'occuper des préparatifs du grand dîner de gala qui sera donné ce soir dans la salle des fêtes. À la table du maire on attend le vin d'honneur. Peut-être qu'il va improviser un de ces discours dont il a le secret, où il parle pour ne rien dire, et qui plaira plus à ses contemporains qu'aux jeunes. À moins qu'il ne décide d'ouvrir tout de suite le traditionnel concours de tir à la carabine avec ses amis.

QUESTIONS D'IDENTIFICATION

1. Quel jour a lieu la fête au village ?	C'est le ... qu'a lieu ...
2. Quel orchestre a-t-on fait venir ?	... est .../ ... connu
3. Où est installé le parquet (la piste) ?	Le parquet est installé sur .../ On a installé la piste ...
4. Les jeunes préfèrent-ils les orchestres musette ou de jazz ?	... de jazz aux .../ ... aiment mieux ... que ...
5. Qu'est-ce qu'on a fait venir pour les enfants ?	Pour les enfants .../ C'est un ... qu'on a fait ...
6. Y a-t-il encore de la place à la terrasse du café ?	Non, ... plus de place .../ Il ne reste plus ...
7. Qui attend le vin d'honneur ?	Le maire et ...
8. Pourquoi le femme du maire n'a-t-elle pas voulu venir ?	... car elle préfère s'occuper des .../ ... elle est occupée à préparer ...
9. Que va faire le maire ?	Il va improviser .../ ... ou bien ouvrir ...

QUESTIONS D'EXPLOITATION, Première Série

1. Verchueren a-t-il un orchestre réputé ?	Oui, .../ Son orchestre est connu.
2. De quel instrument joue Verchueren ?	... de l'accordéon./ C'est un accordéoniste.

[1] *Orchestre musette :* Comprenant au moins un accordéon, parfois deux.

3. Combien de musiciens a-t-il dans son orchestre?

... plus de quatre .../ Dans son orchestre il y a .../ Son orchestre est composé d'au moins ...

4. Peut-on démonter la piste de danse?

Oui, .../ C'est une piste démontable.

5. A-t-on fait venir un grand manège pour les enfants?

Non, ... un petit .../ On n'a fait venir qu'un .../ ... simplement un petit ...

6. Y a-t-il des places libres à la terrasse du café?

Non, ... pas de places .../ ... plus de places .../ Toutes les ... occupées./ ... pas une seule .../ ... pas la moindre ...

7. Il fait très chaud: est-ce normal pour la saison?

Oui, ... tout à fait normal .../ ... puisque nous sommes en été./ ... au cœur de l'été./ Il n'y a rien d'étonnant puisque ...

8. Les étés sont-ils chauds en France?

Oui, en général .../ ... mais cela dépend de la région où l'on se trouve./ Les étés sont plus chauds sur la ... qu'en .../ ... dans le ... que dans ...

9. Est-il agréable de pouvoir boire un verre en plein air?

Oui, ... très agréable .../ ..., à condition d'être à l'ombre./ ..., pourvu que la boisson soit fraîche.

10. Avez-vous eu l'occasion de tirer à la carabine dans une baraque foraine?

Oui, .../ Non, .../ ... une fois.

11. Croyez-vous que Monsieur le maire et ses amis soient à l'aise en tenue de ville?

Ils doivent avoir chaud./ Avec des costumes pareils ils ...

12. Quel est le secret des discours du maire?

Il parle pour .../ Ils ne veulent rien .../ C'est des mots!/ Ce sont des mots!/ C'est creux!/ C'est du vent!

QUESTIONS D'EXPLOITATION, Deuxième Série

1. A-t-on fait venir un orchestre quelconque?

Non, ... un orchestre réputé./ C'est un grand orchestre qu'on ...

2. Un orchestre réputé se fait-il payer plus cher qu'un orchestre de deuxième ordre?

Oui, ... bien plus cher .../ Il faut payer bien plus cher pour avoir .../ Un orchestre de deuxième ordre ... moins cher .../ Il est bien évident qu'un ...

3. Un orchestre musette peut-il jouer des airs de jazz?

Oui, il n'y a pas de raison pour qu'un ... ne puisse pas ...

4. Est-ce que les danses à la mode changent d'une année à l'autre?

Oui, .../ Mais oui, par définition la mode implique changement.

5. Quelle est la danse à la mode en ce moment?

En ce moment .../ Pour le moment .../ Actuellement .../ La danse à la mode, en ce moment .../ On danse beaucoup le .../ C'est le ... qui est à la mode .../ ... qui fait fureur ...

6. Les enfants vont-il se coucher de bonne heure les soirs de fête?

Non, ... assez tard .../ ... beaucoup plus tard que d'habitude./ Ils vont veiller très tard.

7. Et les autres soirs, se couchent-ils plus tôt?

Oui, ... bien plus tôt./ ... moins tard./ Il faut qu'ils se couchent .../ On les envoie se coucher ...

8. Pourquoi la salle des fêtes est-elle fermée?

... il fait chaud et qu'on danse .../ C'est parce qu'il fait ... que la salle .../ ... et qu'on y prépare le grand ...

9. Où danserait-on s'il faisait froid?

C'est dans la ... qu'on danserait s'il ...

10. Et s'il pleuvait?

... aussi./ De même, s'il pleuvait, ...

11. S'il pleuvait, les gens resteraient-ils à la terrasse du café?

Non, sûrement pas, ils rentreraient à l'intérieur./ Ils iraient se mettre à l'abri./ ... se mettraient à l'abri .../ ... quitteraient la terrasse.

12. À quoi voit-on qu'il fait très chaud?

... au fait que les gens portent des .../ ... terrasse.

13. Se promène-t-on en manches de chemise quand il fait frais?

Non, quand il fait .../ Non, on ne se ... quand il .../ Il ne faut pas se .../ Il n'est pas prudent de .../ Il vaut mieux ne pas se ...

14. Que boivent les gens pour se désaltérer?

Pour se ... des (boissons ils boivent rafraîchissantes, boissons alcoolisées, jus de fruits, eaux minérales, ...)./ Sans doute boivent-ils du ... (de la ...).

15. Et le vin, en boit-on toujours beaucoup en France?

Oui, ... encore beaucoup .../ On en boit, mais bien moins qu'autrefois./ Les jeunes en France ... très peu de vin./ Pas mal de jeunes préfèrent les jus de fruits./ ... boissons non-alcoolisées./ ... même le Coca-cola!

La gaîté fait naître spontanément la danse.

16. Et l'alcool?

De plus en plus on consomme de .../ C'est la boisson des gens snobs./ Certains Français se sont mis à imiter les Anglais et les Américains sur ce chapitre./ Le scotch est mieux coté que le bourbon./ Les boissons fortes, comme les cocktails, répugnent encore à bien des gens.

17. Et boit-on autant de bière qu'en Allemagne?

Non, ... certainement pas .../ Les Allemands ou les Belges sont les champions pour la consommation de la bière./ Certains Français boivent volontiers de la bière à la place du vin./ La plupart des Français préfèrent le vin à la bière./ ... ne sont pas de grands buveurs de bière.

18. Décrivez quelques baraques foraines.

Il y en a où on peut acheter des sucreries (confiseries), .../ Il y a des baraques de loterie, des diseuses de bonne aventure, de tir, de jeux d'adresse ...

19. Pourquoi croyez-vous que le maire va prononcer un discours? — Il aime en faire un à chaque occasion./ Il aime le faire./ Il estime que c'est son rôle./ Il est, peut-être, très plein de lui-même./ Il a l'art de parler pour .../ Ça ne lui coûte guère./ Il adore .../ Il a l'habitude de ...

20. Quelle est la tradition le jour de la fête? — La ... est de faire un concours .../ Il est de tradition de faire .../ Il y a un ... traditionnel./ Le maire et ses amis font ...

MISE EN PERSPECTIVE

1. Que savez-vous de l'origine de la fête nationale en France?
2. Improvisez un bref discours du maire (ou d'un autre personnage important) de votre ville au cours d'une cérémonie officielle.

CONVERSATION GRAMMAIRE: Exercices

A. Plaire à

MODÈLE: *Les contemporains de Monsieur le maire aimeront son discours.*
Son discours leur plaira.

1. Monsieur et Madame Brun ont aimé le dîner de gala.
2. Les jeunes aiment la musique de jazz.
3. Jacotte aime les manèges de chevaux de bois.
4. Vous aimerez cet orchestre.
5. Nous avons aimé les tangos.
6. Vous avez aimé le film.
7. Christiane a aimé le feu d'artifice.
8. Les vieilles dames n'aiment pas la musique moderne.
9. Je n'ai pas aimé la remarque de Serge.
10. Nos amis n'aiment pas la bière.
11. Elle aime les voitures rapides.
12. Lucie aime le rouge.
13. J'ai aimé le spectacle.
14. Avez-vous aimé Montréal?
15. Robert aime la jolie brune.
16. La jolie brune aime Paul.

B. EXPRESSION DE LA CAUSE (TRANSFORMATIONS)

MODÈLES: *Tout le monde a soif à cause de la chaleur qu'il fait.*
Tout le monde a soif parce qu'il fait chaud.

On n'entendait rien à cause des gens qui parlaient.
On n'entendait rien parce que les gens parlaient.

1. Fermez la porte à cause du bruit qu'ils font.
2. Couvrez-vous bien à cause du froid qu'il fait.
3. Les invités n'ont pas pu tous entrer à cause de leur nombre.
4. On l'a laissé s'asseoir à cause de son âge.
5. S'il est si gros, c'est à cause de sa gourmandise.
6. Nous nous sommes assis à cause des protestations de nos voisins.
7. Il fut récompensé à cause de son ouvrage.
8. On se retournait dans la rue à cause de sa beauté.
9. Tout le monde l'enviait à cause de sa richesse.
10. Les jours raccourcissent à cause de l'hiver qui approche.
11. Il faut lui pardonner à cause de sa jeunesse.
12. Leur français s'améliore à cause de leur application à l'apprendre.

ÉCHELLES

Quelques expressions familières: *C'est chouette! C'est moche! Ça m'est bien égal!*
Choisissez une expression appropriée pour commenter chaque phrase.

Demain c'est la fête.
    Tu resteras à la maison pour garder le bébé.
       Voilà cent francs pour t'amuser.
          La femme du maire n'a pas pu venir.
             Oh! le beau feu d'artifice!
                Tu as gagné!
                J'ai encore perdu.
                    Monsieur le maire va faire un discours.
                    Il pleut.
                      L'orchestre joue une valse.

Je te paye un verre.
    Nous avons dansé toute la soirée.
       Il faut rentrer à la maison.
          On m'a volé mon portefeuille.
             Mais oui, prends ma voiture.
                Ce monsieur est le cousin de l'épicier.
                Deux et deux font quatre.
                    Elle est venue m'inviter à son anniversaire.
                Ma tante a les yeux verts.
                Ma voiture est tombée en panne.

9
Le Tour de France

Passage au sommet d'un col. Les gens sont massés le long de la route en lacets. Une voiture suiveuse et une voiture-radio se tiennent à une cinquantaine de mètres derrière un coureur. Elles sont suivies d'une voiture de presse. Plus bas, dans la vallée, les autres coureurs. On les voit à peine.

Cette étape de montagne sera décisive. Le coureur qui la remportera prendra le maillot jaune à l'arrivée à Pau. Voici Merckx qui passe détaché au sommet de l'Aubisque.[1] Il est en nage tant il fait chaud, même ici à 1700 mètres d'altitude. Merckx a près de quatre minutes d'avance sur le peloton qu'on devine plus bas. Une voiture de l'équipe de Merckx le suit pour le dépanner en cas de besoin. Il y a aussi une voiture de l'O.R.T.F. et une voiture de presse pour tenir la France entière au courant de la position des coureurs.

Beaucoup de concurrents ont été obligés d'abandonner aujourd'hui, car cette étape était vraiment très dure, comme le sont la plupart des étapes de montagne. Certains abandonnent parce qu'ils ont fait une chute. Seuls les meilleurs tiennent le coup! On ne peut plus, maintenant, se donner du courage en se disant que demain sera un jour de repos.

Il faut avoir vu les coureurs descendre de bicyclette titubant, chancelant sur leurs jambes, après certaines étapes plus longues ou plus difficiles que les autres, pour se rendre compte de la somme d'efforts qu'exige ce sport passionnant pour le spectateur, mais épuisant et si dangereux pour les cyclistes. C'est un véritable exploit de simplement terminer l'étape, et il est juste de garder un peu de notre admiration pour les derniers arrivés.

QUESTIONS D'IDENTIFICATION

1. Où l'arrivée aura-t-elle lieu?   À .../ ... sera jugée à ...
2. Merckx est-il seul?   Oui, .../ ... passe détaché.
3. Pourquoi est-il en nage?   ... parce qu'il .../ ... à cause de la ...
4. À quelle altitude se trouve le col de l'Aubisque?   Le col de l'Aubisque se trouve à .../ L'Aubisque est à ... d'altitude.
5. Quelle avance Merckx a-t-il sur le peloton?   ... près de ... minutes d'avance.
6. Pourquoi cette voiture de l'équipe suit-elle Merckx?   ... pour .../ ... parce qu'il pourrait avoir besoin d'être ...
7. Qu'est-ce que se disaient autrefois les coureurs pour se donner du courage?   ... que demain serait .../ ... «Demain sera. ...»
8. Cela est-il possible aujourd'hui?   Non, cela ... plus ...
9. Dans quel état sont parfois les coureurs quand ils descendent de bicyclette?   ... ils sont titubants et chancelants.

QUESTIONS D'EXPLOITATION, Première Série

1. Pourquoi Merckx voudrait-il gagner cette étape?   ... pour pouvoir porter .../ ... pour être sûr de porter ...

---

[1] *Aubisque*: Col dans les Pyrénées, à environ 40 kilomètres au sud de Pau.

2. À quelle époque de l'année se court le Tour? — ... vers la fin juin-début juillet.

3. Fait-il souvent chaud à 1700 mètres d'altitude? — Ce n'est pas souvent qu'il .../ D'habitude, ...

4. Est-ce qu'on voit parfaitement le peloton derrière Merckx? — On le devine seulement .../ Non, ... pas bien .../ On le distingue mal.

5. Les voitures gênent-elles les coureurs? Pourquoi? — Non, ... car elles les suivent.

6. Le Tour est-il très populaire en France? — ... événement national./ La France se passionne pour ...

7. À quoi le voyez-vous? — ... au grand nombre de ...

8. Qui oblige les gens à rester sur le bord de la route? — Des gendarmes, des policiers, le service d'ordre ...

9. Les coureurs doivent-ils courir tous les jours? — Oui, ... parce qu'il n'y a plus de jour de repos dans le Tour de France.

10. Quelles sont les étapes les plus fatigantes? — Ce sont les ... qui .../ ... de beaucoup les plus ...

11. Quelles sont les causes d'abandon les plus courantes? — ... crevaisons, chutes, défaillances.

12. Faut-il être en forme pour tenir jusqu'au bout? — ... en pleine forme .../ ... en grande forme .../ ... excellente condition physique.

QUESTIONS D'EXPLOITATION, Deuxième Série

1. La France est-elle le seul pays qui organise une course de ce genre? — Non, ... (Italie, Espagne ...)/ En Italie, en Espagne ...

2. Le cyclisme est-il très répandu en France? — Oui, ... très pratiqué ...

3. Des étrangers prennent-ils le départ du Tour? — Oui, beaucoup .../ Il y a beaucoup ... qui ...

4. Les gens se massent-ils n'importe où pour voir passer les coureurs? — Non, ... aux endroits difficiles de préférence ...

5. Y a-t-il des «mordus» du Tour comme il y a des «mordus» du football? — ... sans aucun doute ...

6. Où jugera-t-on l'arrivée de cette étape? — ... à Pau./ C'est à Pau .../ ... sera jugée à ...

7. Et l'arrivée de la dernière étape? — ... probablement à Paris./ ... au Parc des Princes ...

8. Comment fait-on le classement des coureurs? — ... classement individuel./ ... classement par équipes./ ... classement de l'étape./ ... général, qui tient compte de toutes les étapes.

9. Fait-on un classement à chaque étape?

Oui, .../ C'est le classement de l'étape.

10. Est-ce qu'on tient compte du classement des étapes précédentes?

Oui, forcément, .../ Oui, pour établir le classement individuel et le classement général.

11. Quel est le principe de base pour le calcul du classement?

Le temps mis par le coureur à parcourir la distance sert de base ...

12. Est-il nécessaire de gagner toutes les étapes pour gagner le Tour?

Non, .../ Il faut avoir mis moins de temps que ... coureurs.

13. Merckx a-t-il une grosse avance sur les autres?

Oui, ... assez grosse ... quatre minutes en montagne./ ... difficile de reprendre quatre minutes en montagne.

14. Comment le peloton pourrait-il rattraper Merckx?

S'il faisait une chute.../ ... crevait un pneu./ ... avait une défaillance.

15. Merckx a-t-il de grandes chances de gagner cette étape?

... les plus grandes .../ ... presque certain qu' .../ ... certain de .../ ... à moins d'un accident./ ... à moins qu'il ne fasse une chute./ ... à moins qu'il n'ait une défaillance./ Selon toute vraisemblance, il devrait remporter ...

16. Croyez-vous que le Tour soit un sport dangereux?

Oui, on risque de se casser le cou./ On peut être épuisé par un si grand effort physique./ Non, en fait les accidents sont très rares./ Les coureurs sont pour la plupart très prudents.

17. Y a-t-il pourtant des dangers, des risques dans les épreuves cyclistes?

Oui, certains coureurs ont abusé des drogues./ ... se sont dopés./ Parfois des spectateurs ont été blessés.

18. Pouvez-vous songer à d'autres sports encore plus dangereux?

Oui, par exemple, les courses d'automobiles au Mans, l'alpinisme, le hockey sur glace ...

19. Pour être un champion sportif, quelles conditions sont requises?

... il faut être physiquement doué./ ... s'entraîner sérieusement et régulièrement./ ... suivre un régime alimentaire spécial./ ... mener une vie bien réglée.

20. Avez-vous l'occasion de faire du sport régulièrement?

Oui, je fais beaucoup de sport. Je fait du tennis, du basket, de la gymnastique, du cheval, de la natation./ Non, je suis flemmard(e)./ Les sports ne m'intéressent pas./ Je ne suis pas sportif(ive).

21. Croyez-vous que la chasse soit un sport?

Oui, elle demande de bons réflexes, une bonne coordination, de la force physique, du sang-froid./ Non, c'est une occupation cruelle, inhumaine./ Je ne peux pas supporter la vue du sang./ Je n'aime pas massacrer des bêtes innocentes.

MISE EN PERSPECTIVE

1. Quel est votre sport préféré et pourquoi?
2. La bicyclette deviendra peut-être le moyen de transport unique des villes à cause de la pollution de l'atmosphère. Quels avantages y aurait-il à se déplacer à bicyclette? Quels inconvénients?

CONVERSATION GRAMMAIRE: Exercices

A. LES APPROXIMATIONS: *près de*; *plus de*; *moins de*; *à peu près*; *environ*; *presque*; *vers*; *une dizaine*; *une vingtaine*;

   (Utiliser les expressions précédentes pour donner une approximation.)

MODÈLE: *Merckx a 3 minutes 56 secondes d'avance.*
         Il a près de 4 minutes d'avance.

   1. Le col d'Aubisque est à 1710 m d'altitude.
   2. Onze concurrents ont abandonné aujourd'hui.
   3. Les coureurs passeront entre 10 heures 45 et 11 heures 30.
   4. Cette année il y avait 198 coureurs au départ du Tour de France.
   5. Merckx a gagné toutes les étapes sauf deux.
   6. Il faisait très chaud: 29° centigrade.
   7. J'ai déjà vu passer 40 ou 50 coureurs.
   8. Le gagnant est arrivé à 16 heures, 33 minutes, 12 secondes.
   9. Jacques connaît le nom de tous les membres de l'équipe de France sauf un.
  10. Ce garçon semble avoir 25 ou 26 ans.
  11. Il est né en 1953 ou 1954.
  12. Ma bicyclette a coûté 985 francs.
  13. 10,203 personnes massées dans le stade ont acclamé l'arrivée.
  14. Darrigade a abandonné à 3 km de l'arrivée.
  15. L'étape avait 144 km.

B. EXPRESSION DE LA CAUSE (QUELQUES IDIOTISMES)
MODÈLES: *Certains coureurs abandonnent: ils ont fait une chute.*
                    ..., ayant fait une chute.

> ..., *car ils ont fait une chute.*
> ..., *parce qu'ils ont fait une chute.*

> *Le champion ralentit sa course : il a beaucoup d'avance sur les*
> *autres.*
> ..., *ayant* ...
> ..., *car* ...
> ..., *parce qu'il* ...

1. Je ne me fais pas de souci : j'ai bien appris ma leçon.
2. Merckx a gagné le tour : il a remporté 15 étapes.
3. Il ne peut courir le tour cette année : il est encore trop jeune.
4. Les derniers ont du mérite : ils ont fait autant de chemin que les autres.

ÉCHELLE

Voici le champion Eddie Merckx. Il passe devant la foule.
Vas-y Merckx !
  Vas-y Eddie !
    Allez, mon vieux, vas-y !
      C'est toi le plus fort !
        C'est toi le plus beau !
          T'es le champion !
            Tu es le dieu du vélo !
              Tu es le roi de la bécane !
                Y en a plus comme toi !
                  Dommage que tu sois pas Français !
                    Mais il est Français.
                      Non, Monsieur, il est Belge.
                        Mais il parle français.
                          Non, Monsieur, il parle flamand.
                            Ça, alors !

10
Les Mercier au restaurant

C'est une salle de restaurant qui fait un peu auberge de campagne. Des poêles, des casseroles, des ustensiles de cuisine en bois ou en fer forgé accrochés aux murs composent un décor rustique et paysan. Au fond de la pièce se trouve l'énorme cheminée, surmontée d'une hotte en cuivre. Les Mercier et leurs deux enfants, assistés d'un garçon, choisissent leurs plats sur leur menu. Le maître d'hôtel présente la carte des vins à Monsieur Mercier.

Une fois par semaine, le samedi, Raymond et Jeannette Mercier prennent leur repas de midi au restaurant. Madame Mercier, bien qu'elle aime faire la cuisine, apprécie beaucoup que pour une fois on la serve. Elle mérite bien ce moment de repos. Les Mercier ont choisi le menu du jour à prix fixe, qui est copieux et d'un prix assez raisonnable. Chaque repas ne revient qu'à 52,50F, y compris la TVA[1]. Monsieur, en fin connaisseur, est en train de choisir un bordeaux rouge sur la carte des vins que lui tend le maître d'hôtel. Pour lui, comme pour beaucoup de Français, il n'est pas de bon repas sans bon vin. Xavier et Sylvie, eux, boiront de l'eau minérale ou un jus de fruits. Madame Mercier a recommandé à son mari de ne pas dépasser vingt francs pour le vin, ceci pour des raisons d'économie. En bonne maîtresse de maison, elle est d'avis qu'il est ridicule de gaspiller son argent.

Voici le menu du jour : sur la couverture, il est indiqué que le repas à prix fixe se compose de quatre plats, et que les boissons ne sont pas comprises.

---

1. HORS-D'ŒUVRE
Hors-d'œuvre variés—spécialité de la maison
Fruits de mer en cocotte
Pâté en croûte
Timbale de foie gras truffé
Gnocchi

2. ENTRÉES

VIANDES	ou	POISSONS
Chateaubriand sauce béarnaise		Sole au four
Tripes à la mode de Caen		Filets de merlan grillé
Civet de lapin provençal		Turbot grillé beurre blanc
Coq au vin		Homard grillé à l'estragon
Veau milanaise		
Cassoulet toulousain		

3. LÉGUMES

Champignons au beurre	Épinards au gratin
Choucroûte braisée	Aubergines au four
Pommes de terre parisienne	Choix de salade

4. DESSERTS

Baba au rhum	Tarte aux abricots
Crême de marrons	Fruits
Pâtisseries	Petits-suisses
Fruits au kirsch	
Plateau de fromages (Camembert, Saint-Nectaire, Brie, Crême de gruyère, Cantal, Boursault)	

---

[1] *La TVA :* Taxe à la valeur ajoutée, taxe perçue pour toute transaction commerciale.

QUESTIONS D'IDENTIFICATION

1. Combien de fois les Mercier vont-ils au restaurant ?   ... une fois par ...

2. Quel est le prix du repas qu'ils ont choisi ?   Ce repas revient à .../ ... coûte ...

3. Qu'est-ce qu'il faut ajouter au prix du repas ?   .../ ... sont en plus.

4. Quel vin Monsieur Mercier est-il en train de choisir ?   ... un ...

5. Qui lui tend la carte des vins ?   Le .../ C'est le ... qui ...

6. Qu'est-ce que boiront les enfants ?   ... de ... ou un ...

7. Qu'est-ce que Madame Mercier a recommandé à son mari ?   ... de ne pas mettre plus de .../ ... de ne pas dépasser ... pour des raisons ...

8. Qu'est-ce qu'elle trouve ridicule ?   ... de .../ À son avis il est ridicule de ...

QUESTIONS D'EXPLOITATION, Première Série

1. Les Mercier vont-ils au restaurant plusieurs fois par semaine ?   Non, ... ne ... qu'une fois .../ ... une seule fois ...

2. Est-ce qu'ils mangent au restaurant le samedi soir ?   Non, ... chez eux .../ ... à la maison.

3. Madame aime aller au restaurant. Pourquoi ?   ... pour être servie./ ... pour qu'on la serve./ ... pour se faire servir./ ... se reposer./ ... parce qu'elle n'a pas à faire la cuisine.

4. Est-ce un repas très cher que les Mercier ont choisi ?   Non, ... un repas à prix fixe.

5. Le service est-il compris dans le prix du repas ?   Non, il faut l'ajouter./ ... le compter en sus./ ... en plus./ ... n'est pas inclus dans ...

6. Monsieur Mercier s'y connaît-il en vins ?   Oui, c'est un connaisseur./ ... un fin connaisseur .../ ... un expert.

7. Est-ce qu'il laisserait Madame Mercier choisir les vins à sa place ?   Oui, .../ ... car c'est un fin palais, elle-même.

8. Pensez-vous, comme les Français, qu'il n'y a pas de bon repas sans vin ?   Oui, .../ Non, .../ ... avec un bon vin, c'est tout autre chose !/ Un bon vin, ça vous transforme./ Rien de tel qu'un bon vin pour ...

9. Quel prix maximum Monsieur Mercier veut-il payer une bouteille de vin ?   Monsieur Mercier ... au maximum./ ... veut mettre ... au plus pour le vin.

10. Toutes les bonnes maîtresses de maison pensent-elles comme Madame Mercier? — Oui, ... sont de son avis./ ... pensent comme elle./ ... pensent de même.

11. Peut-on être une bonne maîtresse de maison et gaspiller son argent? — Non, ... à la fois ... et .../ Non, ou on est une ..., ou on gaspille son argent./ Une bonne ... ne gaspille pas son argent./ ... ne jette pas son argent par les fenêtres.

QUESTIONS D'EXPLOITATION, Deuxième Série

1. Pourquoi Madame Mercier a-t-elle bien mérité d'aller au restaurant? — ... beaucoup de travail à la maison./ ... ne cesse de travailler chez elle.

2. Chaque repas au restaurant va-t-il revenir exactement à 52,50F? — Non, il faut compter en plus .../ Finalement chaque repas revient à .../ Pour arrondir, chaque repas ...

3. Qu'est-ce qu'un repas à un prix raisonnable? — ... n'est ni trop cher, ni pas assez./ ... pas trop cher, étant donné ce qui est au menu.

4. Les Mercier, d'après ce que vous savez d'eux, pourraient-ils se permettre d'aller au restaurant chaque jour? — Non, ... pas les moyens d'aller .../ Leurs revenus ne leur permettent pas d'.../ Ils doivent veiller à ne pas ...

5. À quoi voit-on qu'ils ne sont pas très riches? — ... au fait qu'ils .../ ... que Madame Mercier ...

6. Madame Mercier a de grandes qualités. Lesquelles? — ... une bonne .../ ... économe .../ ... ne gaspille pas .../ C'est un fin palais.

7. Qu'arrive-t-il dans un ménage si la femme jette son argent par les fenêtres? — ... c'est une catastrophe./ ... cela déséquilibre le budget.

8. Qui, du mari ou de la femme, est en général le moins économe? — ... c'est le mari .../ ... c'est la femme ...

9. Que pensez-vous de l'habitude qu'ont les Français de compter le service à part dans les restaurants? — Je n'y trouve rien à redire./ Cela se fait aussi .../ C'est ridicule .../ ... pas honnête .../ Le client ne sait jamais à quoi s'en tenir.

10. Est-on toujours obligé de prendre des repas à prix fixe? — Non, ... à la carte./ On peut manger à la carte.

11. Est-ce que les Mercier pourraient aller au restaurant, si leurs enfants étaient plus petits? — Non, il leur serait impossible d' .../ On ne peut pas emmener de très jeunes enfants ...

12. Est-ce que Xavier et Sylvie seront plus sages au restaurant qu'à la maison? — Oui, il est probable que ... seront .../ ... possible qu'ils soient .../ C'est possible./ Oui, sans doute, car il y a du monde.

13. Si Monsieur n'était pas satisfait du service, que croyez-vous qu'il ferait?

... il ferait une observation au garçon./ ... au serveur ou à la serveuse./ ... une réclamation auprès du patron./ ... auprès de la direction./ Il se plaindrait auprès .../ Il ne ferait rien du tout, mais la prochaine fois ...

14. Croyez-vous que les Mercier seraient revenus ici, s'ils avaient déjà eu à se plaindre?

Non, il est vraisemblable qu'ils .../ ... car on ne revient pas à un endroit où ...

15. Y seraient-ils venus s'ils avaient eu des invités?

Non, ... probablement pas .../ ... car quand on a ... on les reçoit généralement .../ Peut-être, car il arrive qu'on emmène ses invités au ...

16. Est-ce gentil de la part de Monsieur Mercier d'emmener sa femme au restaurant?

Oui, ... une délicate attention ...

17. Composez un repas d'après le menu qui se trouve à la page 200.

Comme hors-d'œuvre, je prendrais .../ Comme entrée, ...

18. Parmi ces plats, lesquels ne vous semblent pas très appétissants?

Comment savoir?/ Il faudrait y avoir goûté!/ Le nom de certains plats ne me dit rien de bon: ...

19. Les plats au menu semblent assez lourds. Que pensez-vous de cette sorte de cuisine?

Cela restaure./ Il faut manger copieusement de temps en temps./ Cela ne fait pas mal, en passant./ Il vaut mieux une cuisine légère./ ... faire l'expérience de la cuisine minceur./ ... soigner sa ligne.

20. Quels plats de ce menu pourrait choisir un végétarien?

...

MISE EN PERSPECTIVE

1. «Il faut se lever de table en ayant encore un peu faim.» Voyez-vous quelques avantages à faire cela?
2. Est-on inondé chez vous de denrées synthétiques (saccharine, colorants, stabilisants, émulsifiants, etc.)? Que faire alors?

CONVERSATION GRAMMAIRE: Exercices

A. EXPRESSION DU TEMPS (POINT DE DÉPART, DURÉE) + PRONOMS OBJET

MODÈLES :   *Le rôti cuit depuis une demi-heure.*
            Élève A: Depuis combien de temps est-ce que le rôti cuit?
            Élève B: Depuis une demi-heure.

Le rôti cuit depuis midi.
Élève A : Depuis quand est-ce que le rôti cuit?
Élève B : Depuis midi.

Il y a une heure que le rôti cuit.
Élève A : Il y a combien de temps que le rôti cuit?
Élève B : Il y a une heure.

1. Ces fraises sont cueillies depuis ce matin.
2. Cette bouteille est à la cave depuis un demi-siècle.
3. Il y a deux heures que nous sommes à table.
4. Le poisson est au réfrigérateur depuis hier.
5. Il y a cinq minutes que l'eau bout.
6. Il travaille dans le restaurant depuis 3 semaines.
7. Il y a vingt minutes que ces gens attendent.
8. Je n'ai pas mangé depuis hier soir.
9. Le déjeuner est prêt depuis midi.
10. Il y a longtemps que Raymond sait faire la cuisine.

B. LES ADJECTIFS + MISE EN RELIEF
   Dites s'il s'agit d'une qualité ou d'un défaut.

MODÈLE :   *Mon frère est économe.*
           Économe, ma soeur l'est aussi.
           C'est une qualité.

1. Mon frère est dépensier.   2. avare.   3. paresseux.
4. rancunier.   5. courageux.   6. gourmand.   7. poltron.
8. prudent.   9. affectueux.   10. autoritaire.   11. doux.
12. travailleur.   13. bavard.   14. patient.   15. têtu.

ÉCHELLES

C'est bon.
   C'est délicieux.
      C'est exquis.
         C'est sublime.
            C'est un chef d'œuvre.
               J'adore ça.
                  Je me régale.
                     Le parfum est d'une délicatesse incomparable.
                  Je n'ai jamais rien mangé de meilleur.
                     Faites mes compliments au chef.
                        Appelez le chef. Je tiens à le féliciter.

Ça n'a pas de goût.
　Ce n'est pas bon.
　　C'est franchement mauvais.
　　　C'est infect.
　　　　C'est affreux.
　　　　　C'est immangeable.
　　　　　　Ce n'est pas une sauce, c'est de l'eau de vaisselle.
　　　　　　Qu'est-ce que c'est que cette horreur?
　　　　　　Et à ce prix encore! Quel toupet!
　　　　　　Remportez ça.
　　　　　　Je refuse de le payer.
　　　　　　Vous voulez nous empoisonner?
　　　　　　Vous déshonorez la France!

11
Mariage à la mairie

Dans un des salons de la mairie, le maire, debout derrière une table recouverte d'un tapis vert, lit un discours. Dans un coin, sur un pupitre, se trouve le grand registre. En face du maire se tiennent les deux époux, l'air grave, lui en costume sombre et elle en robe blanche. Leurs deux témoins sont assis derrière eux. Plus loin se trouvent les parents, puis les invités endimanchés.

Enfin, le grand jour est arrivé. Sauveur et Albertine écoutent gravement le discours du maire de Corbeil[1] qui célèbre leur mariage civil. La mariée porte une très belle robe blanche. Tout à l'heure elle était rayonnante de bonheur; maintenant, devant le maire, l'émotion la saisit. Sauveur, lui, en tenue de marié, très élégant, paraît à la fois heureux et ému. Après le discours, il faudra que les mariés et leurs témoins signent la déclaration de mariage sur le grand registre. Quelques invités seulement sont là, derrière les époux, ainsi que témoins et parents québécois et français. La cérémonie civile obligatoire est toujours très simple et rapide. C'est l'affaire d'une demi-heure, une simple formalité. Le cortège se rendra ensuite en voiture à l'église de Montlhéry,[2] la ville natale d'Albertine qui n'est qu'à quelques kilomètres de là, et où la grand-messe est prévue pour 11 heures 30. C'est là que se joindront à eux beaucoup d'autres invités que la salle des mariages, de dimensions trop petites, n'aurait pas pu contenir.

QUESTIONS D'IDENTIFICATION

1. Quel est ce grand jour? — Ce grand .../ C'est le jour du ...
2. Qu'est-ce que font les deux époux en ce moment? — Les deux .../ Ils sont en train d'...
3. Décrivez Albertine. — Albertine porte .../ Elle est habillée d' .../ ... et elle ...
4. Et Sauveur. — Sauveur est .../ Il paraît .../ Sauveur, lui, ...
5. Qu'est-ce qu'il faudra que les mariés fassent après le discours? — Ils devront .../ Il leur faudra ...
6. Combien de témoins faut-il à un mariage civil? — ... deux .../ Il en faut deux./ Il faut qu'il y ait ...
7. La cérémonie civile est-elle compliquée? Et longue? — Non, ... pas compliquée./ ... simple./ ... pas longue./ ... courte./ C'est l'affaire d'une ...
8. Où est-ce que le cortège se rendra ensuite? — ... à .../ ... à une ville qui est à quelques ... de là.
9. Où Albertine est-elle née? — ... à .../ dans la ville de ...
10. Où Sauveur est-il né? — ... au Québec./ ... dans la province du ...

QUESTIONS D'EXPLOITATION, Première Série

1. Les mariés écoutent-ils le discours du maire en riant? — Non, ... sans rire./ ... gravement.
2. Que porte le maire sur sa poitrine? — ... une écharpe tricolore.

[1] *Corbeil:* Ville du département de l'Essonne à trente kilomètres au sud de Paris.
[2] *Montlhéry:* Ville au sud-sud-ouest de Paris.

3. Est-ce qu' Albertine a l'air mal-
heureuse?

Non, elle a plutôt l'air émue./ Tout
à l'heure elle avait . . ./ Elle a envie
de . . .

4. Et Sauveur?

Lui non plus n'a pas l'air . . ./ Lui
aussi a l'air . . .

5. Est-ce qu'on peut célébrer un
mariage sans témoins?

Non, . . ./ Pour célébrer un . . . il
faut avoir des . . .

6. Un mariage sans témoins serait-
il valide?

Non, . . ./ . . . nul.

7. Comment le cortège se rendra-t-
il à Montlhéry?

. . . en voiture.

8. Pourquoi pas à pied?

. . . c'est trop loin.

9. Où Albertine est-elle née?

. . . à . . ./ Elle est de . . .

10. Est-ce que Corbeil et Montlhéry
sont très éloignées l'une de
l'autre?

Non, . . . pas très . . ./ . . . ne sont . . .
que de quelques . . .

11. Pourquoi tous les invités ne sont-
ils pas dans la salle?

. . . trop petite pour . . ./ Ils n'auraient pas pu tenir tous dans . . .

QUESTIONS D'EXPLOITATION, Deuxième Série

1. Pensez-vous que le jour du
mariage soit un grand jour?
Pourquoi?

. . . important./ . . . grave décision./
. . . on engage sa vie.

2. Est-ce le seul grand jour de la
vie?

Non, il y en a d'autres.

3. Lesquels, par exemple?

. . . la réussite à un grand concours, la
naissance d'un enfant, un anniversaire, une promotion, . . .

4. Qui choisit-on généralement
comme témoins?

. . . des amis intimes . . ./ . . . de
grands amis . . ./ . . . des parents . . .

5. Et qui invite-t-on à son mariage?

(parents, amis, connaissances, relations)

6. Dans quelle pièce de la mairie
croyez-vous que se déroule la
cérémonie?

. . . dans un des salons . . ./ . . .
grande salle./ . . . salle d'honneur./
. . . salle des mariages.

7. Quel jour est-ce qu'on se marie
généralement?

. . . le samedi./ . . . mais on peut . . .
n'importe quel jour de la semaine.

8. Y a-t-il des gens qui ne se
marient qu'à la mairie?

Oui, il y en a . . ./ Il en existe . . ./
En effet, certains refusent de se
marier à l'église.

9. Est-il obligatoire de se marier à
l'église en France?

Non, . . ./ Seul le mariage civil . . .

10. Que croyez-vous que dise le
maire aux jeunes époux dans son
discours?

. . . donne des conseils . . ./ . . . leur
adresse des félicitations./ . . . leur
montre toute la solennité du mariage.

À la mairie, on est moins solennel; c'est pourtant plus officiel.

11. Le mariage civil de Sauveur et d' Albertine et la cérémonie religieuse qui le suit ont-ils lieu dans la même ville?

Non, dans ce cas particulier, ... dans deux villes différentes.

12. Comment la mairie peut-elle prouver qu'un homme et une femme sont mariés?

... grâce au .../ ... en consultant le gros .../ C'est bien simple: tous les mariages sont consignés dans ...

13. À qui est-ce qu'on s'adresse pour obtenir un certificat de mariage?

... à la .../ Pour ... il faut .../ C'est à la ... qu'il faut ... pour .../ C'est la ... qui délivre des ...

14. Est-ce forcément le maire qui délivre les certificats de mariage?

Non, .../ Parfois c'est un employé de la mairie qui .../ ... un adjoint .../ ... un(e) secrétaire ...

15. Qu'est-ce qui est nécessaire pour qu'un tel certificat soit valable?

Pour qu'... la signature du maire .../ ... il faut que le maire le signe./ ... l'approuve de sa signature./ ... le maire ou une personne déléguée par lui ...

16. Le maire s'occupe-t-il des divorces?

... forcément .../ ... de même qu'il s'occupe des mariages./ Oui, il les enregistre comme il le fait pour les mariages.

17. Le maire a-t-il le pouvoir de pro-
    noncer un divorce?

Non, il n'a pas ce pouvoir./ Il n'a
pas autorité pour .../ Il n'est pas
habilité à .../ C'est l'affaire d'un
avocat et d'un juge.

18. La mairie enregistre-t-elle aussi
    les décès?

Certainement, .../ ... tous les
changements dans l'état civil d'une
personne.

19. Et qui prépare les transferts de
    propriété immobilière?

C'est un notaire qui .../ Ces opéra-
tions sont consignées par écrit par
un .../ ... un huissier./ ... un
avoué.

20. Où ces documents sont-ils en-
    registrés?

... sur un plan, appelé cadastre com-
munal.

MISE EN PERSPECTIVE

1. Le mariage traditionnel est-il une garantie de bonheur?
2. Y a-t-il un âge idéal pour se marier? Quel est-il selon vous?

CONVERSATION GRAMMAIRE: Exercices

A. LES VOEUX DE BONHEUR

Ils reprennent toujours les mêmes clichés, mais la structure peut
varier. Complétez et répétez les phrases.

MODÈLES: *Je vous souhaite le bonheur.*
Je vous souhaite d'être heureux.

Je souhaite que vous soyez heureuse.
Puissiez-vous être heureuse.

1. ... une vie longue et paisible.
2. ... que vous ayez de beaux enfants.
3. ... la prospérité.
4. ... de rester longtemps unis.
5. ... réaliser vos rêves.
6. ... que la chance vous accompagne.
7. ... une jolie famille.
8. ... que vous viviez en harmonie.
9. ... que toutes vos entreprises soient couronnées de succès.
10. ... de vieillir côte à côte.
11. ... vivre longtemps heureux.
12. ... que l'existence vous soit douce.
13. ... d'avoir des enfants qui vous ressemblent.
14. ... que vous vous aimiez toujours.

B. LES TEMPS + PRONOMS OBJETS DIRECTS OU INDIRECTS

MODÈLE : *Tout à l'heure elle **était** rayonnante.*
*Maintenant elle **est** saisie par l'émotion.*
*Demain elle **sera** mariée.*

1. Hier il faisait beau.
   Aujourd'hui il . . . sombre.
   Demain il. . . . peut-être. (pleuvoir)
2. L'an dernier ils se connaissaient à peine.
   Aujourd'hui ils . . . (se marier)
   L'an prochain ils . . . peut-être un enfant. (avoir)
3. Il y a 10 ans Albertine était une enfant.
   Aujourd'hui elle . . . 23 ans.
   Dans 10 ans elle en . . . 33.
4. La semaine dernière le maire était malade.
   Aujourd'hui il . . . Sauveur et Albertine. (marier)
   Demain il . . . à une réunion du conseil. (assister)
5. L'an passé je savais peu de français.
   Cette année j'en . . . davantage.
   Dans deux ans j'en . . . beaucoup plus.

ÉCHELLE

Soyez heureux.
  Je le souhaite.
    Je vous le souhaite.
      Souhaitez-le-leur.
        Souhaitez-le à Sauveur.
          Souhaitez-le-lui.
            Souhaitez-le à Albertine.
              Souhaitez-le-lui.
                Je le leur souhaite.
                  Nous le leur souhaitons.
                    Nous le leur avons souhaité.

12
Mariage à l'église

L'intérieur d'une grande église dont on voit la haute nef, séparée des bas côtés par des arcs en ogive. Les vitraux laissent pénétrer une douce lumière qui inonde le chœur et les chapelles des deux côtés du transept. Les mariés, suivis du cortège, s'avancent dans l'allée centrale en direction du parvis. Là, les attend la foule, que l'on aperçoit par les portes grandes ouvertes. Le garçon et la demoiselle d'honneur suivent immédiatement les époux.

La grand-messe de mariage, qui a duré plus d'une heure et demie, est terminée. Sauveur et Albertine sont désormais mari et femme. Leurs parents, qui sont très aisés, leur ont offert une grand-messe de première classe avec chœurs et orgues. Voici les époux, radieux, qui avancent dans l'allée centrale, lentement, au son d'une impressionnante marche nuptiale de Couperin[1] que Michel, un ami d'enfance d'Albertine, joue à l'orgue. Deux très jeunes enfants, qui servent de garçon et de demoiselle d'honneur, portent la longue traîne de la robe d'Albertine. Celle-ci, l'air épanoui, s'appuie sur le bras de Sauveur. Les témoins, les parents, et toute l'assistance les suivent dans l'allée centrale ou se préparent à le faire. Certains, émus, versent quelques larmes, les femmes surtout, en particulier Madame Lecomte, la mère d'Albertine, et Madame Besson, celle de Sauveur.

Sur le parvis de l'église, il va falloir répondre aux acclamations de la foule des curieux et des badauds. Ils sont venus pour admirer les toilettes et voir les mariés dont l'union consacre l'alliance de deux familles très en vue dans la région. Puis ce sera, enfin, la détente : une réception suivie d'un somptueux banquet dans une auberge près de Rambouillet et, vers le soir, le départ en avion pour Nice, première étape du voyage de noces.

QUESTIONS D'IDENTIFICATION

1. Combien de temps a duré la messe ?	... plus d' ...
2. Qui a offert de payer les frais de cette grand-messe ?	Ce sont les ... qui .../ Les Lecomte et les Besson ont offert ...
3. Qu'est-ce qu'on entend ?	... les orgues jouées par .../ ... une marche nuptiale .../ ... de la musique de Couperin.
4. Que font le garçon et la demoiselle d'honneur ?	Ils portent .../ Ils suivent ... en portant ...
5. Sur quoi Jacqueline s'appuie-t-elle ?	Elle s'appuie sur .../ C'est sur ... qu'elle ...
6. Que font les mères des époux ?	Elles .../ Elles sont très ...
7. Pourquoi y a-t-il cette foule sur le parvis ?	Elle est curieuse./ Elle veut admirer les ... et voir les .../ Ce sont des badauds.
8. Où aura lieu le repas de noces ?	... dans une auberge ...
9. Quelle est la première étape du voyage de noces ?	C'est Nice qui est .../ Nice est ...

QUESTIONS D'EXPLOITATION, Première Série

1. La messe dure-t-elle plus longtemps que la cérémonie à la mairie ?	Oui, .../ ... trois fois plus longtemps ...

[1] *Couperin :* Nom d'une célèbre famille de compositeurs et organistes. François le Grand (1668–1733) fut un claveciniste de premier ordre.

2. Sauveur et Albertine sont-ils maintenant mariés pour de bon?

Oui, .../ ... mari et femme.

3. Quelle est la cérémonie la plus imposante, la cérémonie religieuse ou la cérémonie civile?

À mon avis, la plus ... est .../ C'est la ... qui est .../ Les cérémonies me laissent indifférent(e).

4. Est-ce qu'on joue toujours de l'orgue à une messe de mariage?

Non, .../ Cela dépend de la classe de la messe choisie./ Aujourd'hui, la tendance est à la simplicité./ On tend à faire les choses plus simplement aujourd'hui.

5. Que faut-il faire pour avoir droit à de la musique?

Pour ... il faut choisir une messe de .../ ... payer plus cher pour .../ ... un supplément.

6. Qui est en train de jouer de l'orgue?

C'est Michel .../ ... qui est aux orgues.

7. Qui est Michel? Albertine le connaît-elle depuis longtemps?

C'est .../ C'est un de ses .../ Oui, elle le connaît depuis ...

8. Quelle sorte d'air Michel joue-t-il, et de qui est-ce?

Il joue une ... de .../ C'est une ... de ... qu'il joue./ Il joue du Couperin.

9. À quelle allure les mariés sortent ils de l'église?

Ils ... lentement./ ... à pas lents.

10. Les mères des jeunes gens ont-elles l'air radieux?

Non, .../ ... l'air triste./ ... paraissent émues.

11. Et les amis des mariés, est-ce qu'ils versent des larmes, eux aussi?

Non, .../ Au contraire, ... sont heureux./ ... se réjouissent.

12. Comment les mariés voyageront-ils?

... en avion./ Ils vont prendre l'avion.

13. Est-ce que leur voyage finira à Nice?

Non, .../ Ils continueront .../ Nice n'est qu'une étape ...

14. Connaissons-nous la durée de leur voyage de noces?

Non, .../ Nous ne savons pas combien de temps ils resteront en voyage.

QUESTIONS D'EXPLOITATION, Deuxième Série

1. À quoi voyez-vous que nous assistons à un grand mariage?

... au nombre des invités .../ ... au fait qu'il y a .../ ... à l'élégance des ...

2. Est-ce que tout le monde est ému parmi les invités?

Non, les femmes surtout sont .../ Ce sont surtout les femmes qui le sont.

3. Quel était le nom d'Albertine avant qu'elle se marie?

Elle s'appelait .../ Son nom de jeune fille était ...

4. Quel sera son nom désormais?

Désormais elle s'appellera .../ Elle sera Madame .../ À l'avenir .../ À partir de maintenant .../ Dorénavant ...

5. À quel moment les mariés vont-ils pouvoir se détendre?

... après la cérémonie./ ... une fois la cérémonie terminée./ ... quand ils en auront fini avec la cérémonie.

6. Est-ce qu'on fait un grand repas le jour de son mariage?

Oui, en général .../ ... mais il arrive qu'on n'en fasse pas.

7. Tout le monde choisit-il de donner une réception ou de faire le repas de mariage dans un restaurant?

Non, certains choisissent de ... à la maison./ Certains le font ...

8. Où est-ce que vous choisiriez de faire votre voyage de noces si vous étiez en France?

J'aimerais .../ Je pencherais pour .../ ... m'attirerait davantage./ Je voudrais pouvoir aller ...

9. Un assez grand nombre de Français passent leur lune de miel sur la Côte d'Azur. Pourquoi?

Le climat .../ Les hôtels .../ C'est la mode./ ... ça se fait.

10. Est-ce que tout le monde peut se permettre de voyager en avion?

Non, il y a des gens .../ Oui, au fur et à mesure que les tarifs baissent, presque tout le monde .../ Cela devient très courant.

11. Où les Protestants se marient-ils? Et les Israélites? Et les Mahométans (Arabes)?

Les Protestants ... au temple; les Israélites ... à la synagogue; les Mahométans ... à la mosquée./ Les cérémonies protestantes ont lieu ...; les cérémonies israélites ...; les cérémonies mahométanes ...

12. Combien de fois peut-on se marier selon le rite catholique?

... une seule fois .../ On ne peut se ... qu' ..., à moins qu'on ne soit veuf ou veuve./ ..., à moins d'être veuf ou veuve.

13. Un homme divorcé peut-il se remarier à l'église?

Non, .../ En principe, c'est défendu.

14. Que pensez-vous de ce système de messes de mariage à plusieurs classes?

... que c'est bien./ ... mal./ ... scandaleux./ ... parfaitement raisonnable./ ... révoltant./ ... une affaire d'argent.

15. Dans un autre ordre d'idées, existe-t-il des enterrements à plusieurs classes?

Oui, cela se fait aussi./ Oui, les entreprises de pompes funèbres font la même chose.

16. Les jeunes couples moins fortunés ne devraient-ils pas avoir
droit à une grand'messe, eux
aussi, au moins le jour de leur
mariage?

Oui, il serait normal qu'ils aient
droit .../ ... juste .../ Non, ...
puisqu'ils ne peuvent pas la payer.

17. Que pensez-vous des mariages
entre personnes de religions
différentes? Des unions entre
personnes de couleur ou de race
différente?

Oui, c'est une très bonne chose./
Oui, j'approuve toute tendance œcuménique./ Non, ces mariages-là ne
réussissent pas./ Ma religion les
condamne./ J'estime qu'il importe
de les encourager./ Je n'y vois pas
d'inconvénient./ Regardez les peuples d'Hawaii, du Brésil, .../ C'est
une honte!/ C'est contraire à nos
habitudes./ Je ne pourrais pas le
supporter./ Quelle idée farfelue!/
Cette question me gêne./ Ça ne
résout rien./ ... ne peut pas résoudre des problèmes tels que la
ségrégation.

MISE EN PERSPECTIVE

1. Que trouvez-vous à reprocher à la cérémonie de mariage de Sauveur et
d'Albertine?
2. Leur mariage est-il seulement un mariage d'amour? Que pensez-vous de
telles unions?

CONVERSATION GRAMMAIRE: Exercices

A. PRONOMS OBJETS

MODÈLE: *Chéri, ouvre la fenêtre, s'il te plaît.*
          Je l'ouvre tout de suite.

1. Range les valises, s'il te plaît.
2. Prête-moi ton stylo, s'il te plait.
3. Achète-moi un magazine, s'il te plaît.
4. Passe-moi le journal, s'il te plaît.
5. Va me chercher un verre d'eau, s'il te plaît.
6. Boutonne ma blouse derrière, s'il te plaît.
7. Demande une couverture de plus, s'il te plaît.

MODÈLE: *Chérie, veux-tu que je ferme la porte?*
          Oui, tu as raison, ferme-la.
          Non, après tout, ne la ferme pas.

1. Veux-tu que j'éteigne la lumière?
2. Veux-tu que je te fasse un sandwich?
3. Veux-tu que je téléphone à ta mère?
4. Veux-tu que j'aille chercher ton chandail?
5. Veux-tu que j'arrange tes oreillers?
6. Veux-tu que j'allume la radio?

(C'est la belle vie. Pourvu que ça dure!)

B. IRRÉEL DU PRÉSENT ET DU PASSÉ (*si*)

MODÈLE: *Si je veux, je dirai «Non».*
          *Si je voulais, je **dirais** «Non» (mais je ne veux pas = **irréel du***
          ***présent**).*
          *Si j'avais voulu, j'**aurais dit** «Non» (mais je n'ai pas voulu = **irréel***
          ***du passé**).*

1. S'ils s'aiment, ils se marieront.
   S'ils s'aimaient, ils se marieraient (mais . . .)
   S'ils s'étaient aimés, ils se seraient mariés (mais . . .)
2. Si nous avons le temps, nous assisterons au mariage.
   Si nous avions le temps, nous . . .
   Si nous avions eu le temps, nous . . .
3. Si tu es en retard, on te remarquera.
   Si tu étais . . ., on te . . .
   Si tu avais été . . ., on t' . . .
4. Si tu es libre demain, tu pourras aller à Woodwards.
   Si tu étais . . ., tu . . .
   Si tu . . ., tu aurais pu aller . . .
5. Si elle veut lui faire plaisir, elle lui offrira des fleurs.
   Si elle . . . lui faire . . ., elle lui offrirait . . .
   Si elle avait voulu lui . . ., elle lui . . .
6. Si j'ai assez d'argent, je leur achèterai une voiture.
   Si j'avais . . ., je leur . . .
   Si . . ., je leur aurais acheté . . .
7. Si je me sens bien, je passerai vous voir.
   Si . . ., je passerais . . .
   Si . . ., je serais passé . . .
8. Si vous apprenez deux mots par jour, vous aurez un bon
   vocabulaire.
   Si vous . . ., vous auriez . . .
   Si vous aviez appris . . ., vous . . .
9. Si vous avez des difficultés, votre professeur vous aidera.
   Si vous aviez . . ., . . .
   Si vous . . ., . . .

10. Si ce genre d'exercice vous plaît je m'en réjouirai.
Si ..., je
Si ..., ...

ÉCHELLES

Ils se marient

Parmi les trois expressions suivantes, choisissez celle qui correspond le mieux, selon vous, à la situation donnée :

a. Comme je le/la/les plains.
b. Il/Elle/Ils/Elles a/ont tout pour être heureux.
c. Voulez-vous répéter?

MODÈLE :   *Il a 30 ans de moins qu'elle!*
            c. Voulez-vous répéter?

Ils sont tous deux fils et fille uniques.
   Ils vivaient ensemble depuis deux ans.
      Il est veilleur de nuit chez Ford.
         C'est la 8ème fois qu'elle se marie.
            Ils n'ont pas un sou.
               Ils ont fait leurs études ensemble.
                  Il a treize enfants de son premier mariage.
                     Ils ne parlent pas un mot de français, et ils vont vivre à Montréal.
                        Elle a décidé de se marier en noir.
                           Il est arrivé deux heures en retard à la cérémonie.
                              Ils vont habiter chez ses parents (à lui/à elle).
                                 Il est journaliste à la CBC et elle déteste la télévision.
                                    Ils se sont connus en descendant l'Everest.
                                       Ils se connaissent depuis une semaine.
                                          Ils ne parlent pas la même langue.

13

Un homme d'affaires suisse

*Un compartiment de première classe. Deux voyageurs, un monsieur et une
dame, qui se parlent. Deux tasses de café près de la fenêtre. La serviette de la
dame sur sa banquette. Des valises dans les filets.*

On peut vendre certains produits peu encombrants et peu chers en faisant du porte à porte, comme font quelques voyageurs de commerce. Monsieur Benguerel, lui, qui est agent général d'une grande marque suisse de machines à écrire, fait du ville à ville, même du pays à pays. C'est relativement facile en Europe, grâce aux trains rapides et confortables qui desservent tous les pays.

La voisine de Monsieur Benguerel s'intéresse à ses activités . . .

—Ah! je connais bien la réputation de votre maison. J'ai souvent entendu parler de ses produits résistants, robustes . . .

—Ce qui facilite grandement ma tâche, c'est notre service après vente et ses pièces détachées.

—Vous devez avoir un carnet de commandes bien rempli.

—Oui, en effet. Et il se gonfle davantage à chaque arrêt. Hier j'étais à Zurich où ma marque est très connue. Aujourd'hui ce sera Strasbourg et Luxembourg.

—Et demain?

—Demain Bruxelles. J'ai un peu partout de gros clients qui me passent des commandes importantes à chacun de mes rares passages. Avec eux, un simple coup de téléphone annonçant mon arrivée permet de régler en quelques minutes, une fois sur place, des contrats qui se chiffrent parfois à des dizaines de milliers de francs suisses.

Et la concurrence?

—Il existe quelques puissantes marques rivales. J'essaie de prendre des clients à mes concurrents. Cela exige, outre le temps, de la patience, l'art de persuader, . . .

—Le sens des affaires, donc. Vous couvrez toute l'Europe?

—Oui, je suis agent général pour l'Europe du Marché Commun.

—Dans quelle langue travaillez-vous?

—Je travaille en français dans presque tous les pays. Mais étant Suisse, je sais assez d'allemand et d'italien pour me tirer d'affaire en tous lieux.

—Je crois connaître une de vos collègues belges, Madame Van de Velde, de Bruxelles.

—Quelle coïncidence. Elle est bien chez nous, en effet. Je vais justement la voir demain. J'aurai avec elle un important déjeuner d'affaires. Vous savez qu'elle est notre agent général pour les pays scandinaves. Nous allons déjeuner avec le Président-Directeur-Général de notre firme. Avant de rentrer à Genève, qui est le siège social de notre marque, il tient à nous mettre au courant de ces démarches en vue de fonder deux agences générales nouvelles en Amérique du Nord—au Canada et aux États-Unis.

—Ah! je vois d'ici le déjeuner copieux . . .

—Ce sera un excellent repas, sans aucun doute. Mais je me demande si nous aurons le temps de l'apprécier.

—Attention, la cuisine belge est parfois un peu lourde.

—Je le sais. Et ça m'ennuie un peu car j'ai l'estomac fatigué ces jours-ci.

—Alors, permettez-moi de vous offrir ce tube-réclame de Normo-Gastril. Je suis leur représentante pour la France de l'Est.

QUESTIONS D'IDENTIFICATION

1. Quelle est la profession de Monsieur Benguerel?

   Il est . . ./   C'est l' . . .

2. Où va-t-il aujourd'hui? Et demain?

   . . . à . . . et à . . .;/   . . . à

3. Comment se déplace-t-il?

   . . . en train./   . . . dans des trains . . ./   . . . qui . . .

4. Qu'est-ce qui facilite son travail?

   C'est la . . . et son . . . qui . . .

5. Que font ses gros clients?

   Ils lui passent . . .

6. À combien se chiffrent ses commandes?

   . . . à des . . .

7. Qu'est-ce qu'il essaye de faire à ses concurrents?

   . . . de leur prendre les clients.

8. Quelles sont les qualités exigées d'un homme d'affaires?

   . . . la patience, . . .

9. Quelles langues Monsieur Benguerel parle-t-il?

   . . . le francais, et . . .

10. Avec qui va-t-il déjeuner à Bruxelles?

    . . . avec . . . et avec . . .

11. Que fera le Président-Directeur-Général durant ce déjeuner?

    Il mettra Monsieur Benguerel et Madame Van de Velde . . . Il les mettra . . .

12. Que se demande Monsieur Benguerel?

    . . . si le déjeuner sera moins . . .

13. Quelle est la profession de la voyageuse?

    Elle est . . ./   C'est la . . . de . . .

QUESTIONS D'EXPLOITATION, Première Série

1. Que font les petits voyageurs de commerce?

   . . . du porte à porte./   . . . vendent des produits . . .

2. Est-ce le cas de Monsieur Benguerel?

   Non, lui, . . ./   . . ., lui, vend . . .

3. D'où vient la réputation de sa maison?

   . . . de ses produits . . . et de . . ./   . . . du fait que ses produits sont . . . et que son . . .

4. À quoi voit-on Monsieur Benguerel est un bon représentant?

   . . . au fait que son carnet . . ./   . . . se gonfle./   Il fait des affaires qui se chiffrent.

5. Quel est son itinéraire depuis hier jusqu'à demain?

   . . . Zurich, . . ./   Il va de . . . à . . .

6. Comment Monsieur Benguerel s'y prend-il avec ses clients attitrés?

Il leur donne un simple ... et cela lui permet de ...

7. Montrez que Monsieur Benguerel est actif.

Il essaye de .../ Il ne craint pas la concurrence./ ... ses concurrents.

8. Comment se fait-il qu'il sache trois langues?

C'est parce qu'il est Suisse qu'il sait .../ Étant Suisse, il sait .../ La Suisse étant un pays plurilingue, il est normal qu'il en sache plusieurs.

9. Y a-t-il sur son itinéraire des pays bilingues?

Il y a le Luxembourg et la Belgique.

10. Donnez le nom des pays scandinaves que couvre Madame Van de Velde.

Il y a la ..., la ..., la ..., et le ...

11. Pourquoi le Président-Directeur-Général réside-t-il à Genève?

... c'est là que se trouve le .../ ... parce que cette ville est le ...

12. Pourquoi faut-il fonder deux agences en Amérique du Nord?

... le Canada et les USA sont deux pays différents./ ... la même agence ne pourrait servir les deux pays.

13. Est-ce que les trois personnages vont manger en vitesse?

Non, ils prendront leur temps./ ... tout leur temps./ ... des heures./ ... parce qu'en Europe un déjeuner d'affaires peut prendre plusieurs heures.

14. D'après le texte quelle idée peut-on se faire de la cuisine belge?

... excellente, mais ...

QUESTIONS D'EXPLOITATION, Deuxième Série

1. À quels titres peut-on travailler dans le commerce de gros et de détail?

Il existe des employés, vendeurs, vendeuses, chefs de rayon, de petits négociants, ... gros détaillants, grossistes, gérants, concessionnaires, ...

2. Quelle est la hiérarchie dans une grande firme au niveau du personnel de représentation?

... voyageurs de commerce, agents régionaux, agents généraux, directeurs des ventes.

3. Quelle est la hiérarchie au niveau de la gestion dans une grande entreprise?

... Chefs de service, Directeurs-adjoints, Membres du Conseil d'Administration, Vice-présidents, Président-Directeur-Général.

4. S'il devait s'arrêter dans de petites localités, Monsieur Benguerel prendrait-il le train? Pourquoi?

Non, le train ne passe que dans .../ ... il lui faudrait une voiture./ ... devrait utiliser la voiture.

5. Comment un représentant de commerce se déplacerait-il chez vous?

... en avion./ ... en voiture./ ... en train./ ... en autobus.

6. La seule qualité d'un produit peut-elle garantir des ventes élevées?

Non, le plus souvent il faut que le produit ait le temps de faire ses preuves./ Il faut aussi une publicité bien menée./ ... des représentants actifs.

7. Comment attirer de nouveaux clients?

... en leur offrant des conditions avantageuses./ ... des remises sur les prix officiels./ ... des rabais .../ ... des conditions de paiement particulières./ ... des primes-cadeaux.

8. De quelles façons peut-on encourager un représentant à augmenter son chiffre d'affaires?

... en augmentant son traitement fixe./ ... par des primes au rendement./ ... par l'intéressement à l'entreprise./ ... des congés supplémentaires payés./ ... en augmentant sa prime de déplacement ou d'éloignement./ ...

9. Dans quels pays son travail amène-t-il Monsieur Benguerel?

(Allemagne de l'Ouest, Belgique, France, Grande-Bretagne, Irlande, Italie, Luxembourg, Espagne, Portugal)

10. Quelles langues sont nécessaires à Madame Van de Velde dans son travail?

(anglais, flamand, français, ...)

11. Quelle langue parle-t-on au siège social de l'entreprise de Monsieur Benguerel? Expliquez.

... parce que Genève est une ville de langue ...

12. Si le siège social se trouvait à Zurich, quelle langue y parlerait-on?

...

13. S'agit-il d'une entreprise industrielle importante?

Oui, du fait qu'elle ...

14. Expliquez la nécessité de fonder deux agences distinctes aux États-Unis et au Canada.

(différences dans les règlements douaniers; différences d'ordre fiscal— taxes, droits de régie, d'importation; quotas; claviers différents selon les régions et les langues, ...)

MISE EN PERSPECTIVE

1. Le texte permet-il de déceler des différences dans le rythme de travail d'un représentant de commerce en Europe et chez vous?

2. Quelles qualités ou connaissances sont indispensables aux gens qui sont dans les affaires en Europe? Est-ce la même chose dans votre pays?

CONVERSATION GRAMMAIRE: Exercices

A. NOMS ET ADJECTIFS DE PAYS

MODÈLE: *Mon cousin habite à Paris.*
           Est-ce qu'il parle bien le français?

1. Mon cousin habite à Berlin.   2. à Londres.
3. à Madrid.   4. à Moscou.   5. à Athènes.
6. à Tokyo.   7. à Stockholm.   8. au Caire.
9. à Pékin.   10. à Amsterdam.   11. à Mexico.
12. à Rio de Janeiro.   13. à Zurich.   14. à Québec.
15. à Edmonton.   16. à Delhi.

MODÈLE: *Jeannette est française.*
           Naturellement, elle habite en France.

1. Carmen est espagnole.   2. Susan est anglaise.
3. Odile est belge.   4. Gina est italienne.
5. Morag est écossaise.   6. Hannah est israélienne.
7. Olga est russe.   8. Inger est norvégienne.
9. Maria est mexicaine.   10. Louise est québécoise.
11. Kathleen est irlandaise.   12. Jacqueline est suissesse.
13. Gehilde est allemande.   14. Linda est américaine.
15. Fatima est égyptienne.   16. Aiko est japonnaise.
17. Pilar est cubaine.   18. LeHang est vietnamienne.

B. *Puisque* explicatif

MODÈLE: *M. Benguerel, étant suisse, sait l'allemand.*
           M. Benguerel, puisqu'il est suisse, sait l'allemand.

1. Voulant voyager vite, il prend le train.
2. Sachant le français, il se tire d'affaire presque partout en Europe.
3. Mon frère, ayant de gros clients à Bâle, s'y arrête toujours.
4. Susanne, passant par Bruxelles, ira rendre visite à ses amis belges.
5. Préférant les repas légers, nous évitons les restaurants.
6. Parlant trois langues, vous êtes partout chez vous.
7. Ne pouvant prendre le train, je choisis l'avion.
8. Les connaissant, je sais qu'ils seront en retard.
9. L'aimant toujours, vous voulez sans doute la ménager.
10. Ne vendant que de la camelote, son chiffre d'affaire est assez bas.

500 Paris ■ ──────────────────── ■ Marseille 500

Tab	Km	Identification du train	Rap 5601	Rap 5049	Rap 5461/0	Rap 5051 CORAIL	🚄 71/0	🚄 47	Rap 185 CORAIL	Exp 5081	Exp 5053	🚄 23	🚄 11	🚄 10011	Exp 5077	Exp 5073
		Places assises	1.2	1.2	1.2	1.2	1	1	1.2	1.2	1.2	1	1	1	1.2	1.2
		Prestations — Restauration / Particularités	✗ Σ R	✗ Σ [6] R	✗ Σ R	✗ Σ [9] R [10]	✗ [11] R	✗ [11] R	✗ R	✗ Σ R	✗ Σ R	✗ Σ [8] R	✗ Σ [7] R	✗ Σ R	✗ Σ R	
		(correspondance en tête)					Genève tab. 530									
501	0	Paris-Gare de Lyon	9 05	9 25	10 02	10 05			[2]12 15		12 35	13 17	13 20 [3]	13 23		13 37
502	113	Sens									13 37					15 15
	156	Laroche-Migennes A									13 59					15 51
		Laroche-Migennes									14 02					15 58
	197	Tonnerre														16 30
	225	Nuits sous Ravieres														16 48
	243	Montbard														17 01
	257	Les Laumes Alésia														17 12
	315	Dijon-Ville A	11 43	11 48	12 23	12 26			14 33		15 29	15 36	15 39	15 43		17 48
		Dijon-Ville	11 45	11 54	12 26	12 30			14 34		15 47	15 37	15 40	15 44		
	352	Beaune									16 07					
	367	Chagny A									16 17					
503		Chagny									16 19					
	382	Chalon-sur-Saône A		12 26							16 29					
		Chalon-sur-Saône		12 28							16 31					
	407	Tournus														
	440	Mâcon A		12 55												
		Mâcon		12 57							17 04					
	478	Villefranche sur Saône									17 25					
	512	Lyon-Perrache A	13 31		13 56	14 00			[2]16 00		17 53	17 07	17 16			
	512	Lyon-Brotteaux A		13 51	14 02	14 06				16 14		17 10	17 18		18 16	
		Lyon-Brotteaux				14 11	14 21									
	544	Vienne								16 36					18 43	
	573	St Rambert d'Albon								16 58					19 06	
	585	St Vallier sur Rhône								17 06					19 14	
	599	Tain-l'Hermitage Tournon								17 15					19 24	
504	617	Valence A		14 43	14 58	15 01		15 18		17 25			18 02	18 07	19 34	
		Valence		14 46	15 01	15 04		15 19		17 41			18 03	18 08	19 50	
	635	Livron													20 02	
	662	Montelimar		15 10						18 07					20 18	
	684	Pierrelatte								18 21					20 32	
	695	Bollene la Croisiere													20 40	
	714	Orange		15 38						18 39					20 53	
	742	Avignon A		15 55	16 00	16 04		16 20		18 55		19 00	19 05		21 10	
		Avignon		15 58	16 03	16 09		16 22	16 49	19 16		19 02	19 07			
505	777	Arles		16 18						19 38						
	863	Marseille-St-Charles A		17 02	17 06				17 47	20 27		19 50	20 02			

Correspondances : St-Gervais-les-Bains tab. 527 — Toulouse tab. 580 — Barcelona tab. 580 — Venezia tab. 512

Marseille — Ventimiglia

Tab	Km	Station	Rap 5461/0	🚄 47	Rap 185	🚄 23
	863	*Marseille St Charles*	17 17	17 14	17 54	20 11
	867	*Marseille Blancarde* A				
	930	*Toulon* A	18 08	17 54	18 31	20 49
		Toulon	18 21	17 57	18 32	20 51
	1024	*St Raphael Valescure* A		18 55	19 16	21 38
509	1057	*Cannes* A	19 44	19 21	19 38	22 00
	1068	*Antibes* A	20 00	19 40	19 47	22 10
	1088	*Nice Ville* A	20 18	19 55	20 00	22 25
	1104	*Monaco-Monte Carlo* A	20 44	20 32	20 15	23 00
	1111	*Menton* A	20 53	20 43		23 14
	1121	*Ventimiglia* (H.E.Or) A	21 05	20 57	20 32	23 27

Correspondance : Milano

[1] • du 22-V au 25-IX : tous les jours.

[2] • jusqu'au 9-VII et à partir du 3-IX : ✗.

[3] • jusqu'au 8-VII : les ⑤
• le 13-VII :
• du 22-VII au 12-VIII et à partir du 26-VIII : les ⑤

[6] • Ce train achemine les automobiles de la relation autos-jour Paris-Lyon (voir indicateur de « Renseignements généraux »).

[7] • Hôtesse, boutique.

[8] • Hôtesse.
Ne prend de voyageurs à Paris que pour Vallorbe et au-delà.
Au départ de Paris, après expiration du délai de réservation, les places assises restant disponibles sont accessibles aux voyageurs sans condition d'admission.

[9] Ne prend de voyageurs de Paris à Lyon que pour Valence et au-delà. Toutefois, y sont admis sans condition les titulaires de cartes d'abonnement des Titre I et III.

[10] Train comportant des facilités particulières destinées aux handicapés physiques (voir les « Renseignements particuliers » en tête du présent indicateur et le § XXIV, pages vertes, de l'indicateur « Renseignements généraux »).

[11] Après expiration du délai de réservation, les places assises restant disponibles sont à la disposition :
- en priorité des voyageurs du Trafic international (munis de numéros d'appel rouges)
- des autres voyageurs (munis de numéros d'appel bleus).

ÉCHELLES

L'achat

C'est combien la calculatrice?
 Avec les piles?
  Avec une garantie de six mois?

Et le service après vente?
Vous êtes sûr qu'elle marche bien?
Ce n'est pas de la camelote?
Je peux l'essayer?
Elle est bien solide?
La housse est comprise?
La TVA est en plus?
C'est une affaire!

La représentation
Quel métier!
Quel fichu métier!
On est toujours en déplacement.
On est toujours à droite ou à gauche.
On est sans cesse par monts et par vaux.
On n'est jamais chez soi.
On est toujours entre deux trains.
Ou entre deux avions.
On passe sa vie dans des hôtels.
On ne voit jamais sa famille!
On mange toujours au restaurant.
Et ça détraque l'estomac!
On ne se repose jamais.
On fait des centaines de kilomètres pour rien.
On est mal reçu par les clients.
Les clients se plaignent tout le temps.
La concurrence est très forte.
On mange souvent sur le pouce.
Et ça détraque l'estomac!
On ne voit pas grandir ses enfants.
On est trop fatigué pour se reposer.
Pas le temps de manger.
Et ça détraque l'estomac!
C'est pas un métier!

14
Les environnements en péril

JOSETTE :   Ce n'est pas seulement ce que vous croyez.

GHISLAINE :   Comment? Tout le monde sait ce que c'est. On en parle depuis des années. L'environnement, c'est ce qui nous entoure, le cadre naturel dans lequel nous vivons.

JOSETTE :   Oui, c'est ça en partie. Et il convient de le protéger, car il est fragile et il se détériore irrémédiablement.

GHISLAINE :   Pourtant, les autorités ne sont pas assez strictes. On continue de voir des cas scandaleux de pollution, ici et ailleurs.

JOSETTE :   C'est que les pollueurs sont souvent plus puissants que la loi. Ils se croient indispensables au pays. Il faut donc composer avec eux. Mais je voulais vous parler, moi, d'une autre forme de la pollution qui nous empoisonne sans que nous y prenions garde.

GHISLAINE :   Je ne vois pas . . .

JOSETTE :   Et les nuisances? La laideur? Et la pollution du langage? Le bourrage de crâne en tous temps et en tous lieux par la publicité?

GHISLAINE :   Vous allez bien loin! Cela me préoccupe moins que nos poisons chimiques qui s'insinuent partout, jusque dans la moelle de nos os.

JOSETTE :   La pollution dont je vous parle est beaucoup plus insidieuse et attristante. Elle ne tue peut-être pas, mais elle fait souhaiter qu'on soit sourd, aveugle et muet. Des morts ambulants en quelque sorte.

GHISLAINE :   Exemple?

JOSETTE :   Ils abondent. Prenez nos villes modernes. Elles sont froides, métalliques, ordonnées comme des cimetières géants. Elles ne sont belles que vues d'avion, la nuit, quelques instants avant l'atterrissage.

GHISLAINE :   Ce n'est pas faux ce que vous dites . . .

QUESTIONS D'IDENTIFICATION

1. Identifiez les personnages. — Ce sont . . ./ Elles s'appellent . . .

2. Qu'est-ce que l'environnement? — L'environnement, c'est . . .

3. Comment Ghislaine trouve-t-elle les autorités? — . . . que les . . ./ Elle ne les trouve pas . . .

4. La loi est-elle toujours plus puissante que les pollueurs? — Non, . . ./ Ce sont les pollueurs qui . . .

5. Selon Josette, quelles sont d'autres formes de la pollution? — Il y a les . . ./ Elle cite . . ./ On peut peut citer . . .

6. Quelles formes de la pollution préoccupe Ghislaine? — Ce sont . . . qui . . ./ Ce qui la préoccupe. ce sont . . ./ Elle est préoccupée par . . .

7. Que fait souhaiter la pollution dont parle Josette? — . . . qu'on soit . . ./ . . . être sourd . . .

8. Quel exemple choisit-elle? — . . . l'exemple des . . ./ . . . celui des . . .

QUESTIONS D'EXPLOITATION, Première Série

1. La pollution est-elle un sujet nouveau?

    Non, on en parle .../ Tout le monde sait ...

2. Qu'arrive-t-il si on ne protège pas l'environnement?

    Il .../ ... parce qu'il est ...

3. Le problème de la pollution est-il réglé?

    Non, .../ ... les autorités .../ ... manquent de rigueur./ On continue de voir ...

4. Pourquoi?

    ... les pollueurs .../ ... au-dessus de la loi./ ... indispensables .../ ... se croient tout permis.

5. Donnez des exemples des nuisances.

    Il y a (bruits, vibrations, infrasons, ...)

6. Donnez des exemples de la pollution de la laideur.

    ... (formes, couleurs, déchets, panneaux publicitaires, graffiti, défiguration du paysage, ...)

7. Donnez des exemples de la pollution du langage.

    ... (jargon, incohérences, tournures vides de sens, ...)

8. Où trouve-t-on des produits chimiques?

    ... dans les ..., le ... (conserves, produits agricoles, produits laitiers, pain, eau, air, certaines étoffes, aliments synthétiques, ...)./ Il y en a dans ... le ..., la ...., les ... en contiennent.

9. Quelles formes de la pollution font souhaiter qu'on soit sourd?

    Le ..., la ..., les ...

10. Quelles formes de la pollution font souhaiter qu'on soit aveugle?

    Le ..., la ..., les ...

11. Quelles formes de la pollution font souhaiter qu'on soit muet?

    La pollution du langage .../ La difficulté de communiquer .../ L'impossibilité ...

12. Qu'est-ce qui contribue à polluer les villes modernes?

    (plan, cloisonnement des quartiers résidentiels et des quartiers d'affaires, concentrations de ..., problèmes des transports, de la voirie, accès à des espaces verts, ...

13. Dans quelles circonstances la ville moderne peut-elle donner l'illusion d'être belle?

    La ville ... vue d'avion .../ ... si on la voit .../ ... de très haut.

QUESTIONS D'EXPLOITATION, Deuxième Série

1. Des deux femmes, laquelle comprend la mieux l'étendue du problème des environnements?

    C'est ... qui .../ Sans aucun doute, c'est .../ Il me semble évident que c'est ...

2. Le public a-t-il des moyens de forcer les autorités à régler le problème de la pollution?

On peut former des associations .../ ... élire des personnes que ce problème préoccupe./ ... organiser des manifestations , , ,/ ... protester dans la presse ...

3. En cas d'échec, que faire?

Il y en a qui se résigneront./ ... abandonneront la partie./ ... d'autres qui fuiront./ ... qui iront s'installer ailleurs./ ... dans un endroit moins pollué.

4. De quelle façon les autorités peuvent-elles agir sur les divers responsables de la pollution?

... en légiférant pour empêcher .../ ... votant des lois .../ ... des décrets .../ ... par l'institution de règlements ...

5. À quels niveaux peut-on légiférer en ce domaine?

... (local, municipal, départemental, provincial, au niveau de l'état, fédéral, national, continental, mondial, international, ...).

6. Quels organismes judiciaires sont abilités à trancher ces questions?

(Cours de Justice, Cours suprêmes provinciales, Procureurs Généraux d'état ou de province, Cours suprêmes fédérales, Cour de Justice Internationale de La Haye, ...).

7. Quelles sanctions sont applicables?

(avertissements, blâme moral, amendes, fermeture d'usines ou de mines, emprisonnement, mise sous séquestre, confiscation, ...).

8. Comment les pollueurs arrivent-ils à déjouer les efforts des autorités publiques?

... par des intrigues politiques./ ... en versant des pots de vin./ ... soudoyant des personnes influentes./ ... haut placées./ ... grâce à des parlementaires intrigants./ ... au moyen de campagnes de presse./ ... travaillant l'opinion publique.

9. Citez des causes de pollution de l'environnement naturel dans votre région.

(industrie lourde, chimique, nucléaire, métallurgique, papeterie, moteurs à combustion, diminution des espaces verts, érosion naturelle, sinistres, ...)

10. Citez quelques exemples très graves de la pollution dans le monde.

(mers et océans par les pétroliers, ionosphère par les avions supersoniques, eau potable par infiltrations ou traitement, rivières, espace aérien, pollution nucléaire, génétique, bactériologique, ...).

11. Donnez des exemples de la pollution de la laideur.

(excès de publicité, destruction du paysage par ..., enlaidissement de quartiers par la construction de ..., normalisation des bâtiments commerciaux, mépris pour les bâtiments historiques, ...).

12. Quelles remèdes voyez-vous à cette forme de pollution?

Il faudrait faire appel à des urbanistes de talent./ ... sensibiliser la population à ces problèmes./ ... encourager les initiatives privées ou collectives./ ... placer l'humain avant le fonctionnel ou l'économique./ ...

13. Est-il possible d'appliquer des sanctions dans ce domaine?

Non, .../ Hélas, c'est impossible./ Non, pas dans tous les cas./ Oui, s'il y a une unanimité contre un projet./ ... si l'on a l'appui des pouvoirs publics.

14. Existe-il des cas ambigus de pollution par la laideur?

(parc contre autoroute, construction d'un pont, d'un gratte-ciel, d'une station-service, forêt contre quartier résidentiel, ...).

15. Pouvez-vous expliquer la détérioration actuelle du langage?

Elle s'explique par la priorité accordée à l'image./ ... le besoin de communiquer vite./ ... les insuffisances pédagogiques./ ... la prolifération des modèles parlés et écrits./ ...

16. Quelles solutions peut-on proposer à ce problème linguistique?

Il faudrait repenser certaines méthodes pédagogiques./ ... recycler les enseignants./ ... exiger la correction du langage de la part des média./ ... exiger un niveau acceptable de connaissances à chaque étape de la scolarité.

MISE EN PERSPECTIVE

1. Citez un cas précis d'un pollueur sanctionné.
2. Quels aspects de la pollution dépassent nécessairement le cadre national ou fédéral?

CONVERSATION GRAMMAIRE: Exercices

A. *Devoir* + ADVERBE

MODÈLES :   *Les autorités ne sont pas **assez** strictes.*
   *Les autorités **devraient** être **plus** strictes.*

   *Vous ne travaillez pas **assez** (**beaucoup**).*
   *Vous **devriez** travailler **davantage**.*

   *Elle fume **trop**.*
   *Elle ne **devrait** pas fumer **autant**.*

1. Elle ne me croit pas beaucoup.
2. Nous ne prenons pas assez garde à la pollution.
3. Ils ne s'occupent pas beaucoup de la pollution du langage.
4. Tu ne te rends pas compte de la gravité de la situation.
5. Je lis beaucoup les journaux.
6. Ils ne se souviennent pas assez que des enfants meurent chaque jour de faim.
7. Vous ne répétez pas assez que l'eau est l'aliment le plus précieux.
8. Nous mangeons trop.
9. Il parle sans cesse de pollution.
10. Je compte trop sur la sagesse et la bonté de l'humanité.

B. Il y a . . . que, depuis, voilà . . . que, cela fait . . . que

MODÈLE :   *On en parle depuis des années.*
   Il y a des années qu'on en parle
                        ou
   Voilà des années qu'on en parle.
                        ou
   Cela fait des années qu'on en parle.

1. Vous faites semblant de ne rien voir depuis dix ans.
2. Les pollueurs font la loi depuis des siècles.
3. Je fume depuis une vingtaine d'années.
4. Les autorités sont au courant de la situation depuis longtemps.
5. Il a un cancer du poumon depuis deux ans.
6. La pollution nous tue à petit feu depuis près de deux siècles.
7. La moteur anti-pollution est au point depuis quelque temps.
8. Nous refusons de suivre les conseils des experts depuis des années.
9. On constate quelques progrès depuis peu de temps.
10. Il aurait fallu agir énergiquement depuis un quart de siècle.

ÉCHELLES

À propos d'un certain sourire
Qu'est-ce que c'est que ça?
    Devine.
        Une échelle?
        Non.
            Quelque truc marrant?
            Non.
                Un bidule?[1]
                Pas davantage.
                    Alors, un filet de merlan?
                    Non.
                        Un peloton de cyclistes?
                        Encore non.
                            Un paquet de scoubidous![2]
                            C'est drôle, mais c'est faux.
                                Pardon, c'est, bien sûr, un parquet démontable!
                                Je regrette, ...
                                Ah! je devine, c'est le registre de la mairie.
                                Un dernier essai.
                                    Mais non ..., ça ne peut pas être la Joconde?[3]
                                    Tu l'as dit, c'est bien ça!
                                        Quelle pourriture! C'est une gangrène, un cancer ...
                                        Tu vois à quoi mène la pollution!

Table ronde autour de la pollution
—La pollution, Mesdames et Messieurs, c'est un problème.
    —C'est un problème grave.
        —C'est *le* problème.
            —C'est le problème des problèmes.
                —Il faut en sortir!
                    —Sortez d'ici!
                        —Et pourquoi donc?
                            —Vous criez trop fort, et ça pollue.
                                —Ça peau quoi?
                                    —Il est sourd comme un pot.

[1,2] *bidule* et *scoubidou:* (*fam*) Termes qui désignent n'importe quoi.
[3] *La Joconde:* Portrait de Mona Lisa au Louvre, tableau célèbre de Léonard de Vinci.

—Il faut trouver une solution.
   —C'est ça, une solution à la pollution.
      —C'est l'affaire de tous.
         —C'est surtout l'affaire des gros.
            —C'est une affaire planétaire.
               —Qu'en pensez-vous?
                  —Je ne sais pas, je n'en ai jamais mangé ... .
                     —Il est sourd comme un pot, vous dis-je.

—Je propose donc une proposition ...
   —Enfin! quelque chose de positif!
      —De l'autorité ...
         —Qu'on y voie clair!
            —... la constitution d'une commission ...
               —D'un comité!
                  —... d'un comité ayant pour mission la sélection des membres
                  de notre association chargés, dans une commission pour
                  la solution à la pollution, de l'information, et de la création
                  de tables rondes autour de la ...
                     —Je vous l'ai dit, il est sourd comme un pot.
                        —Je ne sais pas, je n'en ai jamais mangé ...

NIVEAU

3

1
Les Français et la censure

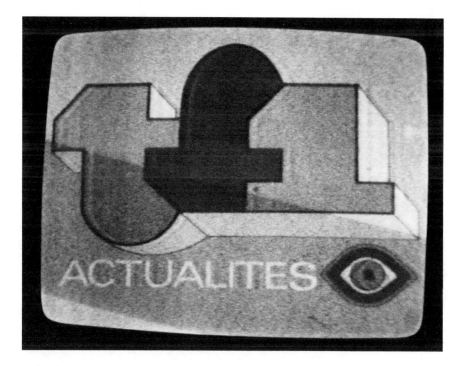

Je me suis assis à la terrasse d'un café. Près de moi se trouvent deux hommes, deux Français, qui, tout en buvant un demi, se livrent à leur occupation favorite : discuter de politique. Ils sont à ce point absorbés, qu'ils ne s'aperçoivent même pas que je les écoute attentivement.

MONSIEUR B (*le Monsieur au béret bleu*):   Comment veux-tu savoir ce qui se passe? Les journaux ne sont plus libres d'imprimer ce qu'ils veulent. Tous les articles doivent être approuvés avant d'être mis sous presse, les articles politiques s'entend.

MONSIEUR N (*le Monsieur au nœud papillon*):   Tu ne changeras donc jamais. Toujours cette manie d'exagérer. Il existe bien, tu ne peux pas le nier, des journaux qui sont tout à fait indépendants, et qui, s'ils sont censurés, ne cachent cependant rien de leurs positions anti-gouvernementales. Je songe à *L'Express*,[1] au *Nouvel Observateur*,[2] à l'*Humanité*,[3] au *Canard Enchaîné*.[4] Du reste, ce serait un très mauvais calcul de la part du Gouvernement que de censurer sévèrement toute la Presse. Les Français ne s'accommoderaient pas de cette mesure.

MONSIEUR B: Les Français sont dépolitisés maintenant, mon cher. Ils s'intéressent bien plus au prix de la R.12[5] qu'au mode de scrutin des prochaines élections législatives.

MONSIEUR N: À mon avis le contrôle de la censure se fait plus nettement sentir à la radio. Et je ne parle pas seulement des chaînes nationales, mais aussi des émetteurs périphériques: *Luxembourg, Europe No. 1, Monte-Carlo* et *Andorre*.[6]

MONSIEUR B: Forcément, le gouvernement les contrôle, directement ou par le truchement de sociétés financières. Je te parie que tout cela lui revient plus cher que les quelques kilomètres d'autoroutes construits chaque année. Et la télé, qu'est-ce que tu en dis? Tu as vu comment on supprime, sans la moindre explication valable, des émissions qui sont pourtant parmi les meilleures et les plus appréciées du moment?

MONSIEUR N: Je vois à quoi tu fais allusion. Mais je pense que ce sont les opinions du metteur en scène qui étaient en cause dans cette affaire.

MONSIEUR B: Peut-être bien, mais ne crois-tu pas qu'on a voulu tout simplement supprimer des émissions sur des sujets tabous? Certains groupes qui font pression n'en voulaient pas, et comme ils sont fort bien représentés à la Commission de Censure ...[7]

MONSIEUR N: Il faut être juste, cependant, et reconnaître que certaines émissions valent la peine d'être suivies. Mais quand je songe à ce

---

[1] *L'Express:* Journal hebdomadaire semblable à *Time.*
[2] *Nouvel Observateur:* Journal de gauche, qui s'appelait autrefois *France-Observateur.*
[3] *L'Humanité:* Journal du parti communiste français.
[4] *Le Canard Enchaîné:* Hebdomadaire satirique, très apprécié pour ses dessins irrévérencieux.
[5] *R.12:* Voiture de classe économique fabriquée par Renault.
[6] *Luxembourg*, etc.: Postes privés, mais contrôlés en partie par le gouvernement. Ces postes, dits périphériques, vivent de la publicité.
[7] *La Commission de Censure:* Comité composé de représentants du gouvernement, des associations de parents d'élèves, de l'Église, etc. ... . Elle accorde ou refuse le visa de censure à tout film qu'on veut projeter sur les écrans français.

que la télévision pourrait être … Comme j'envie les Anglais et leur B.B.C. indépendante du gouvernement!

MONSIEUR B : Hélas, ils ont bien d'autres problèmes, surtout du point de vue technique. La qualité de leurs images est bien inférieure à celle de notre première chaîne.[8] C'est du moins ce que j'ai lu dans *Télé-Revue*[9] de cette semaine.

MONSIEUR N : Ah! Tu t'es finalement abonné à cette revue, comme je te l'avais conseillé. Tu as fort bien fait. C'est tellement plus pratique que d'avoir à consulter son journal chaque jour.

QUESTIONS

1. Quelle est l'occupation favorite des Français? **2.** Où choisissent-ils de s'asseoir pour en parler, assez souvent? **3.** De quoi se plaint le Monsieur au béret bleu (B)? **4.** Qui accuse-t-il de porter atteinte à la liberté de la presse? **5.** Son voisin est-il du même avis? **6.** Que reproche-t-il à Monsieur B? **7.** Que pensez-vous du jugement de ce Monsieur au nœud papillon (N)? **8.** À qui est-ce que vous vous fieriez le plus volontiers, à Monsieur B ou à Monsieur N? **9.** Est-ce qu'il est vrai qu'on peut dépolitiser tout un peuple? Comment? **10.** Qu'est-ce qui se passe en ce qui concerne la censure à la radio? **11.** Est-ce un peu la même chose dans tous les pays? **12.** Quel pouvait être ce sujet tabou auquel Monsieur B fait allusion? **13.** Que pense Monsieur N de la télévision française en elle-même? Et par rapport à la télé britannique? **14.** Comment peut-on connaître les programmes de télévision? **15.** Quelle sorte de «magazine» est *Télé-Revue*? **16.** Ces deux personnages se connaissent-ils très bien? Qu'est-ce qui le prouve? **17.** Est-ce qu'il est normal que le gouvernement contrôle les informations diffusées par des stations indépendantes privées? **18.** Cette Commission de Censure, de qui est-elle composée? **19.** D'après vous, qui choisit-on pour être membre de cette Commission? **20.** Pouvez-vous nommer les groupes de pression dont on parle dans le texte? **21.** Ces groupes, ou d'autres, semblables, existent-ils dans votre pays? **22.** Y ont-ils une influence? Comment se manifeste-t-elle? **23.** Tous les Français ressemblant étrangement à Messieurs B et N, croyez-vous que la France soit un pays facile à gouverner? **24.** Quels traits du tempérament et du caractère français ressortent de cette conversation? **25.** Une pareille conversation serait-elle possible entre Anglais? Entre Américains? Entre Russes? **26.** Qu'est-ce qui arriverait dans n'importe quel pays si le gouvernement n'exerçait aucun contrôle sur les moyens d'information? **27.** Par contre,

---

[8] *La télévision française:* A 819 lignes pour la première chaîne, ce qui permet une image très nette. La deuxième chaîne français n'a que 441 lignes, ce qui correspond à peu près à la qualité de l'image des émissions britanniques. Il existe aussi une troisième chaîne (voir Niveau II: *Les nouvelles de midi*).

[9] *Télé-Revue:* Revue hebdomadaire qui annonce les programmes de télévision pour la semaine à venir. Peut se comparer à *TV Guide*.

qu'est-ce qui se produirait si ce contrôle était trop strict? **28.** Il y a peu d'autoroutes en France. Montrez, d'après le texte, que les Français s'en plaignent.

QUESTIONS-DÉBAT

1. La valeur artistique d'un film peut-elle excuser son immoralité? **2.** «Pour savoir ce qui se passe en France, et ce que pensent les Français, il me suffit de lire les journaux américains.» Discutez cette pensée. **3.** Quelle est l'influence de la télévision sur la vie familiale? **4.** Selon les circonstances l'état est-il parfois autorisé à mettre des dissidents en prison, dans des camps de concentration, dans des goulags? **5.** Quels avantages un pays comme le Canada devrait-il pouvoir retirer de son système de télévision bilingue?

CONVERSATION GRAMMAIRE: Exercices

A. LA MISE EN RELIEF (*ce qui, ce que, ce dont, ce à quoi, ce à qui, ...*)
(Si vous répondez comme ce ministre vous n'aurez jamais d'ennui avec la censure ... Mais vous n'aurez pas d'amis dans la presse!)

MODÈLES :   LE JOURNALISTE :   *Qu'est-ce que le ministre des Finances vous a dit?*
            LE MINISTRE :   *Ce qu'il m'a dit, ça ne vous regarde pas.*

            LE JOURNALISTE :   *Est-ce que vous acceptez l'offre de l'opposition?*
            LE MINISTRE :   *Si je l'accepte, ça ne vous regarde pas.*

1. À qui avez-vous parlé de cette question?
2. Qu'est-ce que vous avez promis de faire?
3. Qu'est-ce qui vous plaît dans ce projet?
4. Que vous a offert le président?
5. Est-ce que vous êtes en faveur de la politique du gouvernement?
6. Pouvez-vous nous dire ce que les Anglais ont promis?
7. De quoi vous occupez-vous exactement dans cette affaire?
8. Je voudrais savoir de quoi vous avez parlé avec le ministre canadien.
9. Est-ce que vous êtes satisfaits des événements?
10. Nous aimerions savoir qui sont vos alliés.
11. De quoi vous plaignez-vous?
12. Dites-nous combien vous gagnez.
13. En qui avez-vous confiance dans le nouveau cabinet?
14. Qu'est-ce qu'il y a dans ce dossier?

15. Que pensez-vous du débat d'hier?
16. À quoi vous intéressez-vous vraiment?

B. STYLE INDIRECT + *en*, + *falloir*
MODÈLES: (***Discuter***) *de politique*
      Discutons de politique.
      Discutons-en.
      Il faudrait que nous en discutions.
      Il est impossible d'en discuter.

      (***S'inspirer***) *de la BBC*
      Inspirons-nous de la BBC.
      Inspirons-nous-en.
      Il faudrait que nous nous en inspirions.
      Il est impossible de nous en inspirer.

1. (exiger) des émissions intéressantes.
2. (parler) affaires.
3. (regarder) des programmes étrangers.
4. (acheter) un convertisseur.
5. (écouter) des postes périphériques.
6. (s'occuper) de vos affaires.
7. (boire) davantage de thé.
8. (manger) des champignons.
9. (se méfier) de la censure.
10. (chanter) des airs de chez nous.
11. (parler) des chaînes nationales.
12. (nommer) les membres de cette Commission.

ÉCHELLE

La France en colère!
Ça va mal!
  Ça ne peut pas durer!
    Ça ne peut pas continuer comme ça!
     La France en a assez!
      Les Français en ont assez!
       Le peuple n'en peut plus!
        La France va bouger!
         Il faut que ça change!
          Si ça pouvait changer!
           Il faut faire quelque chose!
            Il nous faut du nouveau!
             C'est du changement qu'il nous faut!

Plus ça change, plus c'est pareil!
Nous voulons du neuf!
Nous voulons du nouveau!
Nous voulons du renouveau!
Il faudrait tout changer!
Oui, mais il faudrait tous changer!
De fond en comble!
Le grand nettoyage, quoi!
Le nettoyage radical!
De A jusqu'à Z!
À IOO pour IOO!
Une bombe, voilà tout!

2

Les vacances: Pour et contre

Et si l'on ne partait pas? Ce serait, à un certain point de vue, tellement plus facile! Pas de journal à décommander, pas de courrier à faire suivre, aucun fournisseur à prévenir. On éviterait de signer quantité de chèques de voyage. Et on se passerait d'une inspection minutieuse de la voiture. Quand on y regarde de près, les préparatifs de voyage absorbent beaucoup d'énergie, exigent des listes de commissions à faire, d'articles à emporter. Sans parler des faux départs, des retours à domicile cinq minutes après le départ pour chercher le pull rouge dont on aura besoin quand il fera frais. On peut dire que celui qui réussit à partir a vraiment gagné le droit au repos.

Et puis il y a ceux qui partent, pas pour se détendre ou pour se changer les idées, mais pour se lancer avec frénésie dans une nouvelle entreprise. Ceux-là veulent se livrer au plus grand nombre d'activités possible. En se levant à l'aube, on avale les 18 trous du golf avant midi, plus une partie de tennis. L'après-midi, c'est la promenade à cheval et la course à la piscine. Le soir est réservé, naturellement, aux danses les plus échevelées.

Moins sportif, mais de mentalité analogue, est le touriste qui s'avise de faire six capitales européennes en six jours: Londres, Paris, Bruxelles, La Haye, Bonn, Berne. Chacune de ces villes propose au voyageur pressé des circuits en car, qui permettent de passer devant les principales curiosités en l'espace de quelques heures. Muni d'une caméra,[1] on arrive plus tard, une fois que les films ont été développés, à donner l'impression à ses amis, sinon à soi-même, qu'on a tout visité, qu'on a tout vu.

Mais, à part les vacances qui ne prennent toute leur valeur que rétrospectivement, est-il possible aujourd'hui de concevoir des vacances qui soient vraiment destinées au repos, à la détente? Le Français qui loue une villa à Arcachon[2] pour le mois d'août, l'Américain qui séjourne dans un ranch des Rocheuses, trouvent-ils au bout de quelques semaines une nouvelle paix de l'âme? Sans doute faudrait-il le leur demander, ou mieux, faire soi-même l'expérience.

QUESTIONS

1. Pourquoi est-il difficile de partir en vacances? **2.** Est-ce plus difficile si l'on a une famille nombreuse que si l'on est célibataire? Pourquoi? **3.** Avez-vous jamais fait un faux départ? Racontez l'incident en quelques mots. **4.** Que pensez-vous des vacances sportives? **5.** Du touriste pressé et méthodique, que pensez-vous? **6.** Avez-vous l'habitude de prendre des photos pendant vos voyages? **7.** En général, quelles sortes de photos préférez-vous: paysages, personnes, animaux, etc.? **8.** Savez-vous comment on pourrait visiter en six jours les six capitales mentionnées dans le texte? Serait-on obligé de voyager en avion? **9.** Si l'on cherche le repos, où peut-on aller aux U.S.A, au Canada? **10.** Dans quelles régions les Français

---

[1] *Caméra:* (*i.e. movie camera*) Ne pas confondre avec appareil photographique.
[2] *Arcachon:* Station balnéaire aux environs de Bordeaux.

La clé des champs . . .

vont-ils de préférence passer leurs vacances? **11.** Le Nord-Américain est-il habitué comme le Français à prendre un mois de vacances l'été? **12.** Les vacances d'hiver sont-elles aussi à la mode en Amérique du Nord qu'en France? **13.** Où fait-on du ski en France? en Amérique? **14.** Aimeriez-vous avoir une maison de vacances? Où? **15.** La France a-t-elle un réseau de parcs nationaux exploités comme Jasper, comme Yellowstone? **16.** Quelles sortes de vacances préférez-vous: voyages, séjours? **17.** Aimez-vous mieux de courtes vacances étalées tout le long de l'année ou de longues vacances qu'on prend une fois par an? **18.** Connaissez-vous des moyens économiques de passer des vacances?

QUESTIONS-DÉBAT

1. Les habitants de chaque pays ont une façon bien à eux, dit-on, de passer leurs vacances. Ainsi, sur une plage, les Allemands creusent des trous, les Italiens dévorent les femmes des yeux, les Américains boivent du Coke. ... Peut-on généraliser ainsi? **2.** Les vacances doivent-elles être organisées à l'avance ou improvisées? **3.** Les touristes sont considérés comme les ambassadeurs de leur pays. Est-ce à tort ou à raison?

CONVERSATION GRAMMAIRE: Exercices

A. STYLE INDIRECT: CONCORDANCE DES TEMPS

MODÈLES: «*Je ne veux pas partir en vacances.*»
            —*Hier tu disais que tu voulais partir en vacances.*
            —*Aujourd'hui tu dis que tu ne veux pas partir en vacances.*
            —*Décide-toi!*

            «*Ils ne sont pas en congé en juin.*»
            —*Hier tu disais qu'ils étaient ...*
            —*Aujourd'hui tu dis qu'ils ne sont pas ...*
            —*Décide-toi!*

  1. Tu n'as pas tout vu en Europe.
  2. Il ne peut pas habiter chez ses cousins à Montréal.
  3. Elle ne connaît personne en Belgique.
  4. Nous préférons la mer à la montagne.
  5. Elle ne raffole pas des bains de soleil.
  6. Les Québécois ne descendent pas en Floride.
  7. Il ne fait pas plus chaud à Winnipeg qu'à Los Angeles en juillet.
  8. Ils ne louent pas une villa sur la Côte d'Azur.
  9. Les trains ne sont pas le moyen de transport idéal.
 10. Je ne suis pas en faveur du bilinguisme.

B. LA MISE EN RELIEF: PRONOMS OBJETS

(Arlette et Philippe se rappellent les belles vacances passées. Arlette emploie un style neutre. Philippe emploie une structure emphatique.)

MODÈLES: ARLETTE: *Tu te souviens de nos vacances dans les Landes, hein, Philippe?*
           PHILIPPE: *Nos vacances dans les Landes, ça oui, je m'en souviens.*
           ARLETTE: *La plage n'était pas polluée.*
           PHILIPPE: *Polluée, ça non, elle ne l'était pas.*

  1. La plage était immense.
  2. Le temps était magnifique.
  3. La mer était verte.

4. On vivait sur la plage.
5. On ne lisait pas le journal.
6. On n'écoutait pas la radio.
7. On ne pensait pas au travail. (y)
8. On était heureux. (le)
9. Les enfants étaient libres.
10. Ils ne mettaient pas de souliers.
11. Ils étaient bronzés.
12. Ils jouaient au ballon.
13. Ils faisaient des châteaux de sable.
14. Ils pêchaient des crevettes.
15. L'hôtel était calme.
16. Les gens étaient aimables.
17. Il n'y avait pas de moustiques.
18. Nous n'avions pas de soucis.
19. On a pris de belles photos.
20. On reviendra dans les Landes, hein, Philippe?

ÉCHELLES

Ah! Les vacances au bord de la mer!
OUI!
C'est extraordinaire!
  C'est idéal!
    Surtout si on a des enfants!
      Ça dépend des années.
        Il faut qu'il fasse chaud.
          Mais pas trop!
            C'est ce qu'il y a de moins cher.
              C'est très sain.
                C'est très reposant.
                  Sauf si on a trop d'enfants.
                  Ça donne envie de manger.
                    Ça donne envie de nager.
                      Toute la famille adore ça.
                        C'est ce que nous faisons chaque annéé.
                        Je suis pour.
                          Cent pour cent pour.

NON!
Je déteste ça.
  Ça me donne de l'urticaire.
    Je n'arrive pas à bronzer.
      J'ai l'air ridicule en maillot.

C'est pas drôle.

Les belles plages sont toujours bondées.

Avec tous ces gens, on n'arrive pas à voir la mer.

On ne peut se mettre nulle part.

On ne sait où poser les pieds.

Y a pas assez de place pour tout le monde.

Y a pas assez de sable pour tout le monde.

Y a pas assez d'eau pour tout le monde.

Il faut des heures pour arriver au bord de la mer.

Et quand on y arrive, la mer se retire!

C'est vexant.

Surtout pour les enfants.

Il faudrait une plage privée.

Surtout avec les enfants.

Je suis contre.

Cent pour cent contre.

3
La grève

Les gens n'y comprennent rien. La Paulstra, l'usine la plus importante de la région, une des mieux équipées, dit-on, et de celles qui payment le mieux leurs employés, est encore fermée ce matin. La grève a commencé il y a maintenant une semaine pour des raisons assez mal connues. Pour une fois, tous les syndicats ont été d'accord, et tout le personnel, y compris les cadres et les ingénieurs, a cessé de travailler. Quelques responsables syndicaux ont bien voulu faire à la presse des déclarations, que la direction de l'usine a contredites aussitôt. Au fond, personne ne sait vraiment ce qui se passe. On a vaguement entendu dire que des pourparlers ont lieu chaque jour entre les patrons et les représentants des ouvriers et des cadres. Tout marchait bien les premiers jours, car on ne pensait pas que la situation allait durer. Mais huit jours sans salaire, c'est assez dur à supporter pour certains ouvriers non spécialisés qui ne gagnent, même en faisant des heures supplémentaires, que 1800 francs par mois. Il est question d'une augmentation des cadences qui aurait déclenché le mécontentement général; pour d'autres il s'agirait du refus de la direction d'accorder une quatrième semaine de congés payés, promise il y a déjà plus d'un an.

Heureusement, il n'y a pas eu d'incidents ni d'accrochage avec la police qui assure la protection des bâtiments et du matériel. On note seulement un léger énervement dans la Cité du Moulin, un ensemble de H.L.M.[1] situé un peu en dehors de la ville, où habitent la plupart des ouvriers. Les femmes surtout donnent des signes d'impatience: comment faire pour joindre les deux bouts? Tout est tellement cher! Si seulement ils pouvaient se mettre d'accord à l'usine!

QUESTIONS

1. Pour quelles raisons les ouvriers se sont-ils mis en grève? **2.** Quels syndicats ont donné l'ordre de grève? Est-ce ainsi d'habitude? **3.** Les ouvriers sont-ils les seuls à faire la grève? **4.** Le point de vue des syndicalistes est-il le même que celui des patrons? **5.** Les pourparlers ont-ils abouti jusqu'à maintenant? **6.** Et s'ils échouent, que fera le personnel de l'usine? **7.** Pensait-on que la grève allait durer aussi longtemps? **8.** Les ouvriers sont-ils payés quand ils font grève? **9.** Quels ouvriers sont les mieux payés? **10.** Quels ouvriers sont les moins bien payés? **11.** Que font certains ouvriers pour gagner plus d'argent? **12.** 1800 francs nouveaux, cela fait à peu près combien, en dollars? **13.** Quelles raisons donne-t-on à la grève des ouvriers? **14.** Les ouvriers semblent-ils avoir raison de s'être mis en grève? **15.** Quand il y a une grève, qu'est-ce qui arrive parfois entre grévistes et policiers? **16.** Dans quel genre d'immeuble habitent les ouvriers? Ces grands ensembles sont-ils construits en pleine ville? Pourquoi? **17.** Pourquoi les femmes des ouvriers sont-elles préoccupées? Que souhaitent-elles toutes? **18.** Les syndicats français groupent-ils les

---

[1] *H.L.M.:* Habitations à loyers modérés.

travailleurs par catégories professionnelles ou par parti politique? **19.** Est-ce la même chose chez vous? **20.** Quel système est le meilleur, à votre avis? **21.** Les femmes jouent-t-elles un grand rôle durant une grève? Comment? **22.** À quelle époque ont eu lieu les plus graves conflits sociaux en Europe? **23.** La situation des ouvriers s'est-elle améliorée depuis? Donnez des exemples. **24.** Est-ce ou non une maladresse que de regrouper les ménages ouvriers dans des cités, ou dans des ensembles de H.L.M.? **25.** Si vous étiez sociologue, comment concevriez-vous les habitations ouvrières? Et si vous étiez entrepreneur de travaux publics?

QUESTIONS-DÉBAT

1. Chez vous, l'état peut-il intervenir dans les grèves? Le doit-il? **2.** «Si vous voulez que vos ouvriers vous fichent la paix, offrez-leur donc un poste de télévision pour leurs étrennes.» Cet industriel avait-il raison de donner ce conseil à son ami? **3.** Certaines grèves sont plus facilement acceptées par la population. Lesquelles? et pourquoi?

CONVERSATION GRAMMAIRE: Exercices

A. STYLE INDIRECT (*si*) + CONCORDANCE DES TEMPS
MODÈLE: *Je vous demande: «Vont-ils se mettre en grève?»*
Je vous demande s'ils vont se mettre en grève.

1. Elle demande à son mari: «Les ouvriers vont se mettre en grève?»
2. Nous nous demandons: «A quoi servent les grèves?»
3. Je veux savoir: «Le médiateur va-t-il intervenir?»
4. Je demande: «Le savez-vous?»
5. Vous demandez «Comment le savoir?»
6. Vous avez demandé: «Pouvait-on le savoir?»
7. J'ai demandé: «Saviez-vous qu'ils allaient se mettre en grève?»
8. Nous voulions savoir: «Les ouvriers vont se bagarrer?»
9. Je me suis demandé: «Cette grève va-t-elle durer longtemps?»

B. *Devoir* (verbe)
MODÈLE: *Médiateur: Vous mentez!*
Patron A: C'est faux. Je ne mens pas!
Patron B: C'est vrai. Je ne devrais pas mentir.

Médiateur: Vous avez menti!
Patron A: C'est faux. Je n'ai pas menti!
Patron B: C'est vrai. Je n'aurais pas dû mentir.

1. Le médiateur dit: «Vous n'avez pas tenu compte de leurs demandes.»

2. «Vous les obligez à faire des heures supplémentaires.»
3. «Vous traitez mal vos ouvriers.»
4. «Vous n'avez pas payé vos cotisations à la Sécurité Sociale.»
5. «Vous ne leur avez pas accordé leurs congés payés.»
6. «Vous leur servez uniquement des repas froids.»
7. «Vous avez raccourci les pauses-café.»
8. «Vous n'appliquez pas les consignes de sécurité.»
9. «Vous avez augmenté les cadences de 8%.»
10. «Vous sanctionnez injustement les ouvriers syndiqués.»

C. MODULATIONS: ACTIF—PASSIF—PRONOMINAL
MODÈLE: *Au Québec, on célèbre la Saint-Jean-Baptiste.*
        Au Québec la Saint-Jean-Baptiste se célèbre.
        Au Québec, la Saint-Jean-Baptiste est célébrée.

1. On boit beaucoup de vin à cette occasion.
2. Avec le temps on oublie les promesses.
3. À Noël on conte toujours les mêmes légendes.
4. Le 14 juillet on chante la Marseillaise.
5. On organise des sorties à la fin de l'année scolaire.
6. Au Canada on construit les maisons individuelles en bois.
7. On dépense beaucoup d'argent les jours de fête.
8. Sous l'effet de la boisson, on révèle beaucoup de secrets.

ÉCHELLES

Les syndicalistes
C'est un scandale.
  On nous exploite.
    Des cadences augmentées.
      C'est pas la première fois.
        Chaque mois la vie augmente.
          La viande est hors de prix.
            À midi rien que des repas froids.
              Des congés payés réduits.
                Plus de sécurité.
                  Un de ces jours quelqu'un va se casser le cou.
                    Et c'est pour eux! Rien que pour eux!
                      Les voleurs! Les escrocs!
                        Faut leur dire leurs vérités!
                          J'en ai assez, jusque là!
                            On en a ras l'bol!
                              Le médiateur au poteau.

Le patronat
Vous comprenez, la concurrence étrangère.
Des commandes en baisse.
Un matériel nouveau de plus en plus coûteux.
Des impôts sans arrêt.
Les actionnaires s'inquiètent.
Plus de bénéfices.
Que voulez-vous? devant une inflation galopante . . .
L'entreprise n'est plus rentable.
Nous finirons par fermer nos portes.
Nous faisons de notre mieux.
Nous regrettons certaines mesures.
Nous faisons des économies.
La productivité, c'est la clef!
Rendez-vous à l'évidence!
Le médiateur aux oubliettes.

Le médiateur
Allons messieurs, mesdames, du calme.
De la patience.
Un peu de bonne volonté.
Mettons les cartes sur la table.
Un peu de souplesse des deux côtés.
Cherchons la côte mal taillée.
Cherchons l'intérêt commun.
Pensez à l'avenir.
N'oubliez pas la patrie.
Réconciliez-vous.
Soyez raisonnables.
La solution, on la trouvera!
Même s'il faut du temps!
Mais cessez de me taper dessus!

4
Pour et contre la publicité

Nous sommes vraiment gâtés aujourd'hui par l'énorme production publicitaire. Dans la presse, sur les routes, à la radio et à la télévision, il n'existe pratiquement nulle part de recoin où l'on soit à l'abri de l'invite pressante à désirer, rechercher et acheter de la marchandise. C'est en vain que nous nous installons en pleine forêt vierge, à des centaines de kilomètres de la civilisation. Inlassable, la publicité nous poursuit. Elle nous traque dans la revue qu'on emporte, dans les émissions qu'on écoute au bord du lac aux eaux pures et froides, dans les cartouches et emballages vides qui jonchent le sol autour de la caravane. En fait, elle nous poursuivra même jusque sur la lune, à supposer que nous décidions de nous y installer un jour.

Mais de quoi nous plaignons-nous? Pourquoi considérer la publicité comme l'ennemi de tout ce qui est bon et naturel, comme la quintessence de tout ce qu'il y a de factice? Pourquoi la prendre comme le mensonge devenu slogan? Ne vaut-elle pas plus que cela? En fait, ne nous donne-t-elle pas perpétuellement le sentiment rassurant que les frites «X» sont préparées avec de la véritable huile d'arachide et qu'elles sont maintenant frites selon une formule vraiment nouvelle? Et qui, parmi nous, se refuse le plaisir d'étudier l'image de la dernière traction avant,[1] même s'il n'a pas les moyens de se la payer. Peut-être que la publicité n'est pas l'hydre effrayante, produit d'un monde vil et artificiel. On serait tenté de dire qu'elle est une mise en branle de tout notre être, qu'elle remue la partie indécise de notre personnalité.

QUESTIONS

1. Nommez les différents moyens publicitaires. **2.** Auxquels êtes-vous le plus exposé? **3.** Quelle est la fonction bassement matérielle de la publicité? **4.** Jusqu'où la publicité nous poursuit-elle? **5.** En pleine forêt vierge, comment peut-elle se manifester? **6.** Dans les revues, quelles annonces publicitaires vous intéressent le plus? **7.** Dans les journaux, quelles sortes de réclames trouve-t-on? **8.** Expliquez l'expression «les petites annonces». **9.** Déchiffrez l'annonce d'une maison à louer que voici: F 5, s.d.b., 3 ch., gd. st., meub., buand.[2] **10.** Commentez cette annonce tirée de l'*Argus*: Part. à part. vend. D.S. 21.76. exc. état. pn. neufs. gal. rad. 18000 km auth.[3] **11.** Fait-on de la publicité à la télévision en France? **12.** Quels trucs classiques utilise la publicité? **13.** Avez-vous une préférence pour les dessins animés dans la publicité? **14.** Aimez-vous mieux une réclame «réaliste» et «franche» ou une réclame qui «fait rêver?» **15.** Vous croyez-vous insensible aux influences de la publicité au moment

---

[1] *Traction avant:* Voiture dont les roues avant sont motrices.

[2] L'annonce complète veut dire: maison à cinq pièces principales, salle de bain, trois chambres à coucher, grand standing, meublée, buanderie.

[3] Particulier à particulier, vend une Citroën D. S. 21, fabriquée en 1976, en excellent état, pneus neufs, galerie, radio, 18000 kilomètres authentiques.

de vos achats? **16.** Quelle est actuellement votre publicité favorite—à la télévision, dans la presse? Décrivez-la. **17.** Quel est le côté positif de la publicité? **18.** Est-ce qu'il n'y a pas une limite à la publicité? **19.** Qu'arrivera-t-il le jour où l'homme ne pourra pas consommer tous les produits sur le marché? **20.** Comment la publicité peut-elle, à longue échéance, entraîner une crise économique? **21.** Comment accorder publicité et liberté? **22.** Une réclame qui «marche» bien en France «marchera»-t-elle forcément bien dans un autre pays? **23.** Donnez des exemples d'une réclame utilisée en Amérique du Nord et qui ne «marcherait» pas en France.

QUESTIONS-DÉBAT

1. On a proposé à une jeune fille de poser comme modèle pour une affiche-réclame, destinée à vanter l'excellence de la margarine ASTRA. Comment ses parents vont-ils réagir? Auront-ils la même réaction qu'elle? **2.** À cause d'un grand panneau publicitaire placé sur le bord de la route, Monsieur Molly a failli avoir un accident de voiture. Sa femme en profite pour faire le procès de la publicité sur les routes. À votre avis devrait-on interdire toute publicité routière?

CONVERSATION GRAMMAIRE: Exercices

A. LES MODES (INDICATIF/SUBJONCTIF)

MODÈLES: *Voici un endroit où l'on est à l'abri. (Cet endroit **existe.**)*
*Je cherche un endroit où l'on **soit** à l'abri. (Cet endroit **n'existe pas** encore.)*

*Il n'y a pas d'endroit où l'on **soit** à l'abri. (**Il n'existe pas.**)*
*Connaissez-vous un endroit où l'on **soit** à l'abri (**Il n'existe pas** encore pour moi.)*

1. Je vous montrerai une réclame qui (paraître) honnête.
   Montrez-moi donc ...
   Je ne connais pas de ...
2. Mon père (prendre) les annonces publicitaires très au sérieux.
   Je ne connais personne qui ...
   Y a-t-il quelqu'un qui ...
3. Elle connaît une ville où il (faire) bon vivre.
   Je cherche une ...
   Croyez-vous qu'il existe une ...
4. Il existe des pays dans lesquels on (pouvoir) s'exprimer en plusieurs langues.
   Existe-t-il des pays dans lesquels ...
   Je cherche un pays dans lequel ...

5. Nous venons d'une île où les conditions de vie (être) idéales.
   N'imaginez pas qu'il existe une île où ...
   J'ai une maison dans une île ...
   Nous rêvons d'une île ...

B. STYLISTIQUE (TRANSPOSITIONS NOM–VERBE)

MODÈLES : *Partons avant la nuit.*
           Partons avant qu'il fasse nuit.

           Partons dans/pendant la nuit.
           Partons pendant qu'il fait nuit/tant qu'il fait nuit.

           Partons à la tombée de la nuit.
           Partons quand la nuit tombera.

           Partons après la tombée de la nuit.
           Partons après que la nuit sera tombée.

1. Rentrons avant le jour.
   Rentrons ...
2. Rentrons pendant le jour.
   Rentrons ...
3. Rentrons au lever du jour.
   Rentrons ...
4. Rentrons après le lever du jour.
   Rentrons ...

5. Nous nous reverrons avant le passage des cigognes.
   Nous nous reverrons ...
6. Nous nous reverrons au passage des cigognes.
   Nous nous reverrons ...
7. Nous nous reverrons après le passage des cigognes.
   Nous nous reverrons ...
8. Nous nous reverrons au retour des cigognes.
   Nous nous reverrons ...

9. Elle allume sa lampe avant le coucher du soleil.
   Elle allume sa lampe ...
10. Elle allume sa lampe après le coucher du soleil.
    Elle allume sa lampe ...

11. Le portail s'ouvre deux minutes avant la sortie des ouvriers.
    Le portail s'ouvre deux minutes ...
12. Le portail s'ouvre deux minutes à la sortie des ouvriers.
    Le portail s'ouvre deux minutes ...

De vieilles rues, pour de vieilles gens.

13. Le portail se ferme deux minutes après la sortie des ouvriers.
Le portail se ferme deux minutes ...

ÉCHELLE

«*La margarine est plus légère que le beurre.*»
Je le crois
  Toi, tu le crois, mais pas moi.
    C'est sûrement vrai puisque c'est dans les journaux.
      Tout le monde le croit, mais pas lui.
        C'est vous qui le dites, pas moi.
          Elle croit aux vertus du beurre.
            Elle y croit.
              Elle parle toujours des vertus du beurre.
                Elle en parle.
                  Nous, nous allons nous mettre à la margarine.
                    Oui, nous allons nous y mettre.
                      Il faudra s'y mettre tôt ou tard.
                        Mettons-nous y tout de suite.

Qu'ils s'y mettent, s'ils veulent.
Moi, je me passe de margarine.
Je m'en passe.
Rien ne vaut le beurre, allez!
Et le cholestérol?
La science en viendra à bout.
Comment le savez-vous?
C'est dans les journaux!

5
Comment se loger:
Petit débat

«Nous n'avons pas le choix, disait l'autre jour ma femme, nous ne pouvons faire autrement!»

Elle fit cette remarque en posant un livre qu'elle venait de parcourir et dans lequel il était question d'habitations: grottes, cavernes, retraites de verdure des temps passés. Elle avait été fortement impressionnée par la description des grottes de Lascaux[1] et des habitations souterraines de Calypso[2] et des Troglodytes,[3] chargées de souvenirs littéraires. Mais finalement, un peu comme Voltaire,[4] elle décida qu'il ne fallait pas regretter les âges d'or du passé.

«Mais enfin, s'est-elle écriée, comment vivre dans de pareilles caves avec des gosses?»

Elle avait parfaitement raison, sans doute, mais sa réaction m'a fait réfléchir. En effet, quelle sorte d'habitation convient le mieux à l'homme? Et en quel endroit veut-il vivre? Est-ce dans une grande ville, compacte, dense, étouffante, où il faut lutter contre le monstre de l'automobile? Ou bien plutôt dans le village d'autrefois, calme, mortellement ennuyeux, mais où l'on connaît tout le monde? Beaucoup choisiraient probablement la formule du quartier résidentiel, de la ville-dortoir qui entoure nos agglomérations industrielles et commerciales où les voitures déversent le poison de leur infâme alchimie. Peut-être aussi choisiraient-ils la banlieue autonome, la ville satellite, aux dimensions plus humaines, où l'homme se sent moins écrasé et où tous les services indispensables sont savamment répartis parmi des espaces verts rationnellement implantés.

En un sens, la banlieue moderne, réflexe d'autodéfense contre la voiture menaçante, nous ramène au mythe de la vie paisible de nos aïeux, le mythe que notre folie de lumière, de vitesse et de bruit a détruit. Et dans nos abris de plastique, d'aluminium et de laine de verre, encombrés de plantes vertes, aux murs tapissés de reproductions de sous-bois, qu'est-ce que nous essayons de recréer, sinon la nature du temps des grottes et des cavernes?

«La nature, la nature! Oui, sans doute, ajouta ma femme avec un air de satisfaction, mais pas sans machine à laver ni climatisation!»

QUESTIONS

1. L'auteur pense-t-il qu'on puisse vraiment préférer les habitations du passé à celles d'aujourd'hui? **2.** Pourquoi sa femme ne veut-elle pas

---

[1] *Lascaux:* En Dordogne, lieu devenu célèbre pour les grottes préhistoriques qu'on y a découvertes.

[2] *Calypso:* Nymphe de la mythologie grecque. Elle vivait sur une île, dans une grotte, où elle retint Ulysse prisonnier. Fénelon, archevêque et écrivain français du XVIIe siècle, en parle dans son roman *Télémaque* (1699).

[3] *Troglodytes:* Hommes préhistoriques qui, d'après les érudits, vivaient dans des cavernes de la vallée du Loir en aval de Montoire (Loir-et-Cher) ou, selon les légendes antiques, au sud-est de l'Egypte.

[4] *Voltaire:* (1694–1778) Se moque du «bon vieux temps» dans son poème «Le Mondain» (1736).

habiter une grotte? **3.** Qui étaient Calypso? Les Troglodytes? (Voir notes) **4.** Quels sont les types d'agglomérations modernes où on peut choisir de vivre? **5.** Êtes-vous d'avis que les grandes villes ne sont plus habitables? **6.** Est-ce qu'on s'ennuie vraiment dans un village? Pourquoi? **7.** Comment peut-on rendre une ville plus humaine, plus agréable? **8.** Quelles sortes d'habitations trouve-t-on dans les banlieues? **9.** Aimeriez-vous mieux vivre dans une villa, avoir un appartement dans un grand immeuble, ou habiter un appartement avec jardin? **10.** Expliquez ce que c'est qu'un H.L.M. (habitation à loyer modéré). **11.** Comment l'homme moderne essaye-t-il de recréer la nature à domicile? **12.** Les appareils électro-ménagers sont-ils un moyen de libération pour la femme ou au contraire un moyen d'asservissement? **13.** Quel style d'architecture préférez-vous? Style victorien, style anglais (Tudor), style gothique, les grands styles français—Louis XIII, Louis XIV, Louis XV, Louis XVI, Empire? **14.** Aimez-vous les styles contemporains de Frank Lloyd Wright, de Mies Van der Rohe? **15.** Si vous faisiez construire votre maison, qu'est-ce que vous aimeriez choisir comme emplacement, style, matériaux? **16.** Les Français dépensent-ils, pour leur logement, plus ou moins que les gens de votre pays? **17.** Avez-vous jamais visité des bidonvilles ou des quartiers pauvres? Racontez votre expérience. **18.** Lors de cette visite, qu'est-ce qui vous a frappé le plus? **19.** Qui était Édouard Jeanneret (Le Corbusier)? Donnez des exemples de son œuvre. **20.** Dans quelle ville, dans quelle région ou dans quel pays aimeriez-vous vivre? **21.** L'homme civilisé est-il, selon vous, plus heureux que l'homme des cavernes? **22.** Croyez-vous que l'homme d'aujourd'hui puisse trouver le bonheur dans la nature?

QUESTIONS-DÉBAT

1. Monsieur Maillet dresse les plans de sa future maison. Doit-il, selon vous, se préoccuper de l'architecture des maisons voisines? **2.** Elle veut faire installer le téléphone dans toutes les pièces de la maison; lui s'y refuse absolument. Faites-les parler ... **3.** Il veut louer un appartement dans un immeuble en ville; elle préfère acheter une maison en banlieue. Imaginez la discussion.

CONVERSATION GRAMMAIRE: Exercices

A. LE POTENTIEL, L'ÉVENTUALITÉ, LE SUBJONCTIF

MODÈLE : *Je n'écrirai pas de carte de nouvel an à ma tante.*
Ton père sera fâché si tu n'écris pas de carte à ta tante.
Ta mère voudrait que tu écrives une carte à ta tante.

1. Je n'enverrai pas mes voeux de bonne année à Brigitte.
2. Je ne viendrai pas passer la Toussaint à Bordeaux.

3. Je ne ferai pas de réveillon avec mes amis.
4. Je ne permettrai pas à Marie de venir me chercher.
5. Je ne rendrai pas visite à mon oncle du Québec.
6. Je n'irai pas à la messe de minuit.
7. Je ne pourrai pas prendre Albert en voiture.
8. Je ne vendrai pas de rosettes le 11 novembre.

B. *Faire* CAUSATIF + SUBJONCTIF

MODÈLES : *Versons 10,000 F. au comptant.*
Ceci nous fait verser 10,000 F. au comptant.
Il faut que nous versions 10,000 F. au comptant.

Songez au mode de vie des Troglodytes.
Ceci nous fait ...
Il faut que nous songions ...

1. Imaginons Sisyphe heureux.
2. Songez au loyer qui s'élève à 1500 F. plus les charges.
3. Reviens vingt siècles en arrière.
4. Sachez que leur F4 est situé au 28e étage.
5. Qu'ils choisissent un plan fonctionnel.
6. Regrettons les erreurs commises par l'humanité.
7. Qu'elles mettent en doute la sagesse des nations.
8. Refusez de sacrifier l'être humain à la science.

C. PRONOM PERSONNEL *le* + *pouvoir* (POSSIBILITÉ)

MODÈLES : *Les hommes **sont-ils** heureux?*
Non, ils ne le sont pas.
Mais ils pourraient l'être.

***Ont-ils été** heureux?*
Non, ils ne l'ont pas été.
Mais, ils auraient pu l'être?

1. Les êtres humains ont-ils le choix?
2. A-t-elle été impressionnée?
3. Veulent-ils vivre dans un H. L. M.?
4. Vos amis ont-ils choisi de passer leur vie à Paris?
5. As-tu fait toi-même le plan de ta maison?
6. Est-ce que tes parents ont acheté leur appartement?
7. Est-ce que vous savez que le grand Paris a près de 10 millions d'habitants?
8. Avez-vous connu le bonheur de vivre à la montagne?

ÉCHELLES

Une nuit à la belle étoile
C'est moche!
   C'est inconfortable.
      De l'humidité partout.
         On respire mal.
            On transpire.
              On se gèle.
                    Il y a toujours des saletés par terre.
                        Et les petites bêtes qui vous grimpent dessus.
                        Et les moustiques!
                        Et les ratons-laveurs!
                    Les branches qui craquent.
                  J'ai envie de rentrer.
                    Je peux pas fermer l'oeil.
                  Et s'il pleuvait?
                  Rentrons vite!

C'est chouette!
   Ah, enfin la nature!
      Que c'est beau!
         Que c'est calme!
            Le ruisseau qui chante.
            La fraîcheur du sol.
               Le crissement des insectes.
               Le feu de camp qui pétille.
                  L'envie énorme de manger.
               La pureté des sons.
                  L'amitié des petits bruits.
                    La brise qui chante dans les branches.
                  La nuit qui protège et endort.
                Enfin la paix!
                  Si ça pouvait durer éternellement.
                Ah! Restons à jamais!

6
Les transports

Si l'Amérique est devenue le pays de l'automobile où chacun se trouve presque dans l'obligation de posséder une voiture, la France, au contraire, a conservé un certain équilibre où la voie ferrée continue à jouer un rôle important.

Les trains français sont remarquables pour leur vitesse et leur exactitude. On peut aujourd'hui, sur les grandes lignes, rouler à près de cent cinquante kilomètres de moyenne en toute sécurité. La Puerta del Sol vous emporte de Paris à Hendaye[1] en six heures. Le Mistral couvre Paris-Marseille[2] à plus de cent quatre-vingt de moyenne. Il faudrait citer aussi le Capitole, le Phocéen, le Stanislas,[3] etc. ... qui tous roulent de plus en plus vite, grâce à la rapide électrification des grands axes et à la mise en circulation de locomotrices de grande puissance que la France vend dans le monde entier. Une seule ombre au tableau: le prix assez élevé du kilomètre[4] qui tend à faire du chemin de fer le moyen de déplacement des gens aisés.

Les routes françaises sont restées longtemps célèbres pour leur densité et leur excellence. Seules, aujourd'hui, les routes secondaires restent adaptées aux besoins: elles sont nombreuses et en bon état. Mais les grands axes routiers datent et ne suffisent plus à absorber le nombre de plus en plus élevé de véhicules, toujours plus rapides, qui les sillonnent. Les grandes nationales, aux noms parfois si évocateurs: la Route mauve, la Nationale 7, la R.N. 10, la R.N. 20, la R.N. 13,[5] sont restées ce qu'elles étaient il y a trente ans, ou peu s'en faut, alors que les C.X., les Renault, les Peugeot peuvent rouler à cent cinquante à l'heure. On les aménage sans cesse, et on construit un réseau d'autoroutes qui sera sans doute excellent, car il bénéficiera des recherches faites dans les autres pays. Mais la France paye aujourd'hui son retard, et les Italiens, les Allemands surtout, et même les Anglais ont pris une grande avance en ce domaine. Le Français regrettera toujours la «bonne petite route» qui semblait faite pour lui seul, et qui serpente encore au flanc des montagnes, le long des rivières. Et tous ceux qui ont emprunté ces routes secondaires seront de son avis: c'est là qu'on peut encore «faire une promenade en voiture.» Le Français n'est pas encore mûr pour la conduite en troupeau sur une autoroute, et les gendarmes, policiers, voitures-pièges,[6] voitures banalisées[7] n'y feront rien.

[1] *Paris-Hendaye* (frontière espagnole), distance: 830 kilomètres (516 miles).
[2] *Paris-Marseille:* Distance 868 kilomètres (540 miles). Le Mistral, rapide de jour, relie Nice à Paris.
[3] *Le Capitole:* Rapide qui relie Toulouse à Paris.
   Le Phocéen: Rapide de nuit entre Paris et Marseille.
   Le Stanislas: Rapide entre Paris et Strasbourg.
[4] *Prix du kilomètre* en 2ème classe: Environ 20 centimes; en 1ère classe, environ 27 centimes, supplément et taxes en plus, ce qui, pour un budget français, est assez élevé. (Pourtant, tarifs réduits pour familles nombreuses et voyages en groupes.)
[5] *Route mauve:* Route touristique du centre de la France. *Nationale 7* (route nationale N°7) de Paris à Cannes et Nice (une des plus utilisées avec la R.N. 6 de Paris à Lyon). La R.N. 6 et la R.N. 7 sont doublées maintenant par l'Autoroute du Sud. *R.N. 10:* de Paris à Hendaye, à la frontière espagnole. *R.N. 20:* Paris-Toulouse et l'Espagne. *R.N. 13:* Paris-Caen-Cherbourg.
[6] *Voitures-pièges:* Petites voitures de la police équipées pour contrôler la circulation.
[7] *Voitures banalisées:* Récente découverte de la police; ces voitures sont camouflées et transformées en paisibles voitures particulières dont on ne se méfie pas.

L'essor du trafic aérien à l'intérieur du pays est ralenti, d'une part, par les tarifs élevés qui rebutent beaucoup de monde et, d'autre part, par les distances qui sont assez courtes. Mais on constate depuis quelque temps que l'avion progresse. Un jour prochain, il sera aussi commun de prendre l'avion que d'aller à la gare prendre le train. Des possibilités nouvelles s'ouvrent avec les transports européens, rendus nécessaires à l'intérieur du Marché Commun. L'Airbus,[8] moyen courrier à réaction, est particulièrement bien adaptée à ce genre de liaisons continentales. Et l'avion supersonique «Concorde» ouvre de très vastes horizons. L'aéroport international d'Orly, d'où décollent plus de cent appareils chaque jour, s'est révélé insuffisant et il a fallu construire celui de Roissy-Charles de Gaulle, au nord de Paris, pour accueillir les passagers de plus en plus nombreux qui font escale dans la capitale ou qui y transitent.

QUESTIONS

1. Quelles sont les qualités des trains français? **2.** Les transports par chemin de fer sont-ils aussi développés dans tous les pays d'Europe? Et chez vous? **3.** Qui est-ce qui prend surtout le train en France aujourd'hui? Pourquoi? **4.** Quelle est la distance de Paris à Marseille? **5.** Trouvez deux villes italiennes, américaines, allemandes, russes, anglaises séparées approximativement par la même distance. **6.** Pourquoi les routes françaises étaient-elles renommées? **7.** Le sont-elles toujours autant? **8.** Comment peut-on aménager, améliorer des routes? **9.** Quelle sorte de route est chère au cœur des Français? **10.** Comment cela s'explique-t-il? **11.** Est-ce qu'on peut vraiment se promener sur une autoroute? Peut-on même s'y arrêter? **12.** Par quels moyens surveille-t-on la circulation automobile? **13.** Pourquoi les transports aériens sont-ils moins développés en France qu'au Brésil par exemple? **14.** Quel est l'avion le mieux adapté aux voyages entre les divers pays d'Europe? Pourquoi? **15.** Pourquoi ne pas utiliser l'Airbus pour des voyages intercontinentaux? **16.** Qu'est-ce qui attire les touristes qui vont en France? **17.** Quel est le plus grand voyage que vous ayez fait? **18.** Quel moyen de transport avez-vous utilisé à cette occasion? **19.** Si c'était à refaire, est-ce que vous voyageriez de la même façon? **20.** Dans quel pays d'Europe feriez-vous escale de préférence, si vous voyagiez par avion? Par bateau? Dans quelle ville plus précisément? Pourquoi?

QUESTIONS-DÉBAT

1. Deux amis discutent entre eux des avantages et des inconvénients des autoroutes et des petites routes secondaires d'autrefois. Faites-les parler. **2.** Un jeune couple en voyage de noces vient de rater la correspondance. Voilà les jeunes gens bloqués dans une gare secondaire en pleine campagne!

---

[8] *L'Airbus:* Avion de transport à réaction, propulsé par deux réacteurs.

Ils prennent la chose de façon fort différente. Comment? **3.** Vous téléphonez à une agence de voyage pour retenir une place. Il n'y en a pas pour le vol que vous avez choisi. Que faites-vous? Imaginez le dialogue avec l'employé(e).

CONVERSATION GRAMMAIRE: Exercices

A. *Se faire* + INFINITIF + AGENT

MODÈLE: *L'employé(e)* **indiquera** *l'heure des trains à la voyageuse.*
La voyageuse **se fera indiquer** *l'heure des trains par l'employé(e).*

1. Albert aidera Jacques à porter ses bagages.
2. Une riche veuve épousera mon cousin.
3. La compagnie offrira un voyage gratuit aux meilleurs employé(e)s.
4. Les garçons de restaurant à Ottawa nous serviront en français.
5. Le meilleur coiffeur de la ville lui coupera les cheveux.
6. Les «Bruins» de Boston écraseront les «Maple Leafs» de Toronto.
7. La douane inspectera nos bagages à Winnepeg.
8. Air France leur servira un repas chaud entre Rome et Paris.
9. La SNCF remboursera le prix de leur billet aux étudiants.
10. La pompiste nous expliquera la route à suivre.

B. CONCORDANCE DES TEMPS + ARTICULATION DU DISCOURS
(PRESENT ⟶ FUTUR)(IMPARFAIT ⟶ CONDITIONNEL)

MODÈLE: *L'aéroport* **est** *insuffisant; il* **faudra** *en construire un autre.*
(maintenant) Je **sais** *que l'aéroport* **est** *insuffisant et qu'il* **faudra** *en construire un autre.*
(autrefois) Je **savais** *que l'aéroport* **était** *insuffisant et qu'il* **faudrait** *en construire un autre.*

1. Le train est pratique; la voiture ne le remplacera jamais.
2. Nous faisons du 140 de moyenne; nous serons à Marseille à l'heure.
3. La SNCF met au point de nouvelles machines: elles seront encore plus rapides.
4. La ligne est coupée à Limoges; nous serons détournées par Poitiers.
5. Si je prends l'avion de onze heures, on me servira le déjeuner à bord.
6. Si le nombre d'accidents augmente, on finira par abaisser la vitesse limite.
7. Si le prix du carburant ne cesse d'augmenter, les gens achèteront des voitures économiques.
8. Il faut absorber le flot de véhicules; pour cela on construira de nouvelles autoroutes.

C. OBLIGATION: *il faut + devoir*
MODÈLE: **Il faut** *que la SNCF* **baisse** *ses tarifs.*
    La SNCF **devrait** *baisser ses tarifs.*
    La SNCF **aurait dû** *baisser ses tarifs.*

  1. Il faut que nous prenions un rapide.
  2. Il faut qu'elles attendent la correspondance à Lyon.
  3. Il faut que le gouvernement subventionne les chemins de fer.
  4. Il faut que vous fassiez vos réservations longtemps à l'avance.
  5. Il te faut profiter des réductions pour familles nombreuses.
  6. Il faut que je descende à Atlanta.
  7. Il me faut changer de train à Toronto.
  8. Il faut qu'ils s'assurent que leur passeport est toujours valide.
  9. Il te faut emporter de quoi lire.
10. Il faudra qu'ils soient prêts quand le taxi arrivera.
11. Il me faudra retirer mes chèques de voyage la veille du départ.

ÉCHELLES

Jour de fête
C'est la fête.
  Quelle fête.
    Pour une fête, c'est une fête.
      Alors, là, quelle fête!
        Il y a de tout.
          Il y a un monde fou.
            C'est la cohue.
              Que de monde!
                Il y a trop de monde.
                  Les gens viennent de partout.
                    On s'amuse comme des fous.
                      Qu'est-ce qu'on rit.
                        Qu'est-ce qu'on boit.
                        Qu'est-ce qu'on mange.

À votre place je ferais attention.
  Mais c'est trop bon.
    Vous allez vous rendre malade.
      Ce serait un péché de ne pas manger.
        Vous mangez trop.
          Vous mangez comme quatre.
            Attention au foie.
              Tant pis pour le foie.
                Pour une fois.

La spécialisation est un mal nécessaire.

Suzanne a trop bu.
    Elle fait la fête.
        Elle fait la bombe.
            Elle fait la noce.
                Elle est grise.
                    Elle est saoûle.
                        Elle est malade.

Georges a bu aussi.
    Il chante à tue-tête.
        Il casse les verres.
            Il jette les bouteilles par la fenêtre.
                Il crie des insultes.
                    Les voisins accourent.
                        Il s'enrage.
                            Il saisit un couteau.
                                On appelle la police.
                                    On l'enferme dans le panier à salade.

C'est fini la fête.

7
Le budget de l'étudiant

Les étudiants français, comme les étudiants américains, et comme, du reste, tous les étudiants du monde, se posent toujours la question : comment vais-je joindre les deux bouts ? Ils calculent sans fin, surtout les moins fortunés d'entre eux. Il y a le loyer. En Amérique, cette somme est versée à l'administration si l'on habite une résidence universitaire, ou bien au trésorier de la fraternité ou de la sororité dont on est membre. En France, l'étudiant, s'il est logé à la Cité Universitaire, paye son loyer à un organisme para-universitaire appelé les Œuvres.[1] Pour ceux qui ont une chambre en ville, chez des particuliers, ou dans des hôtels, c'est le propriétaire qui encaisse le loyer au début du mois.

Et les livres, nous allions oublier les livres ! Chers ? Pis que cela : hors de prix ! Il faut y consacrer autant d'argent qu'au loyer, sinon plus. Le meilleur moyen de consulter un ouvrage est encore de l'acheter, car les bibliothèques sont insuffisantes, ou de grouper les achats en se mettant à plusieurs pour acheter les livres indispensables pour tel cours, et de les faire circuler parmi les trois ou quatre membres du groupe.

Et puis il faut manger. Les restaurants universitaires en France servent des repas bien équilibrés, convenables, pour une somme très modique, environ 4F ; seule l'ambiance y laisse à désirer et peu d'étudiants y prennent tous leurs repas d'un bout à l'autre de l'année. Il faut donc prévoir un certain nombre de déjeuners ou de dîners en ville, dans un restaurant, le plus près possible de la Fac,[2] avec des copains, bien sûr, ou avec une amie. Certains soirs, pour récupérer les frais extraordinaires ainsi engagés, il faudra manger chez soi, sur le pouce. Ne pas omettre surtout l'indispensable café, une fois par jour au moins, et les inévitables «pots»,[3] si agréables, dans les bistros du quartier.

Passons sur le budget lessive, car on peut facilement régler ce problème, chez soi, à moindres frais. Par contre, il faut compter avec les indispensables distractions, comme le cinéma, le théâtre, un concert de temps en temps, et quelques surprise-parties. Comme les sports coûteux sont hors de question, il reste, dans cet ordre d'idées, la piscine, l'athlétisme, etc. ..., et bien sûr la marche à pied, très pratiquée autour de la Sorbonne ! Si l'on ajoute environ vingt francs par mois pour les journaux, revues et cigarettes, nous sommes presque au bout du compte. Enfin, il y a les faux frais, les petits cadeaux, les cotisations diverses, et si après cela il reste encore quelque chose d'assez rondelet, devinez à quoi on se met à rêver ? À un moyen de déplacement, à une voiture, qu'on est bien forcé de choisir vieille et délabrée, et qui coûte les yeux de la tête.

Pour mettre un terme à ces angoisses, il n'y a, disent certains, qu'une solution : l'allocation-études ou le présalaire étudiant. Mais le gouvernement

---

[1] *Œuvres :* Organismes que s'occupent des détails matériels de la vie des étudiants : logements, distractions, etc.

[2] *Fac :* Abréviation pour Faculté. Il y a cinq Facultés dans chaque Université—Lettres, Sciences, Droit, Médecine, Pharmacie.

[3] *Pot :* Jargon pour «verre» dans l'expression «prendre un verre», c'est-à-dire boire, prendre une boisson.

ne l'entend pas de cette oreille, et longtemps encore les étudiants devront se livrer à ce dangereux exercice de corde raide qui consiste à équilibrer leur budget.

QUESTIONS

1. Quelle question l'étudiant se pose-t-il toujours? **2.** Quelle est la première chose qu'il calcule quand il établit son budget? **3.** S'il habite une résidence universitaire, à qui paie-t-il son loyer? **4.** D'habitude, quand est-ce qu'on le paie en France? Et en Amérique? **5.** Comment comprenez-vous le terme «les Œuvres?» **6.** Quels sont les avantages et les inconvénients du restaurant universitaire en France? **7.** Quels jours de la semaine les étudiants mangent-ils «en ville», de préférence? **8.** Quelles économies peut-on compter réaliser si l'on mange trois fois par semaine dans sa chambre? **9.** Avez-vous jamais lavé votre linge dans votre chambre? **10.** Si l'on fait des économies sur la nourriture, quelles compensations peut-on s'offrir en conséquence? **11.** Préférez-vous prendre tous vos repas au même restaurant, ou acceptez-vous d'en prendre un certain nombre dans votre chambre, «sur le pouce», pour aller dîner en ville quand l'occasion se présentera? **12.** Nommez les distractions qui vous paraissent «indispensables». **13.** Quels sont les faux frais qui minent un budget? **14.** Avez-vous jamais été obligé d'écrire à vos parents pour leur demander de l'argent? **15.** Qu'est-ce qu'ils ont répondu? **16.** Qu'est-ce que les étudiants considèrent comme indispensable? **17.** Qu'est-ce qu'on entend par «sports coûteux» en France? **18.** À quoi rêvent les étudiants qui ont quelque argent de reste chaque mois? **19.** Qu'est-ce que les étudiants réclament du gouvernement? **20.** Êtes-vous d'accord pour qu'on l'accorde à tous les étudiants? À certains seulement? Mais alors, comment les départager? **21.** Qu'est-ce que sont obligés de faire certains étudiants pour payer leurs études, leurs livres et leur loyer? **22.** Est-il bien raisonnable d'acheter une vieille voiture quand on a si peu d'argent? **23.** Pourquoi? Quels frais faut-il s'attendre à avoir? **24.** En fait, en France, est-ce que beaucoup d'étudiants peuvent se permettre d'avoir une voiture? **25.** Les étudiants qui ont des bourses d'enseignement supérieur, ont-ils, eux aussi, ces problèmes? Et dans votre pays?

QUESTIONS-DÉBAT

1. Une étudiante qui sort avec un étudiant doit payer ses consommations, sa place au cinéma, etc. ... Que pensez-vous de cela? **2.** Christian est un étudiant très pauvre; il vient de voler un livre à l'étalage d'une librairie, et une étudiante, qui se trouvait là, l'a aperçu et le dénonce au vendeur. Essayez d'expliquer le point de vue de chacun des deux étudiants, ... et celui du vendeur. **3.** On vous a demandé d'être le trésorier d'une association d'étudiants. Cela va exiger du temps et du travail. De votre côté, vous avez déjà tant à faire! Bref, vous refusez. Justifiez votre décision auprès de vos amis.

CONVERSATION GRAMMAIRE: Exercices

A. Devoir, Falloir

MODÈLE: *Nos cours commencent le 20 octobre.*
(Aller s'inscrire au secrétariat)
Je dois aller m'inscrire au secrétariat tout de suite.
Il me faut aller m'inscrire au secrétariat tout de suite.
Il faut que j'aille m'inscrire au secrétariat tout de suite.

1. Jacqueline va suivre des cours à la Faculté des Lettres à Paris V.
   (Trouver un appartement près de l'Université)
2. Pierre a épuisé son argent.
   (Se passer de sorties pendant quelques semaines)
3. Nous ne pouvons pas acheter ce livre.
   (Le consulter à la Bibliothèque)
4. Pierre et André n'ont pas trouvé de chambre à la Cité Universitaire.
   (Louer une chambre en ville)
5. Vous ne pouvez pas payer le loyer à vous seul.
   (Partager votre chambre avec un ami)
6. Jeanine n'a pas trouvé de bonnes places au théâtre.
   (Se contenter de deux places au pigeonnier)
7. Tu as trop de frais; tu n'arriveras pas à la fin du mois.
   (Se passer de cigarettes)
8. Il n'y a pas de moyen de transport pratique de chez elle à la fac.
   (Faire le trajet à pied)
9. Nous voulons faire des économies.
   (Sauter un repas sur deux)
10. Paris VIII n'offre pas les cours qu'elles veulent suivre.
    (s'inscrire à Paris II)

B. PRONOMS + *devoir* (OBLIGATION) + INFINITIF PASSÉ

MODÈLE: —*As tu payé ton loyer?*
—*Oui, je suis content de l'avoir payé/ ... de l'avoir fait.*
—*Non, mais j'aurais dû le payer/ ... le faire.*

1. —Avez-vous fini vos examens?
   —Oui, nous sommes contents(es) de ... / ...
   —Non, mais nous aurions ... / ...
2. Est-ce qu'ils se sont rencontrés?
   Oui, ils ... / ...
   Non, mais ils ... / ...

   3. A-t-il obtenu la moyenne dans ses cours?
      Oui, il ... / ...
      Non, mais ... / ...
   4. A-t-elle acheté une voiture?
      Oui, elle ... / ...
      Non, mais ... / ...
   5. A-t-elle acheté la voiture que je lui avais recommandée?
      Oui, elle ... / ...
      Non, mais ... / ...
   6. Est-ce que Monique et Paul ont suivi mon conseil?
      Oui, ils ... / ...
      Non, mais ... / ...
   7. Est-ce qu'ils se sont partagé le gâteau?
      Oui, ils ... / ...
      Non, mais ... / ...
   8. As-tu fait tes révisions de fin d'année?
      Oui, .../ ...
      Non, mais ... / ...

ÉCHELLES

Un devoir difficile
Ah! ce devoir!
  Il est difficile, ce devoir!
    Il n'est pas facile, ce devoir!
      Il est dur, ce devoir!
        Pas facile, ce devoir!
          C'est pas du gâteau!
            Jamais je n'y arriverai!
              C'est pas humain!
                Il faudra s'y mettre à plusieurs.
                  Moi, je reviendrai l'année prochaine.
                Je me mets zéro tout de suite.
                  Autant se mettre zéro tout de suite.
                    Ça vaut même pas la peine de le commencer.
                  C'est la catastrophe.
                  C'est pire que le philoxéra.

C'est pas un devoir, c'est la création du monde.
  Il se rend pas compte, le prof.
    Il s'est sûrement trompé.
      C'est sûrement une erreur.
      C'est un devoir pour les grands.
        C'est le devoir infaisable, le rêve des profs.

La boulangerie est toujours la boutique la plus visitée.

Et si on refusait de le faire?
Faudrait lui en parler d'abord.
Lui demander d'expliquer ce qu'il veut.
Lui demander de le faire lui-même.

Peut-être qu'il ne pourrait pas.
Il serait obligé de nous demander de l'aider.
Mais on refuserait!
Ça oui, on refuserait.
Ça c'est sûr, on refuserait.
À moins qu'il nous demande poliment.
Ou par écrit.
Ou qu'il nous offre de l'argent.
Oh! l'argent, ça finit toujours comme ça.
C'est normal: regarde le titre du chapitre!

8
Le code de la route

On s'étonne du nombre de plus en plus élevé des accidents de la route, et on persiste à poser aux candidats à l'examen du permis de conduire, deux, trois questions au maximum, sur le fameux «Code de la route». Du reste, ces questions ne portent pas forcément sur des points importants. Si les réponses à ces «colles»[1] sont satisfaisantes, il suffira ensuite de n'écraser personne, de n'érafler aucun autre objet mobile ou immobile, de ne pas trop secouer l'inspecteur assis à vos côtés,—cela sur un parcours de quelques centaines de mètres—et le tour sera joué. (J'oubliais le démarrage en côte, compliqué parfois d'une marche arrière—manœuvre que ne tenteraient même pas des conducteurs chevronnés et durant laquelle le candidat malchanceux, pour qui le Code «avait bien marché»,[2] cale son moteur!)

Que faire? Quels aménagements apporter en ce domaine? Multiplier le nombre des questions? À quoi bon? Celui qui apprend bêtement par cœur les réponses à quatre-vingts questions possibles sur le Code s'en sortira toujours, et ne sera pas pour autant ce qu'on appelle un bon conducteur. De toute façon, il restera toujours à résoudre le problème des gens plus âgés qui ont obtenu leur permis à une époque déjà ancienne et qui, soit parce qu'ils ne conduisent pas assez souvent, soit parce qu'ils refusent obstinément de s'informer, de se tenir à jour, sont parfaitement incapables d'identifier les nouveaux panneaux de signalisation qui fleurissent le long des routes. Avouons qu'il y a parfois de quoi ne pas s'y reconnaître. Ainsi il arrive, dans certains endroits réputés dangereux, qu'on trouve côte à côte des panneaux anciens et des nouveaux, ceux-ci doublant ou contredisant ceux-là. Que faire dans ce cas-là? Se fier aux panneaux nouveaux? Mais c'est précisément ce que les gens très âgés ne feront pas!

On a songé à un examen qu'il faudrait passer à intervalles réguliers, tous les cinq ans par exemple, et auquel devraient se soumettre tous les conducteurs. Puis, on a proposé que seuls les mauvais conducteurs soient convoqués à cet examen probatoire. Des difficultés, sans doute insurmontables, n'ont pas permis de mettre ces idées à exécution.

Quoi qu'il en soit, à notre avis, le remède n'est pas là. On peut compliquer, multiplier les épreuves autant qu'on voudra, il y aura toujours autant d'infractions aux règles de la circulation, si on n'explique pas aux candidats conducteurs qu'il y a aussi un autre code de la route, un code moral celui-là. C'est ce code qui nous est révélé d'une manière bien timide aujourd'hui par des slogans d'allure publicitaire: «Priorité au sourire,» «Mieux vaut arriver en retard chez vous que pas du tout,» «Pas si vite, Papa!» «Pense à moi, Papa» (et on vous montre un ravissant petit garçon, le regard anxieux et suppliant!)

Tout se passe comme si on voulait tenter de faire, par des moyens détournés, une éducation qui n'a pas été faite en temps voulu, à l'école en

---

[1] Une «*colle*»: Question difficile, insidieuse.
[2] «*Marcher*»: (en jargon universitaire) Se dit d'une épreuve qu'on a réussie, par exemple: «Les mathématiques ont bien marché pour moi au bac.» (Mais on trouve aussi: «Il n'a pas bien marché en maths ...»)

particulier. Heureusement, le gouvernement a rendu l'enseignement du Code de la route obligatoire dans les écoles primaires. Il était grand temps qu'on en arrive là!

Mais combien de maîtres se bornent à expliquer à leurs élèves comment ne pas enfreindre la loi, alors qu'il faudrait les exhorter à se comporter au volant comme des êtres humains tout simplement. Peut-être que les chauffeurs sont devenus des chauffards parce que nos routes sont des labyrinthes, des défilés, des circuits de rallyes où il faut s'embusquer, ruser, se faufiler, prendre des risques pour arriver «à l'heure». Le seul fait de prendre le volant déclenche, chez le Français moyen, la sorte de surexcitation que doit éprouver un pilote avant une compétition automobile. On part plein de bonnes intentions, en se promettant de ne commettre aucune faute grave, et puis voilà que «l'Autre» ne veut pas vous laisser passer ... Alors on se fâche! Quant à ceux qui considèrent la voiture comme un moyen de se défouler, ils font courir aux autres les plus grands risques. En effet, comment concilier libération de soi et soumission aux principes sacrés du respect de l'autre et de la solidarité, qui devraient toujours diriger notre conduite sur la route?

QUESTIONS

1. Y a-t-il beaucoup d'accidents de la circulation en France? **2.** Quels documents sont indispensables pour conduire une voiture en France? Chez vous? **3.** De combien de parties se compose l'examen du permis de conduire? **4.** La partie orale, ou théorique, vous semble-t-elle difficile? **5.** Et la partie pratique, c'est-à-dire l'épreuve de conduite? **6.** Les fautes qu'on sanctionne le jour de l'examen sont-elles toujours graves? **7.** Quelles solutions a-t-on proposées pour améliorer le système actuel? **8.** Est-ce qu'on en a adopté une? Pourquoi? **9.** Que proposeriez-vous en guise de simplification des moyens de signalisation? **10.** Devrait-on autoriser les gens très âgés à conduire une voiture? Pourquoi? **11.** Selon les auteurs, où est la véritable cause de tous ces accidents? **12.** Êtes-vous d'accord avec eux? **13.** Approuvez-vous ces campagnes du sourire, de la bonne humeur? **14.** Est-ce qu'on devrait avoir recours à ces moyens? **15.** L'enseignement du Code de la route est-il obligatoire en France? Depuis longtemps? **16.** De quoi se contentent beaucoup de maîtres? **17.** Qu'est-ce qu'il faudrait enseigner aux élèves avant tout? **18.** Quelle est, d'après vous, la première règle à suivre en matière de conduite automobile? **19.** Est-ce que le mauvais état des routes peut influer sur la mentalité de l'automobiliste? **20.** Comment? **21.** Est-ce qu'à votre avis on peut se défouler en voiture? **22.** Est-ce qu'il est prudent de le faire? **23.** Comment croyez-vous que se comporterait un automobiliste français dans votre pays? **24.** Devrait-on adopter les mêmes règles et panneaux de signalisation dans tous les pays du monde? **25.** Que pensez-vous de la persistance des Anglais à vouloir rouler à gauche? **26.** Est-ce que vous connaissez d'autres causes possibles du grand nombre d'accidents de voiture? **27.** Comment, à votre avis, reconnaître les mauvais conducteurs des bons? **28.** Que pensez-vous de la contravention comme moyen d'obliger les gens à être prudents? **29.** Un feu de signalisation ne fonctionne pas et reste au rouge indéfiniment. Que croyez-vous que fera un Français au bout de deux minutes? Un Américain? Un Anglais? **30.** Comment concevez-vous la solidarité sur la route?

QUESTIONS-DÉBAT

1. Monsieur et Madame se relaient au volant de leur voiture. Imaginez les reproches qu'ils peuvent se faire sur leur façon respective de conduire. Sont-ils justifiés? **2.** «Je connais très bien cette route, je l'emprunte chaque jour depuis cinq ans, et je n'ai jamais eu d'accident. Je peux donc rouler vite en toute sécurité. ...» Êtes-vous d'accord avec la personne qui dit cela? Donnez vos raisons. **3.** —Les Français conduisent comme des fous—Les Américains/les Canadiens aussi! Ces deux interlocuteurs ont-ils raison?

CONVERSATION GRAMMAIRE: Exercices

A. L'ARTICULATION: CAUSE, CONTRADICTION

MODÈLES: *Il a son permis. Il peut conduire une voiture.*
Puisqu'il a son permis, il peut conduire une voiture.
Bien qu'il ait son permis, il ne peut pas conduire une voiture.

1. Il est jeune. Il apprendra vite à conduire.
2. Elle me connaît. Elle peut répondre de moi.
3. Les panneaux sont très grands. Il est facile de les comprendre.
4. Vous savez le code de la route. Vous êtes un bon conducteur.
5. Vous avez calé en marche arrière. Vous serez obligé de repasser l'examen.
6. Elle est âgée. Elle cesse de conduire sa voiture.
7. Leur voiture paraît très petite. Elle est forcément incommode.
8. Elle a d'excellentes réflexes. On est en sécurité avec elle au volant.
9. Il part de bonne heure. Il arrive toujours en avance.
10. Ses enfants ont leur permis. Il leur laisse souvent prendre la voiture.

B. IMPARFAIT-CADRE

MODÈLES: *Rouler / voiture, déraper*
Elle roulait / quand sa voiture a dérapé.
Nous roulions / quand notre voiture a dérapé.

1. Rentrer à Paris / orage, éclater
2. Foncer à 150 à l'heure / entendre, un agent siffler
3. Neiger / accident, arriver

4. Avoir cinquante ans   /   obtenir, permis de conduire
5. Être encore enfant   /   parents, trouver la mort en voiture
6. Avoir beaucoup bu   /   police, arrêter
7. Sortir du virage   /   chien, traverser la route devant la voiture
8. Pleuvoir à verse   /   arriver, hôtel
9. Rouler à faible allure   /   pneu avant, éclater
10. Venir de se marier   /   gagner une voiture à la loterie

ÉCHELLES

En Voiture
Tournez à gauche!
  Continuez tout droit.
    Après ce feu, prenez à droite.
      Une fois à ce carrefour, prenez la direction "Chartres."
        Ce virage est dangereux.
          C'est un virage en épingle à cheveux.
            La chaussée est déformée sur deux kilomètres.
              Les panneaux indicateurs sont très bien placés.
              Attention au vent latéral.
                Nous avons le vent debout.
                Il vous faut ralentir aux embranchements.
                Ne dépassez pas la vitesse limite.
                Signalez toutes vos manoeuvres.
                Ne roulez pas avec des phares mal réglés.
                Ne perdez pas le contrôle de la voiture.
                Vous l'avez échappé belle.
                Votre feu stop ne fonctionne plus.
                Vos clignotants se voient mal.
                Cette voiture tient bien la route.
                  Ce n'est pas une raison pour conduire comme un fou.
                Vous êtes un fou en voiture.
                Vous êtes un danger public.
            Stop!

Souvenir
un gars
  fou de
    rage en
      état
        d'ivresse
          fonçait
            à cent
              soixante

soudain
  au vir—
    age le
      camion—
        citerne
          lui est
            rentré
              dedans

l'explo—
  sion a
    incen—
      dié trois
        maisons
          et une
            école
              mater—

nelle on
  installe
    un pan—
      neau de
        vitesse
          limite
            beaucoup
              plus grand

9
Pour et contre le mariage entre étudiants

À notre époque où les étudiants constituent une sorte de classe sociale, il est inévitable que le problème du mariage entre jeunes qui n'ont pas terminé leurs études soit au moins évoqué.

Qu'on soit pour, qu'on soit contre, le fait est là : de nombreux jeunes gens et jeunes filles se marient alors qu'ils ont encore de nombreuses années d'études à passer à l'université, et il est intéressant d'observer dans quelle mesure le mariage modifie leurs projets de carrière.

Il arrive que deux étudiants, bien que mariés, poursuivent normalement leurs études, surtout s'ils n'ont qu'une ou deux années à travailler avant d'obtenir leur diplôme : C.A.P.E.S., Agrégation,[1] Doctorat,[2] Internat,[3] etc. ... Mais ceux-là sont en général très «mûrs» et savent mener de front des études souvent difficiles et absorbantes, et une vie conjugale ralentie. Le problème est bien plus grave pour les plus jeunes, dont l'âge varie entre dix-huit et vingt-trois ans, qui sont en cours de licence, par exemple, et dont la vocation n'est pas encore bien définie. La plupart du temps, le mariage pour eux est une catastrophe. Il arrive dans la majorité des cas que la jeune fille abandonne ses propres études, pour s'occuper du ménage et travailler à mi-temps comme secrétaire, hôtesse, traductrice, etc. Qu'un enfant arrive, et la voilà clouée à la maison, privée de son métier d'appoint qui lui assurait, en même temps qu'un petit revenu, une réelle indépendance ! Et quelle amère déception lorsque, au bout de quelques années, la jeune femme s'aperçoit qu'elle a sacrifié ses études pour permettre à son mari de continuer les siennes, et que celui-ci échoue lamentablement là où elle aurait pu réussir. Si, par contre, ils poursuivent tous les deux leurs études après le mariage, fréquentant des amis différents qu'ils rencontrent chaque jour sur les bancs des amphis, et si leur vocation d'époux n'est pas stable, c'est une séparation, un divorce en perspective. Dans tous les cas, il ne semble pas qu'on puisse recommander à des étudiants de se marier très jeunes.

Il faut dire que, dans certains cas, le seul fait de fréquenter une jeune fille est un puissant stimulant. Combien a-t-on vu de ces dilettantes qui hantent les couloirs et parfois aussi les salles de cours des Facultés, se mettre soudain à travailler d'arrache-pied et réussir à leurs examens. Ce n'est pas que James, Montesquieu, ou Chaucer leur soient devenus tout à coup plus sympathiques. C'est tout simplement que le chevalier-étudiant s'est réveillé en eux, et leur fait faire des prouesses. Il suffit alors de chercher un peu et l'on trouvera la femme qui est la cause de ce renouveau.

Il est à prévoir, cependant, que les mariages diminueront au fur et à mesure que les contacts entre étudiants des deux sexes seront facilités. Les dortoirs mixtes de certains campus américains, par exemple, devraient créer de nouveaux rapports, faciliter les échanges et établir des liens d'un genre

---

[1] *C.A.P.E.S., Agrégation:* Concours que passent les professeurs qui enseignent dans les lycées (ou, pour certains, dans les universités).

[2] *Doctorat:* Grade de docteur, conféré à celui qui a soutenu une thèse avec succès.

[3] *Internat:* Concours que passent les médecins pour avoir le droit de suivre les cours pratiques dans les hôpitaux.

nouveau, entre jeunes gens et jeunes filles. Ceci, à plus ou moins brève échéance, entraînera de nouvelles façons de vivre.

QUESTIONS

1. Comment peut-on dire qu'être étudiant est une sorte de métier? **2.** Le problème du mariage est-il le même pour tous les étudiants? **3.** Quels sont les diplômes de fin d'études cités dans le texte? **4.** À quoi correspondent-ils approximativement dans votre pays? **5.** Qu'appelez-vous une femme «mûre», un homme «mûr»? **6.** Faut-il être «mûr» pour continuer ses études tout en étant marié? **7.** Pourquoi, du point de vue des études, le mariage est-il un handicap pour de jeunes étudiants? **8.** Est-il juste, après le mariage, que ce soit la jeune fille qui abandonne le plus souvent ses études? **9.** Les femmes mariées travaillent-elles uniquement pour gagner un peu d'argent? **10.** Croyez-vous que fréquenter une jeune fille ait toujours une bonne influence sur un étudiant? **11.** Est-ce qu'il existe, dans les universités, des appartements prévus pour les étudiants mariés? **12.** En principe, approuvez-vous que des étudiants se marient avant la fin de leurs études? **13.** Tous les étudiants vont-ils à l'université pour réussir? **14.** Que dit-on de certains d'entre eux? **15.** Et de certaines étudiantes plus précisément? **16.** À quel âge devraient, selon vous, se marier les jeunes gens? **17.** Une femme qui a un enfant peut-elle aisément continuer ses études? **18.** Que se passera-t-il si le mari, resté étudiant, échoue à ses examens, alors que sa femme a abandonné ses études? **19.** Dans quel sens les rapports entre jeunes gens et jeunes filles évoluent-ils aujourd'hui? **20.** Qu'est-ce qui facilite cette évolution? Qu'est-ce qui, à votre avis, la motive? **21.** Dans cette évolution trouvez-vous des éléments nuisibles au bon ordre social?

QUESTIONS-DÉBAT

1. Peut-on être, en même temps, une étudiante sérieuse et une bonne mère de famille? **2.** Il arrive que des professeurs épousent une de leurs élèves. Que pensez-vous de tels mariages? **3.** Hubert est un étudiant brillant. Il réussit à tous ses examens. Cela suffira-t-il à faire de lui un bon mari et un bon père de famille?

CONVERSATION GRAMMAIRE: Exercices

A. TRANSPOSITIONS (VERBE–NOM/NOM–VERBE)

MODÈLES :   ***Partir*** *nous pose des difficultés.*
              Le départ nous pose des difficultés.

              La conduite *en état d'ivresse est punie par la loi.*
              Conduire en état d'ivresse est puni par la loi.

1. *Se marier* n'est jamais une petite affaire.
2. *La vie à deux* et *les études* sont parfois inconciliables.
3. *Se fiancer* se fait de moins en moins.
4. Il n'a pas pu continuer tout à la fois *de travailler* et *de peindre*.
5. *L'amour* est une bien douce chose.
6. *Pêcher* et *chasser* prenaient tout le temps qu'il aurait dû passer à *son perfectionnement*.
7. *Pleurer* est sa défense favorite.
8. On ne passe jamais assez de temps à *lire*.
9. *La course à pied* le rendit célèbre dès le lycée.
10. *L'échec* ou *la réussite* m'importent peu; ce que je veux, c'est *être libre* de choisir un métier qui me plaise.

B. MODULATION (AFFIRMATION–NÉGATION)
MODÈLES : *Agnès a perdu.*

C'est vrai qu'Agnès a perdu.
Ce n'est pas faux qu'Agnès a perdu.
Je suis content(e) qu'elle ait perdu.
Je ne suis pas mécontent(e) qu'elle ait perdu.

1. Ses parents étaient riches.
2. La fac est très loin de là.
3. Nous avons beaucoup d'amis qui sont mariés.
4. Jacqueline écrit bien le russe.
5. Je t'aime, tu sais.
6. Ma machine à écrire est légère à porter.
7. On sait ce qui s'est passé.
8. Ce diplôme a peu de valeur.
9. Ses habitudes m'étaient connues.
10. Il y a dans *Pour et Contre* des exercises qui sont compliqués.

ÉCHELLES

Sophie a 19 ans. Jérôme a 22 ans. Ils sont étudiants. Ils veulent se marier. Quels conseils pouvez-vous leur donner? Attention: chaque phrase doit contenir un subjonctif.

MODÈLE : *Il vaut mieux que vous vous mariiez très vite.*
Il n'est pas indispensable que vous vous décidiiez tout de suite.

Pour commencer vos phrases
Il est indispensable
Il est urgent

Il serait bon
Il est possible
Il faudrait
Il se peut
Il faut
Il suffit
Il est temps
Il vaut mieux
Il serait utile
Il est essentiel
Il est important
Il est nécessaire
Il vaudrait mieux

Pour finir vos phrases
en discuter avec vos parents
acheter des alliances
finir vos études
aller voir un prêtre (rabbin, pasteur)
trouver une situation
chercher un appartement
se tromper
faire des économies
inviter toute la parenté
rester célibataire
vivre ensemble quelque temps
réfléchir encore
décider de la date du mariage
se connaître mieux
se séparer pour quelques mois
consulter un psychologue
choisir la toilette de la mariée
se marier très rapidement
faire la connaissance des familles
attendre encore un peu

10
Deux fonctionnaires sous les tropiques

—Pé là, pé là, mouin di yo pé là![1]

Jacques ne manque jamais une occasion d'utiliser des mots créoles depuis son arrivée dans l'île. C'est en français qu'on doit travailler dans les écoles, mais c'est le créole que les enfants comprennent le mieux. Et les petits lycéens, noirs pour la plupart, qui se disputaient avec bruit il y a un instant, se rangent maintenant sagement devant la porte de la salle de classe.

Jacques Bonnet, professeur de mathématiques, a été nommé au lycée Schoelcher[2] de Basse-Terre[3] après ses études à Paris. Il a pu ainsi, à sa grande joie, rejoindre sa femme Renélia qui est originaire de la Guadeloupe et à qui l'administration française avait confié la direction d'un grand dispensaire de la ville. Jeune docteur en médecine, Renélia est heureuse de mettre son temps, ses connaissances et son infini dévouement au service des malades qui viennent nombreux au dispensaire pour y recevoir des soins gratuits. Là, bien que tout le monde comprenne le français, c'est le créole qu'on utilise pour mettre les patients à l'aise.

Renélia et son mari aiment l'atmosphère détendue de cette petite et lointaine préfecture des Antilles françaises où les tensions de Paris et de la vie moderne sont inconnues, et où les gens savent encore prendre le temps de vivre et d'être joyeux. Et quel plaisir de rentrer chez eux, le soir, et de retrouver leur calme maison à Sainte-Claude, sur les pentes du volcan de La Soufrière. De la terrasse Jacques et Renélia peuvent dîner en contemplant un des plus beaux spectacles du monde : le coucher du soleil sur la mer des tropiques par delà l'immense flaque rouge des flamboyants.

Et cependant tout est loin d'être parfait dans les Antilles, qu'elles soient françaises ou non. Les discussions de Jacques avec ses collègues au lycée, qu'ils soient blancs ou noirs, originaires de la métropole ou des îles, ou bien encore avec les confrères, les amis et les nombreux parents de Renélia, tournent le plus souvent sur des sujets économiques et sociaux, donc finalement politiques. Renélia, qui est passée par les facultés de France, est tout aussi politisée que son mari. C'est de là que vient son goût pour les joutes politiques interminables auxquelles tous deux se livrent avec leurs amis de tous bords et de toutes origines, en sirotant leur punch préféré.

Les problèmes de la Guadeloupe passionnent ce jeune couple que le spectacle de certaines injustices criantes attriste profondément. Le sous-emploi, le faible revenu de l'île, le contraste entre le train de vie des riches békés,[4] colons et autres nantis et la navrante pauvreté de la masse des indigènes, autant de raisons pour certains de mettre en question la dépendance de l'île vis-à-vis de la France. À ce sujet, on se rappelle que la Guadeloupe est un département français depuis 1947. Pour cette raison elle

---

[1] Taisez-vous, je vous ai dit de vous taire ! (en créole de la Guadeloupe).
[2] V. Schoelcher, homme politique français, défenseur de l'anti-esclavagisme (1804–1899).
[3] Chef-lieu de la Guadeloupe. La ville principale est Pointe-à-Pitre.
[4] Nom donné aux planteurs blancs des Antilles.

est représentée à Paris au même titre que La Lozère ou l'Alsace. Les lois et les avantages sociaux (par exemple, les allocations familiales) y sont les mêmes qu'en métropole. Les divers niveaux d'enseignement, du primaire au supérieur, y fonctionnent comme en France. Ceci explique que le niveau de vie moyen est supérieur ici, et à la Martinique, à celui des autres îles des Antilles.

Selon Jacques et Renélia et beaucoup de leurs relations, il faudrait cependant faire mieux. La France devrait, par exemple, développer plus rapidement l'industrie et l'agriculture locales. Il faut surtout, comme on l'a compris à Paris, confier aux indigènes la gestion administrative de leur pays, leur accorder une plus grande autonomie de décision, respecter davantage leur identité culturelle. Déjà, à leur avis, de grands pas sont accomplis dans cette direction : ils voient de plus en plus de Guadeloupéens parmi les cadres administratifs ; les maires et conseillers municipaux sont tous des élus locaux. L'enseignement à tous les niveaux, mêmes les postes d'inspection, sont le plus souvent confiés à des Antillais, avec mission d'enseigner un programme français adapté aux Antilles. Ils constatent avec plaisir sur le plan de l'habitat qu'architectes et urbanistes font parfois preuve d'imagination et essaient de concilier intelligemment modernisme, confort, salubrité tout en tenant compte de la profonde répugnance des Antillais et des Antillaises à habiter ces tours de béton qui défigurent nos villes partout dans le monde.

Jacques et Renélia déplorent que la plupart des fonctionnaires métropolitains rentrent en France à la fin de leur contrat, malgré des primes alléchantes. Certains comme Jacques et Renélia choisissent de s'installer dans l'île, séduits par le charme indéniable du pays et de ses habitants, la vie plus reposante que celle de la métropole. Du même coup, ils font leur carrière dans d'agréables conditions, et ils rendent un précieux service à la Guadeloupe qui a un pressant besoin de cadres pour accélérer son développement économique et son évolution politique et sociale.

QUESTIONS

1. Quelle langue parle-t-on officiellement à la Guadeloupe ? Et quelle langue parlent les enfants et les gens dans la rue ? **2.** Pourquoi est-il conseillé d'apprendre un peu de créole si l'on veut vivre et travailler dans cette île ? **3.** Que fait Jacques à la Guadeloupe ? **4.** Renélia a-t-elle une plus grande responsabilité que son mari ? **5.** Quels sont les avantages de la vie à la Guadeloupe ? **6.** Quels sont les problèmes majeurs à résoudre à la Guadeloupe ? **7.** Imaginez quelques solutions politiques à ces problèmes. **8.** À votre avis d'où les Guadeloupéens peuvent-ils tenir leur passion des discussions politiques (songez à Renélia, à ses confrères médecins, aux collègues de Jacques). **9.** Avez-vous remarqué cette passion chez d'autres ? Qui ? **10.** Lesquels, parmi les problèmes de la Guadeloupe, sont des problèmes planétaires ? **11.** Quels avantages directs l'île retire-t-elle du fait qu'elle est un département français? **12.** Quelles solutions immédiates devrait-on apporter aux difficultés économiques de cette île? **13.** Qui nomme les cadres administratifs de la Guadeloupe? **14.** De quels facteurs tiendriez-vous compte d'abord si vous étiez architecte et qu'on vous demande un projet de construction sous les tropiques? **15.** Un Français de gauche comprendra-t-il mieux que d'autres les problèmes des Guadeloupéens? Expliquez. **16.** Pourquoi Jacques et Renélia sont-ils avantagés par rapport à d'autres Français nommés dans les Antilles? **17.** Quel danger peut présenter la vie apparemment facile sous les tropiques? **18.** Quelles raisons peuvent pousser un fonctionnaire de la métropole à demander un poste outre-mer? **19.** Citez des exemples de développement économique dans les Antilles françaises. **20.** On vous propose d'aller travailler bénévolement dans un pays en voie de développement pendant un an. Accepterez-vous ou non? Donnez les raisons de votre décision. **21.** Si votre pays était sous-développé ou en voie de développement, quelle sorte de secours demanderiez-vous en priorité à des pays qui offriraient de vous aider?

QUESTIONS-DÉBAT

1. Quels avantages et quels inconvénients y a-t-il à nommer dans les Antilles des fonctionnaires de la métropole? **2.** Comparez le stade économique et social de diverses îles des Antilles (Haïti, Antigua, Jamaïque, . . .) **3.** Présentez quelques arguments pour et contre l'indépendance des Antilles françaises.

CONVERSATION GRAMMAIRE: Exercices

A. EXCLAMATIONS (TRANSFORMATIONS)

MODÈLES: *C'est beau, les Antilles!*
          J'aime la beauté des Antilles.
          Que les Antilles sont belles.

          C'est vaste le Canada!
          J'aime la vastitude du Canada.
          Que le Canada est vaste!

1. C'est riche le Texas!
2. C'est immense, l'Atlantique!
3. C'est profond, le Pacifique!
4. C'est luxueux, la Mercedes!
5. C'est rapide la Citroën!
6. C'est original, ce tableau!
7. C'est nonchalant, les Antillais!
8. C'est réservé, les Suisses!

9. C'est exubérant, les Italiens!
10. C'est souple, les chats!
11. C'est calme, ce village!
12. C'est chaud, l'été dans la prairie canadienne.
13. C'est frais, le lait de coco!
14. C'est doux la brise des tropiques.

B. L'IMPÉRATIF (TRANSFORMATIONS)

MODÈLES :   *Je fume trop.*
             Ne fumez pas tant!

             Je ne mange pas assez.
             Mangez davantage.

1. Je ne fais pas souvent de sport.
2. Je me mets toujours en colère.
3. Je suis très dur envers tout le monde.
4. Je suis très étourdi.
5. Je sors trop.
6. Je ne vais nulle part.
7. Je ne lis pas assez de français.
8. Je ne lis jamais de français.

ÉCHELLES

Le Pessimiste
—Moi, ça va.
—T'as de la chance.
—Qu'est-ce qui te préoccupe?
—C'est mon cours de maths,
    mon cours de philo,
        mon exposé de grammaire,
            mon compte-rendu de lecture,
                ma note en version anglaise,
                    ma moyenne en thème italien,
                        mon examen final,
                            mon concours d'entrée à «Agri».

—Et chez toi, ça va?
—Il y a ma soeur qui a le mal de Pott,
    mon cousin qui est daltonien,
        ma 2 CV qui est en panne,
            mon vélo qui n'a plus de freins,
                mon père qui vient de faire faillite,

      notre chatte qui a fait dix-huit petits chats,
       mon petit frère qui veut devenir gendarme.

—C'est pas gai! Et qu'est-ce que tu penses du reste?
—C'est encore pire!
—Comment ça?
—Tu as vu le cours du dollar?
    et la grève du métro?
      et le prix du pain qui augmente?
        la droite qui va passer?
          la gauche qui se déchire?
            le chômage qui nous attend?
              la politique nucléaire de la France?
                la Méditerranée en train de mourir?
              la crise . . .

—Quelle crise?

11
Une nouvelle communauté: La francophonie

—Je veux bien de la fédération canadienne, dit le Québecois, mais je tiens à mon indépendance linguistique et culturelle.

—Je suis noir, Antillais, donc différent des Français de France, disent tout haut le Martiniquais et le Guadeloupéen, mais mon indépendance totale vis-à-vis de la France créerait des servitudes nouvelles qui retarderaient ma réalisation culturelle.

—Vive la France! s'écrient le Corse, le Basque, le Breton et le Français du Midi le jour du quatorze juillet; mais ils gardent au fond du coeur— car c'est surtout de sentiments qu'il s'agit—la nostalgie d'une Corse «corsicante», d'une grande patrie basque à cheval sur les Pyrénées, d'une Bretagne «bretonnante» et d'une Occitanie autonome où la langue d'oc serait de plein droit «mai qu'una lengua, un biais de viuvre».[1]

—Malgré nos différences de surface, notre lourd passé et nos alliances opposées, disent les chefs politiques des divers pays arabes, une même solidarité de culture nous soude les uns aux autres: formons une alliance pan-arabe.

Les pays d'Afrique noire, les minorités blanches d'Afrique du Sud, les pays d'Amérique latine, cherchent tous plus ou moins à mettre en commun ce qui les rapproche. Par contre, Timor, l'Écosse, le Pays de Galles, la Croatie, le Liban, le Bangla Desh, le Tchad, Porto-Rico ont vécu ou sont en train de vivre le drame de la sécession. Partout aujourd'hui deux grandes forces sont à l'oeuvre dans le monde. L'une pousse des peuples différents à se regrouper pour mieux conserver et défendre ce qu'ils ont en commun, par exemple des caractères ethniques, culturels, religieux, linguistiques ou économiques. L'autre mène à se replier sur soi pour sauvegarder précisément ces mêmes caractères menacés par l'appartenance à un ensemble devenu trop vaste.

Le terme de «francophonie» lancé en 1967 désigne la tendance au regroupement affectant les pays ou les populations de langue française. Il existe ainsi une francophonie du Québec, une autre des pays africains, une autre encore de l'ancienne Indochine française, même une francophonie de la Louisiane, etc. Ce mot désigne aussi, globalement, l'ensemble des utilisateurs du français dans le monde. Enfin, la Francophonie c'est le nom d'un mouvement qui pousse les groupes qui parlent français à prendre conscience d'eux-mêmes en tant que communauté mondiale d'ordre linguistique et culturel. C'est une sorte de mini-UNESCO de langue française qui regroupe une vingtaine de pays ayant choisi ce moyen de gérer sur un pied d'égalité leur patrimoine commun moral et linguistique.

Les tâches ne manquent pas: éducation, affaires culturelles, sports, sciences, recherche, information, justice, la formation technique, scientifique et pédagogique des cadres, l'équivalence des diplômes, la naturalisation et l'établissement, ... Au sein de la francophonie, la France sera certes fortement sollicitée, car elle est finalement la nation de référence.

---

[1] Pas seulement une langue, mais une façon de vivre.

Mais la francophonie n'est pas une manoeuvre de la France pour forcer la main de quiconque, imposer une présence ou des valeurs en exploitant la dépendance, linguistique ou autre, de pays ou de groupes francophones. Paris accepte d'y être discret et ouvert au dialogue avec d'autres ensembles : le but est de permettre une nouvelle solidarité intermédiaire entre la solidarité nationale, trop étroite, et la solidarité internationale trop vague.

La francophonie se manifeste partout dans le monde, aux USA comme au Québec, à Nouméa, Vancouver ou Dakar. À l'ONU, qui avait en 1946 adopté le français comme langue de travail à une voix de majorité seulement, près de la moitié des délégations emploient aujourd'hui cette langue. Au total plus de 200 millions de personnes vivant dans une quarantaine d'États ou de territoires répartis sur toute la surface du globe parlent français. Selon les statistiques officielles, dans près de 1500 établissements scolaires (lycées, instituts, centres culturels, écoles de l'Alliance Française, etc.) près de 32000 professeurs détachés de la métropole donnent à environ 760.000 élèves un enseignement en français selon des méthodes pédagogiques françaises. À titre de comparaison, les USA en fournissent 16000 ; la Grande-Bretagne 6000. Des professeurs étrangers vont nombreux (près de 10.000) se recycler ou se perfectionner en France ou ailleurs, (au Québec, par exemple). De nombreux étudiants étrangers, grace à des bourses, poursuivent en France des études universitaires.

Ces chiffres impressionants révèlent l'attrait et l'efficacité indiscutables du français dans le monde. Les mérites de cette langue ne peuvent plus s'expliquer par le mythe bien connu : charme et douceur des pays qui la parlent, renommée d'une gastronomie, excellence de parfums, bouquet de crus rarissimes, ... Le français, c'est aussi la langue de nombreux artistes, chercheurs et savants, ingénieurs, industriels qui sont encore aujourd'hui à la pointe de la difficile quête du savoir moderne. On peut donc sans crainte la recommander à tous.

QUESTIONS

1. Que réclament le Québecois, l'Antillais ? **2.** Les Corses, les Basques, les Occitans qu'est-ce qu'ils veulent ? **3.** Nommez quelques pays arabophones qui souhaitent former une alliance. **4.** Quelles sont les deux forces dont il est question dans ce texte ? **5.** De quelle façon un système trop vaste peut-il menacer l'identité d'un pays, d'une province ? **6.** Combien de définitions y a-t-il du mot francophonie ? Donnez-les. **7.** Combien de pays font partie de la francophonie ? Nommez-en quelques-uns. **8.** Quels problèmes les pays de la francophonie sont-ils amenés à traiter ? **9.** Décrivez le rôle de la France à l'intérieur de la francophonie. **10.** Citez deux régions des États-Unis où la francophonie se manifeste encore aujourd'hui. **11.** Donnez le nombre approximatif de francophones et leur répartition dans le monde. **12.** Dans quels établissements peut-on apprendre le français ? **13.** Pourquoi de nombreux professeurs étrangers de français vont-ils en France? **14.** Quelles idées superficielles a-t-on parfois au sujet de la France? **15.** Dans quelles professions le français peut-il être utile? **16.** Que répondre à ceux qui hésitent à apprendre le français?

QUESTIONS-DÉBAT

1. Quelles réflexions vous inspirent les statistiques sur les enseignants français, britanniques et américains en mission à l'étranger? **2.** Êtes-vous d'accord sur le principe de l'indépendance pour toutes les minorités? Expliquez. **3.** La francophonie peut-elle jouer un rôle bienfaisant dans les relations internationales? De quelle façon? **4.** La francophonie est-elle compatible avec le bilinguisme ou le plurilinguisme (songez au Canada, à la Suisse, à la Belgique, au Viet-Nam, ...)?

CONVERSATION GRAMMAIRE: Exercices

A. TRANSPOSITIONS DIVERSES

MODÈLES: *Malgré leurs différences ...*
Bien qu'ils soient différents ...

Parce que vous êtes différents ...
À cause de vos différences ...

1. Bien qu'ils soient indépendants ...
2. Malgré leur solidarité ...
3. Parce qu'il est cruel ...
4. À cause de votre courage ...
5. Malgré leur alliance ...
6. Bien que tu sois cultivé ...
7. À cause de ma cécité ...
8. Parce qu'ils sont avares et méchants ...
9. Malgré votre grand nombre ...
10. À cause de notre compréhension ...
11. Bien qu'elle soit infiniment patiente ...
12. À cause de sa mesquinerie ...

B. ARTICULATION DU DISCOURS

MODÈLES: *Pourquoi partir? Nous sommes bien ici.*
Puisque nous sommes bien ici, nous ne partirons pas.

1. Pourquoi rester? Personne ne veut de nous.
2. Pourquoi se plaindre? On les traite bien.
3. Pourquoi ne pas nous plaindre? On nous traite mal.
4. Pourquoi hésiter? Ils ont le choix.
5. Pourquoi se dépêcher? Elle a le temps.

6. Pourquoi nous gêner? Nous avons tous les droits.

7. Pourquoi ne pas être généreux? Ils en ont les moyens.

8. Pourquoi polluer? Il existe des sanctions sévères.

9. Pourquoi ne pas devenir bilingues? Il n'y a que des avantages à cela.

10. Pourquoi acheter une grosse voiture? Une petite suffit.

11. Pourquoi ne pas se cultiver? L'université en donne les moyens.

12. Pourquoi gaspiller? Un tiers du monde souffre de faim.

13. Pourquoi avoir un chien? Elle vit dans un appartement.

14. Pourquoi ne pas cultiver des légumes? Ils ont un grand terrain.

ÉCHELLES

Une francophonie
C'est beau.
   C'est grand.
      C'est généreux.
         C'est pratique.
            C'est dans le vent.
               Tout le monde en veut.
            Il en fallait une.
            Enfin on l'a.
               C'est la panacée.

—Mais comment ça marche?
C'est le grand bonheur.
   L'amour y est pour beaucoup.
      Léopold Senghor[2] aussi.
         L'humanisme aussi.
            Avec la bénédiction de Paris.
               Ça inspire la confiance.
               Ça libère les coeurs et les lèvres.

—Mais comment ça marche?
C'est une idée-force.
   C'est une idée-feu.
      C'est dur comme fer.
         Souple comme un roseau.
            Nous en disons du bien.
               Les autres en disent du mal.
               Lui veulent du mal.
            Des jaloux!
            Des envieux!

---

[2] *Léopold-Sédar Senghors:* Grand poète et premier président du Sénégal (1906–   ).

—Mais comment ça marche?
Ça marche dans la gloire.
   Et l'égalité.
      Et la liberté.
         Et la fraternité.
            Allons enfants . . .

—Alors, ça ira . . .

Appendices

Unités de mesure usuelles

(Longueur, poids et capacité)

1 centimètre (cm)	about $\frac{1}{3}$ of an inch environ $\frac{1}{3}$ de pouce	1 inch	2,5 cm
1 mètre (m)	about 3 feet (1 yard) environ 3 pieds	1 foot	30 cm (environ)
1 kilomètre (km) (1000 mètres)	about $\frac{5}{8}$ of a mile environ $\frac{5}{8}$ de mille	1 mile	1,6 km (environ)
1 gramme (g)	about 1/30 of an ounce environ 1/30 d'une once	1 ounce	28,5 g (environ)
500 grammes (une livre)	about 1 pound environ 1 livre	1 pound (U.S.)	1 livre (environ)
1000 grammes (un kilo) (kg)	about 2 pounds environ 2 livres	2 pounds (U.S.)	1 kg (environ)
1 litre (1)	about 1 quart environ 1 litre	1 gallon (U.S.)	3,5 litres

Unités de mesure des températures (correspondances)

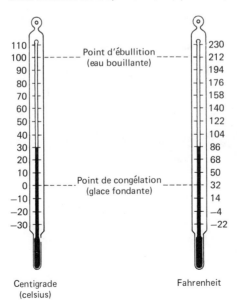

Centigrade
(celsius)

Fahrenheit

INDICATIFS D'IMMATRICULATION DES VOITURES FRANÇAISES

01	AIN	33	GIRONDE	65	PYRÉNÉES (Hautes)
02	AISNE	34	HÉRAULT	66	PYRÉNÉES-ORIENTALES
03	ALLIER	35	ILLE-ET-VILAINE	67	RHIN (Bas)
04	ALPES (Basses)	36	INDRE	68	RHIN (Haut)
05	ALPES (Hautes)	37	INDRE-ET-LOIRE	69	RHÔNE
06	ALPES-MARITIMES	38	ISÈRE	70	SAÔNE (Haute)
07	ARDÈCHE	39	JURA	71	SAÔNE-ET-LOIRE
08	ARDENNES	40	LANDES	72	SARTHE
09	ARIÈGE	41	LOIR-ET-CHER	73	SAVOIE
10	AUBE	42	LOIRE	74	SAVOIE (Haute)
11	AUDE	43	LOIRE (Haute)	75	SEINE (PARIS)
12	AVEYRON	44	LOIRE-ATLANTIQUE	76	SEINE-MARITIME
13	BOUCHES-DU-RHONE	45	LOIRET	77	SEINE-ET-MARNE
14	CALVADOS	46	LOT	78	YVELINES
15	CANTAL	47	LOT-ET-GARONNE	79	DEUX-SÈVRES
16	CHARENTE	48	LOZÈRE	80	SOMME
17	CHARENTE-MARITIME	49	MAINE-ET-LOIRE	81	TARN
18	CHER	50	MANCHE	81	TARN-ET-GARONNE
19	CORRÈZE	51	MARNE	83	VAR
20	CORSE	52	MARNE (Haute)	84	VAUCLUSE
21	CÔTE-D'OR	53	MAYENNE	85	VENDÉE
22	CÔTES-DU-NORD	54	MEURTHE-ET-MOSELLE	86	VIENNE
23	CREUSE	55	MEUSE	87	VIENNE (Haute)
24	DORDOGNE	56	MORBIHAN	88	VOSGES
25	DOUBS	57	MOSELLE	89	YONNE
26	DROME	58	NIÈVRE	90	BELFORT (Territoire de)
27	EURE	59	NORD		
28	EURE-ET-LOIR	60	OISE	91	ESSONNE
29	FINISTÈRE	61	ORNE	92	HAUTS-DE-SEINE
30	GARD	62	PAS-DE-CALAIS	93	SEINE-SAINT-DENIS
31	GARONNE (Haute)	63	PUY-DE-DOME	94	VAL-DE-MARNE
32	GERS	64	PYRÉNÉES (Basses)	95	VAL-D'OISE

LETTRES DISTINCTIVES DES VOITURES ÉTRANGÈRES

A	AUTRICHE	FL	LIECHTENSTEIN	NL	PAYS-BAS
AL	ALBANIE	G	GUATEMALA	P	PORTUGAL
AND	ANDORRE	GB	GRANDE-BRETAGNE	PA	PANAMA
AUS	AUSTRALIE	GBG	ILE DE GUERNESEY	PAK	PAKISTAN
B	BELGIQUE	GBJ	ILE DE JERSEY	PE	PÉROU
BA	BIRMANIE	GBZ	GIBRALTAR	PL	POLOGNE
BG	BULGARIE	GR	GRÈCE	PY	PARAGUAY
BR	BRÉSIL	H	HONGRIE	R	ROUMANIE
C	CUBA	I	ITALIE	RA	ARGENTINE
CDN	CANADA	IL	ISRAEL	RCH	CHILI
CH	SUISSE	IN	INDONÉSIE	RH	HAITI
CL	CEYLAN	IND	INDE	RL	LIBAN
CO	COLOMBIE	IR	IRAN	RSM	SAINT-MARIN
CS	TCHÉCOSLOVAQUIE	IRL	IRLANDE	S	SUÈDE
CY	CHYPRE	IRQ	IRAK	SF	FINLANDE
D	ALLEMAGNE	IS	ISLANDE	SU	URSS
DK	DANEMARK	J	JAPON	SYR	SYRIE
DOM	RÉP. DOMINICAINE	JA	JAMAIQUE	TN	TUNISIE
DZ	ALGÉRIE	L	LUXEMBOURG	TR	TURQUIE
E	ESPAGNE	MA	MAROC	U	URUGUAY
EQ	EQUATEUR	MC	MONACO	USA	ÉTATS-UNIS
ET	ÉGYPTE	MEX	MEXIQUE	V	VATICAN
F	FRANCE	N	NORVÈGE	YU	YOUGOSLAVIE
				ZA	AFRIQUE DU SUD

LETTRES DISTINCTIVES DES IMMATRICULATIONS SPÉCIALES

CD	CORPS DIPLOMATIQUE	IT	IMPORTATION TEMPORAIRE	W	EN VENTE OU EN RÉPARATION
CMD	CHEF DE MISSION DIPLOMATIQUE	TT	TRANSIT TEMPORAIRE	WW	EN LIVRAISON
D	VÉHICULES DES DOMAINES				

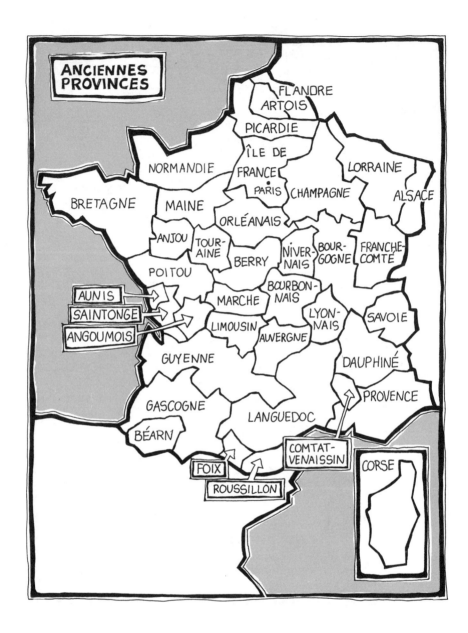

ANCIENNES PROVINCES

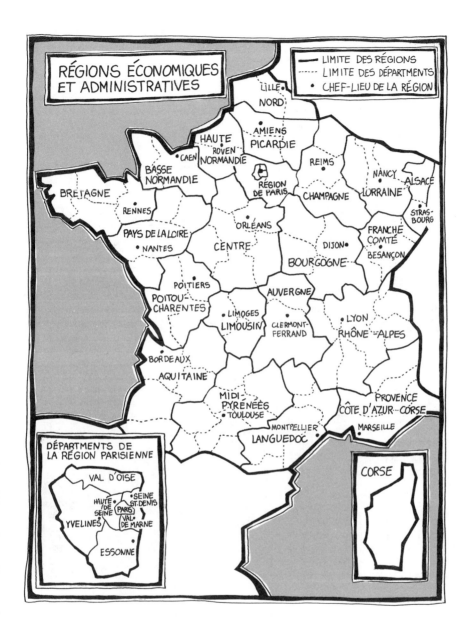

RÉGIONS ÉCONOMIQUES ET ADMINISTRATIVES

LIMITE DES RÉGIONS
LIMITE DES DÉPARTMENTS
• CHEF-LIEU DE LA RÉGION

LILLE •
NORD

• AMIENS
HAUTE   PICARDIE
• ROUEN
• CAEN NORMANDIE   • REIMS
BASSE   • NANCY
NORMANDIE   RÉGION   CHAMPAGNE LORRAINE   ALSACE
DE PARIS
BRETAGNE   STRAS-
                                                                     BOURG
• RENNES   • ORLÉANS   FRANCHE
PAYS DE LA LOIRE   COMTÉ
• NANTES   CENTRE   • DIJON   • BESANÇON
                           BOURGOGNE
• POITIERS
POITOU-   AUVERGNE
CHARENTES
• LIMOGES   • LYON
LIMOUSIN   • CLERMONT-   RHÔNE-ALPES
                  FERRAND
• BORDEAUX
AQUITAINE
                MIDI-   PROVENCE
                PYRÉNÉES   CÔTE D'AZUR CORSE
                • TOULOUSE
                        • MONTPELLIER   • MARSEILLE
                LANGUEDOC

DÉPARTMENTS DE
LA RÉGION PARISIENNE

VAL D'OISE

HAUTE   • SEINE
DE   ST-DENIS
SEINE   (PARIS)
YVELINES   VAL
           DE MARNE

ESSONNE

CORSE

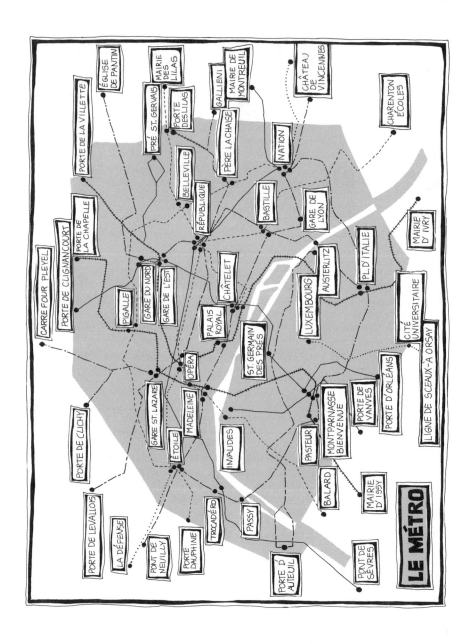

LE MÉTRO

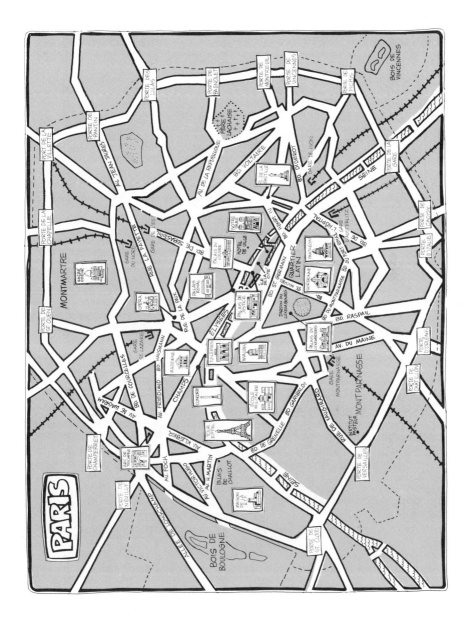

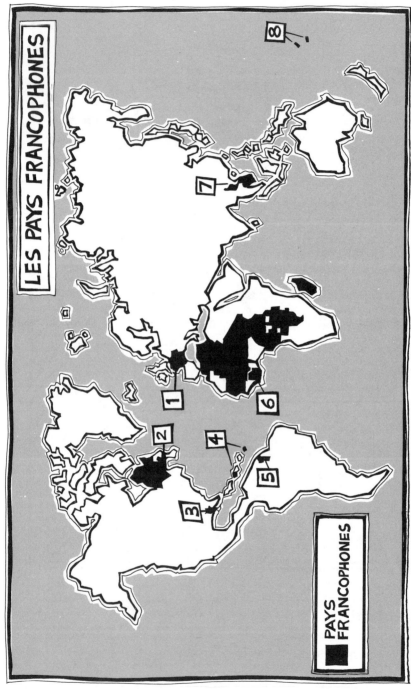

LES PAYS FRANCOPHONES

PAYS FRANCOPHONES

Les pays francophones—1 : France/2 : Québec/3 : La Louisiane/4 : Antilles (Haïti, Guadeloupe, Martinique . . .)/5 : Cayenne/6 : Pays africains (Maroc, Algérie, Tunisie, Sénégal, Côte d'Ivoire, Caméroun, Zaïre, Madagascar . . .)/7 : Vietnam, Cambodge, Laos/8 : Îles Fidji et Samoa.

Vocabulaire

Dans ce vocabulaire se trouvent groupés tous les mots utilisés dans les trois Niveaux, à l'exception de certains mots-outils (articles, prépositions, adjectifs et pronoms possessifs, démonstratifs et indéfinis, pronoms personnels, relatifs). Les verbes sont donnés à la forme infinitive et parfois participiale. Les formes du féminin et du pluriel qui nous ont paru présenter quelque difficulté sont également notées. Une astérisque (*) devant un mot commençant par un h indique que cet h est aspiré. Les mots apparentés (*cognates*) figurent dans la liste, suivis de l'indication de leur genre, mais sans autre explication car leur sens est évident.

Voici le tableau des abréviations et signes conventionnels employés:

abrév	abréviation	*loc imp*	locution impersonnelle
adj	adjectif	*loc prep*	locution prépositive
adv	adverbe	*m*	masculin
ant	antonyme	*myth*	mythologie
arg	argot	*part*	participe
conj	conjonction	*par ext*	par extension
contr	contraire	*pl*	pluriel
écon	économie	*prép*	préposition
excl	exclamation	*pron*	pronom
f	féminin	*qqch*	quelque chose
fam	familier	*qqn*	quelqu'un
fig	figuré	*rel*	relatif
gram	grammaire	*s*	singulier
loc adv	location adverbiale	*subj*	subjonctif
loc consac	locution consacrée		

A

abaisser faire descendre, rabaisser

abandon *m*

abandonner renoncer à courir, quitter la course; délaisser

abat-jour *m lampshade*

aberrant *adj* qui s'écarte de la règle, de la norme

abonder être en abondance

s'abonner à prendre un abonnement, une souscription à un journal

(d)'abord *adv first*

abordable *adj* à un prix raisonnable
aboutir réussir
    aboutir à qqch arriver à qqch
abri *m* refuge, endroit où on est protégé
    du vent, de la pluie, ...
    à l'abri de hors d'atteinte de
abriter loger, mettre à l'abri, protéger
absence *f*
absorbant *adj fig* qui occupe entièrement,
    qui exige beaucoup de temps
absorbé *adj* occupé, l'esprit perdu
s'abstenir ne pas faire qqch, ne pas voter
abstention *f*
abuser de qqch consommer, utiliser qqch
    avec excès, en trop grandes quantités
    ou trop fréquemment
acajou *m mahogany*
accéder à avoir accès à, se procurer,
    arriver à, pénétrer dans
accélérer hâter, presser, rendre plus rapide
accent *m* inflexion de la voix; signe
accentué *adj* qui reçoit l'accent tonique
acceptable *adj*
accès *m* entrée, approche
accident *m*
acclamation *f* cri poussé par un grand
    nombre de personnes pour approuver
    ou montrer de l'enthousiasme
s'accommoder de trouver à sa convenance,
    s'arranger de, se satisfaire de
accompagner aller avec, suivre, se joindre
    à, marcher avec, marcher de
    compagnie avec
accompli *adj* parfait en tous points
accomplir achever entièrement, exécuter
accord *m* pacte, convention, conformité
    de sentiments
    être d'accord être du même avis
    se mettre d'accord être du même avis,
        partager l'avis ou le sentiment de
        qqn d'autre
    tomber d'accord se ranger à l'avis de
        qqn d'autre
accordé *adj* donné, permis
accordéon *m* instrument de musique à
    soufflet
accordéoniste *m f* celui ou celle qui joue
    de l'accordéon
accorder rétablir l'entente entre deux
    personnes, réconcilier, concilier,
    permettre, donner, concéder,
    octroyer
accouchement *m* action d'accoucher,
    d'enfanter (*delivery*)
s'accoutumer s'habituer

accrochage *m* combat
accrocher suspendre, retenir à l'aide d'un
    crochet
accroissement *m* augmentation
(s')accroître augmenter
(s')accroupir s'asseoir sur ses talons, se
    plier, se courber
accueillir recevoir
achat *m* acquisition à prix d'argent; objet
    acheté, emplette
acheter acquérir en payant
s'acheter être acheté
acompte *m* paiement partiel
à-coup *m* mouvement brusque
acquitter payer, régler
acquéreur *m* acheteur
acteur(trice) *m f* artiste qui joue dans
    un théâtre ou dans un film
actif(ive) *adj* qui agit
actionnaire *m* proprietaire d'une ou de
    plusieurs actions (*shareholder*)
activité *f*
actuel(le) *adj* présent
adaptation *f*
adapter
addition *f* total d'une dépense
    (par exemple, l'addition à la fin
    d'un repas)
adhérent *adj m* membre d'une associa-
    tion, d'un parti politique
adjectif *m*
adjoint *adj m* assistant, collaborateur
admettre accepter
administratif *adj*
administration *f* service public et en-
    semble des fonctionnaires qui
    en font partie (par exemple: l'ad-
    ministration des Postes et
    Télécommunications)
admiration *f*
admis *adj* reçu, agréé
    non admis pas reçu, refusé
admission *f*
adolescent *m*
adopter prendre légalement, accepter
adorer
adoucir rendre plus doux, plus facile à
    supporter
adresse *f* habileté; indication du domicile
(s') adresser
    s'adresser à se tourner vers, aller
        trouver
    s'adresser à qqn adresser la parole à
        qqn, lui parler
adversaire *m*

aérien(ne) *adj* relatif à l'aviation
aéroport *m*
affaire *f* débat, procès
    avoir affaire à être en rapport avec
    c'est l'affaire d'une demi-heure cela ne dure qu'une demi-heure
    c'est l'affaire de tous tous doivent travailler à cela, tous doivent se sentir responsables
    petite affaire chose triviale
    se tirer d'affaire se tirer d'une difficulté, vaincre une difficulté
Affaires Étrangères *f pl* tout ce qui concerne la politique étrangère ; ministère qui s'en occupe (*State Department*)
Affaires Culturelles *f pl* activités qui concernent la culture ; ministère qui s'en occupent
affecter influencer, avoir un effet (sur qqn ou qqch)
affection *f*
affectueux *adj* tendre
affichage *m* action d'afficher
    panneau d'affichage, planche de bois sur laquelle on colle, épingle ou cloue des affiches
affiche *f* feuille imprimée collée à un mur, . . .
    retirer un film de l'affiche ne plus faire de publicité pour un film qu'on ne passe plus
affiche-réclame *f* affiche publicitaire, avis publicitaire placardé dans un lieu public, publicité par voie d'affiche
africain *adj* d'Afrique
Afrique *f* une des cinq parties du monde
Afrique du Sud *f*
affolant *adj* effrayant
affreusement *adv* extrêmement, terriblement
affreux *adj* abominable, détestable, horrible
âge *m* durée de la vie
    âge d'or époque de développement florissant dans l'Antiquité
    âge scolaire âge où l'on est censé aller en classe, c'est-à-dire à partir de 5 ans
âgé *adj* vieux, d'un certain âge, mais pas forcément vieux
agence *f* entreprise commerciale, s'occupant de différentes affaires
    agence immobilière entreprise qui s'occupe de la vente de propriétés

immobilières (maisons, terrains, bâtiments, . . .)
    agence de voyage bureau de tourisme
agent *m* agent de police
agent général représentant d'une firme, employé qui sert d'intermédiaire entre la direction et les usagers
agglomération *f* group serré de constructions urbaines
s'agir
    il s'agit de *loc imp* il est question de . . .
    il s'agit là de . . . dans ce cas précis, il est question de . . . , ceci est un exemple de . . .
agrandir rendre plus grand
agrandissement *m* accroissement, extension
agréable *adj*
agréablement d'une manière agréable
Agrégation *f* concours pour le recrutement des professeurs de lycée et d'université
Agri m. abréviation pour «agriculture» dans École Nationale d'Agriculture, un des grands établissements d'enseignement spécialisés
agricole *adj* qui concerne l'agriculture
agriculteur *m* propriétaire paysan
agriculture *f*
    école d'agriculture où l'on apprend à devenir un bon agriculteur
aide *f*
    à l'aide de en utilisant
aider secourir
aiguille *f* *hand (clock)*
aile *f* *wing; fender*
ailier *m* au football ou au rugby un des avants à l'extrême droite ou à l'extrême gauche
ailleurs *adv* en un autre lieu
    d'ailleurs *loc adv* de plus, du reste
aimable *adj* sympathique, cordial
air *m* apparence
    changer d'air aller ailleurs, voyager, changer de cadre, de région
    en plein air au dehors, à l'extérieur
    le plein air activités, sports, distractions qui ont lieu à l'extérieur, dans la nature
aise *f* état agréable, absence de gêne
    être à l'aise se sentir bien, ne pas se sentir gêné
    mettre qqn à l'aise s'efforcer pour que qqn se sente bien
    se sentir à l'aise être bien, détendu

aisé *adj* qui a de l'argent, qui vit à son aise, relativement riche, assez riche

aisément *adv* facilement

ajouter additionner, compter en plus

alarme *f* alerte, signal

Albanie *f*

Albi chef-lieu du département du Tarn, dans le Sud-Ouest de la France

alchimie *f* transformation chimique, art de la transmutation des métaux; *par ext*, toute science magique

alcoolisé *part* qui contient de l'alcool

aléatoire *adj* hasardeux, problématique

aligner ranger sur une ligne

aliment *m* nourriture

allaiter nourrir de son lait

alléchant *adj* qui attire par la promesse du gain, du plaisir

allée *f* chemin bordé d'arbres; passage étroit

    allée centrale (d'une église) nef principale, face au maître-autel

Allemagne *f* pays à l'est de la France, République fédérale d'Allemagne, capitale Bonn

allemand *adj* d'Allemagne

Allemand *m* personne de nationalité allemande

alliance *f* pacte; anneau nuptial

Alliance Française association qui cherche à propager la langue et la culture françaises à l'étranger

allié *m* qui est uni par un pacte

allocation *f* indemnité, somme d'argent non remboursable, don, prestation

    allocation-études somme d'argent, sorte de salaire, qui serait versé aux étudiants pour payer leurs études et leur permettre de vivre

    allocations familiales somme d'argent versée par l'État aux familles qui ont des enfants

allumer mettre en marche; *to light*

allure *f* apparence, manière de se conduire, façon de marcher, vitesse d'une personne, d'un véhicule . . .

allusion *f*

alpinisme *m* sport, ascensions en montagne

Alsace *f* province et département (cap. Strasbourg)

altitude *f*

aluminium *m*

alunissage *m* action d'atterrir sur la lune

s'amasser se rassembler en grand nombre

amateur *adj m*

    faire du théâtre amateur jouer dans une troupe d'amateurs

    joueur amateur qui joue pour le plaisir de jouer, et qui ne reçoit aucun salaire pour cela

ambassadeur(drice) *m f* représentant d'un État

ambiance *f* atmosphère, climat moral

ambigu *adj* qui peut avoir deux ou plusieurs sens

ambulance *f*

ambulant *adj* qui se déplace

aménagé *adj* entretenu, tenu en bon état

    un terrain aménagé un terrain bien entretenu et équipé

aménagement *m* modification

aménager transformer en vue de rendre plus confortable, ou d'améliorer; disposer avec ordre

améliorer rendre meilleur

amende *f* peine, sanction, infligée à qqn qui a commis une infraction, sous forme d'une somme à payer

amende honorable (faire) pardon

amener conduire, mener

amer(ère) *adj* qui a une saveur rude et désagréable (*bitter*); triste, douloureux

américain *adj*

Américain *m* citoyen des États-Unis d'Amérique

Amérique *f* les États-Unis; le continent américain

Amérique latine Amérique du Sud

ameublement *m* ensemble de meubles

ami *m friend*

Amiens chef-lieu du département de la Somme

amitié *f friendship*

amoureux(euse) *adj m f* qui aime, qui est épris de

amphithéâtre *m* salle garnie de gradins où le professeur fait son cours

ampoule *f electric light bulb*

amusant *adj* qui amuse

s'amuser se divertir

an *m* durée de douze mois

analogue *adj* semblable, similaire

anarchie *f* désordre, confusion

ancien(ne) *adj* qui existe depuis longtemps (par exemple, des meubles anciens); qui a existé, mais qui n'existe plus sous la forme première (par exemple, un ancien château devenu musée); qui n'est plus utilisé, qui ne sert plus

Anciens *m pl* les peuples de l'Antiquité

anglais *adj* d'Angleterre; de style anglais

Anglais *m* personne de nationalité anglaise (ou britannique)

Angleterre *f*

anglophone *adj* qui parle anglais

angoisse *f* anxiété physique ou morale

animal(aux) *m*

anjou *m* vin récolté dans l'ancienne province de la vallée de la Loire inférieure (Anjou), capitale Angers

année **f** durée de douze mois

annexer joindre, attacher, incorporer

anniversaire *m* le jour qui rappelle un événement passé un an ou plusieurs ans plus tôt, à la même date; cérémonie commémorative

annonce *f* avis verbal ou écrit donné à qqn ou au public

les petites annonces liste d'avis ou d'annonces publiée dans un journal (*want ads*)

annuel(elle) *adj* qui se produit, qui arrive, qui se répète chaque année; qui dure toute une année

annuler déclarer nul

antenne *f* appareil destiné à capter les ondes de télévision ou de radio

antibiotique *adj m*

antiesclavagisme *m* attitude qui s'oppose vivement à l'esclavage

antigouvernemental *adj* opposé au gouvernement

Antigua *f* île des Petites Antilles

Antilles *f* archipel des Caraïbes (Cuba, Haïti, Jamaïque, Porto Rico) plus les "Petites Antilles" (Îles du Vent) comprenant la Guadeloupe, la Martinique, la Barbade et la Trinité, plus les Îles Sous le Vent au large du Venezuela

antipathique *adj* détestable, déplaisant

antipollution *f*

antique *adj* qui appartient à une époque très ancienne

août *m* le huitième mois de l'année

apercevoir voir, distinguer, remarquer, observer

s'apercevoir de qqch remarquer qqch, se rendre compte de qqch

apparaître *to appear, to seem*

appareil *m* machine, assemblage; avion, aéroplane; appareil de photo (*camera*)

appareil de radio appareil de radioscopie qui permet d'examiner un objet ou un organe au moyen des rayons X, par transparence

appariteur *m* huissier d'une faculté, d'une mairie . . .

apparemment *adv* selon toute apparence

appartenance *f* le fait d'appartenir

appartenir être à, faire partie de

ceci m'appartient ceci est à moi

appel *m* action d'inviter à venir

faire appel à s'adresser à

(s')appeler avoir pour nom

appétissant *adj* qui donne de l'appétit, qui donne envie de manger

appétit *m*

Bon appétit *loc consac* je vous souhaite un bon repas

applaudir battre les mains en signe d'approbation

applicable *adj*

application *f* mise en pratique

entrer en application entrer en vigueur

appliqué *adj* utilisé, employé

s'appliquer être pertinent, justement applicable

appoint *m* aide, contribution

apporter porter avec soi

appréciation *f* jugement

apprécié *adj* goûté avec faveur

apprécier accorder du prix à qqch, y trouver du plaisir, estimer

apprendre acquérir des connaissances (*to learn*)

s'approcher (de) venir tout près (de), se mettre près (de)

approfondi *adj*

connaissance approfondie connaissance sérieuse, exhaustive

approprié *adj* convenable

approuver donner son consentement

approuver un document signer un document, accepter ce document, le déclarer valable

approximatif *adj* imprécis, vague

approximation *f*

appui *m* soutien, support

s'appuyer

s'appuyer à qqch se servir de cette chose comme d'un support latéral

(par exemple, s'appuyer à un
mur)
s'appuyer sur qqch se servir de qqch
comme d'un soutien (par exemple,
s'appuyer sur une canne)
après-demain *loc adv* le jour qui suit le
lendemain
après-midi *m afternoon*
aquarium *m*
Arabe *m f* personne de langue sémitique,
de religion mahométane
arabe *m adj* langue
arabophone *adj* de langue arabe
arbitre *m* personne chargée de surveiller
un jeu, un débat et de départager
les opposants
arbre *m tree*
arbre de Noël arbre (sapin) garni de
jouets et de friandises et que l'on
dresse à Noël
arc *m* partie d'une ligne courbe
archevêque *m* premier évêque d'une
province ecclésiastique comprenant
plusieurs diocèses
architecture *f*
ardoise *f* pierre grise ou bleue, imperméa-
ble, qui se débite en minces feuilles
et dont on recouvre les toits (*slate*)
ardu *adj* difficile, pénible
arête *f* os de certains poissons
argent *m money; silver*
argot *m slang*
argotique *adj* de la nature de l'argot
Argus *m* journal spécialisé de
l'automobile
Arles *f* ville sur le Rhône, dans les
Bouches-du-Rhône
arme *f* instrument qui sert à attaquer ou
à se défendre (coutelas, poignard,
épée, lance, hache, pistolet,
mitrailleuse, carabine . . .)
armistice *m* interruption des hostilités à
la suite d'un accord entre les
combattants
armoire *f* meuble haut à une ou deux
portes pour ranger les vêtements, le
linge
d'arrache-pied *loc adv* sans interruption,
avec énergie
arrêt *m* action d'arrêter, de s'arrêter;
jugement
arrêter empêcher d'avancer, stopper
arrière *adj* partie postérieure (*ant* avant)
arrière *m* (au football) joueur chargé de
protéger le but

arrivé *m*
les derniers arrivés les gens arrivés les
derniers
arrivée *f* la fin d'une course; action
d'arriver
arriver
il arrive que il advient que, il se
produit que
y arriver parvenir à faire qqch, à faire
cela
arrondir
arrondir une somme d'argent par
exemple, passer de 11,90 F à 12,00 F
pour des raisons de simplification
arrondissement *m* subdivision ou circonscription administrative (un département est divisé en arrondissements;
Paris en a 20)
art *m*
avoir l'art de faire qqch savoir faire
qqch avec habileté
Art Nouveau style en vogue au début
du XXe siècle
artichaut *m artichoke*
article *m* (dans une revue) passage consacré à un sujet particulier
articulation *f*
artifice *m*
feux d'artifice ensemble de fusées et
de feux divers et multicolores qu'on
allume la nuit
artificiel(elle) *adj*
artiste *f m*
artistique *adj*
ascenseur *m* appareil au moyen duquel
on élève les personnes ou les far-
deaux, d'un étage à l'autre d'un
immeuble
aspect *m*
asperge *f asparagus*
aspirateur *m* appareil qui aspire la
poussière (*vacuum cleaner*)
aspiration *f* souhait, désir, espoir
aspirer
aspirer à qqch souhaiter ardemment
qqch
aspirine *f*
assaillir attaquer, entourer, se précipiter
vers
assassiner tuer; *fam* demander une
somme d'argent excessive
assaut *m*
prendre d'assaut occuper avec empressement, en se dépêchant, occuper à la hâte, se ruer vers

(s')asseoir action de se mettre sur son séant, *to sit down*

asservissement *m* état de dépendance, de servitude

assez *adv*
  en avoir assez de être dégoûté de, être fatigué de

assiette *f* pièce de vaisselle (*plate*)

assistance *f* présence

assister prêter assistance, aider, conseiller
  assister à être présent à, prendre part à, regarder

association *f*

assommer *fam* importuner
  assommer les spectateurs de publicité les écraser, les submerger de publicité au point de les dégoûter

assorti *adj*
  personnes bien assorties qui semblent faites pour être ensemble, qui se conviennent parfaitement

assortir réunir des choses, des personnes qui se conviennent

assouplissement *m* action d'assouplir, de rendre souple

assurance *f* convention par laquelle, moyennant une prime, les assureurs s'engagent à indemniser d'un dommage éventuel; contrat, police qui contient cette garantie

assuré *adj* couvert par une assurance

assurer faire garantir par une assurance; rendre sûr, rendre certain

athlétisme *m* ensemble des sports individuels (course, saut, lancer . . .)

Atlantique *m* océan

atmosphère *f* ambiance, climat

attacher

attaquer

atteinder arriver à
  atteindre l'âge de 21 ans arriver à l'âge de 21 ans

atteinte *f* dommage, préjudice
  porter atteinte à endommager, attaquer

attendre, *to wait for*
  s'attendre à compter sur, espérer
  «en attendant» provisoirement

attentif(ive) *adj* qui agit avec attention, application

attention *f* marque d'intérêt et d'égards; soins
  faire attention prendre garde

attentivement *adv* avec attention, avec beaucoup de soin

atterrissage *m* action d'atterrir, de se poser sur terre

attirer tirer à soi; appeler sur soi
  cette région m'attire c'est dans cette région que j'aimerais aller, je préfère cette région

attitré *adj* habituel

attrait *m* ce qui charme

attraper prendre
  attraper la grippe contracter la grippe

attristant *adj* désolant

attrister rendre triste

aube *f* première lueur du jour qui se produit à l'horizon

auberge *f* maison située généralement à la campagne, et où l'on peut manger, boire, et coucher en payant
  Auberges de la Jeunesse (A. J.) équivalent des *youth hostels*, centres d'hébergement modestes

aubergine *f eggplant*

Aubisque (col de l') *m* passage dans les Pyrénées (altitude 1710 mètres)

audace *f* hardiesse excessive

augmentation *f* accroissement

augmenter accroître

aujourd'hui *adv* le jour où l'on est

ausculter appliquer une méthode de diagnostic qui consiste à écouter les bruits normaux ou anormaux dans le poumon ou le cœur; examiner

Austerlitz (gare d') *f* une des gares ferroviaires parisiennes (évoque la victoire de Napoléon sur les Autrichiens et les Russes en 1805)

Auteuil ville de la banlieue parisienne au sud-est du Bois de Boulogne, actuellement réunie à Paris (XVIe arrondissement)

authentique *adj* vrai

autobus *m bus*

auto-défense *f* action de se défendre soi-même

automatique *adj*

automobile *adj f*

automobiliste *m f* conducteur d'une automobile

automne *m* saison de l'année

autonome *adj* qui est régi par ses propres lois, libre, indépendant

autonomie *f* indépendance

autoritaire *adj* qui use avec rigueur de toute son autorité

autorité *f*
  avoir autorité pour avoir le droit de

autoroute *f* route permettant la circulation à grande vitesse des automobiles
Autoroute du Sud autoroute reliant Paris à la Côte d'Azur
autrefois *adv* anciennement, jadis
autrement *adv*
    faire autrement agir d'une autre façon
Autriche *f* Austria
auxiliaire *adj m* qui aide, prête son concours
aval *m* partie d'un cours d'eau vers laquelle descend le courant
    en aval de en descendent vers l'embouchure; au-dessous de
avaler faire descendre par le gosier
    avaler des kilomètres *fig* parcourir des kilomètres sans' arrêter
avance *f*
    à l'avance avant le moment fixé, avant la date fixée
    d'avance, par avance par anticipation
    en avance avant l'heure
    4 minutes d'avance 4 minutes avant que les autres coureurs ne passent
s'avancer (se) porter, (se) pousser en avant
avant *adv ant* arrière, après (*before*)
avant *m* partie antérieure
avantagé *adj* doué, rendu supérieur
avant-centre *m* (au football) joueur placé au centre de la première ligne de joueurs
avantage *m* ce qui rend qqch supérieur, meilleur; ce qui est utile, profitable
avare *adj* chiche, pingre (*contr* généreux)
avenir *m* le temps à venir
    à l'avenir à partir de maintenant, désormais
    l'avenir de qqn la carrière future de qqn, son métier
aventure *f*
    dire la bonne aventure prédire l'avenir, dire à l'avance à qqn ce qui lui arrivera plus tard dans la vie
    diseur(se) de bonne aventure la personne qui prédit l'avenir
s'aventurer se hasarder, se risquer
avertir
    être averti de ... être au courant, au fait, savoir
avertissement *m* action d'avertir
aveugle *adj* qui ne voit pas
Avignon ville sur le Rhône, préfecture du département du Vaucluse
avion *m* aéroplane

partir en avion, voyager en prenant l'avion
avis *m* conseil, recommandation; opinion, sentiment
    être d'avis que ... croire que, estimer que, penser que, juger que
s'aviser
    s'aviser de décider de
avocat *m* personne qui défend les intérêts juridiques de ses clients (*barrister, lawyer*)
avoué *m* homme de loi chargé de représenter ses clients devant un tribunal (*solicitor*)
avouer confesser, admettre
avril *m* quatrième mois de l'année
    le premier avril jour de fête surtout pour enfants
axe *m* direction générale, ligne principale

B

bac *m abrév* baccalauréat
baccalauréat *m* premier grade universitaire, qui donne le titre de bachelier; diplôme décerné à la fin des études secondaires au lycée
bactériologique *adj*
badaud *m* personne qui est là pour voir, par simple curiosité
(se) bagarrer *fam* se battre, lutter
baie *f* ouverture de fenêtre, de porte
bain *m* baignoire
bain-sabot *m* petite baignoire (*tub*) en forme de sabot (sorte de chaussure)
baiser *m kiss*
baisse *f* action de descendre à un niveau inférieur
baisser abaisser, mettre plus bas
    baisser la télé diminuer la puissance, l'intensité d'un poste de télé (son)
    les tarifs baissent les prix sont plus bas
bal *m*
    bal musette bal populaire, au son de l'accordéon
balcon *m* plate-forme en saillie sur la façade d'un bâtiment, entourée d'une balustrade
ballon *m* balle
balustrade *f hand-rail, railing*
banaliser rendre banal, ordinaire, difficile à reconnaître
banane *f*
banc *m* long siège avec ou sans dossier

bande dessinée *f* suite de dessins qui retracent les divers moments d'une histoire (par exemple, Mickey Mouse, Donald Duck)

bandit *m* gangster

bandoulière *f strap*

Bangladesh *m* pays qui s'est séparé du Pakistan en 1971

banlieue *f* territoire entourant une grande ville

banlieusard *m* celui qui habite en banlieue

banquet *m*

baraque *f*

    baraque foraine construction en planches où se tiennent les forains

barrage *m* construction destinée à utiliser la force des eaux pour la production du courant électrique, pour l'irrigation, ...

barbare *adj* étranger, grossier, sauvage

bas(sse) *adj* qui a peu de hauteur

bas *adv*

    à bas *loc adv* à terre

    plus bas à une altitude moins élevée

bas-côté *m* nef secondaire d'une église située de part et d'autre de la nef centrale, souvent moins élevée que celle-ci; voie latérale d'une route réservée aux piétons

base *f* principe fondamental, soutien, référence

    principe de base la première règle à suivre, le premier élément dont on doit tenir compte

basket-ball *m* sport d'équipe (cinq joueurs en jeu) qui consiste à lancer un ballon dans un panier suspendu

Basque *m* habitant de la région commune à la France et à l'Espagne de chaque côté des Pyrénées occidentales

basse *f* son grave

Bassin parisien *m* région de Paris et de ses alentours arrosée par la Seine

Bastille *f* forteresse construite à Paris au Moyen Âge, puis prison d'État et symbole de l'absolutisme royal, détruite par le peuple de Paris le 14 juillet 1789

bataille *f* combat, querelle

bâtiment *m* édifice, construction

bâton *m* long morceau de bois rond

battant *m* partie mobile d'une porte, d'une fenêtre, d'un meuble, qui tourne sur des gonds (*hinges*)

bavard *adj* qui parle trop

bavarder parler abondamment de choses et d'autres, de sujets en général peu importants

B.B.C. *f British Broadcasting Corporation*

béarnais *adj* du Béarn, province du Sud-Ouest de la France

    sauce béarnaise sauce épaisse à base de beurre et d'œufs

beau *adj* (**bel** devant voyelle)

    il fait beau il fait beau temps, il fait soleil, le temps est clair

beau *adv*

    avoir beau (*suivi d'un infinitif*) essayer en vain de

Beauce *f* région céréalière du Bassin parisien, qui s'étend au sud de Paris, jusqu'à la Loire

beaujolais *m* vin récolté dans la région du même nom, au nord du Lyonnais, capitale Villefranche-sur-Saône

beauté *f*

bébé *m* enfant en bas âge

bécane *f fam* bicyclette

Belge *m f* habitant de la Belgique

Belgique *f*

belle-famille *f* les beaux-parents, beaux-frères et belles-sœurs, c'est-à-dire les parents de l'autre époux (épouse)

bénéfice *m* gain, profit

bénéficier profiter, tirer avantage

bénévolement *adv* gratuitement

bénin (bénigne) *adj* doux, sans conséquence grave

béret *m*

berline *f* voiture à quatre portes

Berne *f* capital de la Suisse

besoin *m* exigence, ce qui est nécessaire, aspiration naturelle et souvent inconsciente

    avoir besoin de éprouver la nécessité de

    en cas de besoin si c'est nécessaire, s'il le faut

bête *f* animal

    petite bête insecte

bêtement *adv* sottement, stupidement

béton *m concrete*

betterave *f* plante qui peut soit servir à alimenter les animaux de la ferme, soit donner du sucre (c'est alors la betterave sucrière)

beurre *m* matière grasse obtenue en
   battant la crème du lait
bibliographie *f*
bibliothèque *f* armoire à rayons pour
   ranger les livres; collection de
   livres, de manuscrits
bidonville *m* agglomération de baraques
   où s'abrite une population pauvre
   (bidon *m jerrycan*)
bien *m* marchandise
   être bien être à l'aise
   dire du bien de qqch faire l'éloge de
      qqch, en parler avec admiration
   une façon bien à eux une façon qui
      leur est propre, particulière
bienfaisant *adj* charitable, généreux
bienfait *m* avantage
bientôt *adv* à bientôt *loc adv* (se dit en
      prenant congé de quelqu'un) dans
      un court espace de temps, *soon*
bière *f* boisson alcoolique obtenue par
      la fermentation de l'orge (*barley*)
      et aromatisée avec des fleurs de
      houblon (*hops*)
Bigre *excl* pour **Bougre!** exprime la
      surprise, l'étonnement
bile *f* liquide amer, sécrété par le foie;
      (*fig*) colère, irritabilité
   se faire de la bile se tourmenter,
      s'inquiéter, se faire du souci
bilingue *adj* qui parle deux langues
bilinguisme *m* qui favorise la pratique
      de deux langues
bille *f* petite boule
billet *m* billet de banque (*bank-note*)
      carte d'entrée ou de parcours
biologique *adj*
bis *adv* une seconde fois
bistrot *m* café, bar
bizarre *adj* étrange, curieux
blé *m wheat*
blanc (blanche) *adj white*
blâme *m* jugement
blé *m wheat*
blessé *m* qui a reçu une blessure
blessure *f* lésion produite dans l'orga-
      nisme par un coup, par un choc,
      par un instrument piquant, tran-
      chant
blindé *adj armored*
   porte blindée une porte très solide,
      très épaisse, en métal
   voiture blindée dont l'épaisseur des
      tôles la protège des balles

bloc *m* masse; ensemble compact
bloquer immobiliser, arrêter
blouse *f* vêtement de dessous, en toile
      ou en cotonnade, large et flottant
      (*overall, smock-frock;* peut aussi
      signifier *blouse*)
boire *to drink*
bois *m* matière dont sont faits les arbres
Bois *m* le Bois de Boulogne
Bois de Boulogne *m* vaste parc situé à
      l'ouest de Paris
boisson *f* ce qui se boit, ce qui peut être
      bu
boite *f* coffret de métal, de bois, de
      carton
bombe *f* faire la bombe *fam* faire la noce
bon (bonne) *adj*
   à quoi bon? pourquoi?, quel avantage
      y aurait-il à . . . ?
bon à rien *adj m* (chose ou personne)
      sans valeur
   c'est bon ça va, c'est bien (*fine*)
   pour de bon définitivement, sérieuse-
      ment, véritablement
bonbon *m candy*
bondé *adj* rempli au maximum, archiplein
bondir aller en se dépêchant, en courant
bonheur *m* état de parfaite satisfaction
      intérieure; bonne chance, circons-
      tance favorable
   rayonner de bonheur exprimer le
      bonheur, éclater de bonheur
bonification *f* avantage qu'on donne à
      un joueur sous forme de minutes
      qu'on enlève au temps qu'il a mis
      à parcourir une étape
Bonn *f* capitale de l'Allemagne de
      l'Ouest
bord *m* rivage, côte
Bordeaux *f* quatrième ville de France,
      port sur la Garonne
bordeaux *m*
   un bordeaux rouge un vin rouge récolté
      dans la région de Bordeaux
      (Gironde)
bordure *f*
   en bordure de au bord de, le long de
borne *f* borne kilométrique, pierre qui,
      sur les routes, indique les distances
      kilométriques entre deux localités
(se) borner
   se borner à se contenter de, ne faire
      que, se limiter à
bouche *f mouth*

bouche de métro entrée souterraine qui donne accès à une station de métro

boucher *m* commerçant qui vend de la viande de bœuf, de cheval . . .

boucherie *f* boutique où se vend de la viande au détail (sauf du porc)

bouger s'agiter (par mécontentement)

bougrement *adv fam* beaucoup, très

boulangerie *f* boutique où s'achètent pain, croissants, etc.

boulevard *m* large rue bordée d'arbres

descendre le boulevard marcher le long d'un boulevard (qui peut être en pente ou non)

bouillir être en ébullition (100° centigrade pour l'eau)

bouquet *m* parfum d'un vin

bouquin *m fam* livre

bourbon *m* whisky américain fabriqué principalement dans le Kentucky

bourgeois *adj m* qui appartient à la classe bourgeoise, à la bourgeoisie

Le Bourget *m* aéroport au nord de Paris

bourgogne *m* vin récolté en Bourgogne, ancienne province du Centre Est de la France et dont la capitale est Dijon

bourrage *m*

bourrage de crâne propagande intensive qui affaiblit l'esprit critique

boursault *m* fromage blanc et mou, très riche et très gras

bourse *f purse; stock exchange*

bourse d'enseignement somme versée aux bons élèves de l'enseignement supérieur, dont la famille dispose de ressources insuffisantes pour assurer leur entretien

bout *m* partie extrême d'un objet, extrémité; fin d'une durée

d'un bout à l'autre d'une extrémité à l'autre, de A jusqu'à Z

joindre les deux bouts boucler son budget, arriver à la fin du mois, équilibrer son budget

jusqu'au bout jusqu'à la fin

venir à bout de aboutir, achever

bouteille *f* récipient en verre à goulot étroit

boutique *f* petit magasin

bouton *m* poussoir d'un appareil électrique, *button*

boutonner fermer un vêtement au moyen de boutons

boxe *f* combat à coups de poing

braisé *adj*

plat braisé plat cuit à feu doux et dans un récipient couvert

brancard *m* civière à bras pour transporter des blessés ou des malades (*stretcher*)

branche *f* partie, domaine

branle *m*

mettre en branle donner une première impulsion, mettre en mouvement

bras *m arm*

brave *adj* honnête, bon; courageux

break *m station wagon*

bref *adv* enfin, en un mot

bref (brève) *adj*

à brève échéance dans peu de temps

Bretagne *f* province au nord-ouest de la France

Breton *m* habitant de la Bretagne

bretonnant *adj* qui parle le breton

Brevet *m* titre, diplôme, certificat

bricolage *m* petits travaux manuels auxquels on se livre pour son plaisir, en général chez soi

bricoleur *m* celui qui fait du bricolage, qui bricole

brie *m* fromage fabriqué dans la Brie, région à l'est de Paris

brillant *adj* excellent

brique *f*

brise *f* vent

britannique *adj* de Grande-Bretagne

bronzage *m* couleur brune de la peau exposée longtemps au soleil

bronzé *adj* bruni au soleil

brouillard *m* amas de gouttelettes d'eau, en suspension dans l'air

brouille *f* querelle de courte durée et vite oubliée

bruit *m* ensemble de sons sans harmonie; rumeur

à grand bruit en parlant très haut et très fort

faire courir le bruit répandre une nouvelle, une rumeur

brûler consumer par le feu

brûler un signal passer outre sans s'arrêter

brun(e) *adj m f* de couleur brune; personne aux cheveux bruns

brusquement *adv* soudainement

brut *m* champagne brut, sec

brutal *adj* violent; sans transition, rapide

brute *f fig* personne grossière, sans esprit ni raison

Bruxelles *f* capitale de la Belgique

bruyant *adj* qui fait beaucoup de bruit

buanderie *f* lieu où se fait la lessive

bûche *f log*

    bûche de Noël sorte de gâteau en forme de bûche

budget *m* les revenus et les dépenses d'une famille, d'un pays, . . .

buffet *m* armoire destinée à renfermer la vaisselle, le linge de table

bulletin *m* rapport succinct

    bulletin d'informations les nouvelles

bureau *m* table ou meuble à tiroirs; lieu de travail

    bureau de tabac boutique où l'on achète tabac, cigarettes, allumettes, . . . (en France le tabac est monopole de l'État)

but *m* espace déterminé par deux montants et une barre transversale que doit franchir le ballon; *goal*

    avoir pour but de être destiné à, avoir pour objet de

    marquer un but gagner un point au football en battant le gardien de but, en envoyant la balle dans les filets

    tirer au but action d'envoyer la balle dans les filets

buveur *m* celui qui boit

C

cabaret *m* établissement où l'on présente un spectacle artistique, satirique, et où les clients peuvent consommer des boissons et danser

    spectacle de cabaret spectacle présenté dans ces établissements

cabine *f studio* (*broadcasting*)

cabinet *m* bureau; petite pièce située à l'écart dans un appartement; ensemble des collaborateurs d'un ministre

    cabinet de consultation pièce où un médecin reçoit ses clients

cabriolet *m* voiture décapotable

cacher couvrir, voiler; mettre dans un lieu secret; dissimuler

cadastre *m* registre qui contient le plan et les dimensions des propriétés et terrains d'une commune (on s'en sert, par exemple, pour calculer le montant de l'impôt foncier)

cadeau *m* présent, don, destiné à faire plaisir

    faire cadeau de qqch à qqn offrir qqch à qqn

cadence *f* rythme du travail

cadran *m* la partie circulaire d'une montre, d'une horloge où sont indiquées les heures

cadre *m* limites (d'un espace)

    les cadres d'une entreprise, d'une usine le personnel d'un rang élevé qui assure la marche de l'entreprise, de l'usine

Caen ville de Normandie, chef-lieu du département de l'Orne

    à la mode de Caen (tripes) accommodées dans une sauce

café *m* boisson; lieu public où l'on peut s'asseoir et boire

    prendre le café, prendre un café boire du café

cage *f*

cailler *to curdle*

caisse *f* coffre, boîte où on dépose de l'argent

    caisse de secours fonds, argent versé par des donneurs pour aider d'autres personnes

calcul *m* opération que l'on fait pour trouver le résultat de la combinaison de plusieurs nombres; art de préparer le succès d'une affaire, stratagème, tactique

    le calcul du classement (d'une course) les diverses opérations à faire pour établir le classement (par exemple: le minutage, les bonifications, les pénalisations, . . .)

calculatrice *f* appareil électronique qui effectue des calculs

calculer déterminer par le calcul, évaluer

calèche *f* voiture à cheval découverte

calendrier *m* division du temps en jours, mois, années

caler

    caler un moteur faire s'arrêter un moteur

Californie *f*

calme *adj* reposant, qui n'énerve pas; tranquille, pas agité

calmement *adv* en restant calme

Calypso *f* nymphe qui retint Ulysse naufragé sept années dans son île

camaraderie *f* relations entre camarades, amis

camelote *f* marchandise de mauvaise qualité

camembert *m* fromage préparé en Normandie avec du lait de vache

caméra *f* appareil permettant de faire un film (*movie camera*, ne pas confondre avec appareil photographique)

   caméra de télévision appareil servant à tourner un film transmis à la télévision en direct ou en différé

camion *m* gros véhicule automobile pour le transport de marchandises

camion-citerne camion pour le transport des liquides

camoufler dissimuler à l'aide d'un camouflage

camp de concentration *m*

campagne *f* zone rurale, les champs, . . . (opposé à la ville); entreprise ayant un but de propagande

campeur *m* personne qui fait du camping

Canada *m*

canadien (enne) *adj* du Canada

canaliser *fig* centraliser, maîtriser

canapé *m* long siège à dossier où peuvent se tenir plusieurs personnes, *divan*

canard *m duck*

Canard Enchaîné *m* hebdomadaire satirique

canari *m* serin des Canaries (*canary*)

cancan *m* commérage, bavardage médisant

cancer *m* tumeur maligne

candidat *m* personne qui postule un poste, qui se présente à un examen

Candide conte philosophique de Voltaire (1759)

caniche *m* chien barbet à poils frisés (*poodle*)

canne *f* objet, en général bâton, sur lequel on s'appuie pour marcher

   canne à pêche assemblage de bambous au bout duquel on fixe une ligne (*fishing pole*)

Cannes *f* ville sur la Côte d'Azur

cantal *m* fromage à base de lait de vache et de chèvre fabriqué dans le Cantal, région du centre de la France

capacité *f*

capacité de production pouvoir, puissance de production

C.A.P.E.S. *m* Certificat d'Aptitude Pédagogique à l'Enseignement Secondaire

capital (capitaux) *m* somme d'argent

capital *adj* de première importance

capitalisme *m* régime économique dans lequel les moyens de production appartiennent à ceux qui ont investi des capitaux

capitaliste *adj m*

Capitole *m* train rapide qui relie Toulouse à Paris

capot *m* couverture métallique qui, dans une automobile, set à protéger le moteur

captivant *adj* charmant, passionnant

carabine *f* fusil léger à canon court

caractère *m* traits distinctifs, ensemble des traits marquants qui permettent de classer un individu dans certaines catégories psycho-physiologiques; façon personnelle de voir les choses, de réagir, de se comporter; lettre

caractéristique *f*

carafe *f* sorte de bouteille à base large et à col étroit

   carafe à eau *water jug*

   carafe d'eau *jug of water*

carafon *m* petite carafe

caravane *f* remorque tirée par une automobile et qui peut servir de logement lorsqu'on campe

caravaning *m* (néologisme imité de l'anglais) faire du camping en se servant d'une caravane

carburant *m* combustible pour moteurs (voitures, camions, avions . . .)

carburateur *m*

caresser toucher en signe de tendresse

carnet *m* réunion de billets détachables

   carnet de commandes cahier sur lequel le vendeur inscrit les ordres, les achats de ses clients

carotte *f*

carrefour *m* lieu où se croisent plusieurs rues

carrière *f career*

carrossier *m* celui qui répare ou qui fabrique des carrosseries de voiture

carte *f map, menu, document*

carte de nouvel an carte pour exprimer ses voeux

carte des vins liste des vins servis dans un restaurant

carte de visite carte sur laquelle on fait imprimer ou graver son nom, etc. . . .

carte d'identité document qui permet d'identifier une personne

carte grise document qui identifie le propriétaire d'une voiture

carte Michelin carte géographique routière éditée par Michelin, grand fabricant de pneumatiques

carte verte document qui prouve qu'une voiture est couverte par une assurance

repas à la carte repas composé de plats qu'on choisit à sa guise sur une liste spéciale (un tel repas revient toujours plus cher qu'un repas à prix fixe)

carton *m* papier plus ou moins grossier, fabriqué aves des rognures de papier, etc. (*cardboard*)

cartouche *f* emballage de forme cylindrique (*cartridge*)

cas *m* ce qui arrive ou peut arriver; circonstance

casse-cou *m*

crier casse-cou crier gare, avertir d'un danger, prévenir, lancer des avertissements

casser *to break*

casserole *f* ustensile de cuisine plus ou moins profond, cylindrique, dont on se sert pour faire cuire ou bouillir les aliments

cassoulet *m* ragoût de porc ou de mouton ou d'oie, servi avec des haricots, spécialité du Languedoc, et également de la région de Toulouse

catastrophe *f*

catastrophique *adj*

catéchisme *m* cours d'instruction religieuse

catégorie *f*

catholique *adj m f* qui appartient au catholicisme; qui professe la religion catholique

cause *f* raison, motif

être en cause être l'object d'un débat, être mis en question

caution *f* garantie

donner sa caution à . . . soutenir, se porter défenseur de . . .

cavalier(ière) *m f* partenaire, avec qui on danse

cave *f* lieu souterrain où l'on conserve le vin et d'autres provisions

caverne *f* excavation naturelle vaste et profonde

CBC *f Canadian Broadcasting Corporation*

cécité *f* état d'une personne aveugle

ceinturer entourer d'une ceinture; entourer, encercler

ceinturon *m* ceinture militaire

célèbre *adj* renommé

célébrer fêter; accomplir d'une manière officielle et avec solennité

célibataire *adj m f* qui vit dans le célibat, qui n'est pas marié

cellier *m basement, cellar storage space*

censé *adj* supposé, réputé (*presumed, supposed*)

censure *f* contrôle par l'Église ou un gouvernement des spectacles, de la presse, . . .

censurer interdire la publication; critiquer

centaine *f* groupe de cent unités

certainement *adv*

centime *m* centième partie du franc

central *adj*

centralisation *f* tendance à regrouper, à rassembler autour des grandes villes et surtout Paris, des usines, des manufactures, etc.

centraliser réunir dans un centre commun, dans un lieu unique

centre *m*

cependant *adv* yet, nevertheless

cérémonie *f*

cerise *f cherry*

certificat *m* un des quatre examens de la Licence ou un des examens composant la Maîtrise (ancien régime)

certificat de travail document qui prouve qu'on a un travail régulier, qu'on travaille, qu'on est employé dans une usine, une administration, . . .

cessation *f* arrêt, suspension

cesse *f* (ne pas confondre avec **cessation** action de s'arrêter)

sans cesse sans discontinuer

cesser arrêter

chagrin *adj* attristé; *m* tristesse

les esprits chagrins les pessimistes, ceux qui croient que tout va mal

chagriné *adj* attristé

chahut *m fam* tapage, vacarme

chaîne *f* lien composé d'anneaux de métal; groupe de magasins, de succursales; ensemble d'émetteurs ou de relais de radio ou de télévision

   Deuxième Chaîne (télévision) émetteur mis en service après la première chaîne (en 1964)

   fabrication à la chaîne travail au cours duquel une pièce, un objet passe successivement entre les mains de plusieurs ouvriers chargés chacun d'une opération différente; souvent synonyme de fabrication en grande quantité, en série

chaise *f* siège à dossier et sans bras

chaise longue *f* fauteuil sur lequel on peut s'allonger

chaleur *f* température élevée

chambre *f* chambre à coucher (ne pas confondre avec pièce)

champ *m* étendue de terre cultivée

champagne *m* vin blanc mousseux récolté en Champagne, province de l'Est de la France, capitale Troyes, ville principale Reims

   seau à champagne récipient en métal, destiné à contenir la glace dans laquelle sera rafraîchie la bouteille de champagne

champignon *m* végétal sans feuilles qui pousse dans les lieux humides et ombragés (on les consomme farcis ou frits dans l'huile ou bien on s'en sert pour accompagner un autre plat)

champion *m*

championnat *m* épreuve sportive groupant plusieurs équipes et dont le vainqueur reçoit un titre, une récompense officielle, et le titre de champion

chance *f luck, opportunity*

chancelant *adj* qui vacille, qui est peu solide

chanceler marcher avec hésitation, avec difficulté à cause de la fatigue

chandail *m* tricot de laine, pull

changement *m* modification

chanson *f* chant, mélodie

chanter *to sing*

chanter à tu-tête chanter très fort

chapelle *f* partie d'une église, sur les bascôtés ou sur le transept, où se trouve un autel secondaire.

chapitre *m*

   sur ce chapitre sur ce point

char *m* voiture décorée pour les fêtes publiques; voiture à quatre roues

   char d'assaut véhicule armé de canons, de lance-flammes (*tank*)

charbon *m coal*

charcuterie *f* commerce ou boutique du charcutier; préparations à base de porc

charcutier *m* commerçant qui vend de la viande de porc

charge *f* obligation

   les charges se dit pour les obligations qui accompagnent toute habitation immobilière (électricité, gaz, eau, chauffage, taxes, ...)

   charges sociales ensemble des dépenses qui incombent à une entreprise, imposées par l'État

   être à la charge de qqn être soutenu, entretenu, nourri, ... par qqn

chargé *adj* qui a l'obligation de

   soirée chargée au cours de laquelle on a fait beaucoup de choses

charger remplir, couvrir

   être chargé de avoir la responsabilité de

chariot *m* grosse voiture à deux ou quatre roues utilisée à la campagne

charitable *adj*

charmant *adj* dont la compagnie est agréable; agréable par sa grâce et sa gentillesse; très aimable, fascinant, attrayant

charnière *f* gond, point de jonction

charpente *f* structure d'une habitation (*framing*)

charrue *f* instrument agricole qui sert à labourer les champs

chasse *f* sport qui consiste à poursuivre ou surprendre des animaux gibier pour les manger ou les détruire

chasser poursuivre (pour tuer) les animaux; mettre dehors, expulser

château *m* demeure féodale

   château de sable château fait de sable (*sand*)

chateaubriand *m* épaisse tranche de filet de bœuf grillé

Châteauroux chef-lieu du département de l'Indre, sur l'Indre

châtiment *m* peine, correction sévère, sanction, punition

chat(te) *fm cat*

chatton *m* petit chat

Chaucer, Geoffrey poète anglais du XIVᵉ siècle, auteur des **Contes de Canterbury**

chaudement *adv* avec chaleur, avec animation

chauffage *m* action, manière de chauffer (au bois, au charbon, à la vapeur, par le sol, par le plafond, . . .)

chauffard *m* automobiliste imprudent et maladroit, mauvais conducteur

chauffe-eau *m* appareil qui sert à chauffer l'eau, et qui fonctionne au gaz ou à l'électricité

chauffeur *m* personne qui conduit une automobile

chaussée *f* voie publique où circule les voitures

chef *m* directeur, responsable ; cuisinier
　chef d'orchestre directeur d'un groupe de musiciens

chef-d'œuvre *m* œuvre d'une très haute valeur, de grande qualité, impérissable

chef de rayon responsable d'une partie d'un grand magasin

chef de service personne chargée d'une branche d'activités

chef-lieu *m*
　chef-lieu de département ville du département où se trouvent les services administratifs principaux, la Préfecture, . . .

chemin *m path, way*
　demander son chemin demander la direction à prendre
　en chemin de fer par le train

cheminée *f* foyer dans lequel on fait du feu ; le conduit, l'ouverture par laquelle s'échappe la fumée d'un feu

cheminot *m* employé de chemin de fer

chemise *f shirt*
　en chemise ne portant que la chemise
　être en bras de chemise ne pas porter de veste

chèque *m*
　chèque de voyage *traveler's check*

cher *adj adv* d'un prix élevé ; aimé, pour qui on a de l'affection
　mon cher mon cher ami

Cherbourg *f* port maritime normand sur la Manche

chercheur *m* savant ou ingénieur ou toute personne qui fait des travaux de recherche

chéri(e) *m f* qui est tendrement aimé

cheval *m horse*
　cheval de bois cheval en bois, puis n'importe quelle sorte d'animal situé sur la plateforme tournante d'un manège et sur lequel montent les enfants
　être à cheval sur *fam* être strict sur
　faire du cheval monter à cheval, faire de l'équitation

chevalier *m* noble admis dans l'ordre de la chevalerie au Moyen Âge ; *par ext,* amant passionné et courageux

chevalin *adj* qui a rapport au cheval

chevet *m* tête de lit

cheveu *m* poil (*hair*)

cheville *f ankle*

chevreuil *m roe deer*

chevronné *adj* expérimenté, qui a de longs services

chez *prép* au domicile de

chic *m*
　avoir du chic être habillé avec beaucoup d'élégance

chien *m dog*

chiffre *m* nombre
　chiffre d'affaires total des ventes annuelles

chiffré *adj* écrit en chiffres

(se)chiffrer additionner

chignon *m* manière de coiffer les cheveux en les relevant ou en les roulant au-dessus de la nuque, sur la tête, en torsades

chimère *m* illusion, rêve

chimique *adj* relatif à la chimie

Chine *f* pays oriental

chinois *m adj* de la Chine

chips *m* pommes de terre frites coupées en minces rondelles

chirurgien *m* médecin qui pratique la chirurgie

choc *m* émotion brutale ; secousse

chœur *m* extrémité de la nef d'une église devant le maître-autel ; groupe de personnes qui chantent

choisir faire une sélection

choix *m* sélection ; action de choisir ; pouvoir, liberté de choisir

avoir le choix avoir la possibilité de choisir

cholestérol *m* substance du sang dont l'excès provoque des troubles

chômage *m* interruption de travail, inactivité forcée

chômé *adj* où tout travail est suspendu

chômeur *m* personne qui se trouve sans travail

choquer scandaliser; heurter

chose *f*
   c'est tout autre chose c'est entièrement différent, ce n'est pas du tout la même chose

choucroute *f* plat alsacien à base de feuilles de choux hachées et fermentées dans du sel; on y ajoute des pommes de terre cuites à l'eau, de la saucisse, du jambon, . . .

chouette *fam* (être) épatant (*great*)

chuchoter parler à voix basse, murmurer

chute *f* le fait de tomber

cible *f fig* but, objectif

cigarette *f*

cigogne *f stork*

ciment *n cement*

cimetière *m* lieu où l'on enterre les morts

cinglé *adj fam* ridicule, idiot (se dit d'une personne), *nuts*

circonscription *f* division administrative

circonstance *f* condition, situation

cirer enduire de cire (*wax*)

circuit *m* voyage organisé, périple, randonnée
   circuit de rallye parcours de compétition sportive

circulation *f* movement de ce qui circule (voitures, sang, . . .)

circuler passer

cité *f* groupe d'immeubles
   cité du Moulin nom imaginaire d'un groupe de H.L.M.
   cité universitaire résidence pour étudiants

citer donner, prononcer; invoquer, mentionner

citerne *f* réservoir

Citroën *f* voiture; la compagnie Citroën (André Citroën, 1878–1935, ingénieur et constructeur, a fondé une des plus importantes usines françaises d'automobiles)
   Citroën D. S., G. S., C. X. voitures fabriquées par la compagnie Citroën

civil *adj*
   mariage civil la cérémonie de mariage célébrée à la mairie, par le maire ou toute autorité civile

civilisation *f*

civilisé *adj* qui est doté d'une civilisation

clair *adj* lumineux, éclatant; limpide, transparent

clair *adv* clairement, parfaitement

clapier *m* cabane à lapins

clavier *m* ensemble des touches (*keys*) d'un instrument, d'une machine

classe *f style*, élégance; valeur; catégorie
   la classe aisée les gens riches
   la classe ouvrière les ouvriers, l'ensemble des ouvriers
   mariage de première classe, messe de première classe messe de mariage célébrée avec toute la pompe, toute la solennité possibles

classement *m* disposition par ordre d'excellence, alphabétique, numérique; liste des coureurs selon leur rang, leur ordre de mérite

classer mettre en ordre, ranger par ordre alphabétique, numérique, par sujet, par noms d'auteurs, . . .

classique *adj* qui est conforme à un idéal, aux règles ou aux usages établis; *fam* courant, habituel

clavecin *m* instrument de musique à clavier et à cordes pincées, voisin du piano

claveciniste *m* personne qui joue du clavecin

clé (clef) *m* instrument qui sert à ouvrir
   prendre la clé des champs partir (à la campagne); puis, sens plus général, fuir, s'enfuir

client(e) *m f* celui qui achète ou consomme quelque chose; personne qui confie ses intérêts à un homme d'affaires, à un avocat, sa santé à un médecin, qui s'adresse à un commerçant, . . .

clignotant *adj* intermittent

clignotant *m* (sur un véhicule) feu qui permet de signaler un changement de direction

climat *m* conditions atmosphériques d'un pays, d'une région

climatisation *f* ensemble des moyens permettant de maintenir l'atmosphère d'une salle à une température

et à un degré d'humidité donnés ;
air conditionné

climatisé *adj* qui a la climatisation, l'air
conditionné

clin d'œil *m*
en un clin d'œil en un temps très court

clinique *f* hôpital privé

clique *f* ensemble de tambours et de
clairons

cloison *f* mur séparant les diverses pièces
d'un même appartement, d'une
même maison

cloisonnement *m* division, séparation

clôturer terminer

clou *m* *fam* attraction principale

clouer fixer avec des clous ; immobiliser

Coca-Cola *m*

cocktail *m* mélange de plusieurs boissons
servi avec de la glace

cocotte *f*
en cocotte préparé à la cocotte, c'est-
à-dire dans une marmite ronde, en
fonte (*cast-iron pot*)

code *m*
code de la route ensemble des règles
qui concernent la conduite d'un
véhicule sur les routes

cœur *m* principal organe de la circulation
du sang
apprendre par cœur fixer dans sa
mémoire
au cœur de l'été en plein été, au milieu
de l'été
cher au cœur des Français auquel les
Français sont sentimentalement
attachés

cohue *f* foule tumultueuse

coiffé *adj* dont les cheveux sont arrangés,
peignés ; qui porte une coiffe, un
chapeau, un képi, . . . sur la tête

coiffeur *m* qui coupe et coiffe les cheveux

coin *m* angle

coincidence *f*

col *m* passage moins élevé dans une
montagne et qui permet de la franchir plus facilement

colère *f* irritation

colle *f fam* question difficile

collège *m* établissement d'enseignement
secondaire

collègue *f m*

coller
être collé *arg* ne pas réussir à un
examen

collier *m collar*

Colombie Britannique *f* province à l'ouest
du Canada, capitale Victoria, ville
principale Vancouver

colon *m* habitant d'une colonie

colonie *f* établissement dans un pays
moins développé

colonisé *adj*

combine *f* système, machination

combiner disposer dans un certain ordre ;
organiser

comblé *adj* qui a ce qu'il souhaitait

combles *m* faîte d'un bâtiment, partie sur
laquelle repose la toiture (*attic*) ;
fig le degré le plus élevé

combustion *f*

comédie *f* pièce destinée à faire rire le
public

comestible *adj* qui se mange

comité *m*

commande *f* liste détaillée des marchandises qu'un client achète

commander demander à un fournisseur,
un marchand, un garçon de café
ou de restaurant

commémorer rappeler le souvenir de

commencer

commerce *m*

commettre accomplir
commis *adj* part

commissariat *m* groupe de spécialistes
placés sous l'autorité d'un commis-
saire et chargés de faire des enquêtes
et des recherches sur un sujet, un
problème donné
Commissariat à l'Énergie Atomique
bureau d'études chargé des problèmes atomiques et nucléaires

commission *f*
Commission de Censure comité qui
accorde ou refuse le visa de censure
à tout film qu'on veut projeter sur
les écrans français
faire des commissions faire des
courses, faire des achats

commode *f* meuble à tiroirs

Commonwealth *m*

commun *adj* banal, ordinaire ; semblable,
identique
en commun ensemble

communauté *f* groupe, société, régime
d'association

communiquer faire connaître, divulguer

communisme *m*

compact *adj* qui est condensé

compagnie *f* présence, fréquentation; société

    tenir compagnie à qqn rester auprès de qqn

compartiment *m* séparation dans une voiture de chemin de fer

comparaison *f* rapprochement

comparatif *adj*

comparer

compatible *adj*

compatriote *m* personne du même pays

compétition *f* concours

complet(ète) *adj* entier; qui a tous les éléments nécessaires

complexe *m* ensemble de constructions

compliment *m*

compliqué *adj* difficile à comprendre, complexe

compliquer rendre plus difficile

comportement *m* façon de se conduire

comporter contenir

se comporter se conduire d'une certaine manière

composé *adj* formé de plusieurs parties

    composé de formé de

composer traiter, s'accorder avec qqn

se composer de être composé de, consister en (+ *nom*)

compositeur *m* auteur d'une œuvre musicale

compote *f* fruits (pommes en général) écrasés et cuits avec de l'eau et du sucre

compréhensible *adj* qu'on peut comprendre, facile à comprendre

compréhension *f*

comprendre contenir, comporter, inclure

compris *adj*

    service compris service inclus dans le prix du repas

comptant *m* paiement en espèces (*contr* à crédit)

comptant *adv*

    payer comptant payer immédiatement en espèces, au moment de l'achat

compte *m*

    en fin de compte finalement

    se rendre compte comprendre, évaluer, juger

    compte-rendu *m* rapport, synthèse

    tenir compte de prendre en considération

compter calculer, dénombrer

    compter que (*suivi souvent du subj*) espérer que, s'attendre à ce que

    compter sur avoir confiance en, se fier à, faire confiance à

    sans compter sans faire attention à la dépense

comptoir *m* grande surface où sont servies les boissons aux clients qui ne désirent pas s'asseoir à une table; *fam* zinc

concentration *f*

concerné *part* fortement intéressé, impliqué

concert *m*

concessionnaire *m f* personne qui a le droit exclusif de vendre un produit dans une région donnée (par exemple, un concessionnaire d'automobiles)

concevoir se représenter par la pensée, imaginer

concierge *m f* personne qui a la garde d'un immeuble

concilier

conclure arriver à une conclusion, terminer; tirer une conséquence, tirer une conclusion

concombre *m cucumber*

concordance *f* concordance des temps, règle fixant le choix du temps dans les subordonnées (*subord. clauses*) selon le temps de la principale (*main clause*)

«Concorde» *m* avion supersonique fabriqué par la France et l'Angleterre

concours *m* action d'entrer en concurrence avec d'autres; lutte sportive; compétition où les meilleurs gagnent; examen auquel ne seront reçus que les meilleurs et pas seulement ceux qui auront eu la moyenne

concu *part* imaginé; créé, inventé

concurrent *m* coureur qui prend part à la même course; adversaire, rival, compétiteur

condamner

condition *f*

    à condition de (+ *inf*) pourvu que (+ *subj*)

    condition physique état physique

conditionnel *m*

conducteur(trice) *m f* personne qui conduit une voiture

conduire rouler en voiture, piloter une voiture

conduite *f* direction, action de conduire, de diriger

conférence *f* réunion de diplomates, de chefs de gouvernement ou de ministres; discours

conférence de presse

conférer donner, accorder

confessionnel *adj*
    école confessionnelle dirigée par des personnes appartenant à une religion, et où l'on donne un enseignement religieux

confetti *m pl* minces rondelles de papier coloré que l'on se lance dans les fêtes

confiance *f* espérance ferme en qqn, en qqch
    faire confiance à quelqu'un mettre ses espoirs en qqn, se fier à qqn

confier remettre, donner

confiture *f* fruits cuits longuement avec du sucre (*jam*)

confiscation *f*

conflit *m* guerre

confort *m*

confrère *m* quelqu'un de la même société, compagnie, religion, qui exerce la même profession

confronter comparer, mettre en parallèle

congé *m* vacances; absence temporaire
    congés payés période de vacances, de non-travail, de 4 à 5 semaines, durant laquelle les travailleurs sont payés normalement par leur employeur

congelé *adj* soumis au grand froid pour être conservé longtemps

conique *adj* qui a la forme d'un cône

conjugal *adj* qui concerne l'union entre les époux

connaissance *f*
    une connaissance personne que l'on connaît mais assez peu
    faire la connaissance de rencontrer, être présenté à qqn pour la première fois

connaisseur *m*
    un connaisseur une personne qui est très au courant de qqch, qui est experte

connaître avoir une connaissance, savoir
    se connaître se faire une idée de la personnalité de qqn

s'y connaître être au courant, être un spécialiste, être très compétent

connu *adj* célèbre, renommé, fameux

consacrer employer, destiner, dédier

conscience *f*
    prendre conscience avoir une connaissance immédiate, spontanée

conseil *m* avis, recommandation; opinion

conseil d'administration assemblée dans une société anonyme
    donner des conseils à qqn lui faire des recommandations

conseiller recommander, suggérer
    conseiller à qqn de faire qqch dire à qqn de faire qqch pour son bien, dans son intérêt
    donner des conseils diriger qqn en lui donnant des conseils

consentant *adj* qui accepte

consentement *m* accord, acceptation, autorisation

consentir accorder
    consentir à qqch permettre qqch, donner son accord à qqch

conséquence *f*
    en conséquence par conséquent

conservateur(trice) *adj m f* hostile aux innovations

Conservateur *m* parti politique canadien

conservation *f*

conserve *f* substance alimentaire conservée
    boite de conserve récipient de métal contenant une denrée alimentaire (légumes, fruits, viande, ...)

conserver ne pas perdre, garder

considérable *adj*

considérer regarder comme, prendre pour

consigne *f* somme qui est remboursée lorsqu'on rend un emballage ou une bouteille vide; dans une gare, bureau où l'on peut laisser ses bagages; instruction, ordre

consigné *adj* mis en dépôt
    bouteille consigné qu'on peut rendre, une fois vide, pour récupérer la consigne, c'est-à-dire la petite somme versée pour louer la bouteille

consigner mettre par écrit, écrire

consister
    consister en être composé, formé de

consoler adoucir l'affliction, les ennuis;

montrer de la compassion envers, réconforter

consommateur *m* personne qui consomme, qui achète, par opposition à producteur

consommation *f* action de consommer; boisson quelconque; le fait de boire

consommer faire usage de qqch pour sa subsistance, employer

constat *m affidavit*

constater établir la vérité d'un fait; voir, observer, remarquer

consterné *adj* frappé de consternation, accablé, navré

constituer

construction *f* bâtiment; action de construire

construire bâtir

consulter

   consulter un livre se référer à un livre

contempler considérer avec attention

contemporain *adj* de nos jours

contemporain *m* personne qui a le même âge, qui appartient à la même génération

content *adj* satisfait

se contenter de être satisfait de; se limiter à

conter narrer, dire une histoire

contestataire *m adj* qui conteste, met en doute

continental *adj*

contingence *f* éventualité; fait banal, terre-à-terre, de peu d'importance

continuel *adj*

continuité *f*

continuer

contraire *adj m* opposé

   au contraire *loc adv* inversement; à l'opposé

contraste *m*

contrat *m* convention, pacte

contravention *f* infraction à une loi, à une règle de circulation automobile; l'amende qui punit cette infraction

contredire dire le contraire

contribuer

contribution *f* dépense; impôt, quote-part

contrôle *m* surveillance

contrôler diriger

contusion *f* meurtrissure produite par un corps dur, sans déchirure de la peau ni fracture des os

convenable *adj* correct, suffisant, adéquat

convenablement *adv* correctement, suffisamment

convenir être approprié

   il convient de il est d'usage convenable de

conversation *f* discussion, entretien

converser parler

convoquer faire assembler, réunir

coordination *f*

   avoir une bonne coordination avoir de bons réflexes

copain(copine) *m f* ami (jargon des étudiants et des jeunes en général)

copieusement *adv*

copieux(euse) *adj* abondant

copropriété *f* propriété commune à plusieurs personnes

coq *m* animal de basse-cour, le mâle de la poule

   coq au vin cette volaille cuite dans une sauce à base de vin

coquet *adj* joliment construit ou décoré

corbeille *f* sorte de grand panier, généralement sans anse

corde *f* assemblage de fils; câble

   corde raide câble tendu sur lequel il est très difficile de se tenir en équilibre

correct *adv*

correction *f*

cornemuse *f bagpipe*

correspondance *f* dans les transports indique un changement de véhicule; lettres, écrit

corriger rendre meilleur, rectifier

Corse *m f* île de la Méditerranée; habitant de cette île

cortège *m* procession; suite de personnes qui accompagnent qqn pour lui faire honneur; suite, accompagnement

corvée *f* travail fastidieux ou pénible; travail pénible et obligatoire

corsicant *adj* qui parle corse (expression nouvelle)

costume *m* vêtement d'homme qui comprend une veste, un pantalon, parfois aussi un gilet

côte *f* pente d'une colline

   côte à côte juxtaposé

   côte mal taillé compromis

Côte *f* la Côte d'Azur, sur la Méditerranée

coté *adj* cité, constaté; apprécié

côté *m* partie, bord (*side*); point de vue, parti

cotisation *f* action de se cotiser; quote-part de chacun dans une dépense commune

cou *m neck*
> **se casser le cou** faire une chute, avoir un accident

se coucher aller au lit

couleur *f*

couloir *m* passage dans un immeuble, dans une voiture de chemin de fer, . . .

coup *m* choc subit de deux corps
> **coup de main** assistance passagère, aide
>
> **coup d'œil** regarde rapide
>
> **coup franc** avantage donné à une équipe, en arrêtant le jeu, de reprendre possession du ballon et de prendre l'initiative du jeu
>
> **donner un coup de téléphone** téléphoner
>
> **risquer le coup** tenter sa chance, essayer
>
> **sur le coup** immédiatement
>
> **tenir le coup** tenir bon, résister à la fatigue, continuer à lutter, à courir, . . .

couper *cut*

couple *m*

cour *f* espace entouré de murs ou de bâtiments; dans une école, l'endroit où se rendent les élèves entre les classes, pour jouer, se reposer; tribunal

couramment *adv* facilement, rapidement

courage *m*

courageux *adj* brave, vaillant

courant *m* courant électrique, électricité
> **mettre qqn au courant de qqch** informer qqn de qqch, lui faire savoir qqch, lui apprendre qqch
>
> **se tenir au courant de qqch** être renseigné sur qqch, avoir des renseignements récents sur qqch

coureur *m* athlète qui participe à une course

courgette *f* variété de courge

couronne *f* ornement de forme circulaire qu'on pose sur la tête

courrier *m* totalité des lettres que l'on écrit ou que l'on reçoit; les lettres, journaux, télégrammes envoyés ou reçus par la poste

cours *m* leçon, enseignement au niveau des lycées ou des universités et grandes écoles; *rate of currency*
> **cours polycopié** texte sténotypé de toutes les conférences d'un professeur

course *f* marche très rapide; (sports) épreuve de vitesse; achat
> **être dans la course** *fam to be in the running*

court *adj* de peu de longeur

courtois poli

cousin *m*

coût *m* prix, ensemble des frais

couteau *m* instrument qui sert à couper

coûter valoir
> **cela me coûte** cela exige des efforts de ma part
>
> **coûter cher** exiger beaucoup d'argent

coûteux(euse) *adj* qui revient cher

coutume *f* habitude, usage passé dans les mœurs

couture *f* action ou art de coudre, de faire des vêtements

couverture *f* ce qui recouvre un livre, un lit, etc.

couvrir parcourir
> **couvrir des frais** payer des dépenses, régler des dépenses

craindre redouter
> **ne crains rien** n'aie pas peur, sois tranquille

craquer produire un bruit sec; éclater
> **plein à craquer** qui ne peut contenir plus de monde

créateur(trice) *adj m f* personne qui crée

création *f*

crédit *m* somme d'argent disponible qu'on peut utiliser à sa guise; ensemble des sommes qui peuvent être dépensées; réputation; délai pour le payment
> **avoir du crédit** obtenir la permission de payer à crédit
>
> **faire crédit** accorder un crédit
>
> **payer à crédit** payer selon un délai convenu, par petites sommes

créer tirer du néant, faire naître; produire une chose

créole *f m adj* indigène des Antilles; langue mixte

creuser faire une cavité
creux(creuse) *adj* vide, qui n'a pas de substance
  heures creuses périodes de rare circulation (*ant* heures de pointe)
crevaison *f* accident qui consiste à avoir un pneu crevé, dégonflé (à plat)
crever *pop* mourir
crevette *f shrimp*
criant *adj* très manifeste
crime *m*
crissement *m* bruit de frottement
crise *f* moment périlleux dans l'évolution des choses; phase périlleuse ou décisive
critère *m* critérium, marque qui permet de distinguer le vrai du faux
critique *f* art de juger
Croatie *f* une des républiques fédérées de la Yougoslavie
croire penser
Croix-Rouge *f Red Cross*
croûte *f*
  pâté en croûte pâté enveloppé de pâte et cuit au four
croyable *adj* qui peut être cru, vraisemblable
cru *m* vignoble, vin connu
cruel(elle) *adj* qui révèle de la cruauté, le plaisir de faire souffrir
Cuba *m*
cueillir prendre, détacher de la tige
culte *m* religion
cultivé *adj* qui a de la culture
  se cultiver s'éduquer
culturel *adj*
cuir *m* peau séchée et durcie de certains animaux
cuisine *f* pièce de la maison où l'on fait la cuisine, et où se trouvent cuisinière, réfrigérateur, évier, ...; art de faire cuire et préparer les aliments
  cuisine minceur cuisine légère lancée par Michel Guérard
  faire la cuisine cuisiner, préparer les aliments
  ustensile de cuisine *m* objet ou récipient dont on se sert pour faire la cuisine
cuisinier(ière) *m f* personne qui fait la cuisine; appareil à l'aide duquel on fait cuire les aliments (par exemple, cuisinière à gaz, cuisinière électrique)

culturel(elle) *adj* relatif à la culture, à la civilisation; visant à augmenter le niveau de culture du peuple, le niveau des connaissances
cuivre *m* métal rouge ou jaune, dont on fait des ustensiles de cuisine, des instruments de musique, des fils électriques, ...
cure *f* traitement médical
curé *m* prêtre, ministre du culte catholique chargé d'une paroisse
curieux *m* personne qui aime savoir ce qui se passe
curiosités *f* choses rares
cyclisme *m* sport de la bicyclette
cycliste *m* personne qui monte à vélo, à bicyclette; coureur à bicyclette

D

Dakar *m* capitale du Sénégal
daltonien *color blind*
dame *f* titre donné à toute femme mariée
danger *m*
dangereux *adj* qui présente un danger, qui implique des risques, qui fait courir des risques
danois *adj* du Danemark
danse *f*
danser
danseur(euse) *m f* personne qui danse
davantage *adv* plus
débarras *m* lieu où l'on met les objets encombrants
débarrasser enlever, desservir une table
débordé *adj*
  je suis débordé j'ai trop de travail, j'ai du travail par-dessus la tête
déborder dépasser les bords, envahir
debout *adv* verticalement, sur les pieds
début *m* commencement
débutant(e) *m f* qui débute, qui commence à apprendre à faire qqch
décapité *adj* qui à la tête tranchée
décédé *adj* mort
déceler détecter
déception *f disappointment*
décès *m* mort
décevant *adj* qui déçoit
décevoir ne pas satisfaire, tromper dans ses espérances
décharge *f*
  à la décharge de pour excuser

déchet *m* débris, matière inconsommable

déchiffrer comprendre, deviner ce qui est obscur ou pas clair

décider déterminer ce qu'on doit faire; prendre une décision

   décider de faire qqch prendre la décision de faire qqch

se décider (à) prendre la décision de …

décisif(ive) *adj* capital, déterminant, duquel dépend un résultat final

décision *f*

   prendre une décision décider qqch

déclaration *f*

   déclaration de mariage affirmation par écrit qu'un mariage a eu lieu

déclencher *fig* mettre en mouvement, amener, faire naître

   déclencher une guerre faire éclater une guerre, la provoquer

déclin *m* décadence

décliner refuser (une invitation)

   décliner son nom dire son nom

décoller quitter le sol en parlant d'un avion

décommander annuler la commande ou l'ordre donné

décontracté *adj* à l'aise, détendu

se décontracter détendre ses muscles, se détendre

décor *m* tout ce qui sert à décorer une pièce, à créer une ambiance

   un décor rustique un décor qui rappelle la campagne

   un décor paysan un décor qui rappelle l'intérieur d'une ferme

décoré *adj* orné, paré

décorer orner

décourager dissuader

découverte *f* trouvaille, le fait de découvrir, de trouver, d'inventer qqch

découvrir trouver ce qui était caché; arriver à connaître ce qui était caché

décret *m* arrêté, décision officielle

décrire faire la description de

déçu *adj* désappointé, désillusionné

défaillance *f* évanouissement, grande fatigue physique qui entraîne l'évanouissement, ou l'épuisement complet

défait *adj* pâle

défaut *m* imperfection physique ou morale

défendre interdire; protéger; garantir, préserver

défendu *adj* interdit

déférence *f* considération, respect

défense *f*

   la défense nationale les mesures que prend un pays pour se défendre contre une attaque de l'extérieur

défenseur *m* celui qui défend

défiguration *f* action de figurer, de modifier profondément

défigurer abimer la figure, dénaturer

défilé *m* procession; passage étroit

définition *f*

   par définition si l'on s'en tient à la définition du mot

déformé *adj* altéré, avachi

se défouler action de se libérer d'un complexe psychologique

dégager produire, libérer

degré *m* échelon, grade

déguster boire ou manger lentement et avec plaisir

dehors *m* ce qui est extérieur

   en dehors à l'extérieur de

déjeuner *m* le repas de midi

déjeuner d'affaires repas pendant lequel on parle affaires

   petit déjeuner repas du matin

déjouer faire échouer

délégation *f* ensemble de personnes déléguées

déléguer charger d'une fonction, envoyer comme représentant

délicat *adj* touchant, gentil, aimable, qui prouve l'intention de faire plaisir

délicatesse *f* finesse, sensibilité

délicieux(euse) *adj* exquis, délectable

délivrer

   délivrer un certificat donner un certificat, le rédiger, l'écrire

demain *adv m* le jour après aujourd'hui

demande *f*

   la demande les besoins des consommateurs (*ant* offre)

   demander prier (qqn) d'accorder une chose (*to ask, to request*)

se demander se poser une question (*to wonder*)

démarche *f* tentative, sollicitation

démarrage *m* action de démarrer, de commencer à rouler

démarrer partir, mettre en marche

demi *adj m* moitié d'une unité

   minuit et demi minuit et 30 minutes

   boire un demi (de bière) boire un verre

de bière (qui contenait autrefois un demi-litre)

démocrate *adj* parti politique; membre de ce parti

démographie *f* étude statistique des collectivités humaines

demoiselle *f* jeune fille, jeune femme

démolition *f*

démonstration *f proof*

démonter défaire

dénoncer signaler comme coupable

denrée *f* marchandise destinée à la consommation

densité *f*
    la densité des routes leur nombre, leur longueur par km² de terrain

dépannage *m* remise en état d'une auto en panne

dépanner réparer
    dépanner un coureur porter assistance à un coureur

départ *m* action de partir
    faux départ départ prématuré
    prendre de départ partir, commencer une course

départager adopter un procédé qui permet d'établir un classement

département *m* division administrative de la France

dépaysement *m* impression qu'on a quand on change de pays, qu'on va d'un pays dans un autre; *par ext*, impression qu'on éprouve quand on s'éloigne de chez soi

se dépêcher se hâter

dépendance *f* assujettissement, servitude

dépense *f*
    grosse dépense des frais importants
    regarder à la dépense veiller à ne pas dépenser trop d'argent

dépenser employer de l'argent pour un achat

dépensier(ière) *adj* qui aime dépenser

dépister découvrir ce qui est caché

déplacement *m* voyage; mouvement, changement de place

se déplacer changer de place; se mouvoir; aller d'un endroit à un autre

déplorer regretter, trouver mauvais

dépolitisé *part*
    un peuple dépolitisé un peuple qui ne s'intéresse plus à la politique

dépolitiser faire perdre le goût de la politique

déposer poser une chose que l'on portait

déprimant *adj* qui déprime, affaiblit

dérisoire *adj* si peu important qu'on pourrait en sourire, insignifiant

dernier(ière) *adj m f* qui vient après les autres

se dérouler avoir lieu, prendre place dans le temps

derrière *prép*

désaffection *f* perte de l'affection; absence d'intérêt

désapprouver
    désapprouver qqch ne pas approuver qqch

descendant *adj*
    un élément descendant une partie de phrase où la voix va de haut en bas

descendre

descente *f* action de descendre
    descente de lit tapis que l'on place le long d'un lit, sur le sol

déséquilibre *m* absence d'équilibre

déséquilibrer faire perdre l'équilibre

(se) désintoxiquer faire une cure d'air pur à la mer, à la montagne

désert *m* zone aride

désirer vouloir, souhaiter
    laisser à désirer être imparfait, manquer de perfection

désireux(euse) (de) *adj* qui a envie de

désobligeant *adj* qui désoblige, qui cause de la peine, de la contrariété, qui ne flatte pas

désormais *adv* à partir de maintenant, à partir de ce moment

dessert *m* le dernier service d'un repas, où l'on sert fromages, confitures, fruits, ...

desservir enlever assiettes, couverts, ... qui étaient sur la table; relier, faire communiquer

dessin *m* représentation, au crayon, à la plume ou au pinceau, d'objets, de figures, de paysages ...; image
    dessin animé suite de dessins qui, filmés, donnent l'apparence du mouvement

dessous *adv*
    en dessous dans la partie inférieure

destiner assigner une destination, réserver

détaché *adj* seul, avant les autres, avant le reste des coureurs

détail *m detail;* vente et achat par petites quantités (*contr* gros)

détaillant *m* vendeur au détail
se détendre se distraire, se reposer;
prendre quelques moments de repos
détendu *adj* décontracté
détenir posséder, avoir
détente *f* repos, délassement; distraction
détérioration *f* action de détériorer
se détériorer s'abimer, s'altérer
détester ne pas aimer du tout
détourné *adj* qui n'est pas direct
détourner changer de direction
(se) détraquer déranger le mécanisme
    se détraquer l'estomac déranger le
    fonctionnement de son estomac
détruire démolir, faire périr
deuxième *adj second*
dévaluer diminuer la valeur
dévastation *f* destruction
développement *m*
développer *to process* (*film*)
devenir *to become*
déverser faire couler; émettre
deviner voir vaguement, distinguer à
    peine; prédire ce qui doit arriver
devoir *m* obligation morale; (sens sco-
    laire) travail écrit, exercice qu'un
    maître donne à ses élèves
dévorer
    dévorer des yeux regarder avidement
    ou avec beaucoup d'intérêt
dévoué *adj* plein de dévouement
dévouement *m* bonté; abnégation
diable *m* démon, esprit malin; interjec-
    tion qui exprime la surprise
dictionnaire *m*
dieu *m* l'être suprême, divinité
diffamation *f* calomnie (*libel*)
différence *f*
différent *adj*
difficulté *f*
diffusé *part* émis, répandu dans toutes
    les directions, par la radio, la télé-
    vision, la presse, ...
dilettante *m* amateur
dimanche *m* jour de la semaine consacré
    à Dieu, au repos
dimension *f* proportion
diminuer réduire, baisser
diminution action de diminuer, réduc-
    tion
dinde *f* femelle du dindon (*turkey*)
dîner *m* repas du soir
    dîner de gala repas extraordinaire de
    caractère souvent officiel

dîner prendre le repas du soir (on dit
    aussi parfois souper)
diplomatie *f* art de bien conduire une
    affaire, habileté, tact, adresse
diplôme *m* acte qui confère un grade, un
    titre
dire exprimer au moyen de la parole
    dire haut parler fort
    entendre dire apprendre par une
    conversation
direct *adj*
    (émission) en direct émission transmise
    directement, au moment même, sans
    avoir été enregistrée
directeur *m* celui qui dirige
direction *f* administration; orientation,
    voie à suivre
    la direction d'un restaurant le directeur
    ou le patron les gérants) de ce
    restaurant
diriger orienter
discipline *f* matière d'enseignement;
    catégorie (sportive)
discipliné *adj* qui se soumet à une
    discipline, obéissant, habitué à obéir
discothèque *f* lieu de réunion où l'on
    danse sur de la musique enregistrée
    (sur disques)
discours *m* allocution que l'on prononce
    en public; oraison, speech
discret *adj* qui n'attire pas l'attention
discuter parler, bavarder
diseuse de bonne aventure *f* femme qui
    prédit l'avenir
dispensaire *m* établissement où l'on
    donne des consultations médicales
disponible *adj* qu'on peut utiliser, libre
    (*available*)
disposer
    disposer de qqch avoir qqch à sa
    disposition, pouvoir l'utiliser
    librement, posséder
(se) disputer avoir querelle avec qqn
disque *m record*
dissertation *f* développement écrit portant
    sur une question d'ordre historique,
    scientifique, littéraire, ... et qui
    exige une présentation rigoureuse du
    sujet donné
dissident *adj m* qui est en dissidence
dissuasion *f*
distance *f*
distinguer voir, remarquer, apercevoir
distraction *f* défaut de celui qui est

distrait, qui ne suit pas une conversation, qui rêve, qui songe toujours
à autre chose; amusement
les distractions occasions de s'amuser
distrait *adj* qui a l'esprit ailleurs, occupé
d'autre chose que de ce qui se passe
autour de lui
divan-lit *m* sorte de sofa transformable
en lit
division *f* série
première division, deuxième division
en terme de sports, groupes d'équipes
de qualité voisine
divorce *m*
divorcé(e) *m f* personne qui est légalement séparée de son époux(se)
divorcer se séparer par le divorce
docteur *f m* le titre qu'on donne à un
médecin, à un médecin-femme
docteur en médecine *m f* médecin
Doctorat *m* grade de docteur conféré à
celui qui a soutenu une thèse avec
succès (en France le doctorat d'état
demande beaucoup plus de travail
que le doctorat d'université)
document *m* tout écrit qui sert de preuve
ou de renseignement
documentaire *m* film, en général assez
court et instructif qui précède le
grand film (il a le caractère d'un
document et est un reportage objectif)
domaine *m* sujet, ordre d'idées, matière;
propriété
dans tous les domaines dans tous les
ordres d'idées, à tous les points de
vue
en ce domaine sur ce point, dans cet
ordre d'idées
domestique *m f* personne employée au
service personnel d'une autre
domicile *m* maison, demeure habituelle
à domicile à la demeure même de la
personne, chez soi
dominer être plus fort que
dommage *m* indemnité
c'est dommage c'est regrettable, c'est
triste
domper (qqn) dialecte quebecois (joual):
rompre (avec qqn)
don *m* libéralité à titre gracieux, *bequest*
donner *to give*
s'en donner à cœur joie s'amuser
beaucoup

(se) doper prendre un excitant, un
stimulant
Dordogne *f* département à l'ouest du
Massif central; rivière qui se jette
dans la Garonne
dorénavant *adv* désormais
dormir *to sleep*
dortoir *m* dormitory
dos *m back*
dossier *m* ensemble des documents concernant une personne, une affaire
douane *f customs*
douanier(ière) *adj* qui concerne la douane
doubler remplacer
doubler une voiture dépasser une automobile
doué *adj* qui a le don de pouvoir faire
qqch; qui a des dons naturels
se douter de qqch soupçonner qqch
doux *adj* tempéré, modéré; (goût) contraire de sec; d'une saveur agréable
lumière douce lumière peu violente,
agréable à l'œil
vin doux moelleux, contraire de vin sec
drame *m* pièce de théâtre; événement
terrible, catastrophe
dresser établir, rédiger; lever; habituer,
dompter un animal
drogue *f* produit destiné à stimuler les
forces de celui qui l'utilise, ou servant à lui éviter de sentir les effets
des efforts qu'il a fournis
Droit *m* études qui concernent les lois, le
système juridique d'un pays (*law*)
droit *m* faculté de faire un acte; faculté
de jouir d'une chose; impôt, taxe; ce
qui est permis
avoir le droit de avoir la permission de,
être autorisé à . . .
droit de mutation transmission d'un droit
de propriété ou d'usufruit
droit *adj* qui n'est pas courbé; direct
droite *f* côté droit (*right-hand side*); les
partis politique de droite
à droite du côté droit
drôlement d'une façon inattendue; (*par
ext, devant un adjectif*) très, beaucoup, excessivement, étonnamment
D. S. *f* voiture Citroën
dur *adj* difficile, épuisant
durable *adj* de nature à durer longtemps
durée *f* espace de temps que dure une
chose
durer se prolonger

E

eau *f water*

ébène *f* bois noir, dur, fourni par l'ébé-
nier, arbre d'Afrique

écaille *f fish scale*

écart *m*
à l'écart en retrait, à une certaine
distance

échange *m* troc d'une chose contre une
autre, acceptée comme équivalent
échanges commerciaux mouvement des
marchandises entre deux ou plusieurs pays

échapper belle échapper de peu à un
danger

écharpe *f*
l'écharpe de maire large bande tricolore que le maire porte en travers
de la poitrine lors des cérémonies
officielles (c'est l'insigne de son
autorité)

échéance *f*
à brève échéance dans peu de temps
à longue échéance à la longue, à la fin,
finalement, lointain

échec *m* insuccès, non-réussite; le fait
d'échouer; le fait de manquer le but

échelle *f ladder*, *fig* order de grandeur

échevelé *adj* qui a les cheveux en désordre

échouer ne pas réussir

éclairé rendu plus clair

éclairer répandre de la clarté, illuminer

éclat *m* splendeur, manifestation brillante

éclater crever, rompre avec violence

école maternelle *f* école pour les petits
enfants âgés de deux à cinq ans

Écoles (rue des) rue du Quartier Latin à
Paris, perpendiculaire au boulevard
St-Michel (V^e arrondissement)
(elle passe devant la Sorbonne, le
Collège de France, l'École Poly-
technique)

écolier *m* jeune élève qui fréquente l'école
primaire

Économat *m* épicerie faisant partie d'une
chaîne de magasins d'alimentation
très nombreux dans le Nord de la
France

économe *adj* qui dépense son argent avec
mesure et sagesse

économie *f* art de bien utiliser son argent,
de l'épargner le plus possible

Économie *f* science des phénomènes qui
concernent la production, la distribution et la consommation des
richesses
économies somme d'argent économisée

économique *adj* qui ne coûte pas cher, qui
ne revient pas cher; qui diminue les
frais, la dépense
régions économiques divisions administratives nouvelles (Ve République)
qui permettent de grouper plusieurs
départements liés par des intérêts
communs
voiture économique dont l'entretien ne
revient pas cher

économiste *m f* personne spécialisée dans
l'étude des phénomènes économi-
ques

Ecosse *f* partie nord de la Grande
Bretagne

écoute *f* fait d'écouter une émission
être à l'écoute de être en train d'écouter

écouter essayer d'entendre

écran *m* surface blanche, sur lequel on
projette des vues fixes ou animées,
des films, des images télévisées
les écrans français les salles de cinéma
françaises

écrasant *adj* qui accable; qui est de beaucoup supérieur

écraser aplatir et briser par une com-
pression, par un choc

s'écrier prononcer en criant

écrit *adj*
examen écrit épreuve où l'élève répond
par écrit
par écrit sous form écrite et non sous
forme orale

écrivain *m* auteur

édifice *m* bâtiment de dimensions importantes

éducatif (ive) *adj* qui se rapporte à
l'éducation

Éducation Nationale *f* ensemble des
services de l'enseignement public

effet *m* résultat d'une action, suite d'une
cause; conséquence
en effet en réalité, effectivement

efficace *adj* qui produit l'effet attendu

efficacité *f* rendement

s'élever monter, augmenter

effort *m*

effrayer faire peur à

égal *adj m*
> **ça m'est bien égal** ça n'a aucune importance, ça ne fait rien

égalité *f*

égayer amuser, rendre gai

également *adv* de la même façon, tout autant; aussi

église *f* bâtiment, lieu sacré où se célèbre un culte religieux

Église *f* Église catholique

Égypte *f*

élargir rendre plus large, étendre

électeur *m* personne qui a le droit de voter

élection *f*

électricité *f*

électrification *f* travaux qui permettent l'utilisation de l'électricité; utilisation de l'électricité dans une région (par exemple, sur un réseau de chemins de fer)

électro-ménager *adj* se dit d'un dispositif mécanique à commande électrique

élégamment *adv* d'une façon élégante, agréable

élégant *adj* vêtu avec chic et avec goût

élément *m*

élevage *m* action d'élever des animaux

élève *m f* écolier, qui reçoit des leçons d'un maître, dans une école primaire ou secondaire

élever rendre plus haut

s'élever monter, augmenter

élire choisir par un vote

élite *f* ce qu'il y a de meilleur, de plus distingué, de supérieur

Elle périodique féminin, revue féminine

élocution *f* manière de s'exprimer oralement

éloigné *adj* distant, à une certaine distance

éloignement *m* fait d'être éloigné

élu *m* désigné par élection

Élysée *m myth* séjour des héros après leur mort
> **palais de l'Élysée** résidence parisienne du Président de la République, située près du boulevard des Champs-Élysées

emballage *m* ce qui sert à emballer (papier, toile, caisse, carton)

emballer *fam* ravir d'admiration, enthousiasmer

embellissement *m* action d'embellir, de rendre plus beau; décoration

embouteillage *m* encombrement qui paralyse la circulation

embranchement *m* croisement, point de jonction

embrayer établir la communication entre le moteur d'une machine et les organes qu'il doit mettre en mouvement

s'embusquer disposer en embuscade, se cacher pour attaquer par surprise

émetteur *adj m* poste d'émission radiophonique

émission *f* action d'émettre, de livrer à la circulation
> **émission de télévision** programme de télévision

emmener prendre qqn avec soi, mener avec soi d'un endroit dans un autre

empêcher ne pas permettre, faire obstacle
> **empêcher qqn de faire qqch** s'opposer à ce que qqn fasse qqch

emphase *f* exagération, insistance

Empire *adj m* Ier Empire—fondé par Napoléon Ier en 1804, détruit en 1815
> **style Empire** style de cette époque fortement empreint d'influences antiques

emplacement *m* position sur le terrain; lieu, place pour un édifice

emploi *m* situation, travail

employé *m* personne qui travaille, agent, commis

employer

employeur *m* personne qui emploie qqn et le paye

émotif (ive) *adj* qui a rapport à l'émotion, à la sensibilité; qui est très sensible

émotion *f* sentiment très vif

s'émouvoir être ému, s'inquiéter, être troublé

empoisonnement *m* meurtre par le poison

empoisonner faire mourir en faisant absorber du poison

emphatique *adj* plein d'emphase

s'emporter se mettre en colère, perdre son calme

emprunter obtenir à titre de prêt; prendre
> **emprunter une route** utiliser une route, passer par cette route

emprunteur *m* celui à qui on prête de l'argent et qui devra le rendre

ému *adj* touché

encadré *adj* placé dans un cadre, flanqué

encaisser mettre en caisse, recevoir de l'argent

enceinte *f*
  mur d'enceinte mur extérieur qui entoure une construction pour en défendre l'accès

enchanté *adj* heureux

encombré *adj* embarrassé par une multitude d'objets; rempli à l'excès

encore *adv*
  pas encore *loc adv not yet*

encourager

endeuiller plonger dans le deuil, la tristesse

endimanché *adj* qui porte des habits du dimanche, qui est soigneusement habillé

endommagé *adj* abîmé

s'endormir commencer à dormir; ennuyer qqn, agacer, déplaire, lasser, s'ennuyer, épargner de l'ennui

endroit *m* lieu en général

énergie *f*

énergique *adj* vif, mouvementé, agité

énergiquement *adv* vigoureusement

énervement *m* état d'une personne surexcitée, incapable de maîtriser ses nerfs

énerver agacer, rendre nerveux, agité

enfance *f*
  un ami d'enfance un ami qu'on connaît depuis l'époque où on était enfant

enfant *m f* garçon ou fille dans l'enfance; bébé

enfantin *adj* qui a le caractère de l'enfance, propre à un enfant; facile, peu compliqué

enfoncé *adj* pénétré profondément, affaissé, démoli

enfreindre transgresser, ne pas respecter, désobéir à

engager
  engager des frais faire des dépenses
  engager sa vie mettre sa vie en jeu, promettre de se lier pour la vie promettre de s'engager pour la vie

s'engager promettre

engin *m* machine, outil

engloutir dépenser, investir de grosses sommes d'argent en très peu de temps

engorgement *m* embarras dans un conduit, un tuyau

engrais *m* produit qui permet d'obtenir de meilleures récoltes lorsqu'on le mélange à la terre

enlaidissement *m* phénomène de devenir laid

enluminure *f illuminated picture*

ennemi *adj m*

ennui *m* impression de dégoût, manque d'intérêt; mélancolie vague

s'ennuyer agacer; désoeuvrer, lasser

ennuyeux(euse) *adj* qui cause de l'ennui; fatigant, qui engendre de la lassitude

énorme *adj* de très grande dimension, imposant, d'importance inhabituelle

s'enrager éprouver un très grand dépit

enregistré *adj* transcrit

(s')enrichir rendre riche

enrayer suspendre l'action, arrêter

enseignant *m f* personne qui enseigne, qui donne un enseignement
  les enseignants l'ensemble des professeurs et des instituteurs

enseignement *m* éducation
  enseignement supérieur enseignement dispensé dans les universités et dans les grandes écoles

enseigner *to teach*

ensemble *m* un groupe; totalité d'éléments;
  dans l'ensemble pour la plupart
  d'ensemble général
  un ensemble industriel groupe d'usines

ensemble *adv* l'un avec l'autre, simultanément

ensuite *adv* puis (indique une succession), après

entendre *to hear*

s'entendre se comprendre, s'accorder; être compris
  cela s'entend cela se comprend, bien entendu, évidemment
  s'entendre avec qqn être d'accord avec qqn, partager les mêmes points de vue

entendu *adj*
  bien entendu évidemment

enterrement *m* cérémonie au cours de laquelle on met en terre le corps d'une personne morte

enthousiasmé *adj* rempli de joie et qui la manifeste

enthousiaste *adj* (*ant* apathique, flegmatique, froid, indifférent)

entier *adj* complet; sans restriction
　en entier complètement

entièrement *adv*

entouré *adj* placé au milieu de, ou près de

entourer encercler

entrain *m* ardeur, enthousiasme (avec une nuance de gaîté)

entrainer enseigner, soumettre à un entraînement; préparer à un sport, à un exercice; causer; occasionner, produire

s'entrainer faire des exercices en vue de se maintenir en bonne forme, ou d'acquérir plus de maîtrise dans un sport, une technique, . . .

entre *prép*
　entre eux *between them*

entrebaîller entrouvrir légèrement

entrée *f* lieu par où l'on entre dans un bâtiment; action d'entrer

entreprendre s'engager à faire ou à fournir; prendre la résolution de faire une chose et la commencer

entrepreneur *m* chef d'une entreprise industrielle, artisanale, ou de construction

entreprise *f* firme, organisation, usine; projet, mise à exécution de ce projet

entreprise (de bâtiment) *f* firme spécialisée dans la construction (*building construction company*)

　entreprise de pompes funèbres entreprise chargée de l'organisation des funérailles, des enterrements

　libre entreprise (*écon*) organisation des affaires (industrie commerce, agriculture, . . .) laissée à l'initiative privée

entretenu *adj* tenu en bon état

entretien *m* chose ou action nécessaire pour la subsistance; conversation

entrevoir voir avec difficulté, vaguement

énumérer énoncer successivement les parties d'un tout

env. *abrév* pour environ

envers *prép* à l'égard de

envie *f* désir

envier désirer, convoiter; désirer avoir ce qu'ont les autres; désirer être ce qu'ils sont

environ *adv* à peu près

environnement *m* milieu

envoyer expédier
　envoyer qqn faire qqch donner l'ordre à qqn d'aller faire qqch

　envoyer ses vœux expédier par la poste lettres ou cartes contenant ses souhaits

épanoui *adj*
　l'air épanoui qui montre de la joie, du bonheur

épicerie *f* boutique de l'épicier
　épicerie fine où l'on vend des produits rares, de choix, des spécialités

épicier *m* grocer

épidémie *f* maladie infectieuse qui se propage rapidement

épinard *m* plante aux feuilles d'un vert très foncé qu'on utilise en cuisine

épineux(euse) *adj* plein de difficultés; embarrassant

épingler attacher, fixer avec une ou plusieurs épingles

Épiphanie *f* fête (6 janvier) de l'Église qui rappelle la manifestation du Christ aux gentils, et, particulièrement, aux mages; fête des Rois

époque *f* date, moment, point fixe dans l'histoire; période
　à l'époque à cette époque-là, à ce moment-là, en ce temps-là

épouvantable *adj* horrible, qui fait peur

époux(se) *m f* mari ou femme ou les deux

épreuve *f* examen, ou partie d'examen
　à toute épreuve solide, très résistant

éprouver ressentir, connaître par expérience

épuisant *adj* très fatigant

épuisé *adj* très fatigué; vidé

s'épuiser utiliser toutes ses forces au point de ne pouvoir les reprendre

équilibre *m* juste combinaison de forces, d'éléments

équipe *f* groupe de personnes, joueurs, engagés dans la même tâche; groupe de coureurs cyclistes dont les frais sont payés par une marque de cycles ou d'apéritif (par exemple: l'équipe Peugeot, l'équipe Mercier, . . .)

　classement par équipe liste de toutes les équipes faite en tenant compte du temps mis par chacun de leurs membres pour parcourir les étapes d'une course (l'équipe dont les coureurs ont mis le moins de temps vient en tête)

équipe de France équipe nationale de football (ou de rugby, etc.) composée des meilleurs joueurs du pays

esprit d'équipe sentiment d'agir en accord avec les autres joueurs et non pas isolément

équipé *part* doté, muni du matériel nécessaire

équipement *m* action d'équiper; matériel

équiper pourvoir de choses nécessaires

équivalence *f* identité, égalité

érafler écorcher légèrement la peau; effleurer la surface

érosion *f*

érotique *adj* qui a rapport à l'amour, qui éveille l'instinct sexuel

erreur *f* faute; inexactitude

éruption *f* apparition soudaine

escale *f*

faire escale s'arrêter pour débarquer ou embarquer des passagers

escalier *m* suite de marches pour monter et descendre

escroc *m* filou, personne qui escroque

espace *m* étendue, lieu, intervalle de temps

espace vert dans une ville, ... zone plantée d'arbres, parc, zone de verdure, zone non habitée

Espagne *f* pays formant la plus grande partie de la péninsule ibérique (capitale Madrid)

espagnol *adj* d'Espagne

espèce *f* sorte; espèce humaine

esprit *m*

esprit de camaraderie atmosphère de camaraderie, d'amitié

les esprits français la mentalité française, la pensée française

des gens d'esprit personnes spirituelles

essayer tenter

essentiellement *adv*

Essonne *f* petite rivière au sud de Paris qui a donné son nom à une ville (Essonne) et à un département et qui se jette dans la Seine à Corbeil

essor *m* développement, progrès; épanouissement

essoufflement *m* respiration courte

essuie-glace *m* appareil pour essuyer le pare-brise d'une auto par temps de pluie

essuyer ôter, en frottant, l'eau, la poussière, ... (*wipe*)

est *m* côté de l'horizon où le soleil se lève

estimer penser, juger, évaluer

estomac *m* organe, partie du tube digestif

estrade *f* construction surélevée en général en planches

estragon *m* plante aromatique très utilisée en cuisine dans le Midi de la France (*tarragon*)

établir faire

établissement *m* institution; action de fonder, d'établir, de trouver un emploi

étage *m* espace entre deux planchers (en France le rez-de-chaussée n'est pas compté comme étage)

étalage *m* exposition de marchandises

étape *f* période, phase, stage; lieu, ville où l'on s'arrête avant de reprendre la route; distance entre deux villes-étapes

classement de l'étape *m* ordre d'arrivée des coureurs à la fin d'une étape

étape de montagne distance à parcourir entre 2 villes et dont la partie difficile se trouve en montagne

terminer une étape parcourir cette étape en entier, parvenir à l'arrivée

état *m* condition; condition physique

État *m* gouvernement

état-civil *m* la situation civile, le fait qu'on est célibataire, marié, père de famille, veuf, divorcé, ...

été *m* dans notre hémisphère, la saison chaude

éteindre faire cesser de brûler

étendre élargir, prolonger

étendue *f* espace perceptible; importance

ethnique *adj* racial, relatif à l'ethnie

étoffe *f* *tissu*

étoile *star*

nuit à la belle étoile en plein air la nuit

Étoile *f* vaste place circulaire sur l'avenue des Champs-Élysées où est situé l'Arc de Triomphe, aujourd'hui appelée Place du Général de Gaulle

étonnant *adj* qui surprend, surprenant

s'étonner

s'étonner de (+ *substantif*) être frappé par, être surpris par

étouffant *adj* suffocant

étourdi *adj distrait*

étourdissement *m* sensation de vertige

étranger *m adj* qui est d'une autre nation

à l'étranger dans un autre pays, dans d'autres pays

être *m* tout ce qui possède l'existence

étrenne *f* présent fait à l'occasion du premier jour de l'année ou de tout autre jour consacré par l'usage

étroit *adj* qui a peu de largeur

étude *f* travail écrit, recherche; application de l'esprit pour apprendre ou approfondir

études série complète des cours dans un établissement d'enseignement

étudiant(e) *m f* jeune qui suit des cours dans une université

étudier

une réclame étudiée ici une réclame conçue ici

européen(enne) *adj* qui habite l'Europe; qui y est relatif

évacuation *f*

évaluer apprécier la valeur

éveiller tirer du sommeil; *fig* exciter

événement *m* ce qui arrive, ce qui se produit; fait historique

événement national fait important à l'échelle de toute la France, fait auquel toute la France s'intéresse

s'éventer se rafraîchir à l'aide d'un éventail

éventuel(elle) *adj* qui peut arriver ou pas selon que certaines conditions sont remplies ou non

Everest *m* un des sommets de la chaîne de l'Himalaya

évidence *f* chose évidente, irréfutable

éviter empêcher; esquiver, se détourner de, fuir

évocateur(trice) *adj* qui a la propriété ou le pouvoir d'évoquer, de rappeler un souvenir

évoluer changer progressivement

évoquer faire penser à, faire venir à l'esprit, rappeler; rappeler à la mémoire; commémorer, célébrer; suggérer

exact *adj* ponctuel, à l'heure

exactement *adv* d'une manière exacte

exactitude *f* caractère de ce qui est juste, vrai, précis

exagérer

examen *m* épreuve que subit un candidat

excédé *adj* fâché, outré

excellence *f* perfection

exception *f*

à quelques exceptions près à l'exception de quelques cas particuliers

exceptionnel(elle) *adj*

exceptionnellement *adv* contrairement à l'ordinaire

excise *f* taxe

excitant *adj m* qui stimule; qui éveille des sensations, des sentiments

exclure renvoyer, écarter

excuser pardonner, disculper

exécution *f* action, manière d'exécuter

mettre à exécution exécuter, appliquer dans les faits

exemple *m*

exemption *f deferment*

exercice *m*

exigeant *adj* demandant beaucoup, difficile à contenter

exigence *f* ce qu'une personne exige, réclame à une autre, demande, besoin, nécessité

exiger demander avec force, nécessiter, réclamer avec insistance

existence *f*

exister

exode *m* émigration en masse

expédition *f* action d'envoyer

expérience *f*

faire l'expérience essayer

expérimental *adj* destiné à prouver les qualités de qqch

expert *m* une personne qui connaît à fond une question, qui se spécialise

explication *f* développement destiné à faire comprendre

explication de texte développement (oral) destiné à faire comprendre un passage tiré d'un texte, analyse textuelle

expliquer

exploit *m performance, record*

exploitation *f* emploi, utilisation

exploiter faire valoir une chose; profiter abusivement de qqn ou de qqch

explosif *m* bombe classique ou atomique

explosion *f*

exposer mettre en vue

exposé *m* analyse, communication, rapport

exprès *adj*
  faire qqch exprès avec intention, en le
    voulant pleinement
express *m*
  pour **café express**: café noir, très
    concentré
L'Express *m* revue hebdomadaire
expression *f*
  s'exprimer manifester ses sentiments
    ou sa pensée
exquis *adj* d'une délicatesse raffinée
extensible *adj*
extérieur *adj m*
extrait *m* passage, partie, épisode
extravagance *f* action extravagante
extrémité *f* partie extrême, bout
exubérant *adj* trés abondant, expansif

F

F3 *m* formule qui désigne une habitation
  à trois pièces principales
fabrication *f* manufacture, action de
  fabriquer; action ou manière de
  fabriquer
fabriquer produire; transformer des
  matières en objects d'usage courant
Fac *f fam* Faculté universitaire
face *f*
  en face de vis-à-vis, par-devant
  faire face à parer à, supporter
  faire face à une dépense payer
fâché *adj* contrarié, peiné au point de se
    mettre en colère
se fâcher se mettre en colère
facile *adj* simple
facilité *f* moyen de faire sans peine
faciliter aider, rendre facile
façon *f* manière
  de toute façon quoi qu'il en soit
factice *adj* fait artificiellement, faux, pas
    authentique
facture *f* note officielle de marchandises
    vendues portant la liste de ces
    marchandises et leur prix
Faculté *f* dans une université, section
    d'enseignement supérieur
Faculté des Lettres corps des professeurs
    chargé de l'enseignement dans
    cette partie de l'université
Fahrenheit 32° Fahrenheit représentent
    0° centigrade
faible *adj* petit, peu important
  avoir un faible avoir un goût prononcé

faiblesse *f* manque de force, de mérite,
    de courage
faillir
  il a failli mourir il a manqué mourir, il
    est presque mort
faillite *f* échec (*bankruptcy*)
  en faillite qui a échoué, qui s'écroule,
    anéanti
faim *f* besoin de manger
  avoir faim avoir besoin de manger
  avoir un faim de loup *fam* avoir grand
    faim
  manger à sa faim être rassasié, apaiser
    sa faim
faire
  ça se fait c'est courant, c'est l'usage,
    cela se voit fréquemment
  cela fait auberge de campagne cela
    rappelle une auberge de campagne,
    ressemble à une auberge de
    campagne
  comment se fait-il que? ... pourquoi?
    pour quelle raison? comment est-il
    possible que?
  faire faire charger qqn de faire
  faire faire le plein d'essence charger
    qqn de faire le plein d'essence
  se laisser faire par qqn se soumettre à
    qqn
  ne pas s'en faire ne pas s'inquiéter
fait *m* ce qui est vrai, réel; chose faite;
    événement
  fait divers événements de peu d'impor-
    tance (accident de circulation, vol,
    escroquerie, ...)
falloir (*fallu*)
  il faut + *inf* il est nécessaire que +
    subj
familial *adj* qui concerne la famille
familiale *f* voiture de tourisme carros-
    sée de manière à admettre le
    maximum de personnes
famille *f* le père, la mère et les enfants
    vivant sous le même toit; race,
    maison
  avoir de la famille avoir des parents
  en famille avec les membres de la
    famille, dans l'intimité
  famille nombreuse une famille qui a
    beaucoup d'enfants
  nom de famille par opposition à
    prénom, le nom que portent tous
    les membres d'une même famille

fanfare *f* concert de trompettes, de clairons; musique militaire qui ne se sert que d'instruments de cuivre

farce *f* plaisanterie, action burlesque

farfelu *adj*
  idée farfelue une idée bizarre, un peu folle

fastidieux *adj* qu'on fait sans plaisir, peu intéressant

fatigant *adj*

fatigué *adj* épuisé, sans forces

se faufiler se glisser adroitement

faute *f* désobéissance à une loi, à un règlement; erreur
  c'est de ma faute c'est moi qui suis responsable
  faute de par l'absence de, à cause du manque de
  sans faute certainement, à coup sûr

fauteuil *m* grande chaise dotée de deux supports pour les bras

faveur *f*
  avoir la faveur de qqn avoir la préférence de qqn, être préféré par qqn

favorable *adj*
  être favorable à soutenir, défendre

favori(ite) *adj* préféré

favoriser encourager, aider; avantager

fédéral *adj* relatif au gouvernement central dans un État fédéral (les U.S.A., par exemple)

fédéraliste *m* partisan du fédéralisme

fédération *f*

félicitation *f* compliment
  adresser des félicitations à qqn complimenter qqn

féliciter applaudir, congratuler

féminin *adj*

femme *f* personne du sexe féminin; épouse
  femme de ménage bonne, domestique

fenaison *f* récolte des foins (*haying*)

fenêtre *f* ouverture pratiquée dans un mur

fer *m iron*
  fer forgé métal travaillé artistiquement, ouvragé, le plus souvent à chaud

ferme *f* exploitation agricole

fermeture *f* action de fermer portes, fenêtres, volets

fermier(ière) *f m* agriculteur (pas forcément propriétaire de sa ferme)

fête *f* solennité religieuse ou civile, en commémoration d'un fait important: réjouissance publique
  faire la fête mener une vie de désordre
  fête des Rois fête du 6 janvier qui rappelle la manifestation du Christ aux gentils, et, particulièrement, aux mages, nommée aussi **Épiphanie**
  Fête du Travail *f* fête qui honore les ouvriers (1er mai)
  jour de fête jour où l'on célèbre une solennité, à l'échelle locale ou nationale
  Salle des Fêtes dans une ville la salle où se font les grandes réunions publiques (bals, banquets, conférences)

feu *m* feu de signalisation; *fire*
  feu stop feu rouge
  tuer à petit feu détruire lentement

feu d'artifice *m* ensemble de fusées, de pétards, ... qu'on tire dans les fêtes publiques

feuille *f* morceau de papier, document

feuilleton *m* fragment de roman ou d'histoire qui paraît à intervalles réguliers

se fiancer s'engager par une promesse de mariage

fiasco *m* échec complet

fiche *f* feuille de papier ou de carton sur laquelle on inscrit un renseignement susceptible d'être utilisé ultérieurement

ficher
  ficher la paix à qqn *fam* laisser qqn en paix, laisser qqn tranquille

fidèle *adj faithful*

fier(ère) *adj*
  être fier de qqch être heureux de l'avoir, de le montrer, d'en parler
  se fier à avoir confiance en, faire confiance à

fièvre *f* élévation de la température normale qui est de 36,6 à 37 degrés centigrades
  trente-neuf de fièvre à peu près 102°F.

figuré *adj m* sens figuré, signification détournée du sens propre

file *f* rangée de personnes ou de choses

filet *m* morceau de viande tirée du dos de certains animaux ou poissons, sans os ou sans arêtes, très tendre et très recherché; tissu à claire-voie pour

retenir les poissons, les balles,
les oiseaux, ...; *luggage rack*
filet à provisions filet destiné à transporter les achats
les filets (football) autre terme pour
les buts
fille *f* jeune personne du sexe féminin
coureur de filles homme qui n'est pas
fidèle, qui recherche la compagnie
des jeunes filles, qui court d'une
fille à l'autre
jeune fille femme non mariée; femme
jeune *m*
nom de jeune fille le nom de famille
que porte une femme avant de se
marier
petite fille *granddaughter*
fillette *f* petite fille
sport pour fillettes (ironique) sport
facile à pratiquer, où aucun effort
n'est fourni
film *m*
le grand film au cours d'une séance de
projection, le film principal qui
vient après les actualités et le
documentaire
fils *m* enfant mâle
filtre *m*
fin *f* cessation, but
mettre fin à cesser, arrêter
sans fin longuement
fin *adj*
un fin connaisseur un grand connaisseur, spécialiste
finale *f*
finale de rugby dernier match qui oppose les deux meilleures équipes en
tête du classement
finalement *adv* en fin de compte, pour
finir, enfin
financement *m funding*
financier(ère) *adj* qui est relatif aux
finances, à l'argent
financier *m* spécialiste en matière de
finance
financièrement *adv* en matière de finance
fini *adj* achevé, parfait en son genre
finir
en finir avec qqch arriver à la fin de
qqch, en voir la fin, mettre fin à
qqch
finir par aboutir à, se terminer par
firme *f* entreprise industrielle
fiscal *adj*

fixer établir; déterminer
flamand *adj m* des Flandres; parler
néerlandais de Belgique
flamboyant *m* arbre des Antilles aux
belles fleurs rouges
flanc *m* côté
flâner marcher lentement, sans but précis
flanquer se trouver sur les côtés de, sur
les flancs de
flatteur(euse) *adj* qui flatte, qui loue avec
exagération, qui tend à idéaliser
flaque *f* petite nappe d'eau stagnante,
mare
flèche *f arrow*
flemmard *adj m* qui est paresseux, qui
n'aime pas faire d'efforts
fleur *f flower*
fleurir *fig* apparaître en quantité, se
développer
flot *m fig* grande quantité
flottille *f* petite flotte, réunion de bâtiments de petit tonnage
flute (de pain) *f* pain qui a une forme
mince et allongée
foi *f* croyance aux enseignements d'une
religion
faire foi servir de référence
foie *m liver*
foin *m* herbe des prairies séchée
rentrer les foins ramener à la ferme
les charrettes chargées de foin
fois *f* moment où un fait se produit (par
exemple, une fois, deux fois, trois
fois)
la prochaine fois la fois d'après, la
fois suivante
folie *f* démence, aliénation d'esprit
foncé *adj* de couleur sombre
foncer filer, aller très vite
foncier(ière) *adj*
impôt foncier taxe sur les terrains,
champs, propriétés, ...
fonctionnaire *m f* toute personne qui
travaille dans une administration et
qui est payée par l'État
fonctionnel *adj* pratique
fonctionner
fond *m essential; background; remains*
article de fond article qui porte sur
l'essentiel, qui traite d'une question
grave
au fond en réalité
ski de fond ski sur longue distance,
de randonnée, ski nordique

fondateur *m* personne qui crée, qui a fondé un empire, une religion, ...

fonder établir, créer, constituer

se fondre se combiner

fontaine *f*

fonte *f cast iron*

football *m* sport dans lequel 22 joueurs, divisés en deux camps, s'efforcent d'envoyer un ballon dans le but du camp adverse, sans se servir des mains (*soccer*)

    footballeur *m* celui qui pratique le football

footing *m jogging*

forain *m* marchand ou propriétaire de manège qui va de ville en ville les jours de fête ou de foire

force *f* puissance, énergie

forcer obliger, contraindre

forcément *adv* d'une façon évidente, nécessairement

forêt *f*

forgé *adj*

formalité *f* acte qui est obligatoire mais qui ne soulève aucune difficulté

formation *f* action de former, d'éduquer; création

forme *f*

    être en grande forme, être en pleine forme être en excellente condition physique

formule *f*

formulé *adj* exprimé

fort *adj* puissant, concentré

    boisson forte boisson fortement alcoolisée

    c'est plus fort que moi je n'y peux rien, je ne peux résister

fortune *f*

    faire fortune (en parlant d'un mot) devenir très populaire, très fréquemment employé

fortuné *adj* qui a de la fortune, qui est riche

fou (folle) *adj* inconsidéré, peu raisonnable

    une somme «folle» une grosse somme d'argent, une somme extravagante, incroyable

    un temps fou temps qui est excessif, beaucoup trop de temps

foule *f* grand nombre de personnes assemblées, multitude de personnes, grande quantité

    il y a foule il y a beaucoup de monde

(se) fouler (une cheville) *to sprain (one's ankle)*

four *m* une pièce, ou un film raté, un très mauvais spectacle, un fiasco; partie fermée d'une cuisinière où l'on met les aliments que l'on veut faire rôtir

    sole au four sole rôtie au four

fournir procurer, donner

fournisseur *m* celui qui vend

fourniture *f* approvisionnement

    fournitures scolaires outils de travail dont se servent les écoliers (livres, cahiers, gommes, ...)

fourrure *f* peau d'animal, poil épais

foutre *pop* flanquer, mettre

fox *m* (pour fox-trot) danse des années 20 à rythme rapide et saccadé

fragile *adj*

frais (fraîche) *adj* légèrement froid, pas glacé

frais *m* (toujours au pluriel) dépenses

    faux frais petites dépenses imprévues

    subvenir aux frais assumer la charge des dépenses, se charger des dépenses

fraise *f* fruit du fraisier (*strawberry*)

franc *m* unité monétaire, environ 1/5 du dollar

franc (franche) *adj* direct, qui s'exprime librement, sans contrainte,loyalement, vrai, sincère

franchement *adv* sans gêne

Français *m* citoyen de France

France *f*

    France III chaîne de radio équivalente à France Culture

    France Culture une des 4 stations de radio, qui émet des programmes culturels ou éducatifs

francophone *f m adj* qui parle français

francophonie *f* ensemble de ceux qui parlent habituellement français

frappé *adj* refroidi

fraternité *f* en Amérique, association mondaine d'étudiants (jeunes gens seulement)

frein *m brake*

freiner agir sur les freins pour ralentir ou s'arrêter (*to brake*)

frénésie *f* exaltation violente

fréquenter visiter fréquemment

(se) fréquenter sortir ensemble d'une façon régulière et sérieuse (*to date*)

frigidaire *m* appareil frigorifique, réfrigérateur (ne pas confondre avec le congélateur)

frigo *m* réfrigérateur, appareil frigorifique

frire faire cuire dans une poêle ou dans une bassine à friture avec du beurre, de la margarine ou de l'huile

froid *adj* qui manque de chaleur, de passion, de sensibilité

fromage *m* aliment obtenu par la fermentation du lait coagulé et caillé (*cheese*)

front *m forehead, face*

    mener de front deux choses faire deux choses en même temps

frontière *f* limite qui sépare deux pays

fruit *m*

    fruits de mer coquillages et crustacés

    jus de fruits boisson non alcoolisée à base de fruits

fuir s'éloigner à la hâte, décamper

fumer *to smoke*

fur *m*

    au fur et à mesure *progressively*

fureur *f*

    faire fureur être très à la mode

furieux *adj* très en colère

fuselage *m* corps d'un avion auquel sont fixés les ailes, le train d'atterrissage, ...

fusionner réunir en une seule société, en une seule association

futur *adj*

G

gager parier

gagnant *m* personne qui gagne

gagner être vainqueur ; recevoir, acquérir ; mériter

gai réjouissant, drôle

gaité *f*

galerie *f luggage rack*

Galeries Lafayette *f pl* grand magasin parisien, avec succursales en province et à l'étranger

galette *f* gâteau rond et plat, à pâte feuilletée ou non

galoper courir rapidement

gangrène *f* putréfaction des tissus

gangster *m* mot franglais pour bandit

garage *m* lieu couvert où l'on range voitures, tracteurs, ...

garagiste *m* personne qui tient un garage

garantie *f* assurance, responsabilité

garçon *m* jeune homme

c'est un joli garçon, il est joli garçon il est beau, bien fait

garçon de restaurant serveur dans un café ou restaurant, employé chargé d'accueillir les clients et de les servir à table

garçonnet *m* jeune garçon

garde *f*

    rester sur ses gardes rester prudent, maître de soi, rester vigilant

garde-à-vous *m* attitude immobile du soldat, du policier qui témoigne son respect

garder ne pas donner, conserver ; veiller

gare *f*

    Gare de Lyon à Paris gare des chemins de fer qui desservent le Sud-Est de la France

garé *adj* rangé, placé, stationné

gars *m fam* garçon ; homme

gaspiller dépenser exagérément, à tort et à travers

gâteau *m* pâtisserie

gâter traiter avec une grande bonté, combler de présents

gauche *f* le côté gauche ; ensemble des partis politiques partisans d'un changement (par opposition aux conservateurs)

    la gauche les partis politiques de gauche (par exemple, les socialistes, les communistes)

gauche *adj* maladroit

gazeux(euse) *adj*

    eau gazeuse qui contient du gas carbonique

géant *adj* colossal énorme

gel *m fig* immobilisation ; *breeze*

    gel des salaires interdiction d'augmenter les salaires

gendarme *m* membre d'un corps de police nationale chargé de maintenir l'ordre dans le pays

gendarmerie *f* bâtiment où sont logés les gendarmes

gêne *f* situation pénible, incommode, embarrassante

gêner causer de l'embarras, embarrasser, tenir en contrainte

général *adj*

    classement général classement fait en tenant compte du temps mis par chaque coureur pour parcourir toutes les étapes

généralement *adv* dans la plupart des cas

généraliser

génétique *adj* relatif à l'hérédité

genre *m* type, sorte

gens *m f* le peuple, tout le monde
   de vieilles gens des vieux
   jeunes gens jeunes hommes ; jeunes personnes des deux sexes

gentil(ille) *adj* aimable

gentiment *adv* d'une manière gentille, convenable

gérant *m* personne qui s'occupe de la direction d'une entreprise (café, restaurant, . . .) qui ne lui appartient pas

gérer administrer

geste *m* mouvement du corps, surtout de la main, des bras

gesticuler faire des gestes désordonnés

gestion *f* action de gérer, administration

ghetto *m* quartier d'une ville où une minorité est obligée de résider

gibier *m* *game*

glace *f* vitre, lame de verre, miroir ; rafraîchissement à base de crème sucrée, aromatisée et congelée (glace au chocolat, à la vanille, au café, aux fraises . . .)
   marchand de glaces marchand ambulant qui vend des glaces ou d'autres friandises glacées

glissant *adj* qui glisse (*slipping*, *sliding*)

global *adj*
   résultat global résultat final, d'ensemble

globalement *adv* d'une manière globale

globe *m*

gloire *f* renommée, célébrité

gnocchi *m pl* plat italien à base de pâtes faites de farine, œufs, fromage, cuites dans du lait et gratinées au four

goinfre *adj m* qui mange beaucoup, avidement et malproprement

golf *m* sport d'origine écossaise, qui consiste à envoyer une balle, à l'aide de crosses (*clubs*), dans les trous successifs d'un vaste terrain ; le terrain lui-même

gomme *f* gomme élastique, petit bloc de caoutchouc, servant à effacer des traits de crayon, de plume

(se) gonfler distendre, grossir, augmenter de volume

gorgée *f* ce qu'on peut avaler de liquide en une seule fois (*swallow*)

gosse *m fam* enfant

gothique *adj m* qui vient des Goths
   style gothique se dit d'une forme d'art qui s'est épanouie en Europe du XIIe siècle jusqu'à la Renaissance

goulag *m* camp de concentration

goût *m* discernement ; préférence ; grâce, élégance ; saveur
   à mon goût ce qui me convient, que j'aime, qui me plaît
   il y en a pour tous les goûts *there is something for everyone*
   les goûts ce qu'on aime

goûté *adj* apprécié, populaire

gosse *f fam* enfant

gouvernement *m*

gouverner

grâce *f* agrément
   grâce â par le moyen de

graffiti *m pl* inscriptions ou dessins tracés sur les murs, . . .

gourmand *adj m* qui aime bien manger, qui aime les sucreries

gourmandise *f* défaut de celui qui est gourmand

gramme *m* unité de masse du système métrique (*abrév* gr), 1/28e d'une *ounce*

grand *adj m*

grand-messe *f* office religieux (catholique) avec chants et accompagnement d'orgue

Grande-Bretagne *f Great Britain*

grandeur *f*
   la grandeur du mariage ce qu'il y a de grand dans le mariage, l'importance du mariage

grand-parent *m*

gratiner recouvrir de fromage râpé et cuire au four
   au gratin plat recouvert de fromage râpé et cuit au four

gratte-ciel immeuble à très nombreux étages

gratuit *adj* qu'on fait ou donne gratis, sans qu'on ait à payer

gratuitement *adv* sans qu'il faille payer

grave *adj* sérieux

gravement *adv*

gravité *f* importance, qualité grave

gravure *f* image, estampe (*etching*)

grec (grecque) *adj* de la Grèce

Grenoble *f* chef-lieu des Hautes-Alpes, au sud-est de Lyon
grenouille *f* *frog*
grève *f* interruption concertée du travail
grever
   grever un budget peser lourd sur un budget, coûter cher
gréviste *m* celui qui fait la grève
grièvement *adv* sérieusement
griffe *f* ongle pointu et crochu de certains animaux
gril *m* instrument de cuisine fait de tringles ou tiges de métal sur lequel on fait cuire certains mets
grille *f* barrière métallique
grillé *adj* cuit au gril, rôti sur le gril
grippe *f* influenza
gris *adj m* couleur grise
gros *m* commerce de gros, achat et vente de grandes quantités (*wholesale*)
grossesse *f* état d'une femme enceinte
grossièreté *f* manque de délicatesse ou d'éducation
grossir devenir gros
grotte *f* caverne souterraine
groupe *m* ensemble de personnes
   groupe sanguin (du sang)
groupement *m* réunion, mise en commun
grouper mettre en groupe; réunir, assembler
gruyère *m* fromage cuit à base de lait de vache fabriqué en Suisse et dans la Savoie et le Jura
   crème de gruyère fromage cuit fait d'un mélange de plusieurs autres fromages. On peut le manger tel quel ou en tartines
Guadeloupe *f* île des Antilles françaises
Guadeloupéen *m adj* de la Guadeloupe
guérir délivrer qqn d'un mal physique ou moral
guerre *f* lutte, conflit armé
   Deuxième Guerre Mondiale la guerre de 1939–1945
   guerre mondiale guerre qui implique plusieurs pays dans plusieurs continents
gueule *f* bouche de certains animaux
gueuleton *m fam* repas copieux
guide *m* liste de renseignements utiles; personne qui sert de guide
   guide des spectacles petite revue hebdomadaire qui contient la liste de tous les spectacles de la semaine, ainsi que les endroits où on peut les voir et les prix des places
guignol *m* sorte de marionnette, d'origine lyonnaise
guise *f*
   en guise de à la place de, en manière de
guitare *f* instrument de musique à cordes
gymnase *m* salle où l'on se livre aux exercices du corps
gymnastique *adj f* action, art d'exercer, de fortifier le corps, exercices destinés à maintenir le corps en bonne condition physique

H
habilement *adv* astucieusement
habilité *f* aptitude légale
   être habilité à être autorisé à, avoir qualité pour
s'habiller se couvrir de vêtements
habillé *adj* vêtu; chic
habitant *m* qui réside habituellement en un lieu
habitat *m* conditions d'habitation
habitation *f* logement, lieu où l'on habite (maison, immeuble, appartement)
habiter avoir sa demeure, être domicilié, vivre
habitude *f* coutume; chose que l'on fait régulièrement
   c'est dans les habitudes cela se fait
   d'habitude ordinairement, la plupart du temps
habituer accoutumer, faire prendre l'habitude
*****hall** *m* entrée; parfois une salle de vastes dimensions
*****hand-ball** *m* sport d'équipe qui se joue avec un ballon rond et uniquement avec les mains
*****handicap** *m* désavantage
*****hangar** *m* abri pour machines, matériel ou récoltes
*****hanter** fréquenter, visiter souvent
harmonie *f*
harmonieux(euse) *adj*
harmonisation *f* action d'harmoniser
*****hasard** *m* événement fortuit
   au hasard à l'aventure
   par hasard par coincidence
*****hasarder** risquer, dire sans beaucoup d'assurance
*****hâtivement** *adv* à la hâte, très vite

*haut *adj* élevé

Haute-Garonne *f* département du haut languedoc, chef-lieu Toulouse

*Haute-Savoie *f* département des Alpes françaises près de la Suisse et de l'Italie

haut parleur *m* *loudspeaker*

hebdomadaire *adj m* de la semaine, de chaque semaine

héberger loger, recevoir chez soi

hectare *m* mesure de superficie (il y a 100 hectares dans un kilomètre carré)

*Hendaye *f* ville française près de la frontière espagnole

*herse *f* instrument agricole garni de dents de fer qui permettent de briser les mottes de terre ou d'enfouir les mottes de terre ou d'enfouir les semences

*herser *to harrow*

hésiter être incertain sur le parti qu'on doit prendre

hétéroclite *adj* qui s'écarte de l'ordinaire, composite, fait de parties de styles très différents

heure *f* vingt-quatrième partie du jour; soixante minutes à l'heure ponctuel

   de bonne heure tôt

   heure de pointe heure où la circulation est intense (*ant* **heure creuse**)

   heure du café moment de la journée où l'on prend le café, surtout après le repas de midi, entre une heure et deux heures

   tout à l'heure dans un moment; il y a quelques moments

heureux(euse) *adj* qui éprouve du bonheur

hier *adv* jour précédant celui où l'on est

hiérarchie *f* classement par degrés

histoire *f* étude des événements du passé; récit, anecdote

hiver *m* saison froide

H.L.M. *f* habitation(s) à loyer modéré

*hockey *m*

*homard *m* crustacé dont la chair est très estimée (*lobster*)

homme *m* personne du sexe masculin

homologue *m* qui a les mêmes fonctions

honnête *adj*

honneur *m* considération due au mérite

   garçon et demoiselle d'honneur le jeune homme et la jeune fille qui accompagnent la mariée et ouvrent le cortège derrière elle

   salle d'honneur pièce réservée aux grandes cérémonies officielles, aux grands événements

   vin d'honneur réunion au cours de laquelle on sert une boisson, pas forcément du vin, à l'occasion d'un événement extraordinaire ou pour honorer qqn

*honte *f*

   c'est une honte! c'est une chose honteuse

*honteux(euse)** *adj* scandaleux

horaire *adj m* distribution du temps de travail et de non-travail; tableau des heures d'arrivée et de départ

horizon *m*

horloge *f* machine d'assez grande dimension souvent accrochée à un mur et qui permet de connaître l'heure

horreur *f* haine; répugnance; atrocité

   c'est une horreur c'est qqch d'horrible

   faire horreur à qqn déplaire au plus haut point

*hors-d'œuvre *m* petit plat normalement froid servi avant le plat principal en début de repas

*hors-jeu *m* faute commise par un joueur quand il n'est pas à sa place sur le terrain

   siffler un hors-jeu signaler une telle faute par un coup de sifflet

hostilités *f pl* guerre

hôtel *m* maison meublée où descendent les voyageurs; demeure particulière plus ou moins somptueuse

hôtesse *f*

   hôtesse de l'air (*stewardess*)

*hotte *f* dispositif placé au dessus d'une cheminée, dans une pièce, en guise de décoration ou pour éviter que la fumée n'entre dans la pièce

*housse *f* enveloppe d'étoffe que l'on adapte à un meuble ou aux sièges d'une voiture pour les protéger

Hugo (Victor) poète romantique français (1802–1885)

huissier *m* homme de loi chargé de faire exécuter une loi, un décret, de veiller à l'application d'une mesure judiciaire ou d'une sentence, de faire des constats, ...

humain *adj m* propre à l'homme

humanisme *m* doctrine de l'épanouissement humain; formation de l'esprit
humain par la culture littéraire et
scientifique

humanité *f*

(L')Humanité *f* journal communiste

humeur *f* disposition de l'esprit, du
tempérament

humide *adj*

humidité *f*

huile *f* corps gras, liquide à la température ordinaire

  lampe à huile ancien moyen d'éclairage avant qu'on n'utilise l'électricité

huile d'arachide *f peanut oil*

***hurler** pousser des cris de colère ou de
douleur

hydre *f* serpent à sept têtes; *fig* désigne
un danger sans cesse renaissant

hydro-électrique *adj*

  usine hydro-électrique usine qui produit
du courant électrique en utilisant
la force motrice de l'eau

hypocrite *adj m* personne qui dissimule
ses sentiments

I

idéal *adj*

idée *f*

  être ouvert à une idée être préparé à
accepter une idée

  dans cet ordre d'idées à ce propos

identité *f*

idéologie *f* ensemble d'idées

idéologique *adj*

idiomatique *adj*

idiotisme *m* locution propre à une langue
(*idiomatic expression*)

île *f island*

illustré *adj* qui contient des illustrations,
des dessins ou des photos; périod-
ique

immangeable *adj* pas bon à manger

immense *adj*

immensité *f* étendue très vaste

image *f*

imiter

immédiat *adj*

immédiatement *adv* sans attendre, sur-le-
champ

immeuble *m* bâtiment

immobile *adj*

immobilier *adj* contraire de mobilier, qui
est immobile

propriété immobilière propriété con-
stituée par une terre, un immeuble,
une maison

immoralité *f* opposition aux principes de
la morale

impardonnable *adj* qu'on ne peut pas
pardonner

imparfait *m* temps du verbe au passé qui
énonce une action en voie d'ac-
complissement

impatience *f*

s'impatienter perdre patience, s'énerver,
perdre son calme

impeccable *adj* sans défaut, parfait

impératif(ive) *adj m* qui a le caractère du
commandement

impitoyable *adj* qui est sans pitié

implantation scolaire emplacement et
création des bâtiments scolaires, des
écoles

implanter insérer, fixer dans, placer,
introduire

impliquer entraîner, signifier

importation *f*

imposant *adj*

imposer faire accepter par la force

  une cérémonie imposante à la fois grave
et solennelle

s'imposer se faire accepter par une sorte
de contrainte ou par le respect
qu'on inspire

impossible *adj*

impôt *m* prélèvement pour subvenir aux
charges publiques, taxe

impressionnant *adj* étonnant, frappant

impressionner émouvoir, toucher;
frapper

imprimer faire une empreinte sur qqch
(*to print*)

improbable *adj*

improviser parler sans préparation

imprudence *f* irréflexion, manque
d'attention

imprudent *adj* qui manque de prudence

impuissance *f* manque de force, incapa-
cité, inaptitude

inaccessible *adj* impossible à atteindre,
à obtenir

inaugurer déclarer officiellement que
qqch va commencer à fonctionner

incapable *adj m*

incendier mettre en feu

incessamment *adv* dans quelques instants,
d'un moment à l'autre

incident *adj* accessoire
  phrase, proposition incidente proposition placée entre deux virgules
incident *m* événement de peu d'importance
inclus *adj* compris, qui n'a pas besoin d'être ajouté
incohérence *f* manque de suite, de logique
incomber revenir obligatoirement à
incomparable *adj*
incommode *adj* peu pratique, désagréable
inconciliable *adj* incompatible
inconnu *adj* mystérieux, ignoré
inconfort *m* manque de confort
inconvénient *m* désavantage
  voir un inconvénient à qqch ne pas aimer, ne pas accepter qqch, désapprouver
incorrect *adj* impoli, pas courtois
Incorruptibles *m pl* titre français de l'émission télévisée *The Untouchables*
indécis *adj* irrésolu, qui n'est pas décidé
indemnité *f* dédommagement, allocation
indéniable *adj* qu'on ne peut pas refuter
indépendance *f*
indépendant *adj*
indicateur *adj m* livre ou brochure qui indique, sert de guide
  Indicateur périodique qui indique les horaires de la S. N. C. F. pour toute la France
Indien *m* indigène d'Amérique du Nord
indifférent *adj*
  ceci me laisse indifférent ceci ne m'impressionne pas, ne m'intéresse pas, je n'y accorde aucune importance
indigène *adj m* qui est né dans le pays; qui vit dans une région
indiquer suggérer, montrer
indiscutable *adj* évident, incontestable
indispensable *adj* essentiel
individu *m fam* personne (péjoratif)
individualisme *m*
individuel *adj*
  classement individuel classement de chaque coureur en particulier
Indochine française *f* ensemble des colonies et protectorats dans l'Orient (notamment Cambodge, Laos, Vietnam, Tonkin, Cochinchine)
industrialiser équiper d'industries
industrie *f*

industriel *m* personne qui gère une industrie, une usine
industriel *m* propriétaire d'une usine
industriel(elle) *adj*
inestimable *adj* de très grande valeur, très précieux
inévitable *adj*
infaisable *adj* qui ne peut pas être fait
infâme *adj* abject, avilissant
infect *adj* très mauvais
infection *f*
infectieux(se) *adj* qui communique l'infection
inférieur *adj* en-dessous de
infiltration *f*
inflation *f*
infliger une peine à qqn frapper qqn d'une peine
influence *f*
influencer agir sur qqn, peser sur ses décisions
influent *adj* qui a de l'autorité, du prestige, de l'influence
influençable *adj*
information *f* renseignement, nouvelle donnée par un journal, par la radio ou la télévision
informations *f pl* nouvelles données par la radio, ou la télévision, par un journal
s'informer se renseigner
infraction *f* violation d'une loi
infra-son *m* vibration inaudible
ingénieur *m*
inhumaine *adj* barbare, indigne d'un homme
initiative *f* action de celui qui propose ou qui fait le premier qqch
injustice *f*
inlassable *adj* qu'on ne peut pas lasser, infatigable
innocent *adj* qui n'a commis aucune faute, qui n'est pas coupable
innombrable *adj*
inondation *f* débordement des eaux, des fleuves et rivières
inonder recouvrir, s'étaler sur, comme le ferait une nappe d'eau; submerger, envahir
inquiet *adj* anxieux, soucieux
insalubre *adj* qui n'est pas sain
insecte *m*
insensible *adj* indifférent; imperceptible
insidieux(se) *adj* trompeur

insinuer se glisser, s'introduire habilement
insister
insonorisation *f* action d'insonoriser, de rendre insonore, d'étouffer les bruits
insonoriser rendre insonore, étouffer les bruits
inspecteur *m* titre donné aux agents de divers services publics chargés de la surveillance et du contrôle
(s')inspirer emprunter des éléments; placer, mettre
installé *adj* placé
s'installer se mettre à une place
instant *m*
   pour l'instant pour le moment
instituer
institut *m* établissement, académie
instituer *m* personne qui enseigne dans une école primaire
instrument *m* instrument de musique
insuffisance *f* manque
insuffisant *adj* qui ne suffit pas
insulte *f*
installation *f* aménagement
insupportable *adj* pénible, même impossible à supporter
insurmontable *adj* qui ne peut pas être surmonté
intégral *adj* entier, complet
intégration *f*
intelligemment *adv*
intention *f*
   à leur intention pour eux
interclasse *f* intervalle entre deux cours
intercontinental *adj*
interdire défendre qqch, ne pas autoriser qqch; condamner, ne pas permettre
s'intéresser à trouver de l'importance à, se livrer à l'étude de, aimer, pratiquer, trouver de l'intérêt à
intéressement *m* rémunération supplémentaire pour intéresser le personnel
intérêt *m* somme due par l'emprunteur au prêteur
   avoir intérêt à trouver avantage à
interférences *pl* rencontre d'ondes sonores de même direction (*static*)
intérieur *m*
intermédiaire *adj*
interminable *adj*
Internat *m* concours que passent les médecins et pharmaciens pour suivre les cours pratiques dans les hôpitaux
international *adj*
interrogation *f* question

interros *f pl* (*abrév* pour interrogation) questions posées à un élève par oral ou par écrit
interrupteur *m* appareil destiné à ouvrir et à fermer un courant électrique
intervalle *m* période de temps
intervention *f* action d'intervenir dans une affaire; (médecine) traitement actif, opération
interview *f*
intime *adj*
intrigue *f*
introduire laisser entrer
inutile *adj* qui n'est pas utile
inventaire *m* état, dénombrement
inverse *adj* contraire, opposé
inversement *adv* d'une manière inverse
investir placer des fonds
invite *f* ce qui invite à faire qqch
inviter
invité(e) *m f* personne qu'on invite, qu'on reçoit
   avoir des invités faire venir chez soi des personnes qu'on veut recevoir
ionesphère *f* couche supérieure ionisée de l'atmosphère
ironiser
   ironiser sur qqch se moquer de qqch, railler qqch
irréel *adj m* qui n'est pas réel
irrémédiablement *adv* irréparablement
irrévérencieux(euse) *adj* qui manque de respect
isolé *adj* seul, séparé
israélite *adj m f* de religion juive (ne pas confondre avec Israélien, habitant d'Israël)
Italien(ienne) *m f* de nationalité italienne
italien(ienne) *adj f m* de l'Italie

J

Jamaïque *f* île des Grandes Antilles
jambe *f leg*
James, Henry écrivain américain (1843–1916)
janvier *m* premier mois de l'année (depuis 1564)
Japon *m* pays oriental
jardin *m* lieu, ordinairement enclos, où l'on cultive des fleurs, des légumes, des arbres
jargon *m* langage particulier à certains milieux, à certains groupes sociaux, à certaines professions

jauge *f* sorte de règle graduée, métallique, qui sert à mesurer la hauteur, la quantité d'un liquide (par exemple, l'huile dans un moteur de voiture)

jazz *m*

Jeanneret, Édouard (voir **Le Corbusier**)

jeter *to throw* (*away*)

    jeter un journal se débarrasser d'un journal

    se jeter contre se précipiter contre

    jeter son argent par les fenêtres gaspiller son argent sans compter, dépenser son argent d'une façon irréfléchie pour des motifs ridicules

jeu *m* divertissement, récréation; amusement, passe-temps, distraction

jeune *adj m f* qui n'est pas âgé

jeunes *mpl* jeunes gens et jeunes filles

jeunes gens *m* terme général pour jeunes garçons et filles, généralement au-dessus de 15–16 ans

jeunesse *f* le fait d'être jeune

joindre rapprocher deux choses de manière qu'elles se touchent

se joindre

    se joindre à qqn aller retrouver qqn en vue de faire la même chose que lui

joie *f* émotion agréable

joli *adj* agréable à regarder

jouer se divertir, se récréer

    jouer un rôle exercer une fonction, avoir une certaine importance

joueur *m* membre d'une équipe sportive ou autre

jour *m* espace de vingt-quatre heures

    l'autre jour dernièrement, sans indication précise de date

    un grand jour un jour important

    menu du jour le menu, la liste des plats, spécialement servis ce jour-là (ce menu change chaque jour)

    de nos jours à l'époque actuelle, aujourd'hui

    jour de l'an premier jour de l'année

    jour férié jour chômé officiel

    Jour des Morts fête du 2 novembre en l'honneur de tous les morts

journal *m* publication périodique; journal particulier (*diary*)

journalier *m* ouvrier de ferme qu'on emploie à la journée, d'une façon temporaire

journaliste *m* personne qui écrit dans un journal

journée *f* espace de temps qui s'écoule depuis le lever jusqu'au coucher; jour marqué par quelque événement

joute *f* combat (*jousting*)

joyeux(se) *adj* dans la joie, plein de joie

judiciaire *adj* relatif à la justice

juge *m* magistrat qui prononce des jugements civils ou criminels

jugement *m opinion, verdict*

juger apprécier la conduite des autres

    juger l'arrivée d'une course constater officiellement l'ordre d'arrivée des coureurs à l'étape

juillet *m* septième mois de l'année

juin *m* sixième mois de l'année

jurer blasphémer, prononcer des jurons (*to swear*)

    jurer comme un charretier *to swear like a trooper*

jus *m* suc tiré d'une chose par pression, ou de toute autre manière

juste *adj*

    il est juste de *it is fair to, appropriate to*

juste *adv* exactement; à peine

justement *adv* précisément, exactement

justice *f*

K

képi *m* coiffure que portent les soldats

kilo *m* préfixe indiquant, dans le système métrique, la multiplication d'un nombre par mille; souvent employé pour kilogramme—à peu près 2,2 «pounds»

kilogramme (kg) *m* kilo = 1000 grammes, approximativement 2 livres

kilomètre *m* unité de distance, valant 1000 mètres, environ 5/8 d'un mille (*mile* = 1609 mètres; mille marin = 1852 mètres)

kiosque *m* abri établi pour la vente des journaux, des fleurs, sur la voie publique

kirsch *m* eau-de-vie faite avec des cerises aigres dans la région est de la France

L

là *adv*

    par-là aux environs, dans le quartier, tout près

La Baule ville française du sud de la Bretagne célèbre pour sa belle plage de sable fin

labourer retourner la terre à l'aide d'une charrue (*to plough*)

labyrinthe *m* édifice dont on trouve difficilement la sortie

lac *m*

lacet *m* *lacing*

    route en lacets route avec de nombreux virages, le plus souvent en montagne

là-dedans *loc adv* dans ce lieu

La Haye *f* capitale de la Hollande

laïc *adj m*

laideur *f* le contraire de la beauté; *ugliness*

laine *f*

    laine de verre verre filé employé comme isolant thermique et phonique (*fiberglass insulation*)

laïque *adj m f*

    école laïque école neutre d'un point de vue religieux

laisser permettre; abandonner; confier;

laissez-passer *m* document, qui donne le droit d'entrer, de sortir, de circuler librement

lait *m milk*

lait de coco *m* liquide blanchâtre a l'intérieure de la noix de coco

laitier(ière) *adj* à base de lait, fait avec du lait

lamentablement *adv* d'une manière lamentable, qui porte à la pitié

lampadaire *m* support vertical portant une ou plusieurs lampes

lampe *f* appareil producteur de lumière (lampe électrique, lampe à alcool, lampe à pétrole, lampe à essence); ensemble composé de la source lumineuse (ampoule) et de son support (par exemple, lampe de chevet)

lancé *adj* projeté

lancer dire avec force; mettre en vedette, faire connaître, mettre sur le marché, *to throw*

se lancer s'engager

Landes *f pl* région au sud de Bordeaux plantée de pins

langage *m* emploi de la parole pour exprimer les idées

langue *f tongue*

    une mauvaise langue une personne qui calomnie

langue d'oc *f* occitan, langue où *oui* se dit *oc*; aussi le provençal

Languedoc *m* région du midi de la France où se parle encore l'occitan

lapin *m* animal domestique (*rabbit*)

    civet de lapin ragoût de lapin cuit avec des oignons et du vin

larme *f* pleur, *tear*

    verser des larmes pleurer

Lascaux *m* lieu de Dordogne célèbre pour ses grottes préhistoriques

latéral *adj* qui est sur le côté

lavabo *m* cuvette pour se laver

Le Corbusier, Édouard Jeanneret, dit architecte d'origine suisse, naturalisé français, né en 1887, mort en 1965 (il a conçu un nouveau type d'habitation montée sur potences en béton)

lecture *f* action de lire

légal *adj*

légende *f* récit où l'histoire est défigurée par les traditions

léger(ère) *adj* qui ne pèse guère

légèrement *adv* peu

légiférer faire des lois

législatif (ive) *adj*

législation *f* ensemble ou système de lois

    législation du travail ensemble des lois qui traitent du problème du travail (durée du travail, taux, salaires, congés, accidents du travail, retraite)

légume *m* produit végétal employé comme aliment (par exemple, carottes, haricots, pommes de terre)

lendemain *m* le jour suivant, le jour d'après

    au lendemain de la guerre dans les moments, les mois qui ont suivi la guerre; immédiatement après la guerre

lent *adj* contraire de rapide

    à pas lents en marchant lentement

lentement *adv* avec lenteur

lessive *f* linge qui doit être lessivé, lavé

lettres *f* une des grandes divisions des études supérieures; on dit aussi parfois humanités

lever action de se lever

se lever se mettre debout; sortir du lit

lever du jour *m* lever du soleil, commencement du jour

lever du rideau début d'un spectacle

liaison *f*

    liaison aérienne ligne d'avion

Libération *f* fin de l'occupation allemande (Libération de la France en 1944)

Liban *m* état du Proche Orient (capitale Beyrouth)

libéral *adj*

liberté *f*

librairie *f* magasin du libraire; commerce de livres

libre *adj* inoccupé
    école libre dirigée par des religieux ou des laïcs mais où on enseigne la religion
Licence *f* grade universitaire, intermédiaire entre celui de bachelier et celui de docteur
licencié *adj m* qui a une Licence, un diplôme de Licence
lien *link, relationship, connection*
lier
    lier conversation avec qqn engager la conversation avec qqn
    lier amitié avec qqn devenir l'ami de qqn
lieu *m* endroit
    lieu de rencontre endroit où les gens viennent pour faire connaissance avec d'autres personnes
    avoir lieu se dérouler
    en premier lieu premièrement
ligne *f*
    (télé) moyen d'analyser une image (plus le nombre de lignes est élévé, plus l'image projetée reproduit fidèlement la réalité)
    ligne directrice orientation, direction générale
    les grandes lignes les lignes de chemin de fer principales (par opposition aux lignes secondaires et aux lignes de banlieue)
    soigner sa ligne veiller à ne pas grossir
limite *f adj*
Limoges chef-lieu du département de la Haute-Vienne, sur la Vienne
linguistique *adj* relatif à la langue
liqueur *f* boisson dont la base est l'eau de vie ou l'alcool
liquide *f*
lire parcourir des yeux (par exemple, lire un journal, un roman)
liste *f*
lit *m* meuble sur lequel on se couche
    lit à une place lit pour une personne
littéraire *adj*
littérature *f*
livraison *f* action de livrer à l'acquéreur une chose vendue
livre *m book*
livre *f* livre sterling—unité monétaire britannique qui vaut un peu moins de 2 dollars américains;
livrer mettre une chose en la possession de qqn
se livrer s'abandonner, se consacrer

local *m* lieu, partie d'un bâtiment qui a une destination déterminée
local *adj* de l'endroit, de la ville en question
localité *f* agglomération, lieu déterminé
locataire *m* celui qui loue une maison, un appartement
locomotrice *f* locomotive
locution *f* expression, façon de parler
loge *f* logement de portier ou de concierge; petit cabinet
logement *m* lieu où l'on demeure habituellement, habitation, appartement
se loger avoir un logis, une habitation
loggia *f* balcon ouvert
loi *f* règle ou ensemble de règles
    faire la loi commander
loin *adv far ; far away*
    de loin de beaucoup
Loir *m* rivière qui se jette dans la Loire par l'intermédiaire de la Maine
Loir-et-Cher *m* département à cheval sur la Loire (chef-lieu: Blois)
loisir *m* temps libre, occupation, distraction
    loisir roi distraction favorite, pratiquée par le plus grand nombre
Londres capitale de l'Angleterre
long (gue) *adj*
longtemps *adv* pendant un long espace de temps
longévité *f* durée de vie
loterie *f* tirage au sort de numéros désignant des billets gagnants et donnant droit à des lots; jeu de hasard où les gagnants sont désignés par le sort
lotissement *m urban development, housing development*
louer occuper provisoirement moyennant un loyer
Louis XIII *m* roi de France de 1610 à 1643
    style Louis XIII style caractérisé par le mélange harmonieux de la brique et de la pierre
Louis XIV *m* roi de France de 1643 à 1715, le «Roi-Soleil»
Louis XV *m* roi de France de 1715 à 1774
Louis XVI *m* roi de France en 1774, décapité en 1793
Louisiane *f* un des États-Unis d'Amérique
lourd(e) *adj* pesant, difficile à porter

Louvre *m* musée célèbre à Paris, ancien palais royal

loyer *m* prix payé pour louer un logement, une propriété quelconque ; montant mensuel d'une location, *rent*

Lozère *f* département dans le massif des Cévennes, chef-lieu Mende

lucarne *f* ouverture pratiquée dans le toit d'une maison (*dormer window*)

lucide *adj*

luisant *adj* brillant de sa propre lumière

lumière *f* ce qui éclaire les objets et les rend visibles, éclairage

lundi *m* deuxième jour de la semaine

lune *f* planète satellite de la Terre autour de laquelle elle tourne

    lune de miel les premiers temps immédiatement après le mariage

lustrer faire briller, donner du lustre, de l'éclat

    liquide à lustrer par exemple, la cire (*wax*)

lutter combattre corps à corps

luxe *m* somptuosité excessive

Luxembourg *m* petit État (duché) entre la France, l'Allemagne et la Belgique, capitale, Luxembourg ; ancien Palais à Paris où siège aujourd'hui le Sénat

    jardin du Luxembourg le parc et le jardin autour du Palais du Luxembourg

lycée *m* établissement secondaire d'État, dirigé par un proviseur, où l'on poursuit des études jusqu'au baccalauréat

lycéen(ne) *f m* étudiant dans un lycée

Lyon *f* très grande ville de France, située au confluent de la Saône et du Rhône

lyonnais(e) *adj* de la ville (région) de Lyon

M

machin *m* familier pour «chose»

machine *f*

    machine à laver machine qui fait la lessive, qui lave le linge ; machine qui lave la vaisselle

    machine à écrire *typewriter*

magasin *m* boutique

    les Grands Magasins nom donné à quelques magasins de Paris où l'on trouve de tout

magnétophone *f tape recorder*

mahométan *adj m f* de religion musulmane

mai *m* cinquième mois de l'année

maigre *adj* qui a peu de graisse ; qui n'est pas gras

maillot *m short sleeve shirt*

    maillot de bain *bathing suit*

    maillot jaune vêtement collant de couleur jaune que porte le coureur qui est en tête du classement du Tour de France

    prendre le maillot jaune arriver à la première place au classement général

main *f hand*

    forcer la main à qqn le faire agir contre son gré

main-d'œuvre *f* ensemble des ouvriers nécessaires pour l'exécution d'un travail donné (par opposition aux machines)

maintenant *adv now, nowadays*

maire *m* officier municipal élu qui dirige les affaires de la commune

mairie *f* bâtiment où se trouvent le bureau du maire et les services de l'administration municipale (dans un village ou une ville)

mairie-école *f* bâtiment qui abrite la mairie et les écoles (cas fréquent dans les villages en France)

maïs *m* céréale dont les fruits, sous forme de grains jaunes ou blancs, sont portés par un épi

maison *f* bâtiment d'habitation, logement où l'on habite ; établissement (par exemple, le restaurant, la pâtisserie)

    à la maison chez soi

    maison de jeunes bâtiment destiné à des distractions réservées aux jeunes personnes

    maison de commerce entreprise commerciale

Maître *m* celui qui commande, qui gouverne ; titre qu'on donne à un avocat, à un huissier

maître-autel *m* autel principal

maître d'hôtel *m* celui qui dirige le service de table dans un restaurant, majordome

maître d'œuvre *m* le responsable de la bonne exécution d'un travail

maîtresse de maison *f* épouse ou mère de famille qui s'occupe de gérer le budget de la famille, et des soins du ménage

Maîtrise *f* grade universitaire entre celui de bachelier et celui de docteur et qui remplace la Licence

majeur *adj*

être majeur avoir plus de 18 ou plus de 21 ans (selon les cas)

majorité *f* âge à partir duquel on jouit de ses droits civiques (18 ou 21 ans); la plupart

mal *m* ce qui est contraire au bien, à l'ordre; peine; maladie

faire du mal être nuisible, provoquer une douleur

mal de Pott *Pott's disease*

pas mal (de) en assez grand nombre

malade *adj m* qui éprouve quelque altération dans sa santé

maladie *f* altération dans la santé

maladresse *f* défaut d'adresse

maladroit *adj* gauche, malhabile

malchance *f* mauvaise chance

malchanceux(euse) *adj* en butte à la mauvaise chance

malheur *m* événement néfaste, mauvaise fortune

malheureusement *adv unfortunately*

malheureux(euse) *adj f m* qui n'est pas heureux

malle *f* coffre

maman *f* mère (dans le langage des enfants)

manche *f* partie du vêtement qui couvre le bras

Manche *f* département au nord—nord-ouest de la France dont le chef-lieu est Saint-Lô

manège *m merry-go-round*

manie *f* habitude bizarre, ridicule

manière *f* façon

les bonnes manières, les manières les usages, les habitudes de politesse

une manière propre une façon bien à soi, unique, personnelle

manifestation *f* façon de montrer ses opinions en public, *demonstration*

se manifester se montrer

manœuvre *f* exercice; manière de conduire; moyen pour atteindre un but; intrigue, machination

manquer faillir, tomber en faute, rater

mansardé *adj* disposé en mansarde

chambre mansardée (de Mansard, architecte français) chambre située sous un comble brisé

manteau *m* vêtement de dessus, qu'on porte par temps froid ou frais

maquillage *m* fard que les femmes mettent sur leur visage

se maquiller se farder le visage

marathon *m*

marchand de journaux *m* commerçant qui vend des journaux

marchandise *f* tout ce qui peut s'acheter, se vendre, se marchander

marche *f* partie plane d'un escalier qu'on franchit d'un pas (*step*); musique dont le rythme est fortement marqué; mouvement

marche à pied *walking*

marche arrière mouvement en arrière (auto)

Marché Commun *m* marché européen

marcher *fam* fonctionner normalement, remplir une fonction

Mardi gras *m* dernier jour avant le début du carême

margarine *f* substance grasse comestible, ressemblant au beurre

mari *m* homme uni à une femme par le mariage

mariage *m* cérémonie religieuse ou civile, ou les deux à la fois

la salle des mariages dans une mairie la pièce spécialement réservée à la célébration des mariages

mariée *f* la femme qui se marie

se marier prendre femme, prendre mari; (sens absolu) devenir le mari (l'époux) ou la femme (l'épouse) de qqn

se marier avec qqn épouser qqn

maritime *adj* au bord de la mer

marque *f* signe qui sert à distinguer un autre (par exemple, étiquette, nom du fabricant)

de marque de grande classe, qui porte une marque connue

marqué *adj* indiqué, signalé, délimité

marquer indiquer, montrer

marrant *adj fam* amusant, drôle

marron *m* fruit du châtaignier (*chestnut tree*)

crème de marrons crème à base de marrons

marron *adj* couleur de la châtaigne (*chestnut, brown*)

Marseille deuxième ville de France, grand port sur la Méditerranée

Marseillaise *f* chant patriotique du temps de la Révolution, hymne national français

Martiniquais(e) *adj f m* qui vient de la Martinique

Martinique *f* île des Antilles françaises

masqué *adj* dont le visage est invisible, caché

massacrer tuer ou abattre avec sauvagerie des bêtes sans défense, ou en tuer de grandes quantités

masse *f* les citoyens moyens, le peuple, par opposition à l'élite

masser grouper, rassembler

se masser se grouper

match *m* partie, rencontre sportive
   gagner un match remporter la victoire
   perdre un match se faire battre, être battu

matelas *m* grand coussin qui garnit un lit ou qu'on pose à terre pour se coucher lorsqu'on fait du camping

matériaux *m pl* matières entrant dans la construction d'une chose (machine, édifice, ...)

matériel *m* ensemble des objets de toute nature qui servent à une exploitation, à un établissement (matériel d'une ferme, d'une usine)

matériel(elle) *adj*

maternité *f*

mathématiques *f pl*

maths *f* mathématiques (jargon des étudiants)

matière *f*
   en matière de en ce qui concerne

matin *m morning*

maudire abominer (*to curse*)

mauvais(e) *adj* qui n'est pas bon

maximal *adj* au maximum, le meilleur

maximum *m*

mécanique *f* construction et fonctionnement des machines
   s'y connaître en mécanique (voir **s'y connaître**)

mécanisation *f* emploi de machines

mécène *m* personne riche, protectrice des lettres et des arts

méchant *adj m* porté au mal, mordant, désagréable, dangereux

mécontent *adj* qui n'est pas content, fâché

mécontentement *m* irritation, manque de satisfaction

médaille *f* pièce de métal constituant le prix dans certains concours

médecin *m* (**femme-médecin** *f*) celui (celle) qui exerce la médecine

médecine *f*

média *m*

médiateur *m* personne qui sert d'intermédiaire pour réconcilier des adversaires

médical *adj*

médicament *m* produit, substance, employé pour guérir un malade, remède

médiocre *adj* ni bon ni mauvais, de qualité inférieure

méditerranéen(enne) *adj*

se méfier manquer de confiance; se tenir en garde

mégarde *f* faute d'attention
   par mégarde sans le faire exprès, sans y faire attention, involontairement

meilleur *adj m f* (comparatif de «bon») qui a un plus haut degré de bonté (superlatif) **le meilleur, la meilleure** exprime la supériorité sur tous

mélomane *m* personne qui aime la musique avec passion

melon *m* cantaloupe

membre *m f*

même *adj same, very*
   le jour même le jour en question
   tout de même quand même, cependant

menaçant *adj* qui se fait craindre

menace *f* parole destinée à effrayer, à faire peur

menacé *adj* mis en danger

ménage *m* travaux à l'intérieur de la maison; famille; un couple marié

mener *to lead*
   mener par le bout du nez faire agir à sa fantaisie

mensonge *m* propos contraire à la vérité

mensonger *adj* qui cherche à tromper, à donner une fausse impression

mensuel(elle) *adj* par mois

mental (aux) *adj*

mentalité *f* état d'esprit, manière de penser; attitude, comportement

mention *f* distinction

mentir affirmer un mensonge

menu *m* liste des plats servis dans un restaurant

menuiserie *f* pose des éléments en bois

mer *f sea*
   mer à boire chose difficile
Mercedes *f* voiture allemande
mer du Nord mer intérieure du nord-ouest de l'Europe
Mercure *m* messager des dieux
mère *f mother*
mérite *m*
   n'avoir aucun mérite (à propos d'un film) n'avoir aucune qualité
mériter être digne de, avoir gagné
merlan *m* sorte de poisson (*whiting*)
mesquinerie *f* bassesse, petitesse
messe *f* office religieux catholique
mesure *f* règle, disposition, loi; précaution
   dans la mesure du possible autant que possible
   dans la mesure où *in so far as*
   dans quelle mesure *how far*
mesurer déterminer avec sagesse
métallique *adj* fait de métal
méthode *f* façon de faire, de procéder
méthodique *adj* qui a de l'ordre, de la méthode
métier *m* profession manuelle ou mécanique, emploi, travail
   métier d'appoint emploi complémentaire exercé durant ses loisirs pour améliorer ses moyens d'existence
mètre *m* unité de mesure de longueur (*3.28 feet*)
métro *m* chemin de fer souterrain
   Métro *abrév* Métropolitain de Paris
métropole *f* État (la France) considéré par rapport à ses territoires extérieurs
métropolitain *adj*
metteur en scène *m* (au cinéma et à la télé) spécialiste qui dirige les prises de vues (décors, éclairage, son, jeu des acteurs)
mettre
   mettre en place organiser, exécuter
   mettre ... francs à qqch payer ... francs pour qqch, payer qqch ... francs, dépenser ... francs pour acheter cette chose
   se mettre à commencer à
   se mettre à plusieurs former un groupe, se grouper
   s'y mettre se mettre à faire qqch
meublé *adj* qui est garni de meubles

meubler *m* garnir de meubles
meurtrier(ière) *adj m f* qui cause la mort de beaucoup de personnes
Mexique *m* république fédérale de l'Amérique du Nord
micro *m abrév* microphone
midi *m* le milieu de la journée, 12 heures
Midi *m* le sud de la France
mieux *m* meilleur état
   tant mieux *loc* exprimant la joie
milanais *adj* de Milan (Italie)
   sauce milanaise à base de fromage et de sauce tomate
milieu *m* centre, classe sociale, entourage
militaire *adj m*
millier *m* mille; un très grand nombre
   des milliers de km plusieurs fois mille km
million *m*
millionnaire *f m* qui possède plusieurs millions, personne très riche
minceur *f* qualité de ce qui est mince, peu épais, peu considérable
mine *f*
miner creuser lentement; consumer, ruiner
minéral *adj*
   eau minérale eau naturelle, jaillie d'une source, et renfermant des sels minéraux qui lui confèrent des propriétés thérapeutiques (elle peut être gazeuse ou non)
mini-UNESCO *m*
ministre *m* homme d'État chargé de la direction d'un ensemble de services publics
   Premier ministre en France, le chef du gouvernement
minorité *f* groupe englobé dans une collectivité plus importante
minuit *m* le milieu de la nuit, zéro (0) heure
minuscule *adj* tout petit
minutage *m* calcul du temps mis par un coureur pour parcourir une distance
minute *f*
   voilà dix minutes que ... depuis dix minutes ...
minutieux(euse) *adj* qui s'attache aux petits détails
miroir *m mirror*
mise *f* action de mettre

mise en circulation action de mettre en mouvement, de diffuser (publication, nouvelle, monnaie, rumeur, etc.)

mise en circuit action de mettre en circulation

mise au point perfectionnement, rectification; réglage définitif (moteur)

mission *f* charge, mandat

Mistral *m* un des Trans-Europe-Express et qui relie Paris et Nice (le mot mistral désigne un vent violent qui descend la vallée du Rhône)

mi-temps *f* une des deux parties d'un match de football, de rugby . . .

mi-temps *f* temps de repos (sports); pause

à mi-temps la moitié du temps, à temps partiel

mitrailleuse *f* arme à feu automatique qui peut lancer, en très peu de temps, un grand nombre de projectiles

mobile *adj*

mobilier *m* l'ensemble des meubles

moche *adj fam* affreux

mode *f* usage passager de bon ton qui règle, selon le goût du moment, la manière de s'habiller, de vivre, de sentir, . . . (ne pas confondre avec le mode, manière d'être)

à la mode ce qui est dans les habitudes courantes, au goût du jour

modèle *adj m f* sur quoi on peut prendre exemple

ferme modèle ferme moderne, qui peut servir d'exemple aux autres

modérateur(trice) *adj* qui retient dans les bornes de la modération

modernisation *f*

moderniser rendre plus moderne

se moderniser

modernisme *m* recherche intense du moderne

modifier changer

modique *adj* modeste, de faible valeur

moelle *f* substance grasse à l'intérieur des os (*marrow*)

moelleux(se) *adj* doux, mou, qui a de la mollesse

moindre *adj* (*et superlatif*) plus petit en dimensions, en quantité, plus faible en intensité

mois *m* chacune des douze divisions de l'année

moisson *f* récolte des céréales (*harvest*)

moitié *f* une des deux parties égales d'un tout

moment *m*

au bon moment au moment voulu, quand il le fallait

mondain(aine) *m f* personne attachée aux plaisirs du monde

monde *m* l'univers; la terre; les gens (sens collectif)

avoir du monde recevoir des invités

il y a du monde il y a beaucoup de personnes

noir de monde bondé de spectateurs

Monde *m* grand journal quotidien, paraissant l'après-midi, sauf le dimanche, à Paris

Monde diplomatique *m* journal des affaires étrangères

mondial *adj* du monde

moniteur(trice) *m f* personne chargée de surveiller et en même temps d'enseigner certaines disciplines

monnaie *f* argent d'un pays (*currency*); petite somme d'argent, en général en pièces

rendre la monnaie rendre à l'acheteur l'argent qu'il a versé en trop

monotone *adj* qui est toujours sur le même ton, lassant

monotonie *f*

monstre *m*

mont *m* montagne

par monts et par vaux à travers tout le pays

Mont-Royal *m* hauteur qui domine Montréal et qui a donné son nom à cette ville; (autrefois Hochelaga)

montagne *f*

à la montagne dans une région montagneuse

montant *m* somme

montant *adj* qui va de bas en haut

monter grimper; mettre en état de fonctionner (*wind*); atteindre un total

Montesquieu, Charles de Secondat, Baron de écrivain français (1680–1755), auteur des *Lettres persanes* et de l'*Esprit des lois*

Montoire *f* ville sur le Loir dans le Loir-et-Cher

monument *m*

moquer
  se moquer de qqn tourner qqn en
    ridicule

moqueur(euse) *adj m f* qui aime se mo-
    quer des gens, les tourner en ridicule

moral *m* état d'esprit, disposition
  remonter le moral relever l'état d'esprit

moral *adj*

mordu *m fam* un partisan acharné, un
    fanatique

mortel *adj fig* très ennuyeux

Morzine station d'hiver en Haute-Savoie

mosquée *f* temple mahométan

mot *m*
  c'est des mots! ce ne sont que des
    mots, cela ne veut pas dire grand
    chose, c'est vide de sens

moteur(trice) *adj* qui cause le mouvement

moteur *m*

moto *f abrév* motocyclette

motocycliste *adj m f*

moue *f* grimace faite par mécontentement
  faire la moue faire une grimace de
    dégoût

moule *m* récipient dans lequel on cuit un
    mets pour lui donner une certaine
    forme

mourir décéder

moustique *m* insecte dont la piqûre est
    douloureuse

moutarde *adj* de couleur jaune

mouton *m sheep*

mouvement *m* mode, façon de faire
  suivre le mouvement faire comme tout
    le monde

moyen *m* ce qui sert pour parvenir à une
    fin
  avoir les moyens de faire qqch avoir
    assez d'argent pour faire qqch,
    pouvoir se permettre de faire qqch
  moyen de déplacement véhicule

moyen(enne) *adj* ordinaire, typique

moyenne *f* chose, quantité qui tient le
    milieu entre plusieurs autres
  avoir la moyenne (à un examen) avoir
    assez de points pour être reçu, au
    moins dix sur vingt ($\frac{10}{20}$)
  x km de moyenne vitesse moyenne de
    x km à l'heure

muet *adj* privé de l'usage de la parole

multiplier

municipal *adj* relatif à l'administration
    d'une commune

Conseil municipal ensemble des re-
    présentants élus par les habitants
    d'une commune

municipalité *f* le maire et ses adjoints;
    administration municipale

munir pourvoir de ce qui est nécessaire,
    utile

mur *m wall*

mûr(e) *adj* complètement développé

mûrier *m mulberry*

musette *f* instrument de musique
  orchestre musette orchestre avec un ou
    plusieurs accordéons

musicien *m* personne qui joue d'un in-
    strument de musique

musique *f*

mutualiste *adj m* membre d'une mutuelle

mutuelle *f* système d'assurance privée

mythe *m* chose fabuleuse ou rare; récit
    fabuleux

mythique *adj* qui a le caractère d'un
    mythe, qui est chargé d'un sens
    magique, légendaire

N

nage *f*
  être en nage être couvert de sueur

nageoire *f* organe qui sert à propulser les
    poissons (*fin*)

naissance *f* le fait de naître, de venir au
    monde
  donner naissance à causer, produire

naître venir au monde

Nantes grande ville de la Loire-Atlan-
    tique connue pour ses chantiers
    navals

nanti *m* personne riche

napoléonien(enne) *adj* de Napoléon
    (l'Empereur Napoléon Ier a régné
    de 1804 à 1815; l'Empereur Napo-
    léon III a régné de 1852 à 1870)

natal *adj* où l'on est né

natalité *f* nombre de naissances

natation *f* art, action de nager; nage

nation *f*
  Nations-Unies organisation des
    Nations-Unies qui siège à New
    York

national *adj*

Nationale *f* route nationale

nationalisé *part* qui appartient au gou-
    vernement, qui est propriété de
    l'État, et qui est géré par lui ou ses
    fonctionnaires

nationaliser une entreprise faire gérer par
l'État ou ses représentants une
entreprise qui était privée

nature *f*

  en nature sous forme d'objets (par
opposition à en espèces: en argent
monnayé)

naturel(le) *adj*

naturalisation *f*

navet *m turnip*

  un «**navet**» (en terme de spectacle)
un «four», une pièce médiocre

navrant *adj* affligeant, désolant

navré *adj* affligé attristé, désolé

nazi *adj m* du régime nazi, du régime
d'Hitler

  occupation nazie occupation par les
troupes allemandes sous le régime
nazi (1940–1944)

néant *m* rien, ce qui n'existe point

nécessaire *adj*

nécessité *f*

nef *f* partie centrale d'une église dans le
sens de la longueur

négociant *m* commerçant, marchand

négociation *f*

neige *f snow*

Néo-démocrate *m* parti politique canadien

néologisme *m* mot nouveau ou acception
nouvelle d'un mot existant

nerf *m nerve*

  des nerfs à toute épreuve des nerfs
solides, un parfait équilibre nerveux

net(ette) *adj* èvident

nettement *adv* d'une manière nette, claire

nettoyage *m* action de nettoyer

nettoyer rendre net, propre

  liquide à nettoyer produit détergent
dont on se sert pour enlever des
taches (on dit aussi **détachant**)

neuf(neuve) *adj* contraire de vieux,
d'ancien, d'usagé

Neuilly banlieue parisienne au nord du
Bois de Boulogne

neutre *adj* qui s'abstient de prendre
partie

nez *m* organe de l'odorat

Nice *f* grande ville de la Côte d'Azur

Nicolas nom d'un petit garçon, un des
personnages principaux de l'émission **Bonne nuit les petits** (c'est
une marionnette)

nier dire qu'une chose n'existe pas, n'est
pas vraie

niveau *m* élévation, hauteur, degré

niveau d'huile hauteur de l'huile sur
la jauge d'un moteur de voiture

niveau de vie revenu moyen des habitants d'un pays

noce *f* faire la noce, s'amuser follement

Noël *f* jour anniversaire de la naissance
du Christ (25 décembre)

nœud *m knot*

  nœud papillon *bow tie*

noir *adj* couleur la plus foncée (*contr*
blanc)

nom *m* nom de famille; substantif

nombre *m* quantité

  nombre élevé grand nombre

nombreux(euse) *adj* qui est en grand
nombre

nommer désigner

nonchalant *adj* indolent, mou, indifférent

normal *adj* qui se fait régulièrement,
d'habitude

normalisation *f* stabilisation, standardisa-
tion

nostalgie *f* regret mélancolique, désir
insatisfait

notaire *m* avocat spécialiste dans les
contrats (bail, testament, ou contrat de mariage, etc.)

notamment *adv* spécialement, en particulier

note *f* chiffre exprimant la valeur d'un
travail, facture, appréciation chif-
frée selon un barême

Nouméa *m* capitale de la Nouvelle
Calédonie

Nounours *m* gros ours gentil, marionnette très aimée des petits Français

nourriture *f* les aliments, les repas

nourrir donner à manger, ravitailler

nouveau *adj m*

Nouveau-Brunswick *m* province maritime
à l'est du Canada, capitale
Fredericton

nouveauté *f* chose nouvelle

Nouvel Observateur *m* revue de gauche

nouvelle *f* annonce d'une chose, d'un
événement arrivé récemment; conte,
récit

  fausse nouvelle nouvelle qui n'est pas
vraie

Nouvelle-Ecosse *f* province maritime à
l'est du Canada; capitale Halifax

novembre *m* onzième mois de l'année

noyer asphyxier dans un liquide

nuageux(euse) *adj* couvert de nuages

nuance *f* différence délicate, très légère

nucléaire *adj* atomique
nuisance *f* chose qui fait du mal, du tort, chose nocive
nuisibles *adj* qui fait du tort
nuit *f*
 bonne nuit *loc consac* se dit quand on se sépare pour la nuit
 il fait nuit la nuit tombe
 nuit blanche nuit sans sommeil, d'insomnie
 tombée de la nuit *f* moment où la nuit succède au jour, crépuscule
nul(nulle) *adj*
 mariage nul qui n'a aucune valeur, qui ne sera pas reconnu comme valable officiellement
numéro *m* exemplaire, partie d'un ouvrage périodique
nuptial *adj*
 marche nuptiale marche jouée à l'occasion d'un mariage
nutrition *f*

O

O.R.T.F. *m* Office de la Radio-Télévision française (réseau nationalisé)
objection *f*
objet-surprise *m* chose dont la découverte fait plaisir
obligatoire *adj* qu'on est forcé de faire, exigé par la loi, par un règlement, ...
obliger exiger, contraindre
observation *f* remarque
 faire une observation faire une remarque, exprimer une plainte, une objection
s'observer se surveiller
obstination *f*
obstinément *adv* avec obstination
occasion *f* circonstance; sujet, cause
 à chaque occasion chaque fois que c'est possible
 à l'occasion de temps en temps, quand l'occasion se présente
 avoir l'occasion de avoir la chance de, la possibilité de
 manquer une occasion laisser passer la chance de ...
 voiture d'occasion voiture qui n'est plus neuve, usagée
Occitanie *f* Midi de la France où se parle encore la langue d'oc
occitanien(ne) *adj m*
occupation *f* travail, affaire dont on s'occupe

occupé *adj*
 être occupé à se consacrer à, s'occuper de
 place occupée où qqn est déjà assis, qui est prise par qqn
occuper
 occuper une table s'asseoir à une table
s'occuper de se charger de, être responsable de
octroyer accorder, donner
œcuménique *adj*
 tendance œcuménique mouvement en faveur de la réunion de toutes les Églises chrétiennes
œil *m* (*pl.* yeux) organe de la vue
 avoir l'œil vif, être très attentif, ne pas être distrait
 avoir qqn à l'œil surveiller qqn de très près
 œil-de-bœuf *m* ouverture ronde ou ovale
œuf *m egg*
 œuf dur œuf cuit dans sa coquille jusqu'à ce qu'il soit dur
œuvre *f* travail, tâche
 gros œuvre *m* les premiers travaux de construction (fondations, structure de base, etc.)
Œuvres *f pl* organisme qui s'occupe des détails matériels de la vie des étudiants (le nom exact est : Centre Régional des Œuvres Universitaires Scolaires—C.R.O.U.S.)
officiel *adj* titre officiel
officiellement *adv*
offrir proposer donner,
ogive *f*
 arcs en ogive voûte formée de deux arcs qui se croisent
oie *f goose*
oiseau m *bird*
oléoduc *m* tuyau acheminant du pétrole
olympique *adj*
 Jeux Olympiques compétition sportive internationale qui a lieu tous les quatre ans, en un endroit différent du monde
ombre *f* interception de la lumière par un corps opaque
 une ombre au tableau un point faible dans une théorie, dans un bilan
omettre oublier, négliger
oncle *m* frère du père ou de la mère, mari de la tante

on-dit *m* quelque chose qui se dit, qu'on raconte sans être sûr que c'est vrai, une rumeur

onéreux(euse) *adj* qui occasionne des frais; incommode, qui est à charge

ongle *m* partie cornée de l'extrémité des doigts

ONU *f* organisation des Nations-Unies

opération *f*

opinion *f*

opposé *adj* contraire inverse

s'opposer à qqch refuser qqch, dire «non»

opposition *f* action de faire obstacle à qqch, d'empêcher qqch

oral *adj*

oral *m*

    examen oral épreuves où le candidat, l'étudiant doit répondre de vive voix à des questions posées

orange *f*

orchestre *m*

orchestré *part* organisé

ordinaire *adj m*

    essence ordinaire *regular gas*

ordonnance *f* prescription d'un médecin qui contient la liste des médicaments à acheter

ordonné *adj* qui a des qualités d'ordre et de méthode

ordre *m*

    de premier, de deuxième ordre de première, de seconde classe, importance

    de troisième ordre de qualité inférieure, négligeable

    service d'ordre ensemble des personnes chargées de maintenir l'ordre à l'occasion d'une manifestation, d'un événement sportif, d'une réunion, ...

oreille *f* organe de l'ouïe

    l'entendre de cette oreille être favorable, penser de même (souvent à la forme négative)

oreiller *m* coussin qui sert à soutenir la tête

organiser préparer; agencer, ordonner

organisme *m* organisation, ensemble des services

organiste *m* personne qui joue de l'orgue

orgue *m* instrument de musique à vent, principalement en usage dans les églises

orgues *f pl* (désigne un seul instrument de musique)

orientation *f*

orienter guider, diriger

originaire *adj* natif

original *adj*

origine *f* commencement, début; *origin*

Orléans ancienne capitale de l'Orléanais, chef-lieu du département du Loiret, sur la Loire

Orly *m* aéroport au sud de Paris

os *m* bone

osé *adj* qui peut choquer, gêner

oser avoir la hardiesse de

oublier faire sortir de sa mémoire, perdre le souvenir de, ne plus penser à, omettre, négliger

ouest *m* point cardinal situé au soleil couchant

ouragan *m* forte tempête, vent très violent

outre *prép*

    outre que en plus du fait que

outre-mer *loc adv* au-delà des mers

ouvrage *m* écrit, oeuvre, travail

ouvrier(ière) *adj m f* personne qui, moyennant un salaire, fait un certain travail manuel

ouvrir *to open*

    ouvrir des horizons révéler de nouvelles perspectives, de nouvelles possibilités

s'ouvrir se révéler, se présenter

ovale *adj*

P

pacifique *adj* dont le but est la paix

Pacifique *m* océan

paiement *m* action de payer

païen(enne) *adj* qui n'est pas chrétien

paisible *adj* qui est d'humeur douce et pacifique

paître (se dit des animaux) manger de l'herbe à même le sol

paix *f* tranquillité, repos

palais *m* partie supérieure de la bouche

    un fin palais gourmet qui a le palais fin

palier *m* sorte de plate-forme ménagée dans un escalier (*landing*)

pan-arabe *adj*

panier *m basket*

    panier à salade voiture cellulaire

panne *f* arrêt accidentel

panneau *m* plaque de bois, de métal portant des indications

    panneau de signalisation panneau destiné à régler la circulation routière

panser soigner

paperasse *f* papiers, écrits, feuilles diverses en nombre et souvent mal rangés

papeterie *f* commerce de papier et d'articles de bureau; boutique de ce commerce; fabrique de papier

papier *m paper*

papiers *m pl* ensemble des documents qu'on doit avoir sur soi

Pâques *m* fête de l'église chrétienne en mémoire de la résurrection de Jésus-Christ

parc *m*

parcourir lire, examiner rapidement

parcours *m* trajet en général, distance

par-delà *loc adv* au-delà de, en plus de

pardonner oublier une faute, ne pas songer à la punir

parent *m*

 les parents le père, la mère d'une famille; les autres membres d'une famille (oncles, tantes, cousins, cousines, ...)

parenté *f* l'ensemble des parents, liens entre personnes de la même famille

parer à remédier à

 parer au plus pressé s'occuper d'abord des choses les plus urgentes

paresse *f* nonchalance, lenteur

paresseux(euse) *adj* qui n'aime pas le travail, l'action

parfaitement *adv* à la perfection, sans difficulté, très clairement

parfois *adv* de temps en temps, quelquefois

parfum *m* substance aromatique

parier faire un pari, un contrat (*to bet*); affirmer avec vigueur, avec certitude

Paris capitale de la France

Paris-Inter chaîne de radio française

parisien(enne) *adj* de Paris, qui se fait à Paris

 parisienne (après un nom de plat et au féminin) à la mode parisienne, c'est-à-dire avec des légumes et des pommes de terre nouvelles

parlementaire *m* membre élu d'un parlement

parquet *m flooring*

 parquet démontable assemblage de planches sur lequel on peut danser

part *f* portion d'un tout qui est divisé entre plusieurs personnes

 de la part de au nom de, venant de

 d'une part d'un côté (*on the one hand*)

 d'autre part d'un autre côté (*on the other hand*)

 quelque part en quelque endroit, en un endroit indéterminé

partager diviser en plusieurs parts; posséder avec d'autres

 partager qqch avec qqn donner à qqn une part de ce qu'on possède

partenaire *m f* personne avec qui on sort, on danse, ...

parterre *m* bande de terre plantée de fleurs, de gazon

parti *m* groupe de personnes unies par la même opinion

participer prendre part

particulier *m* personne privée, individu

particulier(ière) *adj* unique, spécial; qui appartient à qqn, qui n'est pas public

 en particulier spécialement, séparément

partie *f* (jeux) totalité des coups qu'il faut jouer ou des points qu'il faut marquer pour qu'un des joueurs ait gagné ou perdu; part, subdivision,

 abandonner la partie, renoncer

 en partie partiellement

 partie de plaisir distraction, occupation amusante

partir se mettre en chemin, se mettre en route

partisan *m* défenseur

partout *adv* en tous lieux

parvenir arriver

parvis *m* place située devant l'entrée principale d'une église

pas *m step*

 à deux pas tout près

Pascal, Blaise (1623–1662) écrivain, philosophe, auteur des **Provinciales** et des **Pensées,** né à Clermont-Ferrand

passage *m* action de passer; lieu où l'on passe

passager *m* personne qui emprunte un moyen de transport

passager(ère) *adj* de peu de durée

passant(e) *m f* personne qui passe dans la rue par hasard

passé *m* temps écoulé, ce qui a été (*contr* futur)

passe *f* (sport)

 être en passe de être sur le point de

passer (suivi d'une expression de durée) *to spend;* projeter

passer des vacances (un mois, deux jours, etc.)

passer un examen se présenter pour être examiné

se passer avoir lieu

se passer de s'abstenir de, éviter de

passion *f*

passionnant *adj* propre à intéresser vivement

passionner

se passionner pour qqch s'intéresser vivement à qqch

Passy un des quartiers chics et élégants de Paris, se trouve dans le secteur ouest de la capitale, dans le XVIe arrondissement

pasteur *m* ministre protestant

pâte *f dough*

pâté *m* viande épicée cuite et conservée froide; pâtisserie qui renferme des viandes ou du poisson

pâté de foie gras pâte faite de foie d'animaux engraissés, notamment les oies et les porcs, hachée, épicée et cuite au four

patience *f*

patient *adj* qui a de la patience

patinage *m* action de patiner (les patineurs se servent de patins, qui glissent sur la glace, ou de patins à roulettes)

patrimoine *m* biens de famille, fortune

patron(onne) *m f* chef, directeur, gérant

patronage *m* organisation, souvent religieuse, chargée de s'occuper d'enfants ou d'adolescents pendant les jours de congé scolaire

patte *f* membre d'animal qui sert à la marche

Pau ville du Sud-Ouest de la France, chef-lieu du département des Basses-Pyrénées

pause-café *f* arrêt pour prendre le café

pauvreté *f* indigence, misère

pavillon *m* petite maison particulière

payant *adj*

cours payant cours qu'il faut payer, qui n'est pas gratuit

se payer

les imprudences se paient il faut payer les imprudences

se payer qqch s'offrir le luxe de faire qqch

pays *m* territoire, état, région

faire du pays à pays voyager d'un pays à un autre

Pays de Galles région de l'ouest de la Grande Bretagne

Pays-Bas *m pl* la Hollande

paysage *m landscape*

pêche *f* art, action de pêcher (*fishing*)

péché *m* acte contraire aux lois de la religion

pêcher chercher à prendre du poisson

pédagogique *adj* qui a rapport à la science de l'éducation

peine *f* effort, douleur, souffrance morale, chagrin

à peine *loc adv* depuis très peu de temps

ça vaut la peine cela mérite qu'on y aille

ce n'est pas la peine de il n'est pas utile de

valoir la peine avoir une certaine importance, être digne d'intérêt

peinture *f* revêtement des murs; tableau

peloton *m* le gros de la troupe des coureurs

pelouse *f* terrain couvert de gazon, d'herbe courte et épaisse

pénalité *f* désavantage ou sanction qu'on inflige à un joueur sous forme de minutes ajoutées au temps mis par lui pour parcourir l'étape; punition, obligation de réparer une faute

penchant *m*

avoir un penchant avoir une inclination

pencher

pencher pour telle chose préférer cette chose, la choisir de préférence à une autre

penderie *f* cabinet ou placard où l'on suspend les vêtements

pendre être suspendu

penser *to think*

pension alimentaire *f* allocation versée à une personne divorcée

pente *f* inclinaison, déclivité

pénurie *f* absence, rareté, disette

percevoir recueillir

perdre être vaincu

avoir du temps à perdre avoir du temps libre

se perdre disparaître

perfectionnement *m* amélioration

perfectionner améliorer
père *m* celui qui a un ou plusieurs enfants
   Père Noël *m Santa Claus*
péril *m* danger
période *f* espace de temps, époque
périphérie *f* contour, alentours
   à la périphérie situé sur les bords, sur les frontières
permanence *f*
   en permanence sans interruption
se permettre prendre la liberté de
   se permettre de faire qqch avoir les moyens financiers de faire qqch, avoir assez d'argent pour faire qqch
permis *m* autorisation, permission écrite
   avoir la permission de être autorisé à
   permis de conduire autorisation de conduire une voiture
perpétuellement *adv*
perruche *m parakeet* (ne pas confondre avec perroquet : *parrot*)
persan *adj* de la Perse
persistance *f*
persister
personnage *m* héros, protagoniste
personnalité *f* personne connue en raison de ses fonctions, de son influence, . . . ; individualité consciente
personne *f*
   grande personne adulte
personnel *m* ensemble des personnes attachées à une entreprise, employées dans un service public, . . .
   personnel de service personnes chargées de la garde, de la surveillance, du nettoyage de qqch
persuadé *adj* décidé, convaincu
persuader convaincre
pétanque *f* jeu de boules dans le midi de la France
petit(e) *m f* jeune enfant
petite-fille *f* fille d'un fils ou d'une fille
pétrolier *m* navire-citerne qui transporte du pétrole brut
peu à peu petit à petit, graduellement, par degrés
peuple *m* multitude d'hommes : (1) qui forme une nation ; (2) qui appartient à plusieurs nationalités mais groupée sous une même autorité ; (3) sur le plan social, partie la plus nombreuse et la moins riche d'une ville, d'un pays
peuplier *m poplar*

peur *f*
   avoir peur craindre
phare *m* système d'éclairage de la route sur un véhicule
pharmacie *f*
phase *f* période, épisode, passage
phénomène *m* fait naturel ; être ou objet qui offre qqch d'anormal, de surprenant
philo *f* (pour philosophie) classe terminale des lycées où on insiste sur l'enseignement de la philosophie
philoxéra *m* maladie de la vigne, aujourd'hui disparue, synonyme de maladie invraisemblable
Phocéen *m* train rapide de nuit entre Paris et Marseille (le nom vient de Phocée, ancien nom de Marseille)
photo *f* photographie
phrase *f* groupe de mots qui a un sens complet
phrase-énoncé *f* phrase affirmative ou négative simple (*declarative statement*)
physique *adj* corporel, matériel
   éducation physique gymnastique, sports
piano *m*
   piano à queue *m grand piano*
Picardie *f* région du Nord de la France (on y cultive les céréales et élève du bétail)
pièce *f* document ; salle, chambre ; spectacle ; partie ; monnaie (*coin*)
   pièce détachée qui sert à remplacer une pièce usagée d'un mécanisme
   pièce de théâtre spectacle (comédie, tragédie, drame, . . .)
   pièce principale dans un appartement toute pièce autre que la cuisine et la salle de bains
pied *m*
   à pied en marchant, au moyen des pieds
   sur un pied d'égalité à titre égal
   mettre sur pied établir
   remettre sur pied rétablir
piège *m trap*
   se laisser prendre à un piège se laisser tenter
pierre *f* corps dur et solide qui sert à bâtir
piètre *adj* médiocre
pigeonnier *m pop* balcon supérieur au théâtre, "paradis"

pile *f* sorte de générateur (*battery, energy source*)

   pile atomique réacteur nucléaire

pilote *m*

Pimprenelle nom d'une petite fille, un des personnages principaux de l'emission *Bonne nuit les petits* (c'est une marionnette)

pin-up *f*

pion *m* surveillant (jargon des étudiants)

piqûre *f* injection

pis *adv*

   tant pis *loc cons* qui exprime le dépit

piscine *f* bassin artificiel pour la natation

piste *f* espace, terrain, aménagé pour des courses de ski, de chevaux, d'autos, . . .

   piste de danse espace, partie d'une pièce réservée aux danseurs

pittoresque *adj scenic*

place *f* place publique, lieu public (*public square*); espace, endroit que peut ou doit occuper une personne, une chose; espace disponible; rôle, emploi

   à la place de au lieu de

   Place d'Italie grande place sur la rive gauche à Paris

placé *adj* situé

placer mettre dans un lieu

plafond *m ceiling*

plage *f beach*

se plaindre faire des observations, parce qu'on n'est pas satisfait; protester, (se) lamenter

se plaindre de qqch ne pas être satisfait de qqch

plaine *f* étendue plate

plainte *f* doléance, grief

   porter plainte protester officiellement auprès des autorités (police, etc.)

plaisanter dire des choses amusantes pour faire rire, ne pas parler sérieusement

plaisanterie *f* parole, histoire, réflexion amusantes

plaisir *m*

   faire plaisir plaire

   faire plaisir à voir agréable à observer

   Plaisir de France *m* périodique de grand luxe

plan *m*

   au premier plan sur une image, une photo, ce qui est situé le plus près du lecteur

   au second plan ce qui vient immédiatement après le premier plan

   de premier plan de première importance

   plan de verdure lieu réservé pour la verdure, espace vert

plancher *m floor*

planétaire *adj* relatif à la planète Terre

planifier organiser, diriger d'après un plan

plante *f*

planter

planteur *m* agriculteur dans les pays tropicaux

plastique *adj* de matière plastique

plat *adj* dont la surface est unie, sans relief

plat *m* pièce de vaisselle plus grande et plus creuse que l'assiette; son contenu (par exemple, un plat de poisson)

plateau *m* large plat sur lequel on sert ou dessert les mets et les boissons

plâtrerie *f* travaux de plâtrage (*plaster work*)

plein *adj*

   être plein de soi-même avoir une haute idée de sa propre personne, être vaniteux, se croire très important

plein *m* contraire du vide

   (faire le) plein d'essence remplir entièrement le réservoir d'essence

pleurer répandre des larmes

pleurnicher pleurer sans raison

pleuvoir tomber (pour la pluie)

se plier s'incliner, se soumettre

plonger se précipiter en se laissant tomber

plume *f feather, pen*

plupart *f* (avec l'article défini uniquement) le plus grand nombre, la majorité

plurilingue *adj*

plurilinguisme *m*

plus *adv*

   en plus en supplément

plusieurs *adj* several

plus-que-parfait *m* temps de l'indicatif corrélatif de l'imparfait exprimant une action antérieure à une autre

plus-value *f* accroissement de la valeur d'un bien

pneu *m* pneumatique

crever un pneu avoir un pneu crevé,
troué et donc être obligé d'en
changer ou de changer de roue
pneu radial pneumatique renforcé par
une enveloppe métallique et qui
offre plus de sécurité
pneumatique *adj* qui peut se gonfler d'air,
qui utilise l'air comprimé comme
support ou comme moteur
poêle *f* ustensile de cuisine en métal,
plat et rond dont on se sert pour
faire frire légumes et viandes
poème *m* ouvrage en vers
poids *m* pesanteur (*weight*)
poids lourd *m* gros camion automobile
poil *m* peau d'animal (*hair*)
point *m*
  à point *loc adv* juste comme il faut
  au point bien réglé
  Le Point revue hebdomadaire
point de vue *m* manière de considérer les
choses pour les juger
pointe *f* avant-garde
poison *m*
poisson *m* animal aquatique
  poisson d'avril plaisanterie, attrape,
farce du 1er avril
poisson rouge *goldfish*
poli *adj* civil, courtois, conforme aux
règles de la politesse
police d'assurance *f* contrat pour se
protéger contre les accidents, le vol,
sur la vie, ...
policier(ère) *m* personne, agent qui fait
partie d'un service de police (par
exemple, détective, agent de police,
inspecteur de police)
policier *adj* qui se rapporte à la police
  film policier qui retrace les épisodes
de la lutte entre policiers et gangsters
  roman policier roman à sujet policier
politique *adj f* tout ce qui se rapporte
aux problèmes de gouvernement,
aux partis politiques, aux relations
entre divers pays, ...; façon de
concevoir et de régler un problème
  politique étrangère manière de conduire
les relations avec les autres pays
politisé *adj* qui a un caractère ou un rôle
politique, concerné par la politique
pollué *adj* rendu infecte, malsain
polluer contaminer, souiller, empoisonner
pollueur *m* celui qui pollue

pollution *f*
polonais *m* langue de la Pologne
pomme *f* fruit du pommier, qui se mange
cru ou cuit en compote et qui sert
à la fabrication du cidre
pomme de terre *f potato*
pompe à essence *f gas pump*
pompier *m* homme appartenant à un
corps organisé pour combattre les
incendies et autres sinistres
pompiste *m f* employé(e) qui fait marcher
les pompes à essence (ne pas confondre avec pompier)
ponctuel(elle) *adj.* à l'heure exacte, qui
n'est pas en retard
pont *m bridge*
  faire le pont chômer un jour ouvrable
placé entre deux jours fériés
populaire *adj* très apprécié par le public,
goûté par tout le monde; de condition ouvrière
population *f*
populeux(euse) *adj* fortement peuplé, où
la population est très dense
porc *m* cochon; viande de porc
Porsche *f* voiture allemande
portail *m* grande porte
porte *f* ouverture pour entrer et sortir
  faire du porte à porte passer de maison
en maison pour vendre des produits
porte d'entrée *f* porte principale
portée *f* être accessible
  à la portée de tous *which everyone can
afford*
porte-fenêtre *f French door*
portefeuille *m* porte-monnaie
porte-monnaie *m* bourse pour l'argent de
poche (*billfold*)
porter produire; avoir sur soi; transporter
  porter des fruits produire des résultats
  porter un jugement exprimer une
opinion
Porto-Rico *m* île des Grandes Antilles
Portugal *m* pays de la péninsule ibérique
(capitale Lisbonne)
posé *adj* calme, reposant
pose *f* action de poser
poser placer, mettre; se tenir dans des
attitudes étudiées comme modèle
pour un photographe
  poser une question demander,
questionner

se poser atterrir
postif(ive) *adj* qui apporte qqch, qui
    entraîne une amélioration
position *f*
    position d'un coureur la place qu'il
      occupe dans une course
posséder
    se laisser posséder *fam* se laisser tenter,
      se laisser faire, se laisser convaincre
possibilité *f*
postal *adj* qui concerne la poste
poste *m* emplacement; place dans une
    équipe; appareil, machine;
    situation, charge
    poste de télé, de radio récepteur de
      télé, de radio
    poste d'inspection charge ou fonction
      d'inspecter
    poste d'observation endroit d'où on
      peut bien voir ce qui se passe
poste *f post office; f pl postal system*
postier *m* employé de poste
pot *m* vase de terre ou de métal, marmite
    de cuisine; (*fam*) boisson
pot de vin *m* dans un marché somme
    d'argent qui se donne en dehors du
    prix convenu (*bribe*)
potable *adj* qui est buvable sans danger
    pour la santé
pote *m fam* ami
potentiel *m*
pouce *m* gros doigt (*thumb*)
    manger sur le pouce manger à la hâte,
      sans cérémonie; faire un maigre
      repas
pouf *m* siège en forme de gros tabouret
poule *f hen*
poulet *m* petit d'une poule (*chicken*)
pouls *m* battement des artères
    tâter le pouls compter les pulsations
      du cœur en exerçant une pression
      sur l'artère du bras au niveau du
      poignet
poumon *m* principal organe de l'appareil
    respiratoire
poupée *f* jouet représentant un bébé ou
    une fillette, en porcelaine, celluloïd,
    matière plastique, carton bouilli, . . .
pourparlers *m pl* négociations
pourriture *f* altération profonde,
    putréfaction
poursuivre chercher à atteindre
    poursuivre un travail continuer ce
      travail

pourvoir
    être pourvu de être équipé de, posséder
pourvu que *loc conj* + *subj provided* (*that*)
pousser déplacer par un effort
    pousser à l'extrême exagérer
    pousser un «Oh!» prononcer à très
      haute voix l'exclamation «Oh!»
poussière *f* cendres, débris (*dust*)
prairie *f* étendue de terre couverte
    d'herbe, de pâturages
pratique *f* manière d'exercer une activité,
    règle d'action
pratique *adj* commode, fonctionnel, utile
    des études pratiques des travaux
      manuels, un entraînement physique
pratiqué *adj* auquel on se livre
    un sport très pratiqué un sport très
      répandu
pratiquer
précédemment *adv* auparavant
précédent *adj* qui est immédiatement
    avant
prêcher recommander
précis *adj* exact
précisément *adv* exactement, justement
précision *f*
préfabrication *f*
préfecture *f* ville où réside le Préfet qui
    est le représentant du Gouverne-
    ment; ensemble des services du
    Préfet
    Préfecture de police direction des
      services de police (particulière à
      Paris)
préférence *f*
    de préférence *loc adv* plutôt
préhistorique *adj* qui a précédé les temps
    historiques
premier(ère) *adj first*
    en premier *loc adv* d'abord
prénatal *adj* d'avant la naissance
prendre saisir, tenir
    être pris par être occupé par
    prendre la route partir sur la route
      (en voiture, en moto, à bicyclette)
    prendre qqn pour croire qu'une per-
      sonne est autre qu'elle n'est, se
      tromper sur son identité ou sa
      qualité
    s'en prendre à tout le monde
      incriminer tout le monde, rendre
      tout le monde responsable
prénom *m* petit nom, nom particulier,
    nom de baptême

se préoccuper de accorder de l'intérêt à, de l'importance à; s'inquiéter de

être préoccupé être inquiet

préparatif(s) *m* action de préparer, ou de se préparer (ne pas confondre avec préparation); dispositions que l'on prend en vue de préparer qqch

préparation *f*

préparatoire *adj*

préparer

se préparer à se tenir prêt à, prévoir, envisager

préposé *m* personne chargée d'un service spécial, *e.g., mailman*

prérogative *f* privilège, avantage particulier

présalaire *m* allocation, subvention

prescrire ordonner

présence *f*

présent *m* temps verbal

présentateur(trice) *m f* personne qui présente au public une émission de radio, de télévision

présentation *f*

présenter faire connaître; montrer

se présenter arriver, s'offrir; se faire connaître

présidence *f* les fonctions de président; le fait d'être président

assurer la présidence être le président

président *m*

Président-Directeur-Général (PDG) *m* chef d'une société industrielle ou commerciale

pressant *adj* qui insiste vivement

presse *f* machine destinée à laisser une empreinte quelconque; presse à imprimer; les journaux, les journalistes

mettre sous presse imprimer

voiture de presse voiture transportant des journalistes

pressé *adj* qui a hâte, qui n'a pas le temps; urgent

être pressé par le temps être obligé de faire vite, faute de temps

pression *f* action de presser, contrainte

pression d'un pneu force de pression de l'air à l'intérieur d'un pneu

prêt *m* somme d'argent qu'on obtient de l'État, d'une banque et qu'il faudra rendre au bout d'un certain temps; action de prêter

prétendre affirmer

prétendre à réclamer comme un droit

prétentieux(euse) *m f* qui se flatte tout le temps, a une trop grande idée de lui-même

prétention *f*

se prêter

se prêter à des interprétations donner lieu à des interprétations

prêtre *m* curé, ministre du culte catholique

preuve *f* démonstration d'un fait matériel

faire preuve de montrer

faire ses preuves montrer ses capacités

prévision *f* action de prévoir, anticiper

prévision météorologique annonce du temps qu'il fera

prévoir imaginer un événement futur, s'y préparer à l'avance; juger à l'avance

il est à prévoir il est presque certain (que)

prévu organisé

prévu pour 10 heures qui doit avoir lieu à 10 heures

primaire *adj*

école primaire qui reçoit les enfants de 5 à 11 ans

prime *f* récompense

prime à la naissance somme d'argent versée par l'État à la naissance d'un enfant

prime-cadeau *m* objet remis à titre gratuit à l'acheteur

prime de déplacement argent destiné à couvrir les frais de voyage

principal(ale) *adj*

principe *m*

en principe normalement

printemps *m* la première des quatre saisons de l'année (21 mars-21 juin)

priorité *f*

prise *f* action de s'emparer de qqch, de prendre qqch

prise d'armes *f* cérémonie militaire (revue, remise de décorations . . .)

prise (de courant) *f* contacteur où l'on branche les appareils électriques

prisonnier(ère) *adj m f* qui est détenu en prison

privé *adj* qui appartient à des particuliers, à une société, à une compagnie, qui ne dépend pas de l'État

priver refuser à qqn la jouissance de
privilégié *adj* qui jouit d'un privilège, d'un avantage
prix *m* valeur vénale d'une chose; récompense
  à prix fixe dont le prix est fixé à l'avance
  distribution des prix fête au cours de laquelle on remet les récompenses aux élèves
  hors de prix très cher
probatoire *adj* propre à prouver
problème *m*
procès *m* instance devant un juge sur un différend
procès en civil litige (*lawsuit*)
  faire le procès de accuser, condamner
prochain(aine) *adj* qui est proche (dans l'espace ou dans le temps); qui vient ensuite, après
proche *adj* qui est près; qui va arriver bientôt, qui est arrivé il y a peu de temps (en parlant du temps); voisin, contigu (en parlant de l'espace)
procuration *f* formulaire qui permet de voter *in absentia*
procureur *m* avocat
  procureur général celui qui représente le pouvoir public en justice (*attorney general*)
productivité *f*
produire causer, provoquer, fournir
produit *m* ce qui est tiré d'une terre ou créé par une industrie; résultat
prof *m* (dans le jargon des étudiants) professeur
professeur *m* personne qui enseigne soit dans un collège, soit dans un lycée, soit à l'université
professeur détaché qui est provisoirement affecté ailleurs, en mission
profession *f*
professionnel(elle) *adj*
profiter tirer avantage
  en profiter pour . . . saisir l'occasion pour . . .
profond *adj*
profondément *adv* d'une manière profonde
programme *m* ensemble de matières professées dans les cours et sur lesquelles porte un examen ou un concours; projet, plan

progrès *m*
progresser
progressif(ive) *adj*
progressivement *adv*
projet *m*
projeter faire passer; envisager
  projeter un film montrer un film
prolifération *f* multiplication
promenade *f* action de se promener; lieu aménagé pour les promeneurs
promener faire aller, déplacer
  se promener marcher, se déplacer
promeneur *m* personne qui se promène
promesse *f* engagement, résolution, serment
promoteur *m* (en terme de construction) homme d'affaires qui finance la construction d'immeubles; celui qui donne l'impulsion
promotion *f*
prononcer
prononciation *f*
proportion *f*
  à toutes proportions gardées tout bien considéré
proportionnel(elle) *adj*
propos *m*
  à propos (formule de transition) *by the way*
proposer
proposition *f clause*
  proposition incidente proposition accessoire
propre *adj* qui n'est pas sale; particulier
  sens propre sens primitif et naturel
proprement *adv* vraiment
propriétaire *m f*
propriété *f*
propulseur *m* engin qui sert à mettre en mouvement et à faire avancer un bateau, un avion
  propulseur nucléaire propulseur alimenté par l'énergie atomique
prospection *f* action de prospecter, de chercher, d'explorer
prospérité *f* état heureux, état d'abondance
protéger défendre
protestant *adj m f* de religion protestante
protestation *f* témoignage de désapprobation, d'opposition
prouesse *f* acte de courage, de valeur
prouver donner la preuve de, montrer

provençal *adj* de Provence, province au Sud-Est de la France
   à la mode provençale très épicé avec beaucoup d'ail et de persil (après un nom de plat, au féminin)
provenir (en précisant l'origine) venir de
province *f*
   la province toute la France, en dehors de la capitale
provision *f* ensemble de choses nécessaires ou utiles
   faire des provisions acheter ce qui est nécessaire
provisoire *adj* temporaire
proximité *f* voisinage
   à proximité *adv, loc*
   à proximité de *loc prép* près de, à faible distance de
prudemment *adv* avec prudence
prudent *adj* prévoyant, réfléchi, qui fait très attention à ce qu'il fait
psychologie *f*
psychologue-conseil *m* psychologue qui travaille avec des urbanistes et des sociologues
public(ique) *adj*
   séance publique réunion à laquelle tout le monde peut prendre part
publicitaire *adj* qui a rapport à la publicité
publicité *f* annonce, réclame
se publier
La Puerta del Sol *m* grand express qui relie Paris et Madrid
puissance *f* force
   puissance de production possibilité de production, capacité de production
puissant *adj* qui a de la force, qui a beaucoup de pouvoir
pull *m* pull-over, tricot avec ou sans manches, que l'on passe par la tête
punch *m* boisson alcoolisée à base de rhum
punir condamner, châtier, sanctionner
pupitre *m* meuble composé d'une planche inclinée montée sur un pied et fait pour porter un livre
Pyrénées *f pl* chaîne de montagnes au sud-ouest de la France, séparant la France de l'Espagne

Q

quai *m* rue ou avenue longeant un fleuve; partie du port où accostent les navires
qualifié *adj* qui a les qualités nécessaires pour
qualité *f* vertu, mérite particulier
quand (+ *conditionnel*) même si (+ *imparfait*)
   quand je devrais . . . même si je devais . . .
quant à *loc prép* à l'égard de, pour ce qui est de, en ce qui concerne
quantité *f*
quarantaine *f* environ quarante, autour de quarante; *quarantine*
quart *m* quatrième partie
   passer un mauvais quart d'heure passer un moment désagréable, se trouver dans une situation très embarrassante
   quart de tour la quatrième partie d'une révolution
   au quart de tour instantanément
quartier *m* partie d'une ville
Québec *m* province canadienne de langue française, capitale Québec, ville principale Montréal
québecois(e) *adj* du Québec
quelconque *adj* ordinaire
querelle *f* échange de paroles vives, parfois accompagnées de violences
question *f*
   c'est hors de question ce n'est pas la peine d'y songer, inutile d'y penser
   il est question de il s'agit de
   mettre en question mettre en doute
   trancher une question traiter, résoudre une question
question-débat *f* question que l'on peut discuter, débattre, qui donne lieu à un débat
quête *f* recherche
queue *f* appendice qui prolonge la colonne vertébrale
quiconque *pron rel* toute personne qui, n'importe qui
Quimper ancienne capitale du comté de Cornouaille, chef-lieu du Finistère en Bretagne
quintal (aux) *m* poids de cent kilogrammes
quintessence *f* ce qu'il y a d'essentiel, de meilleur, de parfait dans une chose
quitter abandonner, se retirer de
   quitter un endroit partir de cet endroit
   (se) quitter se séparer

quoi *pron rel*
   avoir de quoi faire qqch avoir ce qui est nécessaire pour faire qqch

R

R.N. 10 route nationale de Paris à Hendaye

R.N. 13 route nationale de Paris à Caen et à Cherbourg

R.N. 20 route nationale de Paris à Toulouse et à la frontière espagnole

rabais *f* réduction de prix, solde

rabbin *m* chef religieux juif

raccompagner reconduire

raccorder joindre, relier

raccourcir rendre plus court, abréger

race *f*

radial (radiaux) *adj* disposé suivant un rayon, de forme rayonnée (voir **pneu**)

radiateur *m* appareil employé pour le chauffage, pour le refroidissement (voiture)

radieux(euse) *adj* heureux, ravi, rayonnant de joie et de bonheur

radio *f* radiographie, examen radiographique (photographie par les rayons X); radiophonie
   radio Andorre poste d'émission radiophonique en Andorre
   radio Europe N⁰ 1 poste d'émission radiophonique en Sarre
   radio Luxembourg poste d'émission radiophonique au Luxembourg
   radio Monte-Carlo poste d'émission radiophonique à Monte-Carlo

raffoler
   raffoler de qqch *fam* adorer, aimer qqch à la folie

rafraîchissant *adj* frais, qu'on a plaisir à boire

ragoût *m* morceaux de viande cuits avec des morceaux de légumes dans une sauce

raide *adj* fort tendu, rigide

raison *f* droit; motif, excuse
   c'est à raison que ... on a raison de ...
   parler raison parler sagement, raisonnablement

raisonnable *adj*
   prix raisonnable prix qui n'est pas exagéré, ni trop cher, ni pas assez cher, prix moyen, pas trop élevé

rajustement *m* l'action de remettre en harmonie, au même niveau

ralentir aller plus lentement; rendre intense

Rambouillet petite ville au sud-ouest de Paris, célèbre pour son château et la forêt qui l'entoure

ramener amener de nouveau; faire revenir une personne au point d'où elle était partie

ramper progresser le ventre au sol; *fig* s'abaisser

ranch *m*

rancunier(ière) *adj* vindicatif

rangé *adj* aligné par rangs, mis de côté pour laisser la voie libre

rangement *m* action de ranger
   rangement ou **coin-rangement** dans une maison moderne désigne tout espace destiné à ranger, à mettre les choses en ordre (par exemple, penderies, tiroirs, placards). *Par ext* désigne toute pièce qui peut être utilisée à cette fin, mais qu'on peut aménager à sa guise

ranger garer; mettre dans un endroit, dans un certain ordre, en rang, ordonner

râpé *adj* réduit en très petits morceaux, au moyen d'une râpe (*grated*)

râper réduire en poussière, en miettes

rapide train rapide, qui ne s'arrête qu'aux gares les plus importantes

rappeler

(se) rappeler se souvenir de, retomber dans sa mémoire
   rappeler qqch à qqn le faire se souvenir de qqch, lui remettre qqch en mémoire

rapporter apporter avec soi, ramener avec soi
   rapporter de l'argent faire gagner de l'argent

rapprocher mettre plus près (de qqn, de qqch)

rare *adj* qui ne se produit pas souvent, n'arrive pas souvent

rarissime *adj* très rare

se raser se faire la barbe

raseur *m fam* ennuyeux, fâcheux

rassurant *adj* qui rassure, qui rend la tranquillité, qui dissipe l'inquiétude

rassurer rendre la confiance, calmer; tranquilliser

rat *m*

rate *f spleen*

  désopiler la rate qui fait rire

rater ne pas réussir, manquer

ravi *adj* très heureux, joyeux, enchanté

ravissant *adj* charmant

rayé *adj m* marqué de raies (*striped*)

rayon *m* section spécialisée dans un grand magasin

rayonnant *adj* éclatant

réacteur *m* nom donné aux propulseurs à réaction

réaction *f*

  avion à réaction avion dont la propulsion est assurée par un moteur à réaction

réagir (à) avoir une réaction, éprouver des sentiments

réalisation *f* chose réalisée, création, transformation

réaliser effectuer

réaliste *adj* qui appartient au réalisme en philosophie, en littérature et en arts ; qui a le sens des réalités, l'esprit pratique

rebord *m* bord élevé et ajouté

rebuter décourager, dégoûter

récemment *adv* il y a très peu de temps

récent *adj* qui existe depuis peu

récepteur *m* poste récepteur

réception *f* réunion mondaine ou officielle chez soi à l'occasion d'une fête, d'un mariage, d'un anniversaire ; action de recevoir des ondes (*radio, television*)

recevoir accepter, prendre ce qui est offert ; contenir ; (terme de sports) jouer contre une équipe chez soi ; accueillir

  recevoir (des invités) avoir des invités chez soi pour une soirée, un repas

réchaud *m* ustensile de ménage pour réchauffer les plats (réchaud électrique, à alcool)

recherche *f* action de chercher

  la recherche nucléaire les travaux des savants dans le domaine atomique

  les recherches l'ensemble des travaux et des études des chercheurs en vue de découvrir du nouveau

récipient *m* ustensile ou vase

réclamation *f* plainte, demande

réclame *f* vente à prix réduit ; annonce publicitaire (*advertisement*)

  en réclame vendu à prix réduit

réclamer demander

recoin *m* coin plus caché, moins en vue

recommandation *f* avis, conseil

recommander

  recommander à qqn de faire qqch conseiller à cette personne de faire qqch

récompense *f* cadeau que l'on a mérité

récompenser gratifier d'une récompense

(se) réconcilier se remettre d'accord

reconnaissable *adj* qu'on peut reconnaître

reconnaître identifier ; admettre comme vrai

  se reconnaître retrouver son image, son caractère

  s'y reconnaître savoir où on en est, voir clairement où l'on se trouve

recourir à se servir de

recours *m* action de rechercher de l'assistance

  avoir recours à demander le secours de, faire appel à

recouvrir couvrir entièrement ; cacher sous des apparences trompeuses

recréer créer de nouveau, reproduire

reçu *adj* qui a passé avec succès un examen, qui a été admis à un examen

récupérer rentrer en possession de

(se) recycler changer d'orientation scolaire, s'adapter à de nouvelles fonctions

redire

  trouver à redire se plaindre, critiquer, condamner

redoubler (sens scolaire) répéter l'année, suivre les mêmes cours une 2e fois (année)

redressement *m* action de corriger, de réparer

réduction *f*

réduire rendre moindre, diminuer

  se réduire à qqch revenir à signifier, vouloir dire, se limiter à (dans sa signification, ses conséquences, ses prétentions)

réellement *adv actually, really*

refaire faire de nouveau

réfléchir penser

référence *f* renvoi, indication

réflexe *m* mouvement involontaire qui survient rapidement en réaction à un événement, un fait quelconque

avoir de bons réflexes réagir très rapidement à une situation donnée

réflexion *f* remarque

réforme *f reform* (terme militaire) mise hors de service, exemption

réfrigérateur *m*

refus *m* action de refuser

refusé *adj* qui a échoué à un examen, qui n'a pas été reçu

refuser ne pas accepter, ne pas accorder; ne pas vouloir, dire «non»

   se refuser à ne pas consentir à, refuser de

refuser un élève (à un examen) déclarer qu'il a échoué, qu'il n'a pas été admis

se régaler éprouver un grand plaisir

regard *m* action de regarder, coup d'œil

regardé *adj* vu; estimé

regarder

régime *m* forme de gouvernement; administration; aliments pour maigrir

   régime alimentaire conduite à tenir en matière de nourriture, d'alimentation

   suivre un régime se conformer à certaines règles en matière d'alimentation, éviter certains mets, manger de préférence tels légumes, telles viandes, ...

région *f*

régional *adj*

registre *m* catalogue, gros cahier sur lequel on inscrit des renseignements qu'on veut conserver

règle *f*

   être en règle être en ordre, avoir tous ses papiers, faire ce que demande la loi

règlement *m* loi, prescription

régler diriger; juger, trancher rapidement une question; mettre au point (montre, moteur, ...)

   régler un problème trouver une solution à un problème

régner être souverain, roi; commander en tant que tel; *fig* exister

regroupement *m* groupe formé en en regroupant plusieurs

se regrouper se grouper de nouveau

régulateur *m* appareil destiné à régulariser la marche d'une machine

régulier(ère) *adj* qui se produit, se répète à intervalles réguliers

régulièrement *adv* avec régularité, suivant un calendrier bien établi, à intervalles réguliers (par exemple, chaque jour, deux fois par jour, trois fois par semaine)

regret *m*

   à regret contre son désir, sans le vouloir, contre sa volonté

regretter éprouver du chagrin

réitérer répéter

relance *f* nouvelle mise en mouvement, en vue de faire des progrès

relatif *m* (*gram*) pronom relatif

relatif(ive) *adj*

relation *f*

   inviter des relations inviter des personnes que l'on connaît, avec lesquelles on a des relations

relativement *adv* d'une façon relative

se relayer se remplacer mutuellement

relevé *m* détail, résumé écrit, liste

relève *f* remplacement

relèvement *m fig* augmentation

relief *m*

   mettre en relief faire ressortir, mettre en valeur

relier joindre

religieux(se) *adj m*

   instruction religieuse enseignement religieux

religion *f*

relouer louer de nouveau

remarquable *adj* digne d'être remarqué; extraordinaire, notable; exceptionnel

remarque *f*

remboursable *adj* qui peut, qui doit être remboursé, rendu, restitué

rembourser rendre l'argent déboursé

remède *m fig* qqch qui sert à apaiser les souffrances morales, solution à un problème, à un inconvénient

remettre

   remettre à plus tard différer, retarder

   remettre en marche mettre de nouveau en mouvement

   remettre en question ne plus accepter comme définitif ou réglé

   remettre un devoir donner un devoir à un professeur

remise *f* rabais, réduction

remonte-pente *m* appareil ou dispositif qui sert à transporter les skieurs jusqu'au sommet d'une pente, d'où ils redescendront en skiant (*ski tow*)

remonter monter de nouveau au lieu d'où on était descendu

remorquer tirer

remplacer mettre à la place de

rempli *adj filled* (*out*)
    une fiche bien remplie qui porte beaucoup de renseignements

remplir compléter, couvrir entièrement, rendre plein

remporter
    remporter une étape gagner cette étape, être le vainqueur

remuer mouvoir; émouvoir; déplacer

rémunéré *adj* payé, rétribué

renard *m* mammifère carnivore (*fox*)

Renault *f* compagnie automobile nationalisée (Louis Renault, 1877–1944, ingénieur et constructeur, un des pionniers de l'industrie française); voiture fabriquée par cette compagnie

rencontre *f* le fait de se trouver avec quelqu'un par hasard; match, épreuve sportive

rencontrer *to meet*

rendement *m* productivité

rendez-vous *m* rencontre convenue entre deux ou plusieurs personnes de se trouver à la même heure en un même lieu; lieu où l'on a décidé de se rencontrer, de se rendre
    donner rendez-vous à qqn décider avec qqn de se rencontrer à une certaine heure
    prendre un rendez-vous convenir à l'avance d'être reçu, par exemple, par un médecin

rendre restituer, remettre; faire devenir

se rendre se transporter, aller

renommé *adj* réputé, célèbre

renommée *f* célébrité

renoncer à abandonner

renouveau *m* nouveau départ, nouvelle phase

rénover donner une nouvelle forme, remettre à neuf; rendre neuf, jeune; moderniser

renseignement *m* indication, information, éclaircissement servant à faire connaître une chose

renseigner donner des renseignements à

rentabilité *f* le fait d'être rentable

rentable *adj* qui rapporte de l'argent

rentrée *f* reprise, retour

rentrée scolaire début de l'année scolaire en septembre, reprise des cours en automne

rentrer retourner, revenir
    rentrer dedans entrer violemment en collision avec (qqn, véhicule …), se jeter avec violence

renvoyer *adj* congédier, chasser

répandre verser par terre
    répandre un bruit faire courir un bruit, raconter autour de soi

répandu *adj* connu, populaire

réparation *f* action de réparer, de remettre en bon état; indemnité, amende

repartir partir de nouveau

répartir partager, distribuer; diviser

répartition *f* partage, distribution

repas *m* nourriture que l'on prend chaque jour à certaines heures
    prendre un repas manger, c'est-à-dire soit déjeuner (à midi), soit dîner (vers 7 ou 8 heures) ou souper (tard dans la soirée)

repêchage *m* action de repêcher, épreuve supplémentaire en faveur de candidats éliminés une première fois

repenser concevoir de façon totalement différente

se replier rentrer en soi même

réplique *f* action de répondre à ce qui est dit ou écrit

réponse *f answer*

repopulation *f*

reportage *m* article
    reportage photographique article basé sur une enquête photographique

repos *m* délassement, pause, arrêt de travail; tranquillité, quiétude

reposant *adj* paisible

reposer
    cela repose c'est reposant, ce n'est pas fatigant

se reposer reprendre des forces, cesser de travailler, rester au calme

reprendre aller chercher qqch qui vous appartient; recommencer
    reprendre des minutes rattraper des minutes de retard, se rapprocher d'un autre concurrent qui avait de l'avance

représentant *m* personne qui représente qqn, commis voyageur, agent qui représente une entreprise

représentation *f* le fait de jouer une pièce de théâtre; le fait de représenter une entreprise

représenter tenir la place de qqn

reproche *m* observation faite à qqn pour lui rappeler qu'il a tort

   sur un ton de reproche d'une façon peu aimable, peu gentille

reprocher

   reprocher qqch à qqn accuser qqn d'être responsable de qqch

reproduction *f* imitation fidèle

républicain *adj m* qui appartient à ce parti politique

répugnance *f* répulsion, horreur

répugner ne pas être agréable à faire, faire horreur

   répugner à faire qqch hésiter à faire qqch, le faire avec dégoût

réputation *f* renommée

réputé *adj* fameux, renommé

réseau *m* ensemble, système de voies ferrées, de routes, de lignes téléphoniques, ...

réservé *adj* peu expansif, discret

réserver mettre à part

   réserver une chambre retenir, louer à l'avance

réservoir *m* cavité où un liquide est gardé en réserve; citerne

résidence *f*

   résidence universitaire lieu où résident les étudiants

résidentiel(elle) *adj* où l'on réside

résider avoir son siège, être établi, vivre, habiter

se résigner se soumettre, accepter sans protester

résignation *f* soumission à la volonté de qqn, au destin

résistant *adj* solide, endurant, robuste

résoudre trouver, apporter une solution à

   se résoudre à faire qqch accepter de faire qqch car on n'a pas le choix

respecter

   respecter une loi obéir à cette loi

respectif(ive) *adj*

respirer aspirer (*to breath*)

responsable *m* personne qui est chargée, en tant que chef, de prendre des décisions, mais qui doit en rendre compte à une autorité supérieure, personne qui a la responsabilité de qqch; dirigeant

responsabilité *f* obligation morale de bien faire, de bien jouer, la conscience qu'on en a

ressembler à être semblable à

ressentir sentir, éprouver

   s'en ressentir avoir droit de se plaindre

ressortir apparaître nettement

restaurant *m*

restauration *f* remise en bon état

reste *m* ce qui demeure

   de reste qui reste, qui n'a pas été dépensé

   du reste au surplus, d'ailleurs

rester demeurer, habiter en permanence

   il reste beaucoup à faire beaucoup de choses sont à faire, beaucoup de choses doivent encore être faites

restriction *f*

résultant *m* ce qui résulte d'une action

résumé *m* abrégé d'une œuvre, d'un livre; ouvrage succinct

retard *m* le fait d'arriver, d'agir trop tard; délai

   être en retard ne pas être à l'heure, arriver après l'heure convenue

retardataire *m f* qui est en retard

retarder faire arriver en retard, différer

retenir réserver; empêcher de partir

retenue *f* réserve polie

retirer recueillir, faire sortir, éloigner

se retirer s'en aller; quitter un genre de vie, sa profession

retour *m* action de revenir

se retourner tourner la tête en arrière pour regarder, tourner en sens contraire; changer de position

retraite *f* lieu où l'on se retire loin des affaires du monde; cessation de toute activité professionelle

   retraite aux flambeaux procession de nuit à la lumière de torches

rétrospectivement *adv* d'une manière rétrospective

retrouver revoir, rencontrer

réunion *f* assemblee, groupe de personnes

réunir rejoindre, rapprocher; rassembler

se réunir se grouper, se rencontrer au cours d'une réunion

réussir avoir un résultat heureux

   réussir à un examen passer avec succès cet examen

   un mariage qui réussit un mariage solide, harmonieux, et qui durera longtemps

réussite *f* action de réussir, d'avoir du
succès; bon résultat

revanche *f*
en revanche d'autre part, par contre

rêve *m* espoir, espérance, désir (*dream*)
rêver faire des rêves; laisser aller son
imagination

réveil *m* pendule munie d'une sonnerie
(aussi **reveille-matin** *alarm clock*)

se réveiller cesser de dormir

réveillon *m* repas fait au milieu de la
nuit, surtout dans la nuit de Noël
et du Jour de l'an

révélateur significatif, qui révèle qqch

(se) révéler apparaître, se manifester;
faire connaître

revendication *f* demande, réclamation

revenir (à) venir de nouveau; coûter
il vous revient de il vous appartient de,
c'est à vous de faire …
ne pas en revenir être très étonné
on y revient on se remet à l'aimer, cela
revient à la mode

revenu *m* l'argent que l'on gagne, dont
on dispose; ressources, rentrées
d'argent
le revenu national l'ensemble des ressources d'un pays durant une période donnée (par exemple, durant
un an)

rêver songer, souhaiter

revêt. *abrév* pour **revêtement** *m wall
covering*

revient *m*
prix de revient coût total d'un produit,
d'une marchandise ou d'un service

revoir
au revoir expression pour prendre
congé, se séparer de qqn
revoir un problème, une question ré-
étudier, reconsidérer, revenir sur ce
problème, cette question pour y
apporter une meilleure solution

révoltant *adj* qui donne envie de se
révolter

révolution *f* changement radical, profond

revue *f* parade militaire; inspection détaillée pour vérifier les effectifs ou
le matériel d'un corps de troupes;
publication mensuelle ou hebdomadaire; périodique
revue spécialisée qui ne traite que d'une
spécialité (par exemple, le théâtre ou
le sport)

rez-de-chaussée *m* étage au niveau du
sol

rhum *m*
baba au rhum gâteau dont la pâte est
très légère et qu'on arrose de rhum

rhumatisme *m* maladie douloureuse qui
affecte les articulations

richesse *f*

rideau *m* tout ce qui cache qqch
un rideau d'arbres rangée d'arbres qui
empêche de voir distinctement

ridicule *adj m*
tourner qqn en ridicule se moquer de
qqn et le rendre ridicule

rien *pron indéf adv m* pour rien, pour un
résultat nul

rigueur *f* sévérité, dureté extrême
à la rigueur si c'est absolument nécessaire, s'il le faut vraiment

rillettes *f pl* sorte de pâté fait de viande
de porc et d'oie hachée et cuite dans
la graisse (*potted minced pork*)

rimer *to rhyme*
ça ne rime à rien ça n'a pas de sens

rire *to laugh*

risque *m*
prendre des risques s'exposer à un
danger

risquer
cette pièce risque d'être un four il est
à craindre que cette pièce soit un
four

rite *m* façon dont se déroulent des cérémonies religieuses, ensembles des
règles pour célébrer un culte religieux

rival *adj m* adversaire

rivalité *f* lutte, opposition

river assembler par des rivets
être rivé à qqch ne pas pouvoir s'en
détacher

rivière *f* un cours d'eau qui se jette dans
un fleuve

riz *m rice*

robe *f* vêtement de femme, d'une seule
pièce et qui couvre tout le corps

robuste *adj* résistant

rock *m* danse moderne; musique moderne

Roi *m* chef d'état
tirer les Rois trouver un objet-surprise
dans une galette le jour de la fête
des Rois

rôle *m* fonction, ce qu'on doit faire

jouer un rôle (au théâtre) incarner un personnage

roman *m* récit d'aventures inventées ou transformées (*novel*)

Rome *f* capitale italienne

rond *adj* circulaire

rondelet *adj fam* un peu rond

    somme rondelette somme assez importante

ronéo *f stencil machine*

rosette *f* sorte de ruban ou insigne en forme de rose

rôti *m* morceau de viande cuit à sec

roue *f wheel*

rouge *m fam* vin rouge

    rouge ordinaire vin rouge de qualité courante

roulé *adj* faire avancer; marcher, voyager (en voiture, . . .) ; *fig* duper, dépouiller

route *f*

    code de la route ensemble de règles concernant la façon de se comporter, de conduire sur la route, dans les rues

    prendre la route se mettre en route, partir en voiture

    Route mauve route touristique du centre de la France

routier(ière) *adj* qui a rapport aux routes

routine *f*

rubrique *f* titre, indication de matière

rude *adj* difficile, qui cause de la fatigue, de la peine

rue *f street*

rugby *m* sorte de football, qui se joue à la main et au pied, avec ballon ovale, et opposant des équipes de 13 ou 15 joueurs (le jeu consiste à porter le ballon derrière le but adverse ou à le faire passer au-dessus de la barre transversale entre les poteaux de but)

ruine *f*

    se relever de ses ruines réparer les dommages causés par la guerre

ruiner détruire

ruisseau *m* petit cours d'eau (*stream*)

rupture *f*

ruser *to use deceit, craft*

Russe *m* habitant de la Russie

russe *adj m* langue de la Russie; de ce pays

Russie *f* pays soviétique

rythme *m*

S

S.A. *abrév.* pour **S.A.R.L.** *f* Société Anonyme à Responsabilité Limitée *Inc.* ou *Ltd.* (au Canada)

S.N.C.F. *f* Société Nationale des Chemins de Fer Français

sac *m* sorte de poche qui sert à transporter diverses choses

    sac à main *hand bag*

    sac de couchage *sleeping bag*

sacrifice *m*

sacrifier

sage *adj*

    un enfant sage un enfant qui se tient bien, qui est poli, obéissant

sagesse *f* bon sens, modération, prudence; docilité

sain *adj* en bonne santé physique ou morale

    une saine amitié une amitié sans équivoque, franche

Saint-Cloud banlieue parisienne au sud-ouest du Bois de Boulogne

Saint-Jean Baptiste *f* jour de fête qui marque le début de l'été

Saint-Laurent *m* fleuve canadien

Saint-Lazare gare ferroviaire parisienne qui dessert la région nord-ouest

saint-nectaire *m* fromage d'Auvergne

saisir prendre entre ses mains

    être saisi par l'émotion être violemment ému

saisissant *adj* très impressionnant

saison *f* une des quatre divisions de l'année; saison sportive, mondaine

salade *f*

salaire *m* rémunération d'un travail manuel, calculée à l'heure et payée en général deux fois par mois (ne pas confondre avec **traitement** pour les fonctionnaires de l'État, **solde** pour les militaires; **honoraires** pour les professions libérales)

salarié *m* personne qui reçoit un salaire, employé, travailleur

sale *adj* malpropre

saleté *f* malpropreté, ordure

salle *f* pièce (par exemple, salle de classe, salle de restaurant, salle de cinéma)

    salle à manger *f* pièce d'un appartement où l'on prend ses repas

salle d'attente *f* salle où l'on attend (par exemple, dans une gare)

salle de classe local pour l'enseignement

salle d'eau *f* salle qui contient lavabo et douche (**salle de bains**: baignoire, bidet)

salle de séjour *f* salon, living room

salon pièce de séjour, de réception

salubrité *f* état de ce qui est salubre, propre, sain

saluer donner une marque extérieure de civilité, de politesse

salutaire *adj* utile, indispensable

samedi *m* septième jour de la semaine

sanction *f* condamnation; approbation

sanctionné *adj* puni d'une sanction

sanctionner punir

sang *m* *blood*

sandwich *m*

sang-froid *m* calme, maîtrise de soi

sanguinaire *adj* cruel, qui répand du sang

sanitaire *m* *plumbing*

santé *f* état de celui qui est sain, qui se porte bien

saoûl *adj fam* ivre

sapin *m* conifère très grand et toujours vert (*fir*, ne pas confondre avec le pin)

satellite *adj* qui dépend d'un autre sur le plan politique ou économique

satellite *m* engin porteur d'appareils divers, lancé par une fusée et qui tourne autour de la Terre (certains satellites comme Telstar ou Early Bird sont équipés pour relayer des émissions de radio ou de télé entre les U.S.A. et d'autres pays)

satisfaction *f* contentement

satisfaire

satisfaisant *adj* qui donne satisfaction

sauce *f*

saule *m* arbre qui pousse dans les endroits frais, le long des rivières (*willow*)

saule pleureur variété de saule, aux branches retombant jusqu'à terre

saut *m* bond, mouvement de se projeter (*jump*)

saut à ski

sauter se jeter, se précipiter; (*fig.*) ne pas faire qqch

sauvage *m* homme non civilisé

sauvegarder défendre, protéger

savant *m* chercheur

savoir *m* ensemble des connaissances

savoir être instruit dans qqch; connaître

 cela ne saurait suffire cela ne pourrait suffire, cela ne peut pas suffire

 on ne sait jamais on n'est jamais sûr, comment savoir, on peut toujours douter

 on ne sait jamais avec lui on peut s'attendre à tout de sa part, ses réactions sont imprévisibles

scandaleux(euse) *adj* qui fait scandale, excessif

scandinave *adj* de la Scandinavie

scène *f* épisode

schéma *m* figure simplifiée servant à la démonstration (*diagram*)

Science *f*

scientifique *adj m f*

scolaire *adj* pour les écoles, pour les écoliers, qui a rapport à l'école

scolarité *f* durée d'un programme d'études

scotch *m* whisky écossais; *scotch tape*

scrutin *m* vote

 le mode de scrutin système de vote (par exemple, scrutin majoritaire, avec représentation proportionnelle, scrutin uninominal, scrutin de liste)

séance *f* session, réunion; projection d'un film

seau à champagne *m* récipient cylindrique qui sert à rafraîchir le champagne

sec(sèche) *adj* contraire d'humide; brusque, cassant

sécession *f* action de se séparer en vue de former un état distinct; séparation

sèchement *adv* d'une façon brusque, cassante

sécheresse *f* temps sec, aridité

secondaire *adj* qui vient en second, accessoire

secouer agiter fortement et à plusieurs reprises

secours *m* aide, assistance

secret *m*

 avoir le secret de qqch savoir faire qqch, être très habile dans l'art de faire qqch

secrétaire *m f*

secrétariat *m* membres du personnel qui remplissent les fonctions de secrétaires dans un établissement, un ministère, . . . ; bureaux, services dans une administration

sécurité *f*

Sécurité Sociale *f* ensemble des législations (ainsi que les organismes chargés de leur application) qui ont pour objet de garantir les individus et les familles contre certains risques sociaux

séduit *adj* conquis, charmé

ségrégation *f* séparation des races, par exemple, des blancs d'avec les noirs, apartheid

sein *m* milieu; *breast*

au sein de dans

Seine *f* le fleuve qui arrose Paris et Rouen et qui se jette dans la Manche

le XVIᵉ seizième (voir **arrondissement**)

séjour *m* fait de rester plus ou moins longtemps dans un lieu

séjourner demeurer quelque temps dans un lieu

sélection *f* choix

sélectionner choisir

semaine *f* durée de sept jours

en semaine pendant la semaine, les jours ouvrables

semblable *adj* pareil, de même nature, similaire

sembler avoir l'air, paraître

Sénat *m* une des deux assemblées législatives françaises (l'autre est la Chambre des Députés)

sens *m* direction; signification

sensation *f*

faire sensation impressionner, émouvoir un public, une foule

sensationnel(elle) *adj*

sensible *adj* qui est facilement ému, touché; *fig* qu'on remarque aisément

sensibiliser rendre sensible

sentiment *m*

sentimental *adj* qui fait appel aux sentiments, ou qui les provoque

sentir *to feel*; répandre une odeur (*smell*)

se sentir chez soi être comme chez soi, être à l'aise, se sentir bien

séparation *f*

séparé *adj*

séparément *adv* chacun de son côté

séparer

se séparer quitter chacun de son côté, prendre congé; cesser de vivre ensemble

septembre *m* neuvième mois de l'année

séquestre *m* confiscation

mise sous séquestre dépôt d'une chose litigieuse entre les mains d'un tiers en attendant le règlement de la contestation

série *f*

en série en grandes quantités, à la chaîne

sérieusement *adv* d'une façon sérieuse, avec application

sérieux(euse) *adj* grave, important, réfléchi; sur qui on peut compter; respectueux, qui ne flirte pas

prendre au sérieux prendre pour réel, pour important, ...

sermonner faire des remontrances à

serpent *m*

serpenter avoir un cours tortueux, couler en faisant des S, des méandres

serrer étreindre, presser

serveur(euse) *m f* la personne qui sert

service *m* (au restaurant, au café) pourcentage ajouté à la note ou à l'addition et destiné à payer le garçon qui vous a servi (la somme remise de la main à la main constitue plutôt le pourboire)

mettre en service faire fonctionner effectivement, se servir de, utiliser régulièrement

les services (dans une ville) les services publics—les écoles, la mairie, la poste, ...

service militaire *m*

serviette *f* sorte de grand portefeuille; morceau de linge avec lequel on s'essuie à table ou après s'être lavé dans le cabinet de toilette

servir apporter sur la table les plats que les clients ont commandés et se tenir à leur service

servir à être propre, bon à

servir de faire office de, tenir lieu de

se servir de utiliser

servitude *f* esclavage, oppression

sévir qui se manifeste vivement

Shenandoah *f* grande vallée de la Virginie

siècle *m* période de cent ans

siège *m* partie d'une voiture, endroit ou meuble où l'on s'assied; lieu où se trouve la résidence principale d'une entreprise

siffler produire un son aigu, avec la bouche ou en soufflant dans un sifflet

signature *f*

signe *m* caractéristique; indice, marque

    faire signe manifester par un geste

    vivre sous le signe de vivre dans une atmosphère de

signer mettre sa signature

sillonner parcourir dans tous les sens

silo *m* réservoir, construction destinée à contenir blé, maïs, autres céréales, . . .

simple *adj*

simplement *adv* ordinairement, sans recherche, d'une façon simple

singe *m* mammifère (*monkey*)

singulier(ère) *adj* étrange, surprenant

sinistre *m* événement catastrophique (tremblement de terre, . . .)

sinistré *m* victime d'un cataclysme naturel ou de la guerre

sinon *conj* autrement, sans quoi

siroter *fam* boire à petits coups, déguster

situation *f* emploi, poste

situé *adj* placé

situer placer, poser dans un certain endroit, préciser l'emplacement

skier

skieur(euse) *m f* celui qui fait du ski

slalom *m*

slogan *m*

snob *adj m f* qui prétend imiter les gens de la haute société

social (aux) *adj*

socialiste *adj m*

société *f*

société anonyme *f* société commerciale ou industrielle par actions (*joint-stock company*). Voir S.A.

sociologue *m* savant qui s'occupe de sociologie

soif *f thirst*

    avoir soif

soigné *adj* qui a été l'objet de beaucoup de soin, d'attention

soigner donner des soins à

soigneusement *adv* avec soin

soigneux(euse) *adj* qui apporte du soin à ce qu'il fait

soin *m* care

    les soins de la besogne de, les soucis de

soirée *f* espace de temps, depuis le déclin du jour jusqu'au moment où l'on se couche; réunion en soirée, réception

sol *m* terre

sole *f* poisson plat de forme ovale dont la chair est très recherchée (*sole*)

soleil *m* astre central de notre système planétaire

    coucher du soleil tombée de la nuit, soir

solennel *adj* grave, sérieux

solennité *f* cérémonie solennelle

solidarité *f*

solliciter demander officiellement

solution *f*

sombre *adj* qui n'est pas clair (le gris foncé, le noir sont des couleurs sombres)

somme *f* total, quantité, résultat d'une addition, certaine quantité d'argent

sommelier *m* l'employé, le garçon spécialement chargé de servir les vins

sommet *m* le point le plus haut

somptueux(euse) *adj*

    repas somptueux qui a coûté beaucoup d'argent, superbe

son *m sound*

    au son de accompagné par une musique

songer former dans son esprit, concevoir, penser, imaginer

    songer à faire qqch rêver de faire qqch, souhaiter faire qqch

sonner produire un son, tinter

sonnerie *f* mécanisme qui fait sonner; appareil; avertisseur; son

Sorbonne *f* siège de la Faculté des Lettres et des Sciences Humaines de l'Université de Paris, a pris le nom de son fondateur, Robert de Sorbon (1201–1274)

sororité *f* en Amérique, association mondaine d'étudiantes

sort *m* destinée

sorte *f* espèce, variété

sortie *f* action de sortir; promenade, excursion à pied ou en voiture

    la sortie du lycée le moment où les élèves quittent le lycée après la fin des classes

sortir aller dehors

s'en sortir *fam* se tirer d'affaire, réussir, franchir une difficulté

sortir avec une jeune fille fréquenter une jeune fille régulièrement ou non

sosie *m* personne qui ressemble parfaitement à une autre

sou *m* ancienne monnaie valant la vingtième partie d'un franc; *fam* argent
   ne pas avoir le sou être sans argent
   une affaire de sous une question d'argent
souci *m* soin accompagné d'inquiétude
   se faire du souci s'inquiéter
soucoupe *f* petite assiette qu'on place sous une tasse
souder joindre (*weld*)
soudoyer acheter (d'une manière immorale) le concours de qqn
soulager aider, venir en aide à; calmer la douleur
soulever élever, lever à une faible hauteur
soulier *m* chaussure
se soumettre à subir
soumission *f* obéissance
souple *adj* flexible, maniable
souplesse *f* aisance, peu de rigueur, flexibilité, absence de raideur
source *f* origine
sourd *adj* qui n'entend pas, qui est privé du sens de l'ouïe
souris *m mouse*
sourire *m smile*
sous-bois *m* végétation qui pousse sous les arbres d'une forêt; (peinture) dessein représentant un intérieur de forêt
sous-entendre impliquer
sous-développé *adj* qui souffre d'une insuffisance
sous-emploi *m* chômage (opposé à plein emploi)
sous-location *f* action de sous-louer, de donner ou prendre à loyer une partie d'une maison ou d'un appartement dont on est le locataire
sous-louer prendre ou donner à loyer du principal locataire une portion de maison ou d'appartement (*to sublet*)
sous-marin *m* vaisseau de guerre qui peut se déplacer sous les eaux
sous-secrétaire *m* celui qui aide un secrétaire
sous-sol *m* construction située au-dessous du rez-de-chaussée
sous-titré *adj* avec des sous-titres, c'est-à-dire des indications dans une autre langue au bas de l'image
soutenir supporter, appuyer

souterrain *adj* qui est sous terre
soutien *m* support, aide, appui
souvenir *m*
se souvenir (de) se rappeler, ne pas oublier, garder en mémoire
souvent *adv* fréquemment
soviétique *adj* qui se rapporte à l'U.R.S.S.
speaker(ine) *m f* celui (ou celle) qui annonce les programmes, les nouvelles à la radio et à la télévision, présentateur
spécial *adj* particulier
spécialisé *part*
spécialiste *m f* médecin qui s'attache à l'étude, au traitement et à la cure d'un genre de maladies en particulier
spécialité *f* plat que le cuisinier d'un restaurant réussit parfaitement, son plat favori
spectacle *m* représentation théâtrale; tableau
   donner le spectacle de faire preuve de, révéler; donner l'exemple de
spectaculaire *adj* impressionnant à regarder
spontanément *adv* naturellement
sport *m*
   faire du sport pratiquer un sport ou faire des exercices physiques, de la gymnastique
sportif(ive) *adj m f* qui fait du sport
stabilité *f*
stable *adj*
stade *m stadium*; degré, partie distincte d'un développement
stage *m* temps pendant lequel des débutants sont astreints à des études, des obligations; situation transitoire, préparation
standard de vie *m* niveau de vie
standing *m* confort, luxe; train de vie
station *f abrév* station-service
   station de métro arrêt, gare sur une ligne de métro
   station de sports d'hiver lieu de séjour en montagne pour les skieurs
   station émettrice qui effectue des émissions radiophoniques
station-service *f gas station*
stationner être garé
statistique *f*

stéthoscope *m* instrument servant à ausculter

store *m* rideau qui se lève et se baisse devant une fenêtre au moyen d'un ressort (*roller shade*)

Strasbourg capitale de l'Alsace, sur l'Ill et le Rhin

strict *adj* qui refuse tout relâchement, exigeant

structure *f*

studio *m* logement formé d'une pièce principale

stylo à bille *m* *abrév* stylographe, instrument pour écrire

subir supporter, être victime de, endurer

subitement *adv* tout d'un coup

subjonctif *m* mode d'emploi du verbe qui exprime la subjectivité (par ex. le doute, l'incertitude), la volonté, le sentiment, employé aussi comme subordonné après nier, il faut que, …

sublime *adj* admirable, divin

subsistance *f* nourriture et entretien, ensemble des vivres et objets grâce auxquels on subsiste

subventionner soutenir financièrement

succéder (à) prendre la succession de

succès *m* issue heureuse d'une affaire

  pièce à succès pièce souvent jouée ou souvent demandée à cause du succès qu'elle obtient

successif(ive) *adj*

succomber céder à une tentation

succursale *f* établissement dépendant d'un autre (*branch*)

sucreries *f pl* bonbons, friandises (*sweets*)

sud *m* celui des quatre points cardinaux qui est opposé au nord

sud-est *m* qui est situé entre le sud et l'est

Sud-Express *m* grand express qui relie Paris et la frontière espagnole

sueur *f* transpiration

suffire être en assez grande quantité pour; pouvoir satisfaire à

  il suffit de il n'est besoin que de, c'est assez de

suffisamment *adv* d'une manière adéquate

suffrage *m* opinion exprimé par le vote, mode de scrutin

Suisse *f m* pays; personne de nationalité suisse

suisse *adj* de (la) Suisse

  petit suisse fromage blanc crémeux de forme cylindrique, consommé avec du sucre ou de la confiture

suite *f*

  tout de suite immédiatement

suivant *adj* qui vient après

suiveur(euse) *adj adj m f*

  voiture suiveuse la voiture qui suit un coureur et qui transporte de quoi le dépanner et même des bicyclettes de rechange

suivi *adj* guidé, formé

suivre

suivre à la télévision regarder sur l'écran de télévision

  suivre un cours assister à un cours, y être inscrit

sujet *m* matière sur laquelle on compose, on écrit, on parle; personne considérée par rapport à ses actes

super *m* *abrév* supercarburant

supercarburant *m* essence dont l'indice d'octane est supérieur à l'ordinaire

superficie *f* surface occupée sur le terrain

superficiel *adj*

supermarché *m* magasin d'alimentation où s'achètent tous les produits alimentaires, ou ménagers

se superposer coïncider

supersonique *adj* qui est relatif aux vitesses supérieures à celle du son

supplément *m*

  payer un supplément verser une somme d'argent en plus

supplémentaire *adj* qui vient en plus, nouveau

supplier prier avec instance et humilité, implorer

supporter endurer, résister à

supporter *m* (anglais) partisan qui apporte son appui, son aide

supprimer rayer, ôter

supprimer faire disparaître, éliminer, annuler, rayer (d'un texte)

sûr *adj* certain

surboum *f* jargon des jeunes pour surprise-partie, soirée dansante

Suresnes banlieue parisienne à l'ouest du Bois de Boulogne

sûreté *f* absence de risque, sécurité

surexcitation *f* très vive excitation

surface *f*

sur. hab. *abrév* pour surface habitable ; surface réellement occupée dans une habitation

surfaire vanter à l'excès

surlendemain *m* le jour qui suit le lendemain

surmonter être placé au-dessus de ; dépasser en s'élevant par-dessus

surprise-partie *f* réunion dansante privée (*party*)

surtout *adv* avant tout

surveillant (e) *f m* personne chargée de la surveillance dans une école, une usine, . . .

surveiller veiller avec grande attention, observer les actions, les gestes, les mouvements de qqn

survivre *to survive*

sus *adv*

   en sus en plus, en supplément

suspension *f* ensemble du dispositif qui assure le confort d'une voiture— ressorts (*springs*), amortisseurs (*shock absorbers*)

sympa *adj* jargon des jeunes pour sympathique ; *nice, enjoyable*

sympathique *adj* qui éveille la sympathie, aimable, gentil

symptôme *m*

synagogue *f* édifice religieux où les Israélites célèbrent leur culte

syndical(e, aux) *adj* qui appartient à un syndicat

syndicaliste *m* adhérent ou membre d'un syndicat

syndicat *m* groupement formé pour la défense d'intérêts communs (par exemple, syndicat ouvrier)

syndiqué *adj* qui fait partie d'un syndicat

synthétique *adj* artificiel

Sysiphe *myth* héros : condamné à rouler dans les Enfers une grosse pierre au sommet d'une montagne d'où elle retombe sans cesse

système *m*

      T

table *f*

   table de nuit Louis XVI petite table de style Louis XVI (fin 18ᵉ siècle)

   table ronde discussion

tableau *m* ouvrage de peinture

tableau comparatif série de renseignements, de détails, qui permettent de faire des comparaisons

tablier *m* vêtement de protection, pièce d'étoffe ou de cuir, maintenue par des attaches, qu'on porte devant soi pour préserver ses vêtements (par exemple, tablier de cuisine)

tabou *adj m* chose dont l'usage ou le contact sont interdits ; sujet qu'il est interdit de critiquer ou même d'aborder

tâche *f* ouvrage à exécuter, ce que l'on a à faire

tact *m* délicatesse

talent *m*

tamisé *adj* filtré

   lumière tamisée voilée

tango *m* danse originaire d'Amérique latine

tant *adv* tellement

tante *f* soeur du père ou de la mère, femme de l'oncle

tapageur *adj*

   publicité tapageuse exagérée, qui se fait trop remarquer

tapis *m* pièce d'étoffe (par exemple, de laine, de nylon) dont on recouvre un meuble, un parquet

tapissé *adj* revêtu ; couvert

tapisser revêtir, couvrir une surface

taquiner agacer gentiment

tard *adv* après l'heure habituelle, après le moment voulu

tarder différer

   il me tarde que . . . c'est avec impatience que j'attends . . .

tarif *m* tableau indiquant le prix des transports, le coût des marchandises, . . . ; ensemble des prix

   tarif douanier montant des droits, des taxes à payer lorsqu'on passe un produit neuf d'un pays dans un autre

tarte *f* gâteau fait d'une pâte entourant soit des fruits, soit de la confiture

tartine *f* tranche de pain recouverte de beurre et de confiture, etc.

tasse *f* petit récipient avec anse dans lequel l'on sert du café, du thé (par exemple, tasse à café)

tâter presser légèrement

taux *m* pourcentage

taxe *f* part d'impôt, charge financière

Tchad *m* république en Afrique centrale, capitale Ndjamena

technicien *m*

technique *adj f* qui appartient en propre à un art, à une science ou à un métier

tel(telle) *adj*

    rien de tel que ... il n'y a rien qui puisse se comparer à ..., rien ne vaut ....

téléphone *m*

téléphoner

Télé-Revue *f* hebdomadaire qui contient les programmes de télévision pour la semaine à venir

téléspectateur *m* toute personne qui écoute et regarde la télévision

télévisé *adj* filmé pour et par la télévision

télévision *f*

témoignage *m*

    porter témoignage de témoigner de, être la preuve de

témoin *m* personne qui a vu ou entendu qqch, personne qui assiste à un événement

tempérament *m* ensemble de penchants, caractère

    à tempérament par petites sommes, à crédit

tempéré *adj* où la température n'est jamais extrême ni très basse ni très élevée

temple *m* édifice religieux où les Protestants célèbrent leur culte

temps *m*

    à temps assez tôt

    en temps voulu au moment opportun

    il est grand temps il est presque trop tard

    il était temps que le moment était depuis longtemps venu de ...

    le bon vieux temps temps passé que l'on évoque avec regret

tendance *f* intention, orientation; penchant

tendancieux(euse) *adj* qui n'est pas objectif, qui vise à prouver quelque chose, à imposer une opinion, un point de vue

tendre présenter

tendu *adj* dans un état de tension nerveuse

tenir donner, faire

se tenir avoir lieu

ne pas savoir à quoi s'en tenir ne pas pouvoir savoir exactement combien on va dépenser, n'être jamais sûr du prix de qqch; être dans l'incertitude

se tenir à jour se tenir au courant, se tenir informé de ce qui est nouveau

se tenir bien se comporter convenablement, décemment

tenir à être attaché à

tenir à faire qqch avoir envie de faire qqch

tennis *m*

tension *f*

    tension artérielle qui a rapport aux artères

tenter séduire, attirer; essayer, entreprendre

    cette pièce me tente j'ai envie d'aller la voir

tenue *f* uniforme, habit, costume

tenue de route *f* aptitude d'une voiture à se tenir dans la ligne souhaitée par le conducteur

terme *m* fin, limite; mot; échéance temporelle

    mettre un terme à en finir avec, mettre fin à

terminale *f* une des trois classes qui mènent au baccalauréat, à la fin des études secondaires dans les lycées

terminer conclure, achever

terrasse *f*

    terrasse de café emplacement sur le trottoir ou en retrait, devant un café, où se trouvent des tables et des chaises et où les consommateurs peuvent s'asseoir

terre *f* sol

Terre Neuve *f* province maritime à l'est du Canada, ville principale Saint-Jean

territoire *m* étendue terrestre; état

tête *f*

    coûter les yeux de la tête, coûter très cher

têtu *adj* obstiné

thé *m* boisson

théâtre *m* salle où l'on joue des pièces de théâtre

théorique *adj*

    examen théorique qui ne comporte pas d'exercices pratiques

tiers *m* troisième personne

timbale *f*

timbale de pâté pâté cuit dans un moule de forme ronde et servi dans ce moule

timbre *m stamp*

timide *adj*

Timor *m* île de la Sonde partagée entre l'Indonésie et le Portugal

tir *m* action de tirer au moyen d'une arme à feu, fusil, ou carabine ou revolver

se tirer de réussir à s'échapper, surmonter une difficulté, sortir d'une situation embarrassante, …

tireur *m* joueur qui tire au but

titre *m* le nom d'une œuvre, d'une revue, … ; *fig* importance

tituber chanceler sur ses jambes, aller de droite et de gauche en marchant parce qu'on est fatigué, épuisé

titulaire *m* celui qui possède un diplôme objet ou un emploi

toile *f* tissu (*cloth*)

toilette *f* action de s'habiller, se coiffer ; vêtements que porte une femme

    articles de toilette objets utiles pour faire sa toilette, tels que peignes, brosses, brosse à dents, crème à raser, rasoir, ciseaux, pâte dentifrice, pommade, désodorisant

    les toilettes la façon dont les femmes sont vêtues, les vêtements qu'elles portent ; le w.c.

toit *m* couverture d'un bâtiment

tolérant *adj* qui manifeste de la tolérance

tombée *f*

    tombée de la nuit moment où la nuit tombe

    tomber faire une chute

tombereau *m* voiture à deux ou quatre roues, profonde et qui bascule vers l'arrière pour décharger facilement son contenu

tonne *f* unité de masse (1000 kilogrammes)

torche *f* flambeau grossier, consistant en un bâton de sapin entouré de résine, de cire ou de suif

tort *m* faute, erreur, action ou état contraire au droit

    avoir tort soutenir une chose fausse, ne pas avoir raison

    c'est à tort que on a tort de

tôt *adv* de bonne heure, à l'avance, avant l'heure, (*contr* tard)

    plus tôt avant l'heure habituelle

TOTAL *m* une marque d'essence française

total *m* résultat d'une addition ; absolu, complet ; entier, parfait

    au total tout compté, tout considéré ; montant, somme

touche *f*

    ligne de touche ligne qui limite un terrain de jeu dans le sens de la longueur

    arbitre de touche juge qui signale les balles sorties en touche, les hors-jeu, …

Toulouse ancienne capitale du Languedoc, située sur la Garonne, centre de constructions aéronautiques et d'industries chimiques

toupet *m* assurance effrontée, aplomb, *nerve*

tour *m* circuit, action de parcourir ; ruse malicieuse

    faire un tour se promener

    le tour est joué! ça y est, et voilà!, c'est aussi simple que ça!

Tour de France course cycliste dont le tracé fait en gros le tour de la France (parfois certaines étapes se trouvent en Italie, Suisse ou Belgique)

tour *f high rise apartment, skyscraper ; tower*

touriste *m f*

tourner

tournure *f* manière de s'exprimer, forme d'expression quant à la syntaxe et à la construction ; air, cours

Toussaint *f* fête du 1er novembre, en l'honneur de tous les saints

tout *adv* entièrement

    en tout au total

traction avant *f* voiture dont les roues avant sont motrices

tradition *f* habitude ancienne transmise de génération en génération

traditionaliste *adj* qui se conforme aux traditions

traditionnel(elle) *adj* qui fait partie d'une tradition, qu'on a toujours fait ou vu faire

traducteur(trice) *m f* celui qui traduit

se traduire par entraîner, amener

trafic *m* importance, ou fréquence du flot de la circulation des voitures, des trains, des marchandises, …

tragédie *f* pièce qui révèle à l'homme les graves problèmes qui tournent autour de sa nature, de son destin, et qui vise à provoquer une intense émotion

train *m*

    être en train de être actuellement occupé à

traîne *f* partie très allongée d'une robe que la mariée traîne derrière elle

traîner tirer; mener sans énergie

traité *m* convention entre deux ou plusieurs gouvernements

traitement *m* rémunération; manière de soigner un malade

traiter se conduire envers qqn; examiner

traits *m pl* lignes du visage

tranquille *adj* calme

    on est tranquille expression familière pour: on est au calme, on vous laisse tranquille

tranquillement *adv* de façon calme, tout simplement

tranquillisant *m tranquilizer*

transaction *f*

transcanadienne *f* route nationale qui traverse le Canada d'est en ouest

transept *m* nef secondaire qui coupe la nef principale à angle droit

transfert *m* substitution; transport

transformer donner une autre forme

transiter passer en transit, traverser

transmettre faire passer, communiquer

transmis *adj* envoyé, parvenu; en radio-télé: reçu et renvoyé par la voie des ondes

transports *m pl* ensemble des moyens utilisés pour le mouvement des marchandises et des personnes

traquer poursuivre, pourchasser

travail *m* activité, labeur

travailler *to work*

travailleur *adj m* ouvrier, qui travaille

travaux publics *m pl* travaux effectués pour le compte de l'État

traverser passer d'un côté à l'autre

tremblement *m*

    tremblement de terre secousse qui ébranle le sol sur une plus ou moins grande étendue, séisme

se trémousser s'agiter, se tortiller (par exemple, en dansant)

trésor *m*

le Trésor français service du ministère des Finances

trésorier *m* personne qui détient et comptabilise les sommes d'argent d'une collectivité

tribune *f* emplacement surélevé, parfois couvert, d'où on domine le terrain de sports

tricolore *adj* à trois couleurs (le drapeau français est tricolore)

trimestre *m* durée de trois mois consécutifs; division de l'année scolaire

tripe *f* boyau, ou partie de l'intestin des animaux, préparé pour la consommation

triste *adj* accablé, affligé, déprimé

Trocadéro *m* place sur les hauteurs de Passy où se trouve le Palais de Chaillot

Troglodytes *m pl* hommes préhistoriques qui vivaient dans des cavernes dans la vallée du Loir ou, selon les légendes antiques, au sud-est de l'Egypte

trombone *m* petite agrafe (*paper clip*)

se tromper commetter une erreur, s'illusionner

trôner occuper une place d'honneur, bien en vue

tropiques *m* zone de part et d'autre des Tropiques du Cancer et du Capricorne

trotter aller au trot

trottoir *m* espace ménagé sur les côtés d'une rue et réservé aux piétons

trou *m* ouverture, cavité

troupe *f* l'ensemble des acteurs qui jouent une pièce

troupeau *m* réunion d'animaux domestiques; multitude de personnes qui suit aveuglément un chef (sens péjoratif)

trouvaille *f* découverte, invention

trouver goûter, apprécier, aimer, juger

se trouver être

truc *m* "gimmick"

truchement *m* intermédiaire

truffe *f* sorte de champignon de couleur noire, très recherché, qui pousse sous terre, utilisé en cuisine

truffé *adj* parsemé de truffes, ou de petits morceaux de truffes

tube-réclame *m* cylindre souple contenant un produit en réclame (*sample tube*)

tuberculose *f* maladie infectieuse des poumons

Tudor *m pl* famille royale anglaise importante au XVI siècle

   style Tudor style d'architecture où les pans de mur blancs sont coupés par des poutres

tuer détruire, ôter la vie d'une manière violente

tulipe *f*

turbot *m* variété de poisson plat et ovale dont la chair est très recherchée (*turbot*)

tutoyer s'adresser à qqn à la deuxième personne du singulier (on tutoie parents, jeunes enfants et amis intimes)

TVA *f* taxe sur la valeur ajoutée; impôt perçu sur toute transaction commerciale

type *m fam* personne d'une forte originalité; individu quelconque

   un pauvre type *fam* homme de peu de valeur, un bon à rien

type *m* genre, sorte

typique *adj* caractéristique

U

Ulysse *m* héros de l'**Odyssée**

unanimité *f* conformité d'opinion ou d'intention

uni *adj* confondu, égal, homogène

unijambiste *adj n* personne amputée d'une jambe

union *f*

unique *adj* qui est seul en son genre

uniquement *adv* seulement, simplement, exclusivement

urbanisation *f*

urbaniste *m* architecte dont l'activité s'étend à l'étude et à l'aménagement de zones d'habitation

urgence *f* qualité, caractère de ce qui est urgent

   accorder l'urgence à un problème considérer un problème comme le premier à résoudre

urgent *adj*

urnes *f pl* boîtes dans lesquelles les électeurs déposent leur bulletin de vote

   aller aux urnes voter

U.R.S.S. *f* Union des Républiques Socialistes Soviétiques, la Russie soviétique

urticaire *f* *hives, nettle-rash*

U.S.A. *m pl*

usage *m* manière, façon de faire habituelle

usine *f* établissement industriel, fabrique; bâtiment où travaillent des ouvriers

utilisateur *m* personne qui utilise qqch

utilisation *f*

utiliser

utilité *f* caractère de ce qui est utile

utopie *f* idéal politique ou social, pays idéal

unanimité *f*

V

vacancier *m* personne qui part, qui est en vacances, estivant

vacarme *m* grand bruit, clameur

vaccination *f*

vacciner imuniser par un vaccin

vache *f* femelle du bœuf; *fig* personne injuste et méchante

vague *f* *wave*

   la vague des jeunes la grande masse, le grand nombre des jeunes

valable *adj* qui a les conditions requises pour produire son effet; acceptable, fondé; qui a de la valeur, qui compte; acceptable

valeur *f* prix; importance; mérite

   de valeur qui a de la valeur, compétent

valide *adj*

   mariage valide valable, célébré selon les règles et la loi

valise *f*

vallée *f* région basse entre deux montagnes (en général il y coule une rivière)

vallée du Rhône *f* vallée formée par le fleuve qui descend du lac de Genève, traverse Lyon en coulant vers la Méditerranée entre le Massif Central et les Alpes

valoir

   à valoir qui aura une valeur, qui sera valable

   il vaut mieux il est préférable de

   rien ne vaut il n'y a rien d'aussi (beau, bon, agréable, etc.) que, rien ne se compare à

valse *f* danse à trois temps

Van der Rohe, Mies architecte contemporain d'origine hollandaise (1886–1969)

vanter louer avec excès

variante *f* légère différence

à quelques variantes près à peu de différence près

varier présenter des changements

variété *f*

émission de variétés programme distrayant, amusant

vase *m* récipient décoratif

vaste *adj* grand, étendu

vastitude *f* immensité, etendu très grande

veau *m* jeune vache; viande de cet animal

vedette *f* dans un film, celui qui a le rôle le plus important; champion, artiste en renom

véhicule *m* voiture, moto, etc.

végétarien *m* personne qui se nourrit exclusivement de fruits et de lègumes

veine *f fam* chance

veille *f* jour (ou soirée) qui précède celui (ou celle) dont on parle

veiller exercer une surveillance

veilleur de nuit *m* gardien qui est de service la nuit

vélo *m* bicyclette

vendeur(euse) *m f* employé(e) qui vend

vendre céder moyennant le prix convenu

vendredi *m* sixième jour de la semaine

venir

en venir là arriver à ce point, arriver à cette extrémité

venir de + *inf* (*to have just* + *past participle*)

venir nombreux arriver en grand nombre

vent *m* déplacement d'air

être dans le vent être à la mode

vente *f* action de vendre

venue *f* arrivée, action de venir

verbe *m*

verdure *f* herbe et feuillages verts

verglas *m* mince couche de glace sur le sol, provenant de la congélation de l'eau, du brouillard

vérifier contrôler, s'assurer que tout est correct

véritable *adj*

verre *m* récipient en verre pour boire

boire un verre *fam* prendre un verre, prendre une boisson

verser payer, attribuer; (*to pour*)

version *f* traduction d'une langue étrangère dans la langue maternelle (contraire de thème)

vert *adj m* couleur verte

vertige *m* impression de perdre l'équilibre, d'être pris dans un mouvement tournant

veste *f jacket, coat*

veuf *m* un homme qui a perdu sa femme, dont la femme est morte

veuve *f* femme qui a perdu son mari et qui n'a pas contracté un nouveau mariage

vexant *adj* qui contrarie, qui embarrasse très fortement; qui cst offcnsant ct humiliant

vexé *part* tourmenté, troublé, très gêné

vexer blesser qqn moralement, froisser qqn, désobliger

viande *f* chair des animaux morts qui est destinée à la consommation

vibration *f*

vice-président *m*

victime *f*

victoire *f*

victorien *adj* relatif à la reine Victoria d'Angleterre et à son époque (XIXᵉ siècle)

vide *adj* contraire de plein, dont le contenu est épuisé, qui ne contient plus rien

vie *f life*

mener une vie bien réglée ne pas faire d'excès

une vie réglée bien ordonnée, régulière, sans excès

vie à deux le fait de vivre ensemble

vieillir s'approcher de la vieillesse

Viet-Nam *m* ancienne colonie de l'Indochine française

vieux (vieille) *adj m f* âgé

mon vieux *fam* mon cher, mon cher ami

vif (vive) *adj* rapide; alerte

vignette *f* taxe automobile annuelle

vigoureusement *adv*

vigueur *f* force physique

être en vigueur être en application (en parlant des règlements, des lois)

vil *adj* de peu de valeur

vilain *adj* laid, pas agréable à regarder

villa *f* maison de campagne ou de banlieue coquette, élégante

ville *f city*

avoir une chambre en ville louer une chambre chez un particulier ou dans un hôtel

en tenue de ville portant cravate et costume

faire du ville à ville aller de ville en ville pour vendre un produit

manger en ville manger dans un restaurant, et non pas chez soi ou au restaurant universitaire

ville-dortoir *f* ville voisine d'une agglomération industrielle ou commerciale qui sert de quartier résidentiel (dortoir: *dormitory*)

vin *m* jus du raisin fermenté et vieilli (*wine*)

violence *f* la force brutale, la brutalité

violon *m*

violon d'Ingres activité, occupation secondaire; *par ext* passe-temps

virage *m* tournant

virage en épingle à cheveux virage très serré, dangereux

viril *adj* vigoureux; assez violent et brutal

visa *m* sceau et signature apposés sur un document soit pour le valider, soit pour attester le paiement d'un droit

visa de censure autorisation de la Commission de censure

vis à vis de *loc prep* en face de

visage *m* figure (*face*)

viser chercher à atteindre

visite *f* action d'aller voir avec attention qqch; inspection; action de se rendre chez qqn (visite de politesse, d'amitié)

visiter aller voir; inspecter

visiteur *m* personne qui fait une visite

vital *adj*

intérêt vital importance primordiale, essentielle

vitalité *f*

vite *adv*

faire vite se dépêcher, se hâter

vitesse *f* grande allure, allure rapide, rapidité, qualité de ce qui se déplace à allure rapide, espace parcouru en une heure par un véhicule (vitesse horaire)

vitrail (vitraux) *m* grande surface vitrée formée de morceaux de verre de couleurs différentes qui éclaire une église, une chapelle

vitre *f* panneau de verre qui garnit les châssis d'une fenêtre (*window pane*)

vitré *adj* garni de vitres

vivant *m adj*

bon vivant homme d'humeur gaie et facile, qui a un penchant pour les plaisirs

vivement *adv* avec force, avec promptitude et énergie

vivre exister; habiter

vocabulaire *m* ensemble des mots utilisés, existants, etc.

vocation *f* aptitude spéciale pour un état, une profession

vœu souhait; promesse

envoyer ses vœux exprimer ses souhaits de bonne année

vœux de nouvel an souhaits de bonne année

vogue *f* mode, faveur, popularité

c'est en vogue c'est à la mode

voie *f* route, chemin, *lane*

être en voie de disparition être en train de disparaître

voie ferrée *f* chemin de fer

voile *f sail*

faire de la voile faire du bateau à voile(s)

voire *adv* et même

voirie *f* ce qui trait à l'entretien des rues (égouts, ordures, etc.)

voisin *adj m* qui est proche; qui habite à côté

voisinage *m* proximité

voiture *f* automobile

voiture banalisée voiture de police camouflée et transformée en paisible voiture particulière

voiture de marchand de glaces véhicule sur roues que le marchand pousse ou tire

voiture-piège *f* voiture de la police équipée pour contrôler la circulation

voiture-radio *f* voiture équipée d'un poste émetteur-récepteur de radio pour rester en communication avec l'O.R.T.F. ou avec d'autres voitures-radio

voix *f* son qui sort des poumons et de la bouche; vote

à haute voix assez fort pour que tout le monde entende

vol *m* horaire d'avion; avion; *theft*

volant *m* roue qui sert à guider une voiture

volcan *m* montagne qui émet ou qui a émis des laves

volcanique *adj* relatif aux volcans

voler prendre par ruse ou par force le bien d'autrui; se déplacer dans l'air

voleur *m* qui a volé ou qui vole habituellement

volley-ball *m* sport qui se dispute entre deux équipes de six joueurs se renvoyant un ballon par-dessus un filet léger sans qu'il touche le sol

volonté *f* will

bonne volonté disposition à bien faire

volontiers *adv* par inclination, par choix personnel, volontairement, de bon gré, avec plaisir

Voltaire François-Marie Arouet, dit Voltaire (1694–1778)

vote *m*

voter exprimer son choix au moyen d'un vote

voter des crédits accorder ces crédits après les avoir approuvés par un vote

vouloir avoir le désir de

vouloir bien être d'accord, accepter

voûté *adj* qui se tient courbé, dont le dos est courbé

vouvoyer s'adresser à qqn en lui disant «vous»

voyage *m* trip (ne pas confondre avec l'anglais *voyage*)

voyage en groupe voyage organisé pour des groupes de touristes

voyage organisé voyage, visite ou excursion que l'on fait à plusieurs et dont les détails sont réglés par une organisation, une agence de voyage

voyager

vraiment *adv*

vraisemblance *f*

selon toute vraisemblance vraisemblablement, très probablement

vue *f* étendue de ce qu'on peut voir du lieu où l'on est; manière de considérer les choses

en vue connu, célèbre, haut placé, qui occupe un rang élevé dans la société

en vue de dans l'intention de, dans le but de

la vue du sang le spectacle du sang versé, le fait de voir du sang

W

w.c. *m pl.* water closet

Wright, Frank Lloyd architecte américain (1869–1959)

Z

zèle *m*

faire du zèle *fam* montrer un empressement excessif, faire plus d'efforts que nécessaire

zélé *adj* qui fait du zèle, qui se montre actif, qui veut se mettre en valeur par son travail

zone *f* espace à la limite d'une ville

zoologie *f*